Nico ter Linden

Es wird erzählt ...
Von der Schöpfung bis zum Gelobten Land

Aus dem Niederländischen von Stefan Häring

Band 1

Gütersloher Verlagshaus

Deutsche Erstausgabe

Die niederländische Originalausgabe erschien 1996 unter dem Titel
»Het Verhaal gaat ...«, Uitgeverij Balans, Amsterdam.
© 1996 Nico ter Linden, Amsterdam

Die Deutsche Bibliothek – CIP-Einheitsaufnahme

Linden, Nico ter:
Es wird erzählt… : von der Schöpfung bis zum Gelobten Land /
Nico ter Linden. Aus dem Niederländ. von Stefan Häring. -
Gütersloh: Gütersloher Verl.-Haus
Einheitssacht.: Het verhaal gaat… ‹dt.›

Bd. 1 (1998)
ISBN 3-579-02221-0

ISBN 3-579-02221-0
2. Auflage, 2004
© der deutschen Ausgabe: Gütersloher Verlagshaus GmbH, Gütersloh 1998

Umschlaggestaltung: INIT, Bielefeld, Fotos: © Bavaria, München
Satz: Weserdruckerei Rolf Oesselmann GmbH, Stolzenau
Druck und Bindung: Clausen & Bosse, Leck
Gedruckt auf chlorfrei gebleichtem Werkdruckpapier
Printed in Germany

Inhalt

Vorwort

Als vor gut zwei Jahren in den Niederlanden der erste Band von *Es wird erzählt...* erschien, vermutete niemand, daß dieses Buch in kürzester Zeit den ersten Platz unter den meistverkauften Büchern erreichen und sich dort monatelang halten würde. Es schien unvorstellbar zu sein, daß ein Buch, das nichts anderes beabsichtigte, als die biblischen Geschichten in unserer entkirchlichten Zeit zu erzählen, so viele Leserinnen und Leser finden sollte.

Die Idee zu diesem Buch entstand bereits vor vielen Jahren: Ich wollte die Bibel nach- und neuerzählen, da ich meine, daß ihre Schönheit und ihr Tiefgang *in* ihr begründet liegen. Ich wollte keine umgangssprachliche Bibelübersetzung vorlegen, keine Bibel in modernem Niederländisch, oder - im Falle dieser Übersetzung - in heutigem Deutsch schreiben. Hiervon gibt es zahlreiche, und überdies war ich nie ein besonderer Freund umgangssprachlicher Übersetzungen. Im Gegensatz dazu wollte ich die Geschichten der Bibel *selbst* erklingen lassen. Doch die Faszination und die Aussagekraft dieser Geschichten sind nur zu entdecken, wenn diese erklärt werden und wenn ein kundiger Wegbegleiter Bilder und Symbole vergangener Zeiten entschlüsselt, Erzähllinien nachzeichnet und Strukturen erläutert. Zudem können wir in den Geschichten nur dann ihre auch poetische Kraft entdecken, wenn wir ihnen ihren Erzählcharakter zurückgeben. Die Bibel enthält Geschichten, die Geschichte schreiben, doch es *ist* keine Geschichte. In ihr wird unhistorische Geschichte erzählt. Anders als wir zunächst vermuten könnten, wird zum Beispiel nicht über die Lebensgeschichte Abrahams oder die Biographie Jesu berichtet.

Mein Buch ist ein Sprachspiel zwischen der archaischen Sprache des Mythos und der modernen Sprache von heute. Es ist der überaus hohe Verdienst des Übersetzers, Stefan Häring, dem es in hervorragender Weise gelungen ist, dieses Sprachspiel auf fachkundige Weise und mit viel Liebe ins

Deutsche zu übertragen. Ich möchte ihm an dieser Stelle ausdrücklich für seine Arbeit danken.

In insgesamt fünf Bänden erzähle ich die biblischen Geschichten neu und nach, indem ich sie uns übersetze, sie für uns übertrage und mich dabei stets unterbreche, um sie zu entschlüsseln, denn es steht nicht nur da, was dasteht. Der vorliegende erste Band enthält die Geschichten von der *Schöpfung* bis zum *Gelobten Land*, die die ersten fünf Bücher des Alten Testaments umfassen. Dem Alten Testament widme ich insgesamt drei Bände, dem Neuen Testament zwei. Wenn es auch möglich ist, das Alte Testament ohne das Neue Testament zu verstehen, habe ich mir die Freiheit genommen, in den Bänden zum Alten Testament hin und wieder auf das Neue Testament vorauszublicken. Damit hoffe ich, die Leserinnen und Leser auf die für die gesamte Bibel bedeutenden Worte, Bilder und Motive aufmerksam zu machen. Da das Neue Testament jedoch nur im Licht des Alten Testaments zu verstehen ist, greife ich in diesen Bänden stets auf das Alte Testament zurück.

Ich erzähle eine uralte Geschichte, die andere vor langer Zeit erzählt haben, und seitdem - von damals bis heute, über zwei Jahrtausende - erzählt und weitererzählt wurde. Es ist eine Geschichte, die vielen Menschen rätselhaft, dunkel und fremd geworden ist, eine Geschichte, die vielerorts ihre Sprache verloren hat. Und doch: Viele haben von ihr gehört, einem Gerücht gleich, das die Runde macht. Es ist, als riefe eine leise Stimme, von weit her; als werde etwas erzählt, über das man munkelt, daß es bedeutend sei. Ganz so, als erzähle man sich etwas hinter vorgehaltener Hand, vorsichtig, schüchtern und leise. Etwas, das vielleicht doch der Mühe wert sein könnte:

»Hast du gehört...? *Es wird erzählt...*«

Amsterdam, im Juni 1998

Nico ter Linden

I

Im Anfang

Genesis 1, 1

Es wird erzählt, daß im Anfang Gott Himmel und Erde schuf.

Von Israel handelt die Geschichte, und sie wurde, wie man annimmt, vor ungefähr sechsundzwanzig Jahrhunderten aufgeschrieben, als die Israeliten an Babylons Strömen im Exil lebten. Weit weg von zu Hause waren sie. Und weit weg von zu Hause kommen häufig die großen Fragen. Wie ist alles geworden, was geworden ist? Woher kommen wir und wohin gehen wir? Gibt es einen Gott, der uns gewollt und gemacht hat? Wozu sind wir auf dieser Erde, die bisweilen so paradiesisch ist und bisweilen so wüst und leer? Verbannte sind wir, Aus-länder, Elend in der Fremde ist unser Los. Gibt es einen Gott, der dies sieht, oder sind wir wehrlos dem Schicksal, der Sonne, dem Mond und den Sternen ausgeliefert? Das Wasser steht uns bis zum Hals, der Atem wird uns benommen, gibt es noch Hoffnung? Gibt es denn niemanden, der in Gottesnamen Licht in unsere Finsternis bringen kann?

Still, Israel erzählt eine Geschichte. Ein Priester aus Israel erzählt eine Geschichte. Er ist ein Priester ohne Tempel, auch er ist weit weg von zu Hause. Das Volk kann nicht mehr zu ihm kommen, um Ziegenböcke oder Tauben zu opfern. Doch es kann mit seinen Fragen zu ihm kommen. Und der Priester wird zum Erzähler, schöpfend sowohl aus dem Quell urewiger Zeiten als auch aus dem Hier und Jetzt. So wurde diese Geschichte, mit der er sein Volk tröstet, geboren: *Im Anfang schuf Gott Himmel und Erde...*

Man denke nicht, der Priester rede über den Anfang der Welt, denn davon weiß dieser Mann nichts, und es interessiert ihn auch nicht. Er hält keinen Vortrag darüber, *wie* die Welt entstanden ist, er singt vielmehr eine Glaubensballade über das *wozu*. Der Priester beantwortet damit eine Frage, auf die es eigentlich keine Antwort gibt. Und doch wagt er sich an eine Antwort, weil die Frage niemals zur Ruhe kommt.

Der Priester setzt seinem verzweifelten Volk also nicht im geologischen Sinn auseinander, wie Gott Himmel und Erde begann. Und wüßte er es, er könnte sein Volk damit nicht trösten. Nein er erzählt theologisch, und so gut er es kann, worum es Gott mit seinem Himmel und seiner Erde gegangen war, worum es Gott *ursprünglich* ging. Über diese lebenswichtige Frage wurde in Israel seit urewigen Zeiten nachgedacht, und gerade jetzt, in der Verbannung, denkt das Volk darüber nach, ebenso wie seine Nachbarn, die Ägypter und Babylonier, darüber nachgedacht haben. Und was der Priester an klugen Gedanken zusammengetragen hat, von hier und da, von einst und jetzt, bietet er den Verbannten in Form eines Liedes, eines Lehrgedichts dar. In Israel wird die Lehre nie in abstrakter Form verkündet. Stets werden daraus Geschichten, Gleichnisse und Lieder gemacht.

Im Anfang... Bereschit auf Hebräisch.

Was aber war noch vor dem Anfang?

Das fragten sich auch Israels Rabbiner. Das Fragen über den Anfang kennt nun mal kein Ende! Aber, so sagten die Rabbiner, die Bibel fängt nicht umsonst mit dem Buchstaben *Beth* an. Diesen Buchstaben schreibt man im Hebräischen, das von rechts nach links gelesen wird, so:

$$\beth$$

Die Schrift, sagten die Rabbiner, beginnt mit diesem *Beth*, damit wir uns nicht fragen, was darüber, darunter oder dahinter sei, sondern damit wir dem lauschen, was kommt. Israel kennt keine Geburts- oder Entstehungsgeschichte Gottes. Er ist der ganz Andere. Anders als Himmel und Erde, die er schuf, steht er über dem Erschaffenen. Daher also das geheimnisvolle *Beth* am Anfang.

Jenes *Beth* gleicht einem kleinen Haus, und das bedeutet es auch auf Hebräisch: Haus. Das wissen die Rabbiner ganz genau: »Mein Kind, wenn wir auch in der Fremde sind, so haben wir doch einen festen Grund unter den Füßen und ein Dach über dem Kopf; unser Rücken ist gedeckt und wir haben eine Zukunft vor uns. Manche meinen, wir würden von geheimnisvollen Mächten regiert. Andere meinen, es gebe überhaupt nichts, nur Leere. Glaube ihnen nicht, mein Kind. Denke immer an den ersten Buchstaben unseres großen Buches. Das ist unser ganzer Glaube.«

Im Anfang schuf Gott Himmel und Erde.

Himmel und *Erez.* Die *Erez, Erdland* übersetzt, denn *Erez* bedeutet sowohl die ganze Erde als auch das Land Israel, *Erez Israel.* Und daß das so ist, hat mit dem Glauben der Israeliten zu tun. Sie ahnten nämlich, daß es Gott *in* Israel um die *ganze* Erde geht. Israel als Gottes auserwähltes Volk. Doch Israel sieht sich (außer in unbewachten Augenblicken) nicht *ohne weiteres* als von Gott auserwählt. Israel sieht sich (in seinen besten Augenblicken) als von Gott *zum Dienst* auserwählt. Zum Dienst an der Völkerwelt. Historisch betrachtet ist Israel ein kleines unbedeutendes Volk, doch in der Bibel repräsentiert es gleichsam die gesamte Menschheit. Geographisch betrachtet ist Israel ein kleines unbedeutendes Land, doch in den Glaubensgeschichten, die es erzählt, ist diese kleine *Erez* wahrhaftig das Versuchsfeld für die gesamte *Erez.* Daher steht die kleine Geschichte von Gott mit diesem Volk stellvertretend für die große Weltgeschichte. Nichtjuden, Heiden, jene, die zu den Völkern gehören, die *Gojim,* werden eingeladen, an dieser Geschichte teilzunehmen. Das ist genau genommen der einzige Grund, weshalb wir uns an Babels Strömen zu Füßen jenes Priesters setzen, nun, da er seine Geschichte anstimmt. Denn man stelle sich vor, daß die Menschen dort wahrhaftig dem Schöpfer von Himmel und Erde auf der Spur sind!

Im Anfang schuf Gott Himmel und Erde.

Himmel und Erde sind die Bühne, auf der sich sogleich die Geschichte von Gott und den Menschen abspielen wird. Himmel und Erde gehören zusammen, wie auch Gott und die Menschen zusammengehören. Über den Himmel muß der Erzähler nicht viel Worte machen, denn dieser gehört Gott. Lieber wendet er sich der Erde zu.

Und die Erde war wüst und leer, und Finsternis schwebte über der Urflut.

Da können die Israeliten mitreden, aufgescheucht und zerschlagen, gefangen an Babylons Strömen, während dort *Erez Israel* in Schutt und Asche liegt. Wüst und leer ist das Leben, *tohu wa bohu* auf Hebräisch. Besser kann man nicht in Worte fassen, wie bitter das Leben für die Vertriebenen ist. Urflut überall. Wer wird die Flut teilen? Wer kann übers Wasser gehen?

Still, der Priester erzählt.

Der Geist kommt auf ihn und er erzählt.

Und der Geist Gottes schwebte auf dem Wasser. Wie ein Adlerweibchen, das bebend und zitternd in der Luft über dem Nest seiner Jungen hängt, so schwebte Gottes Geist über der Urflut. Breitet eines der Jungen zum ersten

Mal seine Flügel aus und droht abzustürzen, dann rast das Adlerweibchen im Sturzflug in die Tiefe, fängt das Junge auf seinen Flügeln auf und bringt es ins sichere Nest zurück. Beschirmend, behütend, bewahrend schwebt das Adlerweibchen über dem Nest seiner Jungen. So schwebte der Atem Gottes auf den finsteren Wassern, über einem Plan brütend.*

Und Gott sprach...

Wer sagt, daß Gott spricht? Wie haben wir uns dieses »Sprechen Gottes« vorzustellen? Kann es nicht eigentlich nur »sprichwörtlich« gemeint sein, daß Gott spricht?

Meine erste Bibelstunde sollte ich an der Volksschule eines nordholländischen Dorfes geben. »Und Gott sprach...« sagte ich, doch was Gott sprach, konnte ich nicht mehr von mir geben, denn sogleich schnellte der Finger eines kleinen Jungen in die Höhe: »Redet Gott heute auch noch?«

Mir ist der Junge nie mehr aus dem Sinn gekommen. Was für eine herrliche Frage! Er wollte genau wissen, was ich da für Geschichten erzählte. Im Polder hatte er nämlich keinerlei Erfahrung mit einem sprechenden Gott gemacht. Oder der Lehrer etwa? Wie hatte sich der Junge solch einen sprechenden Gott vorzustellen? Oder war es denkbar, daß Gott früher gesprochen hatte, und daß er es jetzt nicht mehr tat? Oder war es nichts als Phantasie?

Ich weiß nicht mehr, was ich damals geantwortet habe. Heute würde ich folgendes sagen: »Selbstverständlich ist es Phantasie. Israels Phantasie über Gott. Niemand hat Gott je gesehen oder mit ihm gesprochen. Zwischen unserer Wohnstatt und Gottes Wohnstatt hängt ein Gewölk, gleich dem Vorhang im Tempel zwischen dem Heiligen, in dem die Menschen beten, und dem Allerheiligen, in dem Gott zwischen den Cherubim thront. Über Gott kann man nur phantasieren. Auf die Leinwand des Gewölks, auf den Schirm, der zwischen Himmel und Erde hängt, projizieren wir unsere Gottesbilder, unsere Gottesvorstellungen: Mutter, Vater, Schöpfer, Vollender, Adler, König, Richter, Hirte, Händler alter Waren. All dies sind Bilder *unserer* Wirklichkeit, denn wo sollten wir sie sonst hernehmen?«

Ist Gott dann nichts anderes als das Ergebnis unserer Projektionen? Wäre es nicht besser, anstatt »Gott schuf den Menschen«, »der Mensch schuf Gott« zu sagen? Wer versichert uns, daß diese Projektionen irgendeinen wahren Kern besitzen? Vielleicht ist jenseits der Leinwand nichts als Leere!

Das ist möglich. Doch ebenso ist möglich, daß Gott jenseits der Wolken wohnt, über dem Dach unseres Denkens, der Gott, der uns zu projizierenden Wesen erschuf. Alle Worte über das Oben kommen von unten, es ist nun einmal nicht anders möglich. In Israels Erleben können die Menschenkinder auf der Erde von Zeit zu Zeit einen Schimmer des Himmels erhaschen, und aus diesen Gotteserfahrungen machten sie Geschichten. Selbstverständlich ist Gott ganz anders, als sie sich ihn vorstellen. Dennoch vertrauen sie freimütig darauf, daß einmal, wenn sie jenseits des Vorhangs von Angesicht zu Angesicht schauen werden, deutlich werden wird, daß sie mit jenen Gedanken und Träumen und Phantasien auf dem richtigen Weg waren.

Alle Völker der Erde stellen auf dem Gewölk ihre Gedanken über Gott dar. Gibt es ein Volk, daß dies so rein und tiefgründig getan hat wie das Volk Israel? Sollte Gott dieses Volk gerade dazu auserwählt haben? Hat er sich über die *Erez Israel* auf unserer *Erez* offenbaren wollen?

Und Gott sprach... spricht der Priester.

Damit versucht er, sowohl Gott als auch sich ins Bild zu rücken. Er sagt eigentlich: Ich stelle mir Gott vor als einen, der gesprochen hat... Und die Kinder Israels haben vor dem Exil und zur Zeit des Exils und nach dem Exil – als der Geist Gottes herniedergeschwebt kam – jene Geschichten gehört und weitererzählt und nacherzählt, aufgeschrieben und umgeschrieben, und die Früchte ihrer Arbeit schließlich in einem Buch zusammengefaßt. Was ihnen zum Geschenk wurde, gab Israel damit den Völkern, den *Gojim*, als Geschenk weiter. Ein Gottesgeschenk.

Und Gott sprach...

Noch ein einziges Mal will ich den Priester unterbrechen. Mit einer kleinen chassidischen Legende von Rabbi Sussja*. Rabbi Sussja war ein Schüler des großen Rabbi von Mesritsch, ein Schüler, der seinen Nachfolgern nicht ein einziges Wort seines Meisters überliefert hat. Und das kam daher, daß er nie eine der Reden seines Meisters zu Ende gehört hatte. Denn zu Anfang der Rede, wenn der Rabbi von Mesritsch den Satz vortrug, den er auslegen wollte, und mit den Worten der Schrift »Und Gott sprach...« begann, ergriff Rabbi Sussja bei diesen unermeßlichen Worten die Verzückung. Er wurde von Rührung überwältigt und geriet außer sich. Dann mußten sie ihn zur Holzkammer bringen, und dort hörten sie, wie er auf die Wände schlug, weinend rufend: »Und Gott sprach... und Gott sprach...« Was Gott sprach, hat Rabbi Sussja nie aus dem Munde seines Meisters vernommen. Nur, daß Gott sprach.

2

Und Gott sprach

Genesis 1-2, 4a

Gott sprach: Es werde Licht! Und es ward Licht.

Jedes Jahr an *Simchat Tora*, dem Fest der Gesetzesfreude, erklingen in der Synagoge diese Worte des »im Anfang«. Und alle Kinder Israels erkennen, daß es über das *toho wa bohu* ihres eigenen Lebens geht und über den Glauben, daß damit nicht das letzte Wort gesprochen ist. *Es werde Licht! Und es ward Licht.*

Sprechen und Tun ist für Israels Gott eins. Im Anfang war das Wort, und das Wort war zugleich auch Tat. Gott ruft das Licht, und es ist da.

Es ist nicht das Licht der Sonne und des Mondes. Dieses Licht wird erst am vierten Tag entzündet. Es ist das Licht, das in der Finsternis scheint und das von ihr nicht gelöscht werden kann. Es ist das Licht, das von Gottes Sprechen ausgeht, und solange Gott spricht, wird es nie wieder finster. Es ist das Licht, das Rabbi Sussja in der finsteren Holzkammer so in Verzükkung versetzte: Wir schweben nicht unbemerkt und ungeliebt durch das schweigende Weltall, nein, Gott spricht, und dem Volk, das im Finstern wandelt, geht ein Licht auf*. *Und Gott sah, daß das Licht gut war.*

Und Gott schied das Licht von der Finsternis. Und das Licht nannte Gott Tag und die Finsternis nannte er Nacht. Da ward es Abend, und es ward Morgen, der erste Tag.

Gott scheidet das Licht von der Finsternis, und so entsteht eine von ihm geschützte Zeit. Gott nannte das Licht Tag. Gut gemacht von Gott, daß er dem Licht einen Namen und damit eine Bestimmung gibt. Denn was ist der Sinn des Daseins, wenn man nicht weiß, was man tun soll? Fragend blickte das Licht auf Gott. »Was soll ich tun?«

»Tag sein,« sprach Gott. »Tag ist dein Rufname. Tag sein ist deine Berufung.« Das Licht wird für Gott und die Menschen Tageslicht sein.

»Du bist Nacht,« sprach Gott zur Finsternis. »Und laß uns verabreden, daß du jeden Morgen dem Licht des Tages weichst.«

Gott machte die Zeit. Jetzt noch den Raum.

Und Gott sprach: Es werde ein Gewölb zwischen den Wassern, die da scheide zwischen den Wassern. Und Gott schied das Wasser unter dem Gewölb von dem Wasser über dem Gewölb. Und Gott nannte das Gewölb Himmel. Da ward es Abend, und es ward Morgen, der zweite Tag.

Gott scheidet das Wasser von den Wassern, und so entsteht ein von ihm geschützter Raum. »Du bist Himmel,« sprach Gott zum Gewölb. »Du setzt den Wassern Schranken.«

So singt der Priester sein Lied, das Weltbild jener Tage vor Augen: die Erde eine flache Scheibe, darüber das Himmelsgewölb auf Säulen ruhend, darunter die Unterwelt, das Ganze umgeben von den Wassern des Urmeeres. Unbeirrbar singt er sein Lied; dort an Babylons Strömen steigt dem Volk das Wasser bis zum Hals. Das ist nicht gut. Doch der Priester beschwört sein Volk, daß sie letztendlich das Todeswasser nicht zu fürchten haben: Unser Gott, der einst das erste Wort hatte, wird dereinst auch das letzte Wort haben. Es ist eine Vision, der Traum von einem neuen Himmel und einer neuen Erde; und darüber spricht auch die letzte Seite der Bibel: *Und das Meer war nicht mehr.**

Die Zeit gibt es, den Raum, doch es gibt noch keinen festen Grund.

Und Gott sprach: »*Es sammle sich das Wasser unter dem Himmel an einem besonderen Ort, damit das Trockene sichtbar werde.*«

»Du bist Erde,« sprach Gott zum Trockenen. »Und ihr seid Meere,« sprach er zu den Wassern. Das mächtige Urmeer, die Wasser der furchterregenden Flut kennt Gott durch und durch, er steht auf Du und Du mit ihnen, weist sie in ihre Schranken. »Meer sein, sonst gar nichts!« Und Gott sah, daß es gut war.

Wirklich gut? Die Erde war noch nicht richtig gut, denn erst als grüne Erde ist die Erde wirklich gut, mit Gras und Kraut, das nach seiner Art Samen bringt, und mit Bäumen, die nach ihrer Art Frucht tragen. *Und die Erde ließ aufgehen junges Grün, das Samen bringt, ein jedes nach seiner Art, und Bäume, die da Früchte tragen, in denen ihr Same ist, ein jeder nach seiner Art. Und Gott sah, daß es gut war. Da ward es Abend, und es ward Morgen, der dritte Tag.*

Und Gott sprach: »*Es werden Lichter am Himmelsgewölb, die da scheiden Tag und Nacht, um feste Zeiten von Tagen und Jahren anzugeben und Licht zu scheinen auf der Erde.*« *Und es geschah so. Und Gott machte die beiden großen*

Lichter, das größere, das den Tag regiere, das kleinere Licht, das die Nacht regiere, und dazu machte Gott mit seinen Fingern noch die Sterne*. Gott sah, daß es gut war. Da ward es Abend, und es ward Morgen, der vierte Tag.

Sind Sonne und Mond, die Götter, vor denen sich Babylon verbeugt, nicht die Mächte, die des Menschen Charakter, sein Schicksal und seinen Lebenslauf bestimmen? Steht nicht alles in den Sternen?

Glaubt es nur nicht, ruft Israels Priester. Das sind keine Götter. Er nennt Sonne und Mond nicht einmal bei Namen, was ihn betrifft, dürfen sie gar keinen Namen haben. Es sind nur Laternen, Leuchten, recht zum Wärmen und Scheinen, gut für den Kalender. Kleine Lichter. Schöne, nützliche kleine Lichter, nicht mehr.

Oh, mutiger kleiner Priester. Er entgöttlicht den Kosmos. Er hält keine Vorlesung über die Entstehung der Welt. Er bekennt, was er glaubt: hinter dieser Welt, über dieser Welt steht Gott. Der Ewige ist unser Bundespartner. Er sorgte für Licht zum Leben, für Raum zum Atmen, für eine bewohnbare Erde. Chaos, Tod, Finsternis, Wildnis: Von Anfang an hat Gott sie bekämpft und er wird sie immer bekämpfen, und alles wird gut werden. Fürchtet euch nicht. Die Erde ist Wohnland, das Meer ein Wasserweg, die Himmelskörper sind Arbeitslämpchen und die Finsternis ist Ruhezeit. Gott hat es dem Menschen als seinem Bundespartner gegeben.

So tröstet und ermutigt an Babylons Strömen ein Priester sein umherirrendes Volk. Mit einem Lied gegen die Angst, einem Glaubenslied aus sieben Strophen.

Die fünfte Strophe: *Gott schuf die Vögel in der Luft, nach ihrer Art. Gott schuf die Fische des Meeres, nach ihrer Art. Und Gott sah, daß es gut war. Da ward es Abend und ward es Morgen, der fünfte Tag.*

Und Gott machte die wilden Tiere nach ihrer Art und das Vieh nach seiner Art und alles, was auf dem Erdboden kriecht nach seiner Art.

Was unterscheidet das eine Tier vom anderen? Seine Gattung, seine Art. *Gott sah, daß es gut war.*

Im Sinne Gottes gut. Das muß man erwähnen, denn es gibt einiges in der Schöpfung, das wir weiß Gott nicht gut nennen können. Doch in Gottes Augen war es gut, so glauben die Israeliten, und damit ist diese Schöpfung auch in *ihren* Augen gut.

Und Gott sprach: »Lasset uns Menschen machen.«

Der himmlische Hofstaat hält den Atem an, denn was Gott nun zu tun beabsichtigt… Offensichtlich hat er etwas Besonderes im Sinn. Gott schafft es nicht in einem Atemzug mit einem neuen mächtigen Schaffenswort: *es werde Mensch, und es ward Mensch.* Nein, es scheint, als stünde das Schöpferwerk für Augenblicke still. Gott besinnt sich. Man hört ihn regelrecht denken. Still, denn gleich wird sich etwas ereignen... Gott hat in den zurückliegenden Tagen nicht einfach nur das Weltall geschaffen. Gott hat Himmel und Erde erschaffen. Er hat Zeit und Raum und festen Grund und Bäume und Tiere gemacht. Und das alles hat er um des Geschöpfes willen gemacht, das nunmehr erschaffen werden soll. Gott setzt seiner Schöpfung jetzt die Krone auf: *lasset uns Menschen machen, nach ihrer Art.*

Nein, das steht *nicht* da. Die Bäume, die Vögel, die Fische, das Vieh und die wilden Tiere sind alle *nach ihrer Art* geschaffen. Der Mensch jedoch wird auf andere Art und Weise erschaffen: *Lasset uns Menschen machen, ein Bild, das uns gleich sei, um zu herrschen über die Fische und die Vögel und das Vieh und die Erde. Und Gott schuf den Menschen zu seinem Bilde, zum Bilde Gottes schuf er ihn, männlich und weiblich schuf er sie. Und Gott segnete sie. Seid fruchtbar, sprach Gott zum Menschen, mehret euch, füllet die Erde und herrschet über sie und über die Fische, die Vögel und das Vieh. Und Gott sah an alles, was er gemacht hatte, und siehe, es war sehr gut. Da ward es Abend, und es ward Morgen, der sechste Tag.*

Gott segnete den Menschen. Gott *spricht* den Menschen an, der von nun an ver-*antwort*-lich ist. Er soll über Erde und Tiere herrschen. Gott läßt seinen Willen im Himmel geschehen, der Mensch trage Sorge dafür, daß sein Wille geschehe so auch auf Erden. Als Bildnisträger Gottes ist es Aufgabe des Menschen, gut für Erde und Tiere zu sorgen. Und, das ist die zweite Aufgabe, der Mensch, Mann und Frau, muß fruchtbar sein. Es muß gezeugt und geboren werden. Davon handelt im folgenden das ganze erste Buch der Bibel.

So wurden vollendet Himmel und Erde. Als Gott am siebten Tage seine Werke vollendet hatte, die er gemacht hatte, ruhte er am siebten Tage und heiligte ihn, weil er an ihm ruhte von allen seinen Werken, die er machend erschaffen hatte.

Der Sabbat: Israels Geschenk an die Welt. Auch ein Gottesgeschenk. Der Priester hat seine Hymne siebenfach daraufhin abgestimmt. Mitten unter den Heiden hält er daran fest, daß der Mensch nicht lebt, um zu arbeiten, sondern daß er arbeitet, um zu leben. Der Mensch muß auch aufhören können: Und genau das bedeutet *Schabbat*: aufhören. Am Sabbat feiern wir unsere Freiheit. Alle, auch unser Knecht, unsere Magd, unser Rind, unser

Esel, all unser Vieh, erschaffen am selben Tag wie wir, müssen an der Freude teilhaben. Am siebten Tag hat die gesamte Schöpfung frei. Gott schuf den ersten Tag, und auch der letzte Tag gehört Gott. Der Sabbat ist Vorbote der ewigen Ruhe, des ewigen Lichts, das Gott verheißen hat.

Der siebte Tag endet deshalb auch nicht. Es heißt nicht: *Da ward es Abend, und es ward Morgen, der siebte Tag.*

Der siebte Tag ist ein endloser Tag.

3

Der Lebensatem

Genesis 2, 4b-17

Dies sind die Zeugungen von Himmel und Erde, als sie geschaffen wurden.

Ein seltsamer Satz, den wir noch häufiger hören werden, denn mit dem Begriff *Zeugungen* fügt der Erzähler in Genesis die Geschichten aneinander. Himmel und Erde bilden die Kulisse, vor der sich die Geschichte des Menschen abspielen wird. In sechs Tagen wurde diese Kulisse aufgebaut; jeden Tag kamen einige Requisiten hinzu. Die Frage ist nun: Was bringen Himmel und Erde hervor, was ist das Ergebnis?

Der Mensch. Der Mensch erscheint auf der Bühne. Zu Diensten des Geschöpfes Mensch wurden Himmel und Erde geschaffen, und so – indem er uns von den Zeugungen des Menschen erzählt – wird der Erzähler seine Geschichten dann auch weiterspinnen. Denn unter dem Himmel auf der Erde ist das die Berufung des Menschen als Bildnisträger Gottes: fruchtbar sein, zeugen, gebären. Unser Erzähler weiß darüber viele Geschichten zu erzählen.

Zuerst muß er uns allerdings noch etwas anderes erzählen. Denn was war nun eigentlich genau Gottes Absicht mit dem Menschen? Und was ist mit diesem Menschen geschehen? – Der Mensch, der gerufen war, um *vor* Gott Mensch zu sein, begann sich *als* Gott aufzuführen. Und auch darüber weiß der Erzähler einiges zu berichten, ganz anderes als in der Schöpfungshymne, mit der er soeben die Bibel eröffnete. Weil er möchte, daß wir gut begreifen, um wen es auf dieser heiligen Bühne der *Erez Israel* gehen soll, will er zuerst diese Geschichten zu Gehör bringen: es soll um den Menschen gehen, um den Menschen auf dem Ackerboden, um den Menschen und seinen Gott, den Menschen, Mann und Frau, den Menschen und seinen Bruder. Erst dann wird er uns die Geschichte von den Zeugungen des Menschen erzählen.

Gott machte Himmel und Erde, doch auf der Erde war noch nichts Grünes zu sehen, denn Gott hatte es noch nicht regnen lassen, und kein Mensch war da, der das Land bebaute. Ein Dunst stieg auf, der die Erde feuchtete, und Gott formte den Menschen aus der Erde und blies den Lebensatem in seine Nase.

Noch eine Schöpfungsgeschichte also. Dieses Mal keine babylonische mit Sonne, Mond und Sternen, nein, diesmal uns näher, bodenständiger. Alle Aufmerksamkeit wird sogleich auf den Menschen gerichtet – den *adam*, wie es im Hebräischen heißt – genommen vom Ackerboden, der *Adama*. Gewissenhaft von Gott eigenhändig geformt: Herr Ackermann.

Ohne Dunst und ohne den *adam* kann die Erde freilich kein Acker sein, keine *Adama*. Dunst macht die *Adama* zu einem Land für Lebende. Und Gottes Atem erweckt den *adam* zum Leben. Es ist der Atem, der einem Menschenkind bei der Geburt in die Lungen strömt. Woher? Von Gott, oder nicht? Es ist der Atem, der ein Menschenkind beim Tod verläßt. Wohin? Zu Gott, oder nicht? Gottes Atem erweckt den Ackermann zum Leben. Staub ist der *adam*, und zum Staub wird er wiederkehren. Doch solange er lebt, ist er, der Atemschöpfer von Gottes Gnaden, gerufen, die *Adama* zu bebauen.

Was sagte Rabbi Bunam, der große chassidische Lehrmeister, noch gleich? Ein Mensch muß über seinen Schultern stets zwei Taschen tragen, um, je nach Bedarf, entweder in die eine oder in die andere greifen zu können. In der rechten Tasche liegt das Wort »Um meinetwillen ist die Welt erschaffen worden«. In der linken Tasche das Wort »Ich bin Erde und Asche.«*

Gott pflanzte einen Garten in Eden gegen Osten hin, und er setzte den adam hinein, den er geformt hatte. Vier Ströme strömten aus dem Fluß, der den Garten in Eden feuchtete: der Pischon, der um das ganze Land Hawila fließt, wo das Gold ist und Bedoachharz und Karneolsteine – der Gihon, der das ganze Land Kusch umringt – der Tigris, der östlich von Assyrien fließt – und der vierte Strom ist der Euphrat.

Der Garten liegt gegen Osten, wo der Ursprung von Licht und Leben ist. Wo genau? Vier Arme des Paradiesstromes umströmen den Garten. Weit, weit von hier muß wohl der Pischon strömen, der *Entspringende*, im Goldland Hawila, wie man sagt. Nicht gar so weit strömt der Gihon, der *Aufbrodelnde*, im Lande Kusch, irgendwo im Süden Ägyptens. Beim dritten Fluß befinden wir uns in bekannteren Gefilden: der Tigris, der östlich von Assyrien fließt. *Und der vierte Strom ist der Euphrat.* Hier also befindet sich der Garten! Das Land, in dem der Euphrat strömt, ist das Land, in dem wir wohnen; von hier haben wir Aussicht auf die ganze Welt. Und dieser Ort ist gut. Gut wie das Gold Hawilas.

Der Garten ist somit nichts anders als unsere eigene Menschenwelt! Und in dem Garten befindet sich der kleine *adam*, gerufen, die *Adama* zu bebauen und zu bewahren. Der Acker ist die Welt. *Adam* ist Elckerlyck*, Jedermann. Im *adam* geht es um alle Menschen.

Der Mensch muß den Gottesgarten bewahren. Das bedeutet, daß er die Gebote zu bewahren hat. Daher steht inmitten des Gartens neben dem Baum des Lebens der Baum der Erkenntnis von Gut und Böse. *Und Gott gebot dem adam: »Du darfst essen von allen Bäumen im Garten, aber von dem Baum der Erkenntnis von Gut und Böse sollst du nicht essen; an dem Tage, da du von ihm ißt, mußt du des Todes sterben.«*

Was für ein Baum ist das? Er steht in der Mitte, im Herzen des Gartens. Er verkörpert den Kern aller Gebote: Gott Gott sein lassen. Von allen Bäumen des Gartens darf man essen. Genieße das Leben, hab' Gott lieb und tu', was dir gefällt. Doch Hände weg von diesem einen Baum: du darfst dich nicht als Gott aufführen. Das allumfassende Erkennen des Lebens ist nur Gott vorbehalten. Es gibt eine Grenze, die der Mensch nicht überschreiten darf; jenseits der Grenze gähnt ein Abgrund. Der Baum ist ein Grenzpfeiler, ein Prüfstein, an dem sichtbar wird, ob wir zu erkennen vermögen, daß unsere Welt Gottes Welt ist, und daß unser Leben nicht nur unser Leben ist. Wenn der *adam* es allein versucht und sich von Gott entfernt, geht er zugrunde. Dann wird die *Adama* wieder zu *tohu wa bohu*.

Der Garten ist ein Lustgarten, doch wenn der *adam* dort versucht, den Herrn zu spielen, anstatt zu dienen, wird er wieder zu dem, was er war, ehe Gott ihn mit einem Kuß zum Leben erweckte: ein lebloser Klumpen Erde. »Vom Baum der Erkenntnis von Gut und Böse sollst du nicht essen. Das ist mein Garten, nicht dein Garten. Deshalb steht dort dieser eine Baum: um dich daran zu erinnern, daß ich derjenige bin, der dir diesen Ort gegeben hat, um ihn zu bewahren. Er gehört dir nicht, spiele also nicht den Besitzer. Ich vertraue dir meinen Königshof an. Sei ein guter Verwalter.«

4

Der Mensch, Mann und Frau

Genesis 2, 18-25

Und Gott sprach: es ist nicht gut...

Siebenmal sah Gott, daß alles gut war, ja, sehr gut. Was ist plötzlich *nicht gut? Es ist nicht gut, daß der adam allein sei, ich will ihm eine Gehilfin machen, ihm gegenüber.*

Gott hat also noch etwas gut zu machen, denn der *adam* ist einsam. Und daß er so einsam ist, hat er an den Tieren entdeckt. *Gott formte aus der Adama alle die Tiere auf dem Felde und alle die Vögel unter dem Himmel, und er brachte sie zu dem adam, daß er sähe, wie dieser sie nennen würde; denn wie der adam jedes lebendige Wesen nennen würde, so sollte es heißen.*

Man sieht es förmlich vor sich: Der *adam,* einsam und allein zwischen Bäumen und Tieren. Ihm schwindelt der Kopf, denn er hat noch kein Wort für Baum, für Eiche und Linde ganz zu schweigen. Und was ist das dort, das über ihm und unter ihm und um ihn herum schwimmt und fliegt und kriecht und grast und trabt und summt und kräht? Noch nichts trägt einen Namen, und so ist dem *adam* alles unbekannt. Wer sind die Möwen, wer die Löwen? Haben Möwen Mähnen und Löwen Flügel? Solange noch nichts einen Namen trägt, hat noch nichts seinen Ort.

Hört, der *adam* weist den Tieren ihren Namen zu, einem kleinen Kind gleich, das am Strand Ordnung im Chaos schafft, indem es gleiche Muschel zur gleichen Muschel legt. »Du bist Löwe und du bist Möwe, du wohnst mit Flügeln im Baum und du mit Mähnen darunter.«

Doch es ist gar nicht so einfach, denn der Löwe ist nicht allein, daneben steht ein Löwe, der gleich ist und doch anders. Du bist Löwin, sagt der *adam,* und kaum, daß er sein Wort beendet hat, verschwinden Löwe und Löwin zusammen im Gebüsch. Oben im Baum verläßt die Möwe das Nest, während die Möwin anscheinend irgend etwas ausbrütet. Ei, ei! sagt der *adam,* und er fühlt sich mit einem Mal so allein. Er hat niemanden, der ebenso wie er denken und sprechen kann, niemanden mit einem Namen, der ihn nach seinem Namen fragt, niemand, der weiß, daß jeder jemanden hat, – außer ihm.

Zum Glück wußte Gott dies. Und Gott fand es *nicht gut: ich will ihm eine Gehilfin machen, ihm gegenüber.*

Der *adam* braucht in diesem Leben eine Gehilfin, die zugleich auch sein Gegenüber ist. Lediglich mit einem Gegenüber als Lebensgeselle würde er nicht glücklich werden, ebensowenig mit einer Gehilfin allein.

Der *adam* war erschöpft von seinem einsamen Brüten. Er schlief ein und träumte. Wovon träumte er? Sicherlich nicht von einer Frau, denn von ihr konnte er sich noch kein Bild machen. Oder vielleicht doch?

In jener Nacht schuf Gott die Frau aus einer Rippe, die er aus dem *adam* genommen hat, aus einer seiner Seiten. Allein ist man einseitig, zusammen mit einem anderen, einer Hilfe, einem Gegenüber, sosehr verwandt, sosehr nahe, ist man ganz. Gott schuf die Frau aus einer von *adams* Seiten. Ohne den anderen ist der *adam* nur halb, ein Mensch braucht die andere Hälfte, etwas oder jemanden, dem man sich widmen kann, einen Mann, eine Frau, einen Freund, eine Freundin, eine Berufung, eine Aufgabe, der man sich widmen kann, ein Gegenüber, an dem man sich schärfen kann, einen Menschen zum Lieben und zum Trösten, zum Geliebtwerden und zum Getröstetwerden. Gott schuf die Frau – so bemerken die Rabbiner scharfsinnig – nicht aus dem Haupte des Mannes, auf daß sie sich nicht über ihn erhebe. Ebensowenig schuf Gott die Frau aus den Füßen des Mannes, auf daß sie sich ihm nicht untertan fühle. In jener Nacht wurde die Frau aus der Rippe des *adam* genommen, auf daß sie einander gleich seien.

Und als der *adam* erwachte... Ja, was geschieht doch nicht alles, wenn einen das Leben weckt, wenn ein Junge oder ein Mädchen erwacht? Der *adam* weiß nicht, wie ihm geschieht, als er dort im grünen Lustgarten der bildschönen Gestalt einer Frau gewahr wird. Gott gab ihm seine Geliebte im Schlaf. *Bist du's endlich?* stammelt er. *Diese ist's! Fleisch von meinem Fleisch, Bein von meinem Bein. Ischa* sei dein Name, Fraumensch, denn aus *Isch,* Mannmensch, bist du genommen. Endlich, du bist da, du, mein anderes Ich, meine andere Hälfte, liebliche Gestalt aus der Wunde meines Herzens. Wie habe ich nach dir verlangt! Wie fein du bist, plötzlich fühle ich mich *so gut,* ich fühle mich wie ein anderer Mensch, nun erst fühle ich mich wie ein Mensch, gemeinsam sind wir Mensch.

Ja, der *adam,* er weiß nicht, wie ihm geschieht, es geht ihm über den Verstand, träumt er oder wacht er?

Wie sollte es anders sein? Er war ja auch nicht bei vollem Bewußtsein. Er lag in tiefem Schlaf. Das Geheimnis ist groß, es bleibt vor seinen Augen verborgen.

Gott schuf *Isch* und *Ischa* also nicht an ein und demselben Tag. Die Männchen und Weibchen von Löwen und Möwen wurden an ein und demselben Tag geschaffen, Mann und Frau jedoch nicht. Dazwischen hat Gott Atem geholt, und damit ist ein Mann kein Männchen und eine Frau kein Weibchen.

Als der *adam* erwachte... Und so wird es weitergehen, von Geschlecht zu Geschlecht, wenn ein Mann und eine Frau im Garten des Lebens erwachen und einander finden. *Dann werden sie ihren Vater und ihre Mutter verlassen und einander anhangen, und sie werden ein Mensch sein.*

Es ist häufig eine schwierige Aufgabe, sich loszumachen von jenen, aus denen man geboren wurde. Und Vater und Mutter müssen einen loslassen. Manchmal auch ein Weg mannigfacher Einsamkeit. Doch es ist der Weg, der beschritten werden muß.

Laßt uns noch einen einzigen Blick auf *Isch* und *Ischa* werfen. Seht, wie sie unbefangen im Garten spielen. Sie sind nackt, und schämen sich voreinander nicht. Warum sollten sie auch?

Und Gott sah, daß es gut war.

5

Sein wie Gott

Genesis 3

Gefangen an Babels Strömen träumen die Verbannten vom guten Land Kanaan. Verlorenes Kanaan. Einer der Verbannten ergreift das Wort. Er erzählt eine Geschichte. Er träumt vom Paradies. Verlorenes Paradies. Dort war es gut, spricht er, dort war es sehr gut.

Doch was geschah? Was hat der Mensch mit Gottes Gutem getan? Was ist doch mit dem *adam* los, daß er immer wieder Probleme verursacht? Was tun *Isch* und *Ischa* mit Gottes Gutem, daß es mit ihnen ein so schlechtes Ende nimmt? Vielleicht, weil der Mensch, gerufen, um *aus* Gott und *für* Gott zu leben, es nicht lassen kann, *wie* Gott zu leben?

Darüber hat unser Erzähler nachgedacht und aus seinen Gedanken eine Geschichte gestrickt. Man vergesse nicht, daß es eine Erzählung ist. Wir dürfen daraus keine Geschichtsschreibung machen und behaupten, daß im Anfang alles gut war, bis das erste Menschenpaar das Ganze für immer verdarb. Auf andere Art und Weise »gut« als die Welt *nun* ist, ist sie niemals gewesen. Leid und Tod sind der Schöpfung eingepflanzt. Das ist ein bitteres Rätsel und niemand weiß darauf eine Antwort. Gott weiß vom Bösen, auch die Schlange ist sein Geschöpf. Und dennoch sind *Isch* und *Ischa* nicht dessen willenlose Opfer. In den Augen des Erzählers sind sie keine tragische Gestalten, die zu unrecht jenseits des »Göttergartens« gehalten werden. Sie sind selbst verantwortlich; sie hätten eben nicht auf die Schlange hören sollen.

Die Schlange ist klug und nicht auf den Mund gefallen: *Ja, sollte Gott euch gesagt haben, daß ihr von allen Bäumen im Garten nicht essen sollt?*

Typisch Gott, sagt das giftige Tier. Ich kenne Gott! Gott erlaubt nichts! Anfassen verboten, Finger weg!

Doch das hat Gott nicht gesagt. Gott hat gesagt, daß sie von *allen* Bäumen essen dürfen, *außer* von *einem* einzigen: dem Baum der Erkenntnis von Gut und Böse. Nun, folgert die Viper, dann dürft ihr also nicht von allen Bäumen essen. Gott hätte sich schon genauer ausdrücken dürfen. »Gott will euch einschüchtern, wenn er behauptet, daß ihr dann sterbt. Er mißgönnt euch eure Selbständigkeit. Gott will das allumfassende Erkennen für sich allein behalten. Er will diesen Baum für sich allein haben. Ist es nicht ein lieblicher Baum? Hört nicht auf Gott. Schaut euch den Baum gut an. Hört nicht, seht! Sehen ist Erkennen! Nehmt, eßt, eure Augen werden aufgetan, ihr werdet sein wie Gott!«

Der Baum ist wahrlich den Augen eine Lust, ebenso verlockend wie der Gedanke, wie Gott zu sein. *Ischa* streckt ihre Hand aus und nimmt von der Frucht.

Hätte es nicht ebenso *Ischs* Hand sein können? Die beiden sind doch eins; wird die Tat also nicht vereint begangen? *Isch* ist der stille, zustimmende Zeuge dessen, was *Ischa* tut: *Ischa nahm von der Frucht und aß und gab ihrem Mann, der bei ihr war, auch davon, und er aß.*

Oder hat es doch eine tiefere Bedeutung, daß *Ischa* als erste die Stimme der Schlange vernimmt? Wäre es möglich, daß *Isch* und *Ischa* das Männliche und Weibliche in jedem Menschen verkörpern? Seit undenklichen Zeiten wird die Vorherrschaft des Verstandes und der Vernunft als schlechthin »männlich« betrachtet, die Vorherrschaft des Gefühles und der Verbundenheit mit der Natur als schlechthin »weiblich«. Wird *Ischa* deshalb von der verbotenen, lockenden Frucht bezaubert? Sie spürt die Begierde, will nicht nur sehen, sondern anfassen und besitzen. Der Verstand, die Vernunft hat dieses Gefühl zu bezähmen. Doch was passiert, wenn sich *Isch* abseits hält, passiv bleibt? Dann strauchelt der Mensch, dann kommt Sündenfall auf Sündenfall.

»*Nehmt, eßt, eure Augen werden aufgetan, ihr werdet sein wie Gott.*«

Ischa nahm und aß, und *Isch* nahm und aß, und dann wurden ihnen in der Tat die Augen aufgetan. Was sehen sie? Nicht, daß sie wie Gott sind, wie die listige Schlange versprochen hat. Sie sehen, daß sie nackt sind. Es ist nicht länger eine unbefangene Nacktheit. Sie haben ihre Unbefangenheit verloren. Früher gab es nichts, was sie voreinander zu verbergen hatten. Jetzt werden sie voreinander zu Fremden; und um sich nicht länger den Blicken des anderen auszusetzen, fügen sie Feigenblätter aneinander und machen sich Schürze.

Und dann schämen sie sich auch vor dem Ewigen. Kaum, daß sie Gott, der in der Abendkühle durch den Garten wandelt, vernommen haben, verbergen sie sich im Gebüsch. *Isch* und *Ischa* wurden nicht nur voreinander zu Fremden, sie wurden auch vor Gott zu Fremden. Voller Todesfurcht flüchten sie in die Wälder.

»*Adam*, wo bist du?«

»Als ich dich im Garten hörte, ängstigte ich mich, denn ich bin nackt.«

»Woher weißt du, daß du nackt bist? Hast du vom Baum der Erkenntnis gegessen?«

»Die Frau, die du mir gabst, gab mir von der Frucht.«

»Stimmt das?« fragt Gott die Frau.

»Die Schlange verführte mich, und so aß ich.«

Isch verbirgt sich hinter *Ischa*, und *Ischa* verbirgt sich hinter der Schlange.

Mit der Schlange diskutiert Gott nicht: »Verflucht seist du. Auf deinem Bauche sollst du kriechen und Erde sollst du fressen, dein Leben lang. Feindschaft soll sein zwischen deinem Nachkommen und dem Nachkommen der Frau; schließlich wird dir der Kopf zertreten werden.«

»Unter Mühen sollst du Kinder gebären,« sagt Gott zur Frau, »nach deinem Mann soll dein Verlangen sein, er soll über dich herrschen.«

»Um deinetwillen sei der Acker verflucht,« sagt Gott zum Mann. »Im Schweiße deines Angesichts sollst du Brot essen, bis du, *adam*, wieder zur *Adama* werdest, davon du genommen bist. Denn du bist Staub und sollst zu Staub werden.«

So sieht das Leben für den Menschen aus, der wie Gott sein möchte: Entfremdung zwischen Mann und Frau, Entfremdung zwischen Mensch und Tier, Entfremdung zwischen Mensch und Erde. Wer sich selbst vergöttlicht, entmenschlicht.

Israel zieht den Menschen in Verantwortung. Unser Schicksal steht nicht in den Sternen. Wir sind kein Spielball von Schlange oder Schicksalsmächten. Ein Mensch ist ein verantwortliches Wesen, ein Geschöpf, das sich nicht verwundern darf, wenn Gott ihn auf seiner Flucht zur Verantwortung ruft: »*Adam*, wo bist du?«

Warum hat das Schwein einen Ringelschwanz, warum hat ein Zebra Streifen?

Das Volk weiß immer schöne Geschichten über das Warum zu erzählen.

Warum kriecht die Schlange auf ihrem Bauch, warum ist Gebären so schmerzhaft, warum ist (war) die Frau dem Mann untertan, warum muß sich der Mann in der Hitze des Tages zwischen Disteln abmühen? Und warum stirbt der Mensch?

Israel kennt eine schöne Geschichte über das Warum: Der Mensch will das menschliche Maß übersteigen. Es kam zu einem Bruch zwischen Gott und den Menschen. Wir leben nicht mehr im Paradies, wir wurden daraus vertrieben.

Doch das ist nicht das letzte, was der Priester im Exil erzählt. Es ist mit dem gefallenen Menschen nicht aus und vorbei. Eine alte Legende erzählt, daß, als Gott zum Mann sprach, daß er im Schweiße seines Angesichts Brot essen werde, dieser zu seiner Frau sagte: »Frau, hörst du das, wir bekommen doch Brot.« Und daß, als Gott zur Frau sprach, daß sie unter Schmerzen Kinder gebären werde, die Frau zu ihrem Mann sagte: »Mann, hörst du das, wir bekommen Kinder.«

Trotz allem setzt Gott sein »Experiment Mensch« fort, und dankbar nimmt *adam* seine alte Rolle als Namensgeber wieder auf sich: »*Du bist Eva,*« sagt er zur Frau, *Mutter aller Lebenden.*

Das Leben geht also weiter. Nicht der Tod hat das letzte Wort, sondern das Leben. Zwischen Schlange und Mensch wird bleibende Feindschaft sein. Doch dereinst wird der Schlange der Kopf zertreten. Dann erwartet den Menschen erneut das Paradies.

Und Gott machte dem Menschen Kleider von Fellen und bekleidete sie damit.

Gott als Schneider. Die Nacktheit voreinander konnten die Menschen selbst bedecken, ihre Nacktheit vor Gott muß von Gott bedeckt werden. Mit den von Gott angefertigten Kleidern nimmt ihnen Gott ihre Nacktheit und ihre Angst, vor seinem Angesicht zu erscheinen. Die Liebe bedeckt alles.

Unterdessen steht noch immer der Baum der Erkenntnis von Gut und Böse neben dem Baum des Lebens im Herzen des Gartens. Über ihn haben wir lange Zeit nichts gehört, doch jetzt rückt er wieder ins Bild. Denn was ist, wenn der Mensch auch nach diesem Baum seine Hand ausstreckte? Wäre es nicht sicherer, wenn Gott diesen Baum nicht länger in Reichweite des Menschen ließe? Wäre es nicht besser, wenn sich der Mensch an einem anderen Ort niederlassen würde? *Dann schickte Gott den adam weg aus dem Garten von Eden, um die Adama zu bebauen, von der er genommen war. Östlich des Gartens von Eden stellte Gott die Cherubim mit flammenden Schwert, zu bewachen den Baum des Lebens.*

Anfangs war es die Aufgabe des Menschen, den Garten zu bewahren und zu bewachen. Nun gut, jetzt tun's eben die Cherubim, – Mischgestalten mit Adlerflügeln, Löwenklauen und Menschenhaupt. Ein Musterbild an Schnelligkeit, Kraft und Klugheit. Gottes Garde.

Nach Osten hin wurde der *adam* vertrieben, erzählt der Priester. Israels Verbannte, nach Osten hin vertrieben, verstehen, wen er meint.

Eine chassidische Legende erzählt, daß in Krakau ein Rabbiner gefangen saß. Man hielt ihn für einen Staatsfeind. Der Gefängniswärter war ein typischer Rationalist: »Wenn euer Gott allwissend ist, warum fragte er dann: ›Adam, wo bist du?‹«

»Gott meinte es anders, als du denkst,« gab der Rabbi zur Antwort. »Adam war damals zweiundvierzig Jahre alt. Gott wollte also eigentlich wissen: ›Du bist jetzt zweiundvierzig Jahre alt, doch wo stehst du in deinem Leben?‹«

Der Gefängniswärter erschrak.

Er war zweiundvierzig Jahre alt.

6

Der Mensch und sein Bruder

Genesis 4

Mensch-sein ist Mitmensch-sein, hat uns der Erzähler erzählt, indem er über den Menschen als Mann und Frau sprach. Denselben Gedanken könnte er auch mit einer Geschichte über den Menschen als Bruder seines Mitmenschen illustrieren. Wenn Eva nun zwei Söhne gebäre...

Und der adam erkannte Eva, seine Frau, und sie ward schwanger und gebar den Kain. »*Ich habe einen Mann hervorgebracht,*« *sprach Eva,* »*gemeinsam mit Gott.*«

Gut jüdisch anzufügen, daß es gemeinsam mit Gott geschah. Anders als bei den *Gojim* kann es in Israel Zeugung und Geburt nicht ohne Zutun Gottes geben. Unser Erzähler wird später darauf noch ausführlich zurückkommen, wenn er uns Geschichten über die anderen Zeugungen erzählen wird und über Israels Erzmütter, die unfruchtbar und damit vollkommen auf Gott angewiesen sind.

Danach gebar sie Abel.

Dampf heißt sein Name übersetzt. Abel ist also ein nahezu namenloser Bruder; er ist Luft, Nebel, kaum mehr als ein Atemzug. Geräuschlos wird er geboren, wird er auch geräuschlos sterben?

Kain ist der Älteste, der Erste. *Geschöpf* ist sein Name, und er übernimmt die Rolle des *adam*, wird Landwirt; wie sein Vater wird er den Acker, die *Adama* bebauen. Abel wird Schäfer.

Kain und Abel bringen beide ein Opfer dar. Kain opfert die Erstlinge des Landes, Abel einen Erstling seiner Schafe. Auch gut jüdisch, denn das Land ist nicht *ihr* Land, sondern *Gottes* Land. Sie sind lediglich Verwalter. Eigentlich gehört Gott die gesamte Ernte und die ganze Herde. Zum Zeichen bringen Kain und Abel deren Erstlinge vor Gottes Thron, ein Teil für das Ganze. »Von dir ist alles gekommen, und von deiner Hand haben wir dir's gegeben.«*

Und Gott sah auf Abel und seine Gabe, Kain und seine Gabe sah er nicht an.

Wie zuvor im Garten Eden ist der Ewige auch hier »körperlich« zugegen; er kommt, um die Erstlinge in Empfang zu nehmen. Und er sieht auf den Jüngsten. Schließlich kann man zur selben Zeit nur in eine Richtung schauen. Nirgendwo steht, daß der Rauch von Abels Opfer gen Himmel stieg, der Rauch von Kains Opfer jedoch zur Erde niederschlug. Ebenso steht nirgendwo, daß Abel ein besseres Opfer als Kain darbrachte. Hier steht lediglich, daß Gott auf den Jüngsten und nicht auf den Ältesten sah.

In Israels Geschichten geschieht es stets, daß der Erste der Letzte und der Letzte der Erste wird. Israels Gott vertauscht die Rollen: Nicht Ismael, sondern Isaak ist der Erste; nicht Esau, sondern Jakob; nicht Manasse, sondern Efraim; nicht der Älteste von Isais sieben Söhnen, sondern der Achte, der ursprünglich nicht mitgezählte, der Jüngste, David. Nicht der reiche Mann, sondern der arme Lazarus. Nicht der älteste Sohn, sondern der verlorene Sohn. Gott hat eine Schwäche für die Schwachen, für die Menschen im Schatten und im Dunkel, für Menschen, die eigentlich namenlos sind, – und Luft für Menschen von Namen.

»Widernatürlich« von Gott, und für Menschen nur schwer zu fassen. Wird deswegen dieses Thema in der Bibel stets wiederholt?

Gott sah auf den Letzten, auf Abel. Und ach, hätte Kain doch nur mit Gott mitgeschaut, dann hätte er seinen Bruder gesehen. Dann wäre er zurecht ein frommer Opferdiener gewesen. Man kann nun einmal nicht vor Gottes Angesicht erscheinen, ohne ein Auge auf seinen Nächsten zu richten. Wer nicht von Herzen Vater *unser* spricht, kann nicht in die Welt des Gebets eintreten.

Gott sah auf Abel, doch Kain schaute nicht mit. *Er ließ sein Angesicht fallen.*

Eine Begegnung findet stets von Angesicht zu Angesicht statt. Kain ließ sein Angesicht fallen, Kain war zornig. Er wollte seinen Bruder nicht anschauen; er schaute auch nicht gen Himmel. Er schaute zu Boden, und so zerbrach er nicht nur die Beziehung zu seinem Bruder, sondern auch seine Beziehung zu Gott. Er ließ sein Angesicht fallen.

»Kain, warum ergrimmst du so? Warum ist dein Angesicht gefallen?«

Kain antwortete nicht. Er hatte Gott ebenso wenig zu sagen wie seinem Bruder. Kain will Gott seine Opfergabe bringen, er ist ja ein frommer Mensch, doch Religion muß Religion bleiben! Gott hat keine lästigen Fragen zu stellen. Religion soll die bestehende Ordnung sanktionieren und darf nicht alles auf den Kopf stellen. Gott hat nicht plötzlich nach dem Bruder zu fragen.

»Kain, warum ergrimmst du so?«

Würde Gott schweigen, wenn Kain Abel zum Schweigen brächte? Wäre Kain von Gott erlöst, wenn er von seinem Bruder erlöst wäre?

Und es geschah, als sie im Feld waren, fern wo Menschen wohnen, daß Kain sich wider seinen Bruder erhob und ihn tötete.

Vorsätzlicher Mord. Der erste Mensch, der aus einer Frau geboren worden war, wurde zum Mörder. Der erste Tote unter den Menschen war ein Ermordeter. Ein ermordeter Bruder.

»Kain, wo ist dein Bruder Abel?«

»Ich weiß nicht. Bin ich meines Bruders Hüter?«

Du sagst es, Kain, du sagst es! Du bist deines Bruders Hüter. Und das wußtest du. Doch du hast dich geweigert, es zu sein. *Höre, das Blut deines Bruders schreit zu mir von der Adama.* Der Acker schreit es heraus, die gute Erde wurde zur roten Erde. Höre, wie ihr Wehklagen gen Himmel schreit. *Kain, wo ist dein Bruder?*

»Adam, wo bist du?« war Gottes erste Frage. Dies nun ist die zweite Frage. *»Kain, wo ist dein Bruder?«* Alles dreht sich immer um diese beiden Fragen: »Mensch, Geschöpf, wie verhältst du dich gegenüber Gott, und wie verhältst du dich gegenüber deinem Nächsten?«

Kain hat Abel zum Schweigen gebracht. Das war zumindest seine Absicht. Doch nie hat der verletzliche Abel lauter geschrien als nach seinem Tod. *»Höre, das Blut deines Bruder schreit zu mir von der Adama.* Was du diesem deinem geringsten Bruder getan hast, Kain, das hast du mir getan. Die *Adama,* die ich erschuf, um sich für die Saat aus des Säers Hand zu öffnen, mußte sich öffnen für das Blut, das floß durch deines Mörders Hand. Verflucht bist du von der *Adama.* Wenn du die *Adama* bebaust, soll sie dir ihren vollen Ertrag nicht mehr geben. *Flüchtig und streunend sollst du auf der Erde sein.«*

Gott hat nun zwei verlorene Söhne. Den einen Sohn verlor er an den Tod, den anderen an das Leben.

»Oh Gott, meine Schuld ist zu groß, als daß ich sie tragen könnte. Fort vom Angesicht der Adama und fort von deinem Angesicht werde ich auf der Erde flüchtig und streunend sein, und wer mich findet, wird mich töten.«

»Nein, sondern wer dich tötet, Kain, soll siebenfältig gerächt werden.«

Ebenso überraschend wie Gott erst auf Abel sah, sieht er jetzt nach Kain. Nun, so überraschend ist es eigentlich nicht, denn sich selbst treu nimmt es Gott jetzt für den Schwachen auf, den Geringsten, den Menschen im Dunkel, für das Geschöpf im Schatten des Todes. *»Nein, ein jeder der dich tötet, Kain, soll siebenfältig büßen.«*

Und Gott machte ein Zeichen an Kain, daß ihn niemand töte. So ging Kain hinweg von dem Angesicht Gottes und wohnte im Lande Nod, östlich von Eden.

Jener, den man nach dem Gesetz der Blutrache hätte töten müssen, darf am Leben bleiben. Gott klagt den Sünder an, doch steht zugleich für ihn ein. »Adam, wo bist du?« ruft Gott und macht dem nackten Menschen Kleider. »Kain, wo ist dein Bruder?« ruft Gott, und auch der wehrlose Kain kann auf seinen Schutz zählen. »Jenseits von Eden« empfängt er das Kainszeichen. Es ist kein Zeichen, das ihn für immer an den Pranger stellt und zum Verbrecher stempelt, sondern ein Zeichen des Erbarmens jenes Gottes, der ihn auch jetzt, gerade jetzt, nicht fallen läßt. Gott tritt als der Beschützer von Gesindel auf.

Er wohnt durch einen Ausweis gedeckt durch Gott,
nahe dem Paradies, im Lande Nod.*

Nod. Im *Schweifland* wohnt der durch die Lande Schweifende.

Wie soll es allerdings jetzt mit dem Menschengeschlecht weitergehen? Ein *Streuner*, der sich niederläßt, – widerspricht sich das nicht? Und was geschieht, wenn diese Widersprüchlichkeit zur Regel wird?

Und Kain erkannte seine Frau, sie ward schwanger und gebar Henoch. Kain baute eine Stadt.

Da haben wir's schon: Er baut eine Stadt. Das klingt unheilverkündend. Für den Erzähler bedeutet »Stadt« kaum anderes als eine gottlose Auftürmung von Bosheit und Elend. Schon wieder ist Kain vom richtigen Wege abgekommen.

Henoch zeugte Irad, Irad zeugte Mehujaël, Mehujaël zeugte Metuschaël, Metuschaël zeugte Lamech. Lamech nahm zwei Frauen: Ada und Zilla, Glanz und Schatten.

Noch mehr Widersprüchlichkeit. Wen sollen Glanz und Schatten gebären?

Glanz gebar Jabal, den Vater der Zeltbewohner mit ihren Herden. Auch gebar sie Jubal, den Vater aller Zither- und Harfenspieler.

Schatten gebar Tubal-Kain, den Vater aller Erz- und Eisenschmiede. Sie gebar auch Naama, Tubal-Kains Schwester.

Tubal-Kain, sein Name riecht nach Mord und Totschlag. Er ist der Patron der Schmiede, jener umherziehenden Kerle, die Pflugscharen herzustellen vermochten, aber auch Schwerter, je nach Belieben. Und sein

Schwesterchen heißt Naama, *Schätzchen*, streunendes Schätzchen, ach ja, auch die irren immer an der Schattenseite des Lebens umher.

Mit anderen Worten: ein wunderliches Volk, Städter, Zeltbewohner und streunende Streicher, Musikanten, Haudegen und leichte Mädchen. Eine verwirrende Mischung aus Harmonie und Mißklang, dort im Lande Nod, ein rätselhaftes Clair-obscur von Glanz und Schatten. Worauf läuft dies hinaus?

Und Lamech sprach zu Ada und Zilla, seinen Frauen: »Höret meine Stimme. Einen Mann töt ich für eine Wunde, ein Kind für eine Strieme. Ja, siebenfach wird Kain gerächt, aber siebenundsiebzigfach Lamech.«

Hierauf läuft es also hinaus. So poltert und prahlt der gottlose Mensch. Aus dem Munde von Kains siebtem Sohn, ein roher Rächer, ein Kain hoch sieben, seit Menschengedenken die Verkörperung der zügellosen Rache.

War es das dann? Ist hier das Ganze zu Ende?

In gewisser Hinsicht ja. Lamechs Weg führt ins Nichts. Kains Geschlecht ist bei der weiteren Geschichte keine Zukunft beschieden, es verschwindet von der Bühne, Schluß und aus.

Zum Glück erblickt ein Stückchen weiter ein neuer Mensch das Lebenslicht, ein Hoffnungsschimmer dämmert auf: *Und Adam* – als der *adam* war er der Vertreter des ganzen Menschengeschlechtes, als *Adam* ist er der Vater des Sohnes, der jetzt geboren wird – *und Adam erkannte abermals seine Frau, sie gebar einen Sohn und rief seinen Namen Set. Setzling.*

Es gibt noch Hoffnung. Ein Sohn wird geboren, der den Platz des ermordeten Abel einnehmen darf. In Set ersteht Abel wieder von den Toten.

Auch Set wird ein Sohn geboren. Enosch, *Menschlein*, Namensgenosse von Adam, *Mensch*. Ein neuer Anfang also.

Damals begann man den Namen des Herrn auszurufen.

Gottlob, Heil ist zu erwarten. Israel kennt ein Geheimnis. Die Geschichte wird weitererzählt.

7

Die Zeugungen des Menschen

Genesis 5

Dies ist das Buch der Zeugungen von Adam.

Mit dem uns bereits bekannten Wort *Zeugungen* nimmt der Erzähler den Faden seiner Geschichte wieder auf. Er hatte mit der Schöpfung von Himmel und Erde und mit deren Zeugungen – der Mensch: Mann und Frau, der Mensch und sein Bruder – angefangen. Nun ist es höchste Zeit, die Geschichte mit *den Zeugungen von dem adam* fortzuführen, denn das ist die Berufung des Menschen.: fruchtbar sein, zeugen und gebären.

Am Tag, da Gott den Menschen schuf, machte er ihn nach seinem Gleichnis, als Mann und Frau schuf er sie. Und er segnete sie und nannte sie »Mensch«, am Tag, da sie erschaffen wurden.

In Israel kommt eine Geschichte über die Geburt eines Menschen nicht mit dem ersten Atemzug, sondern mit der Nennung des Namens zum Ende. Erst wenn der Name ausgerufen wurde, erst wenn der Rufname, der Berufungsname, erklungen ist, ist der Mensch wirklich gegenwärtig. Der Rufname offenbart die Aufgabe eines jeden Menschen. Ohne Berufung kein Leben. »*Mensch, sei Mensch!*«

Mensch ist man also nicht einfach so, zum Menschen muß man werden. Ein Fisch ist ein Fisch, doch ein Mensch kann auch ein Unmensch sein. Wenn er zum Beispiel wie Gott sein möchte. Soeben haben wir gehört, zu welchen Katastrophen das führt. Nein, Mensch vor Gott hat man zu sein: der Erde als guter Verwalter dienen, fruchtbar sein, zeugen und gebären.

Als Adam hundertdreißig Jahre gelebt hatte, zeugte er einen Sohn und nannte ihn Set. Und die Tage Adams, nachdem er Set gezeugt hatte, waren achthundert Jahre, und er zeugte Söhne und Töchter. So waren alle Tage Adams, die er gelebt hatte, neunhundertdreißig Jahre. Und er starb.

Als Set hundertfünf Jahre gelebt hatte, zeugte er Enosch. Und Set lebte, nachdem er Enosch gezeugt hatte, achthundertsieben Jahre, und er zeugte Söhne und Töchter. So waren alle Tage Sets neunhundertzwölf Jahre. Und er starb.

Und so geht es weiter. Zehn Geschlechter nacheinander. Ist es ein Geschlechtsregister? Nein, es ist kein Geschlechtsregister, denn bei einem Geschlechtsregister schaut man zurück, vom Heute so weit als möglich zurück in die Vergangenheit. Doch unser Erzähler schaut genau in die entgegengesetzte Richtung, er ist auf die Zukunft hin ausgerichtet: Seht nur, wer hier nun unerwartet seinen Einzug in die Geschichte nimmt; hört, wer wieder gezeugt wurde!

Dabei kommt vor allem der Zeugung des Erstlings besondere Aufmerksamkeit zu, denn der Erstgeborene ist es, der in Abwesenheit des Vaters die Rolle des Stellvertreters der gesamten Familie einnimmt. Genau wie das Volk Israel, der Erstling Gottes, das auf der *Erez* die gesamte *family of man* repräsentiert. Ebenso wie der Erstling inmitten vieler Brüder und Schwestern ist Israel der Gesegnete inmitten der Völker. In diesem einen Gesegneten werden alle gesegnet sein.

Dies sind die Zeugungen von...

Zehnmal werden wir insgesamt diese Worte im ersten Buch der Bibel hören. Ebenso erklangen auch zehn Schöpferworte, ebenso werden später, nach den zehn Plagen, die Ägypten heimsuchen, zehn Gebote gegeben. Die Zahl zehn ist die Zahl der Taten Gottes, und so besteht auch die nun folgende Liste der Zeugungen von Adam bis Noah aus zehn Namen. Und von Noah bis Abraham werden zweifelsohne wieder zehn Geschlechter erscheinen, das läßt sich an unseren zehn Fingern abzählen.

Dies sind die Zeugungen von Adam: Der Mensch erscheint auf der Bühne, Adam und Söhne. Und stets kommt jenem Erstling besondere Aufmerksamkeit zu. Es dauert nicht mehr lange, und der Name Israel wird erklingen. Ein besonderes Volk.

Adam zeugte Set, zeugte Söhne und Töchter, und starb, im Alter von neunhundertdreißig Jahren. Seth starb, im Alter von neunhundertzwölf Jahren, Enosch starb, im Alter von neunhundertfünf Jahren.

Ein hohes Lebensalter galt in Israel als eine Gunst Gottes, ein Zeichen seiner Güte. (Zählt man all diese Lebensalter zusammen, kommt man auf fast sechstausend Jahre, die uns nach der jüdischen Zeitrechnung von der Schöpfung trennen). Doch offensichtlich ist etwas zwischen Gott und den Menschen fehlgegangen, denn die Väter werden stets weniger alt. Offensichtlich ist etwas mit dem Menschen geschehen, daß seine Lebenskraft derart angerührt ist.

Enosch zeugte Kenan, Kenan zeugte Mahalalel, Mahalalel zeugte Jered, Jered zeugte Henoch.

Als Henoch fünfundsiebzig Jahre gelebt hatte, zeugte er Metusalem. Und Henoch wandelte mit Gott, nachdem er Metusalem gezeugt hatte, dreihundert Jahre, und er zeugte Söhne und Töchter. So waren alle Tage Henochs dreihundertfünfundsechzig Jahre. Und Henoch wandelte mit Gott, und er war nicht mehr, denn Gott hatte ihn aufgenommen.

Zehn Männer nacheinander. Wie ergeht es ihnen wohl? Ach, wie ergeht es wohl Männern? Sie werden gezeugt, sie zeugen und sie sterben. Männer, Frauen, Menschenkinder, sie kommen, sie leben, dann sterben sie. So geht es seit Menschengedenken.

Das hat etwas Betrübliches. Menschen werden geboren, sie heiraten, bekommen Kinder, doch das Ende ist immer der Tod. *Und er starb.*

Doch nein, es gibt eine Ausnahme. Von einem einzigen wird erzählt, daß Gott ihn hinwegnahm. Vom siebten wird das erzählt. Von Henoch. Er starb nicht, Gott nahm ihn zu sich. So kann man den Tod also auch betrachten.

Der siebte ist Henoch, ein Sabbatmensch, eingeweiht in die Geheimnisse Gottes. Und das bedeutet auch sein Name: *der Eingeweihte.* Irdischen Sterblichen eröffnet sich an jedem siebten Tag eine Weitsicht. Von Sabbat zu Sabbat war Henoch in das Geheimnis des Lebens und in das Geheimnis des Todes eingeweiht. Er wandelte mit Gott, und er hat den Tod nicht gesehen, wie an anderer Stelle in der Bibel so schön geschrieben steht. Das kam natürlich dadurch, daß er im Leben und Sterben stets jene Weitsicht auf den Netzhäuten seiner Augen spürte. Dann sieht man den Tod nicht.

Inmitten von Gottes ersten Zehn, jener zwei Hände voll seltsamer Gestalten, ist Henoch der Eingeweihte, das Vorbild des wahren Sabbatmenschen, Menschlein Nr.7. Mitten im Leben, das irdische Sterbliche derart genießen und an ihm zugleich auch derart leiden, an einander und am Tod, scheint dieses Sabbatkind, dieser in die Geheimnisse Gottes Eingeweihte, sie aus ihrer Todesangst befreien zu wollen. »Wandelt mit Gott,« spricht er. »Wer mit Gott wandelt, wird den Tod nicht sehen.«

Er selbst wandelte dreihundertfünfundsechzig Jahre mit Gott, gleich den Tagen eines Jahres. So lebte Henoch, von Sabbat zu Sabbat, von Tag zu Tag, wandelnd mit Gott, bis daß er der Tage gesättigt von Gott aufgenommen wurde. Es geschah ganz nebenbei, so als kehrte er eines Tages einfach bei Gott ein.

Ein Kindergottesdienstkind erzählte die Geschichte einmal so: »Henoch wandelte mit Gott, und sie waren so sehr ins Gespräch vertieft, daß sie redeten und redeten und die Zeit ganz vergaßen. Soviel hatten sie einander zu erzählen, daß sie gar nicht merkten, wie weit weg sie schon von Henochs Haus waren. Dann, plötzlich, standen sie bei Gottes Haus. Henoch erschrak: »Oh Gott, ich muß dringend zurück.« »Ach,« sprach Gott, »wenn du jetzt doch schon so weit bist, kannst du auch gleich mit reinkommen.«

Die zwei waren gute Freunde. Sie verbrachten viel Zeit miteinander. Stück für Stück offenbarte sich Gott seinem Geschöpf. Stück für Stück vertraute sich das Geschöpf seinem Gott an:

> *Ich wandelte, ich wandelte allein,*
> *ich wandelte und sprach zu dem Herrn,*
> *er sprach und ich hörte, und er hörte und ich sprach,*
> *und ich wandelte und ich sprach zu dem Herrn.**

Metusalem zeugte Lamech und starb, im Alter von neunhundertneunundsechzig Jahren. Den Namen Lamech kennen wir bereits. Er war der siebte von Kains Söhnen. Ein brutaler Rohling, der die grenzenlose Rache predigte: Er schwor, sich siebenundsiebzigmal blutig zu rächen, sei es auch an einem wehrlosen Kind, sei es auch für nur eine Strieme. Doch dieser Lamech ist tot, und sein Geschlecht ist ausgestorben.

Hier ersteht ein anderer Lamech, der Vater eines Sohnes, dem er den Namen Noah gibt: »*Denn von der Adama, die Gott verflucht hat, wird dieser uns trösten in unserer Beschwernis und der Arbeit unserer Hände*«. Mit Noah wird Gott später einen neuen Anfang machen. Dort, wo der erste Lamech den Weg zu einer hoffnungsvollen Zukunft versperrte, hält der zweite Lamech im Glauben die Zukunft offen. Dieser Lamech wird siebenhundertsiebenundsiebzig Jahre alt. Nicht so alt wie Metusalem, doch was für ein gesegnetes Alter!

Jahrhunderte später wird in Israel aus seinem Samen ein Prophet aufstehen, der die grenzenlose Vergebung predigt: siebzig mal siebenmal.*

8

Noah

Genesis 6

Lamech zeugte seinen Erstling und gab ihm den Namen Noah. Nach Noah zeugte
er Söhne und Töchter.

Immer wieder geht es um den erstgeborenen Sohn inmitten der anderen
Söhne und Töchter, um den Erstling der Familie, der die gesamte *Mischpo-*
che vertritt. Geschlecht nach Geschlecht geht es um diesen einen, und *in*
diesem einen um jenen, der nachher Abraham heißen wird und danach
Isaak und danach Jakob/ Israel. Wenn man wissen will, was für alle gilt und
was die ganze Menschenfamilie erwarten darf, dann achte man auf diesen
einen, bei dem es um alle geht.

Gibt es aber außer von dem einen nicht auch etwas von den anderen zu
erzählen? Die anderen Söhne und Töchter machen doch auch Geschichte?
Ja sicherlich, doch ist es eine ziemlich bedenkliche Geschichte. Nehmt
zum Beispiel die Töchter. Was sie wirklich treiben, ist aus der uralten Überlieferung zwar nicht genau zu entnehmen, aber soviel ist deutlich: Die von
Gott so sorgfältig angebrachte Trennung zwischen Himmel und Erde wird
von den Menschentöchtern nicht respektiert, sie überschreiten alle Grenzen, kennen kein Maß, paaren sich mit Göttersöhnen und bringen Riesen
zur Welt. Nein, es geht nicht gut zu auf der Erde: Die Grenzen verwischen
sich, die Göttersöhne bekommen menschliche Leidenschaften, und die
Menschentöchter vergöttlichen die ihren. »Nach uns die Sintflut!« Als
spürten sie, daß diese Katastrophe auf sie zukommt! Als wüßten sie in ihrem tiefsten Inneren, daß dies nur katastrophal enden kann, diese Ver-
menschlichung der Götter, diese Vergöttlichung des Menschen.

Mit Tränen in den Augen sieht's Gott an, vom Himmel hoch, das traurige
Schauspiel der Sterblichen aus Fleisch und Blut, die sich selbst zu über-
menschlichen Giganten aufblähen und Ungetüme gebären. Wirklich, er

bereute es, daß er den Menschen gemacht hatte. (Später wird den Ewigen wieder seine Reue bereuen, nichts ist veränderlicher als Gott!). Gott reute es, daß er den Menschen erschaffen hatte. Er erinnerte sich daran, wie einst am sechsten Tage seine heiligen Engel ihren Atem anhielten, denn was der Herr nun zu tun beabsichtigte…

Könnte ich nur noch mal von vorn anfangen mit dem Menschen, dachte Gott bei sich. Wenn ich nun die Wasser, denen ich im Anfang Schranken setzte, die Erde einfach wieder bedecken ließe? Wenn ich einfach eine große Flut kommen ließe, in der alle Menschen umkämen, bis auf ein paar Gute und Gerechte. Und wenn ich dann einfach mit diesen Menschen von vorn anfinge? Gott mußte dabei sofort an Noah denken, denn der wandelte, genau wie Henoch, so gern mit ihm auf der Erde. Gott dachte an Noah und an Noahs Frau. Wenn er die beiden nun verschonte, mit ihren Kindern. Und ein Männchen und ein Weibchen jeder Tierart. Wenn er nun einfach Noah und die Seinen mitsamt den Tieren die Flut in einer großen Arche überleben ließe. Und wenn er dann noch einmal von vorn anfinge. Wäre das nicht etwas?

Es erhebt sich die Frage, was das für ein Gott ist, der solche Gedanken hegt und der der Gewalt auf der Erde mit Gewalt zu Leibe rücken will.

Es ist der Gott des Geschichtenerzählers. Die Geschichte hat er übrigens nicht selbst erfunden, überall auf der Welt wimmelt es von Sintfluterzählungen, von Tibet bis Mexiko, von Sulawesi bis Wales, denn überall auf der Welt hat der Mensch bis weit ins Landesinnere Fossilien von Meerestieren gefunden, die ihn zu Phantasien über eine große Flut anregten, die die Erde einst im Auftrag oder auch nicht im Auftrag der Götter bedeckt haben mußte. Und überall und allezeit fühlen Menschen sich von möglichen Katastrophen bedroht, und sie bannen ihre Ängste, indem sie sich Geschichten von der Errettung aus der Bedrängnis erzählen. Wie sonst niemand wissen die Verbannten in Babel Bescheid über die Flut der Völker, die einen urplötzlich überspült, von den Wogen des Hasses, in denen man untergeht.

Dem Geschichtenerzähler fällt die Vorstellung eines Gottes, der die Schleusen des Himmel öffnet, offensichtlich nicht schwer. Wir empfinden eher mit Jiska, der Geliebten von Noahs Sohn Ham, wie sie uns in einem Theaterstück unsrer Tage vorgestellt wird*: Sie weigert sich, an Bord der Arche zu gehen. »Ham, ich bin sicher nicht bereit, mich wie ein Geburtstagskind mit Gottes Elite zusammen in diesen Kahn zu setzen, während alles, was mir lieb ist, ersäuft. Dein Gott will anscheinend Tränen, meinetwegen, auf ihnen dürfen dein Vater Noah und die Seinen dann ruhig treiben. Aber ohne mich!«

Führt unser Geschichtenerzähler das Unheil, das Menschen trifft, genauso freimütig auf Gott zurück wie jener Bauer aus der niederländischen Provinz Zeeland die Hochwasserkatastrophe: »Herr Pfarrer, wir wissen ja, wer dahintersteckt!« Oder sieht er die Flut vielmehr als eine Katastrophe, die der Mensch auf sich selbst herabgerufen hat, so als habe Gott schließlich zu dem immer wieder rebellierenden Menschen gesagt: Nun gut, dein Wille geschehe!?

Oder stellt der Erzähler sich diese bittere Frage erst gar nicht, in den Bann gezogen von einem Anteil nehmenden Gott, der seine gute Erde vor weiterem Elend behüten und sie letztendlich nicht verderben, sondern bewahren will? Ist diese Geschichte nicht vor allem die Geschichte von Noahs Bewahrung?

Dies sind die Zeugungen von Noah, ein Gerechter, ein Mensch aus einem Stück, der mit Gott wandelte. Drei Söhne zeugte Noah: Sem, Ham und Jafet. Und Gott sprach zu Noah: Ich will eine Sintflut kommen lassen auf Erden, und alles, was lebt, soll in den Fluten umkommen. Du aber, mache dir einen Kasten von Tannenholz und verpiche ihn innen mit Pech. In ihn sollst du bringen die Tiere, zwei von jeder Art: die Vögel, das Vieh, das Kriechgetier und die Tiere des Feldes. Du und deine Frau und deine Söhne und ihre Frauen sollen in die Arche gehen. Euch werde ich verschonen. Dreihundert Ellen lang soll der Kasten sein, fünfzig Ellen breit, dreißig Ellen hoch.

Eine Arche soll Noah machen, einen großen Kasten. Noah soll mit den Seinen und den Tieren eingesargt werden in einer Großausgabe des mit Pech bestrichenen Kästleins, in dem dereinst der kleine Mose zu Wasser gelassen wird. Ebenfalls um dem Tod zu entrinnen.

Noah haut und hackt und sägt und zimmert. »Als ob es um Leben und Tod ginge,« höhnen die Nachbarn.

»Was ihr nicht sagt,« antwortet Noah.

Er zimmert. Langsam erhebt sich das plumpe Schiff auf seinem Grundstück. Der Traum eines Narren. Eine Predigt aus Holz, dreihundert Ellen lang, fünfzig Ellen breit, dreißig Ellen hoch. Noahs Zeugnis, daß eine Kultur unterzugehen droht. Ein verkannter stiller Protest, denn keine Menschenseele versteht diese solide gezimmerte Unheilsprophetie. Man lacht verächtlich: »Noah, was machst du denn da? Gehst wohl zur See?«

Noah zimmert. Sogar nachts tönt sein Hämmern durch das schlafende Dorf. Als habe er Eile. Der Tor! In seinen Tagen wird Jesus daran zurückdenken: »Es ist wie in den Tagen Noahs: die Menschen vor der Sintflut, – sie begriffen nichts, sie aßen, sie tranken, sie heirateten, und sie merkten nichts. Bis die Flut kam.«*

Nur Noah merkte etwas, denn Noah wandelte mit Gott. Er merkte an Gott, daß da etwas nicht stimmte. Gott bereute es anscheinend, daß er sich im Anfang den Menschen aufgehalst hatte.

Noah zimmert weiter an seinem ruderlosen Kahn, an diesem plumpen, schwarzen Gefährt, mitten auf dem Land, einfach so auf dem Trockenen. Weit und breit von Wasser keine Spur. Die Töchter und Söhne der Menschen trieben ihren Spott mit dem emsigen Noah: »Und wie willst du das Schiff aufs Wasser kriegen?«

»Das Schiff braucht nicht zum Wasser gebracht zu werden,« sprach Noah, »das Wasser kommt zum Schiff.«

9

Die Sintflut

Genesis 7, 8 und 9

Das Wasser *kam* zum Schiff. Vierzig Tage und vierzig Nächte suchten heftige Wolkenbrüche die Erde heim; Flüsse traten über die Ufer, Meere schwollen an, denn Einer hatte die Schleusen des Himmels aufgetan. *Didn't it rain, oh, didn't it rain, children of my Lord?*

Noah brachte die Tiere in die Arche, je zwei und zwei, und ging zum Schluß auch selbst an Bord, gemeinsam mit seiner Frau, seinen drei Söhnen und deren Frauen.

Gott schloß die Tür hinter ihm zu.

Liebevoll. Jetzt auf einmal ist Gott ganz anders, wie eine Mutter ist er, die ihr Kind zudeckt, ihm einen Gutenachtkuß gibt, und dann leise die Türe schließt. »Lebe wohl! Brauchst keine Angst zu haben, ein Weilchen nur, und es wird wieder lichter Tag!«

Das Wasser wuchs, die Flut stieg, die große Flut. Wieder wurde die Erde *tohu wa bohu* und Finsternis lag auf den Wassern, als hätte Gott nie »Es werde Licht« gerufen. Erst starb das Kriechgetier, dann starb das Vieh, danach starben die Menschen. Als das Wasser die Baumwipfel erreicht hatte, ertranken schließlich auch die Eichhörnchen und die Vögel. Nur die Fische merkten wie gewöhnlich nichts. Stille herrschte überall.

Todesstille. Außer in dem Kahn, in dem auf dunklen Wellen sich wiegenden Kasten, war nirgendwo ein einziges Lebenszeichen zu entdecken. Noah schaukelte auf der Flut, nur eine dünne Wand trennte ihn vom Tod. Doch er fühlte sich getragen.

Möchte diese Geschichte umherschweifende Sterbliche glauben machen, Gott werde sie über den Tod hinwegtragen? Ist das der Traum des Volkes Israel, das fern von der Heimat auf dem Weltmeer umherirrt, daß Gott es einst aus dem Exil nach Hause bringen werde?

Hundertfünfzig Tage lang fuhr Noah mit seinem treibenden Zoo auf den Wassern. Dann wurde es Frühling. *Und Gott gedachte an Noah und an alle Tiere, die mit ihm waren, und er ließ seinen Atem über die Erde gehen und die Wasser legten sich, die Flut nahm ab, und die Arche ließ sich nieder auf dem Gebirge Ararat.*

Der Erzähler meint nunmal, daß der Ararat der höchste Berg der Welt sei. Niemand mache sich also in blinder Frömmigkeit mit einer Expedition auf die Suche nach der Arche, denn eher noch findet er im Grimmland das Lebkuchenhaus von Hänsel und Gretel.

Noah öffnete das Fenster der Arche und schickte einen Raben auf Erkundungsflug.

Ein wilder Vogel ist der Rabe, ein Räuber. Unstet flog er von hier nach dort, Noah half es nicht viel.

Sieben Tage später ließ er eine Taube fliegen, einen Vogel, der sich sein Nest am liebsten dort baut, wo die Menschen wohnen. Doch das Tier des Friedens fand nichts, wo es sich niederlassen konnte, denn die Wasser bedeckten noch die ganze Erde. Noah streckte die Hand aus dem Fenster und nahm die Taube wieder zu sich herein in die Arche.

Weitere sieben Tage später ließ Noah den Vogel nochmals fliegen. Um die Abendzeit kehrte die Taube mit einem Ölblatt im Schnabel zurück.

Am Abend kam die Taube wieder,
Und trug ein Ölblatt in dem Munde.
O schöne Zeit! O Abendstunde!*

Es ist ein erster Gruß aus dem wiedergewonnenen Paradies. Verheißung eines neuen Gartens.

Abermals wartete Noah sieben Tage. Unser Schiffer zur Seite Gottes zählte anscheinend von Sabbat zu Sabbat. Er zählte die Tage von Gott aus und auf Gott zu. Dann ließ er die Taube zum dritten Mal fliegen. An jenem Abend kehrte sie nicht zurück. Der Friede kehrte zurück.

Noah und die Seinen verließen gemeinsam mit den Tieren die Arche. Als er an Land gegangen war, baute er einen Altar, und dankte Gott mit einem Brandopfer für ihre Rettung, für ihre sichere Fahrt und diesen neuen Anfang.

Gott roch den Geruch des Brandopfers und Gott roch, daß es gut war. Und leise sprach er zu sich selbst, gerade so, daß ihn unser Erzähler noch hören konnte: »Obgleich das Herz des Menschen böse ist von Jugend auf, will ich um des *adam* willen die *Adama* hinfort nicht mehr verfluchen. Saat und Ernte, Frost und Hitze, Sommer und Winter, Tag und Nacht sollen hinfort nimmermehr aufhören.«

Gott segnete Noah und die Seinen: »Seid fruchtbar, mehret euch, füllet die Erde. Siehe, ich richte mit euch einen Bund auf und mit euren Nachkommen und mit den Vögeln, dem Vieh und den wilden Tieren. Hinfort soll kein Leben mehr von den Wassern der Sintflut verderbt werden. Das ist das Zeichen des Bundes, das ich gesetzt habe zwischen mich und euch und alles, was lebt, auf ewig: der Regenbogen in den Wolken. Wenn sich dunkle Wolken über euch zusammenballen, erhebet dann eure Augen zum Himmel. Wenn sich dann in den Wolken der Bogen zeigt, der Himmel und Erde vereinigt, wisset, daß ich an meinen Bund gedenke. Fürchtet euch nicht.«

Seid fruchtbar, mehret euch, füllet die Erde. Wie einst Adam zwischen den Tieren gestanden hatte, so stand jetzt Noah zwischen den Tieren, und er bekam das gleiche zu hören wie einst Adam. Gott fing noch einmal von vorn an.

Noah brachte ein Opfer dar. Fromm wie er immer gewesen ist, dankte er Gott. Die große Flut hatte ihn nicht merklich verändert. Glücklicherweise hatte sich jedoch Gott inzwischen geändert. »Ich tue es nie wieder,« sprach Gott.

Hoch über Noah wölbte sich ein Bogen aus siebenfachem Licht, der war so weit wie die Welt.

Und Noah pflanzte einen Weinberg.

Noah hatte vorläufig genug Wasser gesehen und getrunken, nach all den Entbehrungen würde ein Glas Traubensaft ihm guttun. Lechajim! Wohlgemut zapfte er aus dem Faß. Auf das Leben!

Sein Becher floß ihm über. Nur wußte er noch nicht, daß Traubensaft sich ohne weiteres in Wein verwandeln kann, und so konnte es geschehen, daß der erste Weinbauer auch der erste Angetrunkene der Welt wurde. Er wußte nicht, wie ihm geschah. Nackt und stockbetrunken lag er da in seinem Zelt und schlief seinen Rausch aus. Ham sah es. Doch statt seinen wehrlosen Vater zu schützen und es geheimzuhalten, machte er es ruchbar. Was er für sich hätte behalten sollen, machte er schmunzelnd in aller Munde bekannt: »Schaut her, Vater ist betrunken!«

Sem und Jafet fanden jedoch kein Vergnügen an dem Schauspiel. Voller Scheu betraten sie Noahs Zelt und rückwärts, mit abgewandtem Gesicht, gingen sie zu ihm hin, damit sie ihn nicht in seiner Blöße sähen. Und sie deckten ihn zu mit dem Mantel der Liebe.

Früher oder später entdeckt ein Kind immer die Schwächen des Vaters. Und was soll es dann mit dem *drunken sailor* machen? Sem und Jafet halten ihn in Ehren, Ham läßt ihn fallen. Ham, *Kanaans Vater*, das heidnische Kanaan, wo die Religion in Israels Augen zu Ausschweifungen und schamlosen Zuständen führt. Israel ist der Meinung, daß man dagegen nicht kräftig genug Stellung nehmen kann: Ham wird verflucht.

Eine tragische Geschichte.

10

Der Turmbau zu Babel

Genesis 10 und 11

Dies sind die Zeugungen von Noahs Söhnen Sem, Ham und Jafet, nach der Flut...

Siebzig Söhne werden gezeugt. Sie repräsentieren die siebzig Völker der Welt, die *Gojim* erblicken das Lebenslicht. Und mit allen siebzig Völkern schließt Gott einen Bund. Der siebenfarbige Bogen hoch oben im Himmel überkuppelt alle, gemeinsam bilden sie eine große Menschenfamilie.

Nur Israel fehlt noch. Doch aus der Mitte aller Brüder- und Schwesternvölker wird nun auch bald das Gottesvolk ins Rampenlicht treten. Israel ist nicht der Erstgeborene; in der Völkerwelt ist es ein Nachzögling. Doch Israel ist der Erstling: Israel ist nicht *vor* den Völkern erschienen, sondern *für* die Völker da. Zuerst kamen die *Gojim*, dann erscheint das Bundesvolk in der Gestalt von Erzvater Abraham, um in der Welt der *Gojim* von diesem Bund in Wort und Tat Zeugnis abzulegen. So hat es Gott bedacht, haben es Abrahams Kinder bedacht: »*In dir Abraham sollen alle Geschlechter des Erdbodens gesegnet werden.*« Es dauert nicht mehr lange und auch Israel erblickt das Lebenslicht. Es dauert nicht mehr lange und Abraham erscheint.

Das wird auch Zeit, denn bei den *Gojim* läuft nicht alles zum Besten; bei den Söhnen und Töchtern des menschlichen Geschlechts gerät alles außer Kontrolle.

Von den *Töchtern* hörten wir bereits, wie sie sich – die Grenzen zwischen Himmel und Erde nicht respektierend – von den Göttersöhnen schwängern ließen. Sie brachten Riesen zur Welt. Das war vor der Flut. Riefen sie damit die Flut über sich herab?

Auch an den *Söhnen* läßt sich illustrieren, daß die große Menschenfamilie auf dem falschen Weg ist. Nun ist die Zeit nach der Flut! Die Geschichte lehrt eben, daß wir aus der Geschichte nichts lernen. »Nach uns die Sintflut,« rief das Volk vor der Flut, und nach der Flut machen die Menschen fröhlich weiter wie vor der Flut, und rufen erneut: »Nach uns die

Sintflut!« Erst waren es die Töchter des Menschen, nun sind es dessen Söhne, die die Grenzen zwischen Himmel und Erde nicht respektieren und sich an einer lebensgefährlichen Grenzüberschreitung versündigen: »*Wohlauf, laßt uns einen Namen machen. Wohlauf, laßt uns eine Stadt mit einem Turm bauen, dessen Spitze bis an den Himmel reicht, auf daß wir nicht über die Erde zerstreut werden. Laßt uns Ziegel streichen und brennen.*«

Die Söhne fürchten, über die Erde zerstreut zu werden, während es gerade Gottes Absicht ist, daß die Völker sich über die Erde verteilen, um sie zu bebauen, sie urbar und bewohnbar zu machen. Doch den Söhnen fehlt der Mut zur Freiheit, lieber verschanzen sie sich in einer Stadt mit Mauer und Turm.

Die Söhne der Menschen aber hatten einerlei Zunge und einerlei Sprache.

In diesen Worten liegt der Klang von Heimweh und Verlangen nach den Tagen von einst. Es war einmal... Doch etwas ist passiert. Was? Die Söhne der Menschen haben ihr Menschenmaß überschritten. Sie stürmten den Himmel, versuchten Gott auszustechen. *Wohlauf, laßt uns...* In ihrem mit Angst genährten Hochmut wollten sie nicht länger für Gott da sein, sondern sie wollten wie Gott sein. Sie erbauten *Babel, Pforte Gottes* auf babylonisch. Ihre Stadt sollte der Mittelpunkt der Erde sein, das Herz des Weltalls. Im Herzen ihrer Stadt sollte sich ein Tempel erheben, so hoch wie der Himmel. Nur wenige Augenblicke noch und sie würden einfach durch die Himmelspforte eintreten können. Sie würden wie Gott sein.

Gott sah's sich von oben mit scheelen Augen an: die Angst, die Anmaßung und die törichte Arroganz der Söhne der Menschen. Vertrauen, Ehrerbietung, Ergebung, all das war verschwunden. Und das ist erst der Anfang! dachte Gott. Sie sind wirklich zu allem fähig, die Menschenkinder! Gleich kommen sie auch noch hier herauf... *Wohlauf, laßt uns herniederfahren und ihre Sprache verwirren, daß keiner den anderen verstehe.*

Schelmisch! »*Wohlauf.*« Gott äfft die Menschen nach! »Wohlauf, laßt uns herniederfahren und ihr Gebilde aus der Nähe betrachten.«

Das Mammutprojekt der menschlichen Selbsterhöhung war vom Himmel aus natürlich kaum zu sehen. Gott mußte herniederfahren, um zu sehen, was es genau darstelle. Und Gott fuhr hernieder und *verwirrte* ihre Sprache. *Babel* mag zwar auf babylonisch *Pforte Gottes* heißen, in Israels Ohren klingt es eher wie das Wort *Verwirrung*. »Pforte Gottes? Wirrsal, meinst du wohl,« spotteten die Verbannten, als sie die Geschichte hörten. Wirrwarr. Babbelfurt.

Die Kinder Israels lassen sich von Babels ausgedehnten religiösen Bauwerken nicht beeindrucken, denn sie wissen, daß es Machwerke eines verbrecherischen Staates sind, der Frieden stiftet, indem er Völker unterwirft, und der Einheit schafft, indem er Widerstand blutig niederschlägt. Bei Gott, das kann kein Staat, keine Stadt sein, wie sie der Schöpfer vor Augen hatte, als er Adam und Eva erschuf und als er Noah und den Seinen festen Grund unter den Füßen gab.

»Wohlauf, laßt uns herniederfahren und ihre Sprache verwirren, daß keiner den anderen verstehe.« Und sie hörten auf, die Stadt zu bauen, und wurden von dort in alle Länder der Erde zerstreut.

Was sie so sehr fürchteten, trat ein: die Söhne der Menschen wurden zerstreut, ausgesät über den Acker der Welt. Lebe wohl Babel! Noch ein einziges Mal blicken sie zurück. Dort liegt ihre Stadt, dort steht ihr Turm, ihr Unvollendeter, majestätisch und traurig vor dem azurblauen Himmel.

»Schad' drum,« sagt ein Steinklopfer zu einem Ziegelbrenner.

Der Ziegelbrenner gestikuliert hilflos mit seinen Armen. »Ich nix verstehen.«

Wie schön wäre es doch, wenn jetzt unter den Menschen ein Sohn aufstünde, der sich nicht versteckte, sondern Gottes Ruf folgte. Ein Mensch, der im Glauben seine Stadt verlassen, und der, in Zelten wohnend und ziehend von Rastort zu Rastort, dem Unbekannten entgegen reiste, Segen erhoffend.

II

Abram tritt ans Licht

Genesis *11, 10-32; 12, 1-9*

Dies sind die Zeugungen von Terach...

Endlich ist es so weit, *Israel* erscheint inmitten der *Gojim*. Zu guter Letzt erblickt Gottes Erstling das Lebenslicht, und zwar in Gestalt von Erzvater Abraham, Terachs Erstling. Anfangs hieß Abraham allerdings noch nicht Abraham, zu Abraham mußte er erst noch werden. Anfangs hieß Abraham Abram.

Terach zeugte Abram, Nahor und Haran.

Haran starb und Abram nahm seinen Sohn Lot in Obhut. Vielleicht würde er ja später sein Erbe werden, denn Sarah, Abrams Frau, war unfruchtbar. Anfangs hieß Sarah allerdings noch nicht Sarah; zu Sarah mußte sie erst noch werden. Anfangs hieß Sarah Sarai.

Sie wohnten im Ur der Chaldäer, in Babelland. Doch Terach wollte fort. Warum? Er wollte ins Land Kanaan. Warum? Welche Unruhe war in seinem Herzen, daß er nicht länger in Babel wohnen wollte?

Terach brach auf, gemeinsam mit seinen zwei Söhnen und mit Lot, dem Sohn des verstorbenen Haran. Auf nach Kanaan. Doch Terach kommt nicht weiter als zur Stadt Haran, noch innerhalb der Grenzen des Zweistromlandes schlägt er seine Zelte auf. Terach zieht nicht weiter. Warum hat er sein Bestimmungsziel aufgegeben? Ist ihm Kanaan zu weit? Fürchtet er, außerhalb des Machtbereichs seiner Götter zu gelangen? Oder weckt in ihm der Name des Ortes Haran den Kummer um Haran, seinen verstorbenen Sohn? Läßt ihn das erstarren?

Wie soll die Geschichte der Zeugungen nun weitergehen? Sarai ist schließlich unfruchtbar, *sie hatte kein Kindlein*, wie der Erzähler nicht ohne Rührung hinzufügt. Wie soll es jetzt dort in Haran mit dem gestrandeten Terach, mit Abram und Sarai und ihrem Neffen Lot weitergehen?

Gott sprach zu Abram: »Gehe aus deinem Land, aus deiner Verwandtschaft, aus deines Vaters Haus in das Land, das ich dir zeigen will. Ich will dich zu einem großen Volk machen, ich will dich segnen und ich will deinen Namen groß machen. Sei ein Segen. Ich will segnen, die dich segnen, wer dich verflucht, den will ich verfluchen. In dir sollen gesegnet werden alle Geschlechter auf Erden.«
Abram ging. Und Lot ging mit ihm.

Warum möchte Gott, daß Abram aus Haran wegzieht? Haran ist der Mittelpunkt einer hochentwickelten Kultur, die Wiege unserer Zivilisation: Hier wurde die Schrift erfunden, hier wurden die ersten Städte erbaut. Warum sollte Abram hier weg?

Abram hat eine Stimme gehört, und eine eigenartige Unruhe ergreift ihn. Er kann das Leben nicht länger als urewigen Zyklus von Aufgehen, Scheinen und Niedergehen betrachten. Es ist, als rufe ihn jemand aus diesem Kreislauf des ewig Gleichen heraus, diesem Kreislauf, in dem alles Dasein beschlossen und in dem nichts Neues zu erwarten ist, weil alles kommt, wie es kommt, und alles ist, wie es ist.

Terach war schon seit geraumer Zeit beunruhigt: »Abram, du glaubst doch noch an unsere Götter?«

»Es tut mir leid, Vater, ich glaube nicht.«

Die Rabbiner kennen darüber eine schöne Geschichte: Terach ist ein Bildhauer, der Götterbilder herstellt, und Abram muß sie auf dem Markt verkaufen. Doch Abram ist ein schlechter Händler, er glaubt nicht mehr an seinen eigenen Handel. Das Volk drängt sich vor seinem Stand, voller Hunger im Herzen. Abram könnte steinreich werden, wollte er nur am Kummer und am Verlangen des Volkes verdienen. Doch er steht auf dem Markt und verkündet laut, wie wertlos sein Zeug sei: »Alles wertloser Plunder,« ruft Abram und vernichtet schließlich die Bilder eigenhändig. »Es waren keine Götter. Mein Vater hat sie gemacht. Ich suche jenen Gott, der meinen Vater gemacht hat.«

Abram ist einem anderen Gott auf der Spur. Nicht dem Gott der Fruchtbarkeit und der eigenen Potenz, der sich lediglich im Takt der Jahreszeiten, im Kreislauf der Zeiten bewegt, nein, einem Gott, der vor dem Anfang und hinter dem Ende alles Daseins zu suchen ist. Nicht ein Gott, dessen Bild man in den Schrein stellen kann. Wenn Abrams Gott Gott ist, dann läßt er sich nicht einordnen, nicht festlegen. Er ist ein Gott, der mitgeht durch Zeiten und Länder.

Hier geschieht etwas ganz Neues. Einerseits ist es ein ganz belangloses Ereignis: Ein Nomadenscheich sattelt sein Kamel, weil er eine eigenartige Unruhe verspürt und weg möchte. Doch in dem Moment, da sich jene kleine Karawane in Bewegung setzt, halten Gott und seine heiligen Engel abermals im hohen Himmel ihren Atem an, denn dort unten ist ein Menschenkind, das erstmals zu ahnen beginnt, daß das Leben keine endlose Folge des ewig Gleichen ist, kein ewiger Kreislauf. Dort unten bricht ein Mensch mit dem zyklischen Denken der Jahrhunderte. Jetzt fängt die Geschichte an. »Ich sehe was, was ihr nicht seht,« ruft Abram, »Ich glaube, daß wir das Leben als eine Linie, als einen Weg betrachten müssen.« Und er wagt sich auf den Weg.

Dieser Weg läßt sich auf keiner Landkarte einzeichnen. Es ist der Weg des Glaubens, den Abram geht. Es ist der Weg, den das Volk Israel ging und noch immer geht, seit der Zeit, da es Gottes Stimme vernommen hat. Hier geht es nicht um die Abenteuer eines Nomadenscheichs, der von A nach B zieht, nein, von Abram erzählend erzählen Abrams Kinder von den Erlebnissen ihres eigenen Glaubens. Die Abram-Erzählungen sind nicht die Biographie des Menschen Abram, sondern die Autobiographie des Volkes Israel. Fragt man Israel nach Herkunft und Bestimmung des Menschen, bekommt man die Geschichte von Abrams Herkunft und Bestimmung zu hören.

Und Gott sprach: »Abram, geh aus deinem Land...«

Welch ein Eingriff in sein Dasein! Weg aus seinem Land, seiner Familie, seinem Haus. Jegliche Sicherheit seines Daseins wird ihm entzogen. Und wohin soll er gehen? In ein Land, das Gott ihm zeigen wird. Mehr weiß er nicht. Und seine Nachkommen werden zahlreich sein. Er, der Kinderlose, mit einer unfruchtbaren Frau getraut... Abram muß glauben, was nicht zu glauben ist!

Er sattelte sein Kamel. Seitdem er die Stimme vernommen hatte, war er ein Fremder im eigenen Land. Er ging.

»Abram, gehst du auf Reisen?«

»Ja, ich gehe auf Reisen.«

»Und wohin geht die Reise?«

»Ich gehe nach Kanaan.«

»Wann kommst du wieder?«

»Ich weiß nicht, ob ich je wieder komme.«

Man spricht über ihn, dort im Tor. »Abram verläßt uns. Was hat er bloß?«

»Ach, er ist ein komischer Kerl. Hört Stimmen und so. Irgendwas ist mit ihm. Irgendwas hat er.«

Doch man stelle sich vor, daß er *es* wirklich hat.

12

Abram steigt nach Ägypten hinab

Genesis 12, 10-20

Schemen gleich gleiten die stillen Kamele durch die finstere Nacht, vorn-an hoch wiegend die Gestalt Abrams, dieses Traumschiff steuernd. Über ihm die unzählbaren Sterne, hinter ihm das Land von Eufrat und Tigris, vor ihm die Wüste, unerforschte Welt. Jenseits aller Horizonte muß ein Land liegen, das Gott ihm zeigen wird.

»Abram, geh aus deinem Land... Ich will dich zu einem großen Volk machen, ich will segnen, die dich segnen, wer dich verflucht, den will ich verfluchen, und in dir sollen gesegnet werden alle Geschlechter auf dem Erdboden.«

Worte der Liebe. Minnesang für den Erwählten: »Ich liebe dich, ich bleibe bei dir, wer dir nahetritt, tritt mir nahe.«

Abram ging.

Er vertraut darauf, daß Gott ihm ein Land zeigen und einen Sohn geben wird. Ein urmenschliches Verlangen: Ein Ort, an dem man sich zu Hause fühlt, jemanden, für den man da ist. Hier jedoch bedeutet dieser Traum unendlich mehr, denn sollte das alles wahr sein, dann bedeutet er Heil und Segen für alle Menschen zu allen Zeiten.

Abram ging. Der Land-lose. Der Sohn-lose. Und Lot ging mit ihm.

Sie kamen in das Land Kanaan. *Es waren aber,* sagt der Erzähler lako-nisch, *die Kanaaniter im Land.* Tja, man kommt ins Land der Verheißung, und dann ist da schon ein Volk... und so wird es auch bleiben. Abram wird sich sein Leben lang mit der Verheißung zufriedengeben müssen, und bei seinem Tod wird von dem Land nicht mehr sein eigen sein als ein Grab.

Die Kanaaniter waren im Land. Und die erwarten ihn sicherlich nicht mit Freuden. Der Bedrohung zum Trotz, die von den Kanaanitern ausgeht, baut Abram einen Altar. Denn ist das nicht das Gelobte Land?

Er baut diesen Altar in Sichem, im Norden, auf einem Kultort der Kan-aaniter, neben ihrer heiligen Eiche. Abram kennt keinen Fanatismus, er entfesselt keinen Religionskrieg, er hackt diesen Baum nicht um, er verflucht ihre Gottheit nicht. Unauffällig und in aller Stille bekennt sich Abram zu seinem Gott.

Einen zweiten Altar baut er zwischen Bethel im Westen und Ai im Osten, genau in der Mitte des Landes. Danach zieht Abram nach Süden, denn auch dort möchte er seinem Gott einen Altar errichten.

Das ist eine besondere Glaubenstat. In der Sprache jener Tage nimmt er so das Land für seinen Gott in Besitz. Er ruft den Namen Gottes über das Land aus, einem Herold gleich, der den Namen seines Fürsten über einer eroberten Stadt ausruft. Abram glaubt, daß dies das Land ist, in dem sein Same wohnen wird. Die Altäre sind Zeichen von Gottes Gegenwart, Begegnungsorte zwischen Gott und Mensch. »Oh Herr, ich sage dir Dank für dieses Land. Niemals will ich vergessen, daß du es uns gegeben hast. Sarai, unsre Hilfe stehet im Namen des Herren, der Himmel und *Erez* gemacht hat.«

Abram zieht nach Süden, doch noch ehe er dort seinen dritten Altar bauen kann, bricht eine Hungersnot aus. Schöner Gott ist das! Davon hat er kein Wörtchen verlauten lassen, als sich Abram in Haran zum Auszug anschickte. Welch bittere Enttäuschung. Oder ist überhaupt gar die Stimme eine Einbildung? Eigenprodukt wie Terachs Götterbilder?

Fürchterlich ist das. Voller Vertrauen hat dieser Menschensohn seinen Weg eingeschlagen und nun wird deutlich, daß auch der Zweifel im Gepäck saß. Welche Qual ist das doch mit dem Glauben! Im einen Augenblick weiß man sich Gott nahe und von ihm geborgen, im nächsten Augenblick ist alles finster und man fühlt sich von ihm verlassen. Warum macht es Gott uns so schwer, den ganzen Weg lang an ihn zu glauben?

Schwer war der Hunger im Land. Da stieg Abram hinab nach Ägypten, um sich dort als Fremdling aufzuhalten.

Er stieg hinab. Von »Kanaan nach Ägypten gehen« nennt der Erzähler »hinabsteigen«, von »Ägypten ins verheißene Land reisen« stets »heraufziehen«. Das hängt natürlich mit der geographischen Lage beider Länder zusammen, gleichzeitig jedoch auch mit etwas viel Wesentlicherem: Mit dem Hinabsteigen unter das Niveau des Glaubens. Israel erzählt keine »biblische Geschichte«, die mit Karten aus einem »Atlas zur Bibel« illustriert werden kann. Die Erzähler beschäftigen sich nicht mit Geographie, sondern mit Theologie. Sie illustrieren, wie es zwischen Gott und den Menschen zugeht.

Wie geht es nun zwischen Abram und Gott zu?

Nicht zum Besten. Abrams Glaube landet auf einem Tiefpunkt. Er läßt Gott fallen. Ließ Gott nicht auch ihn fallen? Abram muß für sich selbst aufkommen, oder nicht? So landet er in Ägypten.

Abram ging in die falsche Richtung, denn in dieser Erzählung ist Ägypten das Symbol für eine Welt, die unter dem Niveau wahrer Menschlichkeit liegt. Gerade eben noch so tapfer den Weg eingeschlagen, ist Abram vom Weg abgekommen, als ihn der Hunger in Verwirrung brachte. Er hat das Land Gottes verlassen und ist zum Heidentum hinabgestiegen. Dort gibt es Brot.

Doch Heidentum bleibt Heidentum, und je weiter Abram hinabsteigt und sich dem verderbten Ägypten nähert, desto größere Sorgen macht er sich. Denn wenn er Sarai so betrachtet, wie sie elegant auf ihrem Kamel sitzt... Welch eine Schönheit, welch ein Schmuckstück! Und man weiß ja, wie die Heiden sind, die kennen weder Gott noch Gebot. Vielleicht will der Pharao die schöne Sarai in seinem Harem haben. Der wird auch nicht davor zurückschrecken, ihn, Abram, dazu aus dem Weg zu räumen.

»Sarai.«

»Ja, Abram.«

»Sarai, wenn sie dich gleich fragen, ob du meine Frau bist, sag dann, daß du meine Schwester seist. Sonst werden sie mich ums Leben bringen. *Sage doch, du seist meine Schwester, auf daß mir's wohlgehe.*

Sarai schweigt.

Was soll sie schon sagen? Schert sich Abram denn gar nicht um sie? Ob sie nun als Abrams Witwe oder als Abrams Schwester im Harem vom Pharao verschwindet, ist doch einerlei, verschwinden wird sie sowieso. Sarai schweigt. Sie verkörpert das Los der unterdrückten Frau. Was hat sie in so einer Männerwelt zu sagen?

Kaum in Ägypten angekommen, wird Sarai in den Palast beordert und dem Harem des Pharao einverleibt.

Wenn es darauf ankommt, dann ist Abram ein Pantoffelheld. Ihm wurde ein Land versprochen, ihm wurde ein Sohn versprochen, und was macht er? Er zieht aus dem Land weg und läßt seine Frau im Stich. Und mit welchem Motiv? Ach, das Motiv ist doch immer dasselbe: *auf daß mir's wohlgehe.* Der Vater der Glaubenden, der vor noch nicht allzu langer Zeit im fernen Haran das Unsichere dem Sicheren vorzog, zieht jetzt das Sichere dem Unsicheren vor. Wie schnell sich das ändern kann. Eben noch: »Geh, Abram.« Und er ging, voller Vertrauen. Und jetzt? Ach, laß Gott Gott sein. Abram macht sich selbständig und verdient ganz gut dabei: Sklaven, Sklavinnen, Schafe, Rinder und Kamele, die schöne Sarai hat ganz schön etwas abgeworfen.

Wie es Sarai im Harem ergeht, erzählt die Geschichte nicht. Doch Abram, ja Abram geht's gut!

Dem Pharao nicht.

Ihn peinigen plötzlich allerlei schreckliche Zustände: Plage nach Plage sucht ihn und sein Haus heim. Einer seiner illustren Nachfolger wird später zehn Plagen zu verdauen haben; dies hier gleicht einer Vorübung. Am Hof erhebt sich die Frage, was dieses Unheil zu bedeuten hat. Warum überkommt es den Pharao?

Warum? Warum? Das ist stets die Frage, wenn man im Elend sitzt. Heute halten wir uns mit Erklärungen eher zurück, doch in jenen Tagen glaubte man nicht an Zufall: Da muß dieser oder jener Gott dahinterstecken, der erzürnt ist und Genugtuung fordert. Wer bewußt oder unbewußt etwas Heiliges verletzt, ruft damit Unheil über sich herab. Wessen Gott ist hier wohl am Werk? Der von Sarai?

Das könnte sein! Ist er nicht der Gott, der den Ruf der Stimmlosen hört, und der dem ein Helfer sein möchte, der eines Helfers entbehrt?

Der Pharao läßt Abram zu sich kommen und der Schwindel fliegt auf. »Eine bedauernswerte Geschichte,« spricht der König. »Warum hast du nichts gesagt? Traurig, daß es so gelaufen ist, für dich wie auch für mich. Und auch für deine Frau, natürlich. Hier ist sie. Nimm sie und geh.«

Jetzt schweigt Abram. Hatte nicht schon Gott gesagt: Geh!? Ein sogenannter Glaubender wurde von einem sogenannten blinden Heiden beschämt.

Wieder sattelt Abram sein Reittier. Diesmal um aus Ägypten heraufzuziehen. Des Königs Diener geben ihm höflich Geleit. Die Schafe, Rinder, Esel, Sklaven, Sklavinnen, Eselinnen und Kamele, die er im Tausch für Sarai bekommen hatte, darf er behalten. Er, der den *Gojim* zum Segen sein soll, empfängt von einem *Goj* den Segen. Durch Schaden muß der Väter aller Glaubenden klug werden. Auch Abram ist seinen Weg mit Höhen und Tiefen gegangen.

13

Abram und Lot

Genesis 13

Abram zog herauf aus Ägypten. Er ist dort zum wohlhabenden Mann geworden. Das Land der Verheißung verlassen, weil der Hunger *schwer* war, kommt er jetzt zurück, *schwerreich an Vieh, Silber und Gold.*

Abermals betritt Abram das Land Kanaan. Er nimmt den Faden wieder auf, nein, eigentlich beginnt er wieder von vorn, beginnt dort, wo er war, ehe er nach Ägypten hinabstieg. Er zieht zu den Altären, die er in Kanaan gebaut hatte, im Norden und in der Mitte des Landes. Geht hin, um zu beten und meldet sich abermals bei seinem Gott. »Hier bin ich, Herr, da, wo ich einst war. Ich danke dir, daß wir wieder hier stehen dürfen. Sarai, unsre Hilfe stehet im Namen des Herren, der Himmel und *Erez* gemacht hat.«

Abram zog weg aus Haran. *Und Lot ging mit ihm.*

Abram zog herauf aus Ägypten. *Und Lot ging mit ihm.*

Lot war Abrams Neffe, der Sohn seines verstorbenen Bruders. Er war ein »Mitläufer«. Macht sich Abram auf den Weg, dann gleich *wie der Herr zu ihm gesagt hatte.* Lot aber geht nicht *wie der Herr zu ihm gesagt hatte.* Anders als Abram ist Lot kein Beseelter, kein Berufener, kein Mann mit einer Vision. Nein, er folgt Abram wie sein Schatten. Ja, das ist eine gute Beschreibung für Lot: Er ist Abrams Schatten.

Der Erzähler stellt häufiger zwei Arten des Mensch-Seins, zwei Glaubensweisen gegenüber. Kanaan und Ägypten sind Gegenpole, ebenso wie Kain und Abel. Es ist wie bei den zwei Hausfrauen aus der Waschmittelwerbung: die Wäsche der einen ist strahlend weiß, und die andere kriegt einfach nicht die Flecken 'raus.

In unserer Geschichte werden Abram und Lot einander gegenübergestellt. Abram spielt die Rolle des Berufenen, des Glaubenden, des »wahren Israeliten«, während Lot jenes verkörpert, was und wie ein Heide denkt und tut, er ist der durchschnittliche *Goj.* An Lot wird sichtbar, wer Abram ist.

Abram zog weg aus Haran. *Und Lot mit ihm.*

Abram zog herauf aus Ägypten. *Und Lot mit ihm.*

Abram und Lot, geht das Hand in Hand?

Nein, *denn ihre Habe war groß.* Zwischen Abrams Hirten und Lots Hirten entwickeln sich Streitigkeiten um die kargen Wasserbrunnen. Ein bekannter Konflikt in jenen Tagen. Ein Konflikt aller Zeiten: Gezänk um die Brunnen.

Es beginnt mit dem üblichen Schabernack: in dunkler Nacht schleichen die Knechte vom einen ins andere Lager und ziehen die Zeltpflöcke heraus – auch damals schon auf Zeltplätzen eine beliebte Volksbelustigung. Daraufhin gerät das Ganze außer Kontrolle, nicht mehr lange und es wird der Krieg erklärt.

Abram nimmt Lot auf eine Anhöhe. Er will Gewalt und Blutvergießen verhindern. Er erkennt, daß er und Lot getrennte Wege gehen müssen, doch er will in Frieden scheiden. *»Wir sind doch verbrüderte Männer?«*

Um sich zu orientieren, wenden sie – das Wort sagt es bereits – ihren Blick gen Osten. Links verheißenes Land, rechts verheißenes Land. »Wähle du,« spricht Abram. »Willst du zur Linken, geh' ich zur Rechten. Willst du zur Rechten, geh' ich zur Linken. Nicht sei doch Streitigkeit zwischen dir und mir.«

Lot schaut. Doch er schaut nicht nach rechts. Er schaut auch nicht nach links. Lot schaut geradeaus, aufs Land vom Jordanfluß. Fruchtbares Land. Liebliches Land. Und ja (so fügt der Erzähler ganz nebenbei hinzu), Sodom und Gomorra waren noch nicht verwüstet... Es ist dort ein wahrer Lustgarten. Wie der Garten Eden. Wie Ägyptenland. Flußland! Lot schaut. Es sieht verlockend aus.

Dieser Geschichte ähnelt eine andere Geschichte, die sich auch auf einem Berg abspielt: Jene Geschichte, in der Jesus alle Königreiche der Erde zu seinen Füßen liegen sieht, während eine lockende Stimme ruft: »Es ist dein, das alles kannst du bekommen, für einen Kniefall nur.«

Auch Lot ist in Versuchung. Denn dort liegen Sodom und Gomorra, und da ist natürlich nicht alles zum Besten. Man fragt besser nicht danach, wie dort die Leute zu all ihrem Wohlstand gekommen sind, doch ach, überall gibt's was, was einem nicht gefällt, und schließlich hat man ja auch noch ein Wörtchen mitzureden. Oder ist Lot so naiv, daß er wirklich nicht weiß, was das für ein Land ist? Wie dem auch sei: »Abram,« sagt Lot, »ich denke, daß ich mich fürs Land des Jordans entscheide.«

Lot schlug seine Zelte bei Sodom auf. Er, der ohne berufen zu sein, mit Abram ging, trennt sich nun von ihm aus eigenem Antrieb. Lot hat kein Auge für das Land der Verheißung. Er kehrt dem Land den Rücken zu.

Es ist eine Frage der Sicht.

Lot sieht lediglich das, was vor ihm liegt. Und das will er haben. So geht's eben bei den *Gojim.*

Abram sieht mehr. »*Hebe doch deine Augen auf, Abram, und siehe auf das Land, das ich dir und deinem Samen geben will, für alle Zeit. Siehe!*«

Was sieht er? Abram sieht, was er auch *vor* seinem Abgang nach Ägypten sah: eine dürre Ebene. Es gibt dort eben nicht viel zu sehen. Doch er sieht nicht nur das, was vor ihm liegt. Er sieht auch, was er bei seiner Berufung gehört hat. Dieses Land ist ein Land voller Verheißung. Abram schaut mit Glaubensaugen. Dann sieht man immer mehr.

Lot entscheidet sich für das Sichtbare, nicht für das Unsichtbare, und läßt sich im Gebiet des Jordans nieder. Abram schlägt seine Zelte in dem Land auf, in dem er von Regen und Gott abhängig ist. Er glaubt, daß er dort dem Paradies doch näher ist. Das ist sein Ort. Dort werden Sarai und er fruchtbar sein, hat Gott gesagt. Und leise summt er das alte Lied von der Steppe, die wie die Lilien blühen wird.*

»Was ist das für ein Lied?« fragt Sarai.

»Ach,« sagt Abram, »einfach nur ein Lied.«

Zusammen ziehen sie ins Land Kanaan.

»*Abram, gehe durch das Land in die Länge und Breite, denn dir will ich's geben.*«

Dort geht er. Mit dem Gang eines Mannes, der den soeben erworbenen Besitz in Augenschein nimmt. Zwar kann Abram noch keinen Quadratzentimeter des Landes sein eigen nennen, doch er greift der Erfüllung der Verheißung voraus. Gott hat es ihm verheißen, und darauf verläßt er sich. Es ist noch nichts zu sehen, doch er hat es schon vollkommen vor Augen.

Abermals baut Abram einen Altar, und damit endet diese Geschichte, wie sie angefangen hatte. Es ist sein dritter Altar. Es ist der Altar im Süden des Landes, den er schon viel früher bauen wollte, doch dazu war es nicht gekommen, weil er nach Ägypten hinabgestiegen war. Nun, letzten Endes, erhebt sich auch dieser Altar. Damit hat Abram in Kanaan auf drei strategisch wichtigen Punkten Altäre gebaut. Damit hat er dieses ganze Land zum Lande Gottes erklärt. »Sarai, unsere Hilfe stehet im Namen des Herren, der Himmel und *Erez* gemacht hat.«

So geht die Geschichte. Die Geschichte von einem Gottesmann. Sie nennen ihn den Vater der Glaubenden. Urahn eines Gottesmannes, der auf einem Berg gesagt hat: Selig sind die Sanftmütigen, denn sie werden das Land erben.

14

Abram und Melchisedek

Genesis 14, 1-24

Abram und Lot trennten sich voneinander. Abram schlug seine Zelte bei den Bäumen von Mamre auf. Lot wohnte in Sodom. *Es war noch nicht verwüstet.* Von außen mag es vielleicht paradiesisch erscheinen, innen ist Chaos. Das Unheil grollt bereits in der Ferne.

Plötzlich ist das Unheil nahe: Krieg und Kriegsgerüchte, König erhebt sich gegen König, Plünderungen und Deportationen, oh, es ist immer wieder dieselbe Geschichte.

Es begab sich aber zu der Zeit, da Augustus Kaiser war und Quirinius... Nein, halt, das ist Lukas, diese Geschichte kommt erst später, nein, dies ist eine andere Geschichte: *Es begab sich aber zu der Zeit, da Amrafel König von Schinar war und Arjoch König von Ellasar...* ach ja, da stehen sie aufgelistet, all die namhaften hohen Kriegsherren, neun insgesamt, und sie ziehen aus, um Krieg zu führen, fünf gegen vier, denn sie gönnen einander nicht das Schwarze unter dem Nagel. Wir kennen das. Es begab sich und es begibt sich. Die Toten sind nicht mehr zu zählen, und das alles ist für uns so unfaßbar, es sei denn, daß sich die Kamera auf ein einziges Opfer richtet: Ein hungerndes Kind, das eine Welt des Hungers zeigt. Eine Anne Frank, die uns freundlich lachend in die Augen blickt. Ein entwurzeltes Mädchen unter dem Napalm.

Die Kamera richtet sich auf eines der Opfer dieses Krieges: Lot. *Lot, der in Sodom wohnte.*

In der Bibel gibt es wohnen und wohnen. Zum Beispiel Abram, bei den Bäumen von Mamre, doch eigentlich *wohnt* er dort gar nicht. Er hat sich dort nicht niedergelassen, denn er ist ein Wanderer hier unten auf Erden, ein Fremdling. Sein Haus ist nicht von dieser Zeit.

Es gibt allerdings auch ein *Wohnen* à la Lot, und das ist etwas ganz anderes. Lot wohnt in Sodom, dort ist sein Ort, sein Alles, er ist ein Eingesessener und mit der Stadt verwachsen. Als er plötzlich von den Horden jener

Könige gefangengenommen und aus Sodom verschleppt wird, verliert er alles, was er hatte.

Ein Kurier bringt Abram die Hiobsbotschaft über Lot, seinen Neffen. Neffen? Er wird hier nicht Neffe, sondern *Bruder* genannt. Denn Lot ist in Not und dann ist Abram seines Bruders Hüter.

Ohne zu zögern zieht Abram in den Kampf. Königlich. Er zieht in den Kampf, um Lot zu befreien. Er sagt nicht: »Ja, das kommt davon, lieber Neffe. Habgieriger Raffer, wohnst eben im Raffland, und das lockt Raffkönige natürlich an. So ist das nun mal, hast dann auch die Folgen zu tragen.« Auch sagt er nicht: »Es tut mir ja so leid, lieber Lot, doch ich kann dir wirklich nicht helfen. Was kann ich schon tun mit eineinhalb Mann und einem Kamelkopf?«

Nein, Lot, sein Bruder, ist in Not und Abram zieht aus, um ihn zu retten. Unser Erzvater darf zwar noch nicht ein einziges Stückchen Land sein eigen nennen, noch hier weht bereits der Geist des Gelobten Landes. Und obwohl Abram und seine Männer kaum mehr als eine Handvoll sind, vermögen sie doch soviel Verwirrung im Lager zu stiften, daß der Feind in Panik die Flucht ergreift, und die Kriegsgefangenen befreit werden können.

Es begab sich aber zu der Zeit... Könige... fünf gegen vier... Krieg und Kriegsgerüchte. Ist es das, was sich überall und allezeit begibt? Ist das die einzige Geschichte, die es gibt?

Nein, Gott sei Dank begibt sich auch noch etwas anderes. Abram ist dort mit seiner Handvoll Knechte, *Geübte* wie es im Hebräischen heißt.

Geübt worin? Das wird nicht erwähnt – was die Rabbiner auf die Idee brachte, daß sie in der Tora geübt waren. Denn das lehren uns ja die Zehn Worte der Tora: nicht zu leben für »Raff« und Haben, sondern füreinander, selbst für unsere Schuldner. In diesem Denken waren Abram und die Seinen geübt.

Sie gewinnen die Schlacht.

Nun reiten sie wieder zurück. Zurück nach Hause. Abram und Lot, sein Neffe, der sein Bruder war. Don Quijot und Sancho Panza. Don Quijot, der fahrende Ritter, der das Unsichere dem Sicheren vorzog. Und Sancho Panza, das runde habgierige Männlein, das Ruhe und Sicherheit schätzt und nichts von Abenteuern wissen möchte. Ach, sie sind uns keine Unbekannten. Sie reisen immer zusammen. Im Menschen ist immer Platz für beide. Sie gehören zueinander. Sie sind Familie, sagt unsere Geschichte. Abram der umherziehende Wanderer und Lot der habgierige Raffer.

Und es ist bezeichnend, daß mit den Buchstaben des Wortes »haben« der Name »Baal«, Kanaans Gott, geschrieben wird, mit den Worten von »sein« jedoch der heilige Name Gottes.

In der Schul' waren sie vorn angeschrieben
das Wörtchen »haben« und das Wörtchen »sein«,*

und um die zwei dreht sich beinahe alles.

Sie reiten wieder zurück. Zurück nach Hause. Lot nach Sodom, Abram nach... ja, wohin? Er sucht hier keine bleibende Wohnstatt, er sucht die Stadt, deren Fundamente der Herr im Himmel ausmißt.* Nicht einen Stein hat er von ihr bisher gesehen, doch das macht ihm nichts aus, er rafft nicht, ist nicht habgierig, er ist von Gott. Als ihm die Könige einen Teil der Beute geben wollen, will er davon nichts haben, keinen Pfennig, keinen Faden, keinen Schuhriemen. Er möchte unabhängig bleiben und sich nicht dadurch, daß er Geschenke annimmt, an Sodoms König binden. Manchmal wird zynisch gesagt, jeder Mensch habe seinen Preis, doch Abram ist nicht käuflich. In der Zeit der niederländischen Besetzung boten die Nazis nicht selten Geschenke an, doch die Guten wußten zu jeder Zeit, daß es besser war, das Elend zu ertragen, als abhängig zu werden von einem anderen Herrn als dem Herrn Israels, dessen Name nicht mit den Buchstaben von »haben«, sondern von »sein« geschrieben wird. Niemand kann zwei Herren dienen.

»Ich möchte nichts,« sagt Abram und fügt hinzu, indem er auf seine Mannschaft zeigt: »Aber sie vielleicht.«

Abram übt keine Tyrannei über das Gewissen anderer Menschen aus. Nimmt er auch selbst nichts von der Beute, er möchte damit nicht über andere herrschen. Abram ist keiner jener Frommen, die anderen mit ihrer Frömmigkeit zur Last fallen.

Schweigend, hoch im Sattel, reiten sie dahin.

Dann begibt sich unterwegs etwas Wunderliches. Der Zug zieht durch ein Tal. Über ihnen auf einem Berg liegt eine Stadt. Salem. In tausend Jahren wird hier der große König David die Stadt seiner Träume gründen: Jeru-Salem. Hierin klingt das Wort *Schalom*. Friede.

Es begibt sich etwas Wunderliches. Es scheint, als werde die Verheißung von der Erfüllung begrüßt. Jerusalem, die Stadt, wo Abrams noch ungeborener Samen wohnen wird, wird sich hier erst Jahrhunderte später erheben. Doch scheint es, als werde nun bereits aus der Höhe auf den Hunger seines Herzens *amen!* gesagt. Denn aus dem blauen Himmel sinkt plötzlich eine stille Gestalt hernieder. Ein König. Der König von Salem. Der zehnte König. Melchisedek. *König der Gerechtigkeit.* Und er ist der wahrhaftige König. Er kommt zuletzt und unerwartet, aber erst *er* wird zurecht König genannt.

Das geschieht häufiger in der Bibel. Da heißt es »Es begab sich aber...« und man hört bedeutende Namen bedeutender Männer, Amrafel und Kedor-Laomer, Augustus und Quirinius, und alle Welt, die fürs Raffen und Haben geschätzt wird – und dann plötzlich schwenkt die Kamera auf etwas, das sich in jener großen Geschichte auch begibt. Dann hört man vom echten König, der unerwartet aus weiter Höhe aus dem Nichts erscheint. Er ist der anfangs Nicht-Mitgezählte, doch er, ja er wird die wirkliche Geschichte schreiben.

Melchisedek, König und Priester von Schalomstadt, hat gehört, wie Abram königlich und priesterlich seinem Bruder Lot zu Hilfe geeilt ist, ohne Eigensucht oder eitel Ehrsucht. Melchisedek erkannte in ihm eine verwandte Seele und wußte: *diesem* Menschen möchte ich begegnen, dieser ist's. Und wie aus dem Nichts kommt er zutage, ihn zu grüßen und zu segnen: Was du getan hast, Abram, das ist es, worauf die Welt wartet. »*Gesegnet seist du vom Höchsten Gott, Schöpfer des Himmels und der Erde, und gesegnet der Höchste Gott, der den Feind in deine Hand gegeben hat.*«

Wer ist der Höchste Gott des kanaanitischen Königs? Kann sich Abram von einer kanaanitischen Gottheit segnen lassen?

Ja, das ist möglich. Abram nimmt Melchisedeks Segen an. Auch wer nicht zu Abram und den Seinen gehört, kann doch Diener des Gottes Abrams und der Seinen sein. Abram soll den *Gojim* zum Segen sein, doch dieser priesterliche Mensch unter den *Gojim*, dieser König der Gerechtigkeit, ist Abram zum Segen.

Es gibt Könige vom Wörtchen »haben« und es gibt Könige vom Wörtchen »sein«, Könige, die nehmen und Könige, die geben. Wie ein König, der geben will, steigt Melchisedek vom Berg hernieder, wie ein Diener trägt er Brot und Wein in seinen Händen. Er ist eine messianische Erscheinung, eine davidische Gestalt. Die neun Könige führen Krieg. *Lacham* auf Hebräisch. Der zehnte König kommt mit Brot. *Lechem.* In einer Welt, die nach

Besitz hungert und dürstet, reicht Melchisedek Abram Brot und Wein. »Nimm, Abram, iß, du wirst wohl Hunger und Durst haben, du wirst wohl müde sein, es war eine lange, anstrengende Nacht. Laß uns zusammen beten, Abram, zusammen zu dem Gott, dem du und ich auf der Spur sind, du ein Hebräer, ich ein Kanaaniter. Oh Herr, Schöpfer des Himmels und der Erde, segne diese Speise, segne diesen Trank. Und bringe diesen mutigen Streiter dereinst heim in deine heilige Stadt. Amen.«

So unerwartet wie er erschienen war, so unerwartet ist Melchisedek auch wieder entschwunden. Wir sind ihm nur für Augenblicke begegnet. Wer war er? Niemand, der es wüßte. Alles übrige ist Phantasie, wenngleich auch schöne Phantasie.* Er war ohne Vater, ohne Mutter, ohne Vorfahren. Hat weder Anfang der Tage noch Ende des Lebens. Ein Priester, einfach so aus dem Himmel gefallen, so, als wäre Gott selbst im Spiel. Über Jesus, den Sohn Davids, machen ähnliche Geschichten die Runde.

Wunderlich, wie diese Geschichten einander entsprechen! Nahe dem Ort, an dem Melchisedek Abram den Segen gab, stand Jahrhunderte später das Kreuz jenes umherziehenden Wanderers, über den man sprach wie über Abram: »Dieser da jagt Trugbildern nach.«

Doch kaum hat er sein Leben gegeben, tritt plötzlich eine Gestalt hervor, ein Heide, der spricht: »Wahrhaftig, dieser Mensch war ein Sohn Gottes. *Er* ist's.«

15

Abram verzweifelt

Genesis 15, 1-6

Es ist Nacht. Abram liegt in seinem Zelt. Er kann keinen Schlaf finden. Ihm sind ein Land und ein Sohn verheißen. Wird es noch eintreten, gibt es noch Hoffnung? Jeder will doch irgendwo wohnen, man will doch fruchtbar sein, irgendwas tun, seine Aufgabe finden. Wird es dazu noch kommen? Ist Heil zu erwarten? Er fürchtet nicht.

Abram, der Berufene, hat seine Berufung verloren. Die Hoffnung ist verdampft, die Erwartung erloschen. Das kann einfach so geschehen. Um ihn ist Finsternis. Es ist Nacht.

Die Nacht der Seele, wer kennt sie nicht? So auch jener Geistliche in Amsterdam: »Ach, ich weiß nicht, es wird wohl mit meinem Glauben zu tun haben, doch es geht mir nicht gut. Schon meine Geburt war ein Irrtum. Ich hätte eigentlich gar nicht geboren werden sollen. So denke auch ich mittlerweile darüber. Es wäre besser, wenn ich nicht mehr lebte.«

Keinen Grund unter den Füßen. Seelisch heimatlos. Und in Bezug auf seine Fruchtbarkeit: »Was ich mache, mache ich wieder kaputt.«

Jener Priester hat natürlich recht: Es hat mit seinem Glauben zu tun. Mit Berufung. Bin ich gewollt, gewünscht, geliebt? Mit seiner traurigen Lebensgeschichte kann er daran nicht glauben. Hin und wieder – es sei in Liebe gesagt – paßt ihm dieser Unglaube ganz gut, da es seine Trägheit sanktioniert und ihm den Schmerz der Veränderung erspart. Doch gleichzeitig möchte er es sehr wohl glauben. »Und ich *predige* es auch, ich verkündige es dem Kirchenvolk und mir selbst: ›Sorget euch nicht,‹ rufe ich hinunter, und: ›Es ist vollbracht.‹ Und was ich predige, ist natürlich auch wahr, auf Ehre und Gewissen, es stimmt, es ist wirklich wahr. Doch...«

»Doch du möchtest so gerne auch fühlen, daß es wahr ist. Denn du beschwörst wohl eher etwas, als daß du aus eigener Erfahrung schöpfst.«

»Ja,« sagt er. »Du sagst es.«

So hat jeder seine eigene Geschichte. Die Geschichte von der Nacht der Seele. Viele Gläubige können darüber mitreden. Angefangen beim Vater der Glaubenden. Er liegt in seinem Zelt. Es ist Nacht. Er sieht nichts mehr.

So ergeht es allen Erzvätern. Seher sind sie, doch bisweilen sehen sie nichts mehr. Isaak wird blind sein. Jakob kämpft im Dunkel um den Segen. Nachts ist es immer am schlimmsten. Und dann hat Gott schön reden: »*Fürchte dich nicht, Abram, ich bin dein Schild, dein Lohn wird sehr groß sein*« – doch was hat Abram davon? Wozu soll das Ganze gut sein, wenn er ohne Land und ohne Sohn leben und sterben muß? »*Ach Herr erfülle doch deine Verheißung! Gibst du mir sie, gibst du mir alles, gibst du sie mir nicht, dann gibst du nichts. Dann gehe ich kinderlos dahin. Dann wird all mein Besitz Eliëser gehören, dem Mann aus Damaskus.*«

Eliëser, Abrams Majordomus. Abram ist verbittert. Was hat er noch zu erwarten? Bald wird er kinderlos sterben und all sein Besitz wird Eliëser gehören. Wenn es so weitergeht, wird nicht Jerusalem, sondern Damaskus die Hauptstadt eines Volkes sein. Eliëser ist zwar seit Jahr und Tag Abrams treuergebener Diener, doch er ist und bleibt ein Fremdling, und Abram wälzt all seinen Groll und seine Wut auf dieses unschuldige Haupt.

Es ist Nacht. Abram kann nicht schlafen. Zu traurig, zu zornig. Und so unermeßlich allein. Neben ihm liegt Sarai. Auch wach, auch allein. Und sie können einander nicht trösten.

Abram steht auf. Aufständisch. Geht ins Freie. Oder hat Gott ihn etwa herausgelockt, so wie gerade eben noch Abram Gott mit seinen kühnen Fragen aus der Reserve gelockt hatte? Will Gott solch einen Abram: herausfordernd, streitbar, sich nicht zufrieden gebend, sondern um den Segen kämpfend?

Abram steht auf und geht ins Freie. Kein Windhauch weht. Er schaut hinauf zu den Sternen. Unzählbar unsterbliche Sterne über seinem sterblichen Haupt.* Wer hat die Sterne gemacht und sie ans Himmelsgewölb gesetzt? Was steht hinter allem? Wer steht hinter allem? Welch wunderliche Welt, die die unsere so majestätisch umspannt und strahlend erleuchtet.

Abram blickt nicht zum Großen und Kleinen Bären hinauf. Abram schaut mit anderen Augen. Er gibt den Sternen keinen Namen, die Sterne erzählen *ihm* etwas. Abram schaut so, wie man auch auf die Vögel des Himmels und auf die Lilien des Feldes, auf einen Felsen oder einen Dornbusch schaut. Wer so schaut, nimmt nicht in Besitz, sondern wird in Besitz genommen. Abram schaut hinauf mit Glaubensaugen.

Woher nimmt er den Glauben so plötzlich?

Fragt nicht wie, in dieser Nacht ist Abram ein Licht aufgegangen. Die Rätsel seines Schicksals vertieften sich zum Mysterium. Es wich die Verzweiflung, die durch seine kühne Klage klang. Abermals hörte er das Rufen seines Namens: *»Abram, Abram, sieh gen Himmel, anschaue das Werk meiner Finger, die Sterne, die ich machte und die ich auf ihren Platz verwiesen habe. Kannst du sie zählen? Ich verheiße dir: So zahlreich sollen deine Nachkommen sein. Nicht Eliëser soll dein Erbe sein, Abram, dein eigener Samen soll von dir erben! Glaube mir.«*

»Wo warst du?« fragte Sarai.

»Kurz draußen. Die Sterne am Himmel betrachten.«

»Was ist da schon zu sehen?«

»Alles, Sarai, alles. Sie erzählen von Gott. Wir brauchen uns keine Sorgen zu machen. Gott wird nicht unbeendet lassen, was seine Hand begonnen hat. Das glaube ich wirklich. Schlaf gut, Sarai.«

»Schlaf gut, Abram.«

Er schlang seine Arme um sie. So schliefen sie ein. Getröstet.

Über den Sternen lächelte Gott. Abram vertraute auf Gott und Gott rechnete es ihm zur Gerechtigkeit.

16

Abram kämpft

Genesis 15, 6-20

Wieder wurde es Nacht, denn Abram konnte die Vision jenes strahlenden Sternenhimmels nicht festhalten. Immer wieder steht es schlecht um seinen Glauben, vieles ficht ihn an, und der Weg ist lang.

Hatte Abram nicht auf Gott vertraut? Rechnete Gott es ihm nicht zur Gerechtigkeit? Schon, doch man hat den Glauben nicht gepachtet, er ist anfechtbar. Dann wird es wieder Nacht, und Abram kann von vorn beginnen.

Wieder liegt er in seinem Zelt und wälzt sich herum. »Versuche doch zu schlafen,« sagt Sarai. Abram schweigt. Würde er jetzt etwas sagen, wäre es vielleicht unbedacht. Er schweigt. Auch im Himmel ist es still. Ein vorüberfliegender Engel denkt, daß Gott wohl doch besser einen wirklich Gläubigen hätten nehmen sollen. Nicht einen, der ständig seine Träume verliert und unaufhörlich mit neuen Fragen daherkommt. Ja, hört nur, da spricht er wieder: »*Herr, mein Gott, woran soll ich merken, daß ich das Land erben werde?*«

Abram möchte so gerne eine Garantie haben, und hat er denn damit so unrecht? Eine Verheißung ist ja recht und gut, doch es wäre beruhigend, wenn man sie schwarz auf weiß hätte. »Herr, mein Gott, woran soll ich's merken? Ich glaube ja, daß alles gut wird, du hast es verheißen und ich glaube es dir, wirklich, aber könntest du mir nicht doch etwas mehr Sicherheit geben? Etwas Schriftliches vielleicht, das ich dann irgendwo aufbewahren könnte; das hätte ich dann sicher.«

Sobald die Sonne am Horizont erscheint, erhebt sich Abram und macht sich auf. »Ich glaube, daß ich einige Zeit wegbleibe,« sagt er zu Sarai.

Was hat er vor? Was ist in ihn gefahren? »Ich werde schon sehen, wann du nach Hause kommst,« antwortet sie so normal wie möglich.

Abram macht sich auf den Weg, mit einer Kuh, einer Ziege, einem Widder, einer Turtel und einer Taube. Auf einem Felsenvorsprung hält er inne.

Was tut er nur? Was tut Abram nur? Er schneidet die Tiere entzwei. Eins nach dem anderen. Die Kuh, die Ziege, den Widder. Nur die Tauben nicht. Was hat das zu bedeuten?

Es ist ein uraltes Ritual. Wenn zwei Menschen eine Übereinkunft treffen, einen Bund schließen wollen, dann nehmen sie eines oder mehrere Tiere, schneiden sie entzwei und legen die Hälften einander gegenüber. Dann gehen beiden Bundespartner durch die Hälften hindurch, durch das Blut der Tiere, und schwören einander hoch und heilig: »Gleich den zwei Hälften dieser Tiere, gleich der Turtel und der Taube, so gehören auch wir zueinander. Zwischen uns sei ein Blutband, das uns fortan verbindet. Bricht einer das hier gegebene Wort, dann möge es ihm wie diesen Opfertieren ergehen. Aas den Geiern möge er sein.«

Sarai sitzt zu Hause. Wo kann Abram nur sein? Wieder und wieder sieht sie ihn in Gedanken mit seinen Tieren dahinziehen. Ging er fort, um einen Bund zu schließen? Doch mit wem nur?

»Ist der Chef nicht da?« fragt Eliëzer.

»Nein, er ist kurz weg.«

Zum Glück fragt Eliëzer nicht weiter.

Hoch auf dem nackten Felsen hat Abram seine Tiere entzweigehackt, und wie besessen watet er einsam im Blut. Ein Verzweifelter, der Sicherheit möchte. Wenn jene Stimme keine Einbildung war, wenn jenseits, dort, Gott ist, dann muß er *jetzt* kommen. Abram weigert sich, noch länger allein zu sein. Liebe kann doch nicht immer nur einseitig sein?

Seine ganze Mattigkeit, all seine Entbehrungen entladen sich in diesem blutigen Verzweiflungsritual, dieser zwingenden Einladung an jenen Anderen hinter den Sternen, daß er seine vagen Verheißungen endlich auf Erden greifbar festlege. »Komm, denn alles ist bereitet.«

Abram ist da. Wir warten auf Gott, auf ein einziges Zeichen von dort, jenseits, auf ein Zeichen, daß Glauben nicht töricht ist, daß Heil kommt. Daß es wirklich einen Grund gibt, zu hoffen und weiter zu hoffen. Daß Gott unser Beten hört. Daß Glauben keine Einbildung ist, kein Wahn eines wankelmütigen Wesens.

Kurz nach dem Krieg war ein jüdisches Mädchen in meiner Schulklasse. Als sie während des Krieges irgendwo untergetaucht war, betete sie in ihrer Einsamkeit inständig zu Gott. Doch Antwort, nein, die bekam sie nicht.

Ob Vater und Mutter noch am Leben waren? Und ihr kleines Schwesterchen? Eines Nachts dachte sie voller Verzweiflung: Jetzt versuche ich es noch ein einziges Mal. »Lieber Gott, kannst du heute Nacht, wenn ich schlafe, diese Streichholzschachtel umdrehen? Mehr brauchst du nicht zu tun. Nur diese Streichholzschachtel umdrehen. Dann weiß ich, daß du da bist und für uns sorgst. Willst du das tun?«

Am nächsten Morgen hatte sie vergessen, auf welche Seite sie die Schachtel gelegt hatte.

Ebenso macht es auch Abram, nach Art der Erwachsenen allerdings. Treuergeben schwitzend und schuftend und ganz nach des Landes Sitte legt er den roten Teppich aus: »Lieber Herr, bitte, ich glaube, hilf meinem Unglauben.«

Die eine Partei des Bundes ist zugegen, doch diese kann nichts tun, solange jener Andere nicht da ist, – und der läßt auf sich warten.

Gott kommt nicht. Nur die Aasgeier kommen. Als die Kadaver bei der stetig steigenden Sonnenhitze zum Himmel stinken, fallen sie ein. Abram sieht sie nahen, läuft auf sie zu, fuchtelt mit seinem Stock herum, schreit sich die Kehle aus dem Hals. Unaufhörlich fliegen die Räuber hernieder, stoßen auf ihre Beute und kreischen Abram ihren Hohn ins Gesicht: »Ach Mann, hör doch auf! Du bist ja verrückt, allein kann man doch keinen Bund schließen.«

Wie die Geier, so weiß auch Abram von keinem Aufhören. Was einem heilig ist, das gibt man nicht mir nichts, dir nichts auf. Verbissen liefert er den herabstürzenden, um seinen Kopf kreisenden Vögeln einen Kampf. Oder kreisen sie *in* seinem Kopf? Wie lange hält ein Mensch das durch?

Die Nacht bricht herein. Sarai versteht nicht, wo Abram bleibt. Sie macht sich Sorgen. Es ist so dunkel draußen. Wo kann er nur sein?

»Der Chef noch immer nicht zurück?«

»Nein, Eliëzer, er ist noch nicht zurück.«

Vor Müdigkeit ist Abram in tiefen Schlaf gesunken. Hundemüde. Schweißnaß. Mit Blut beschmiert. Er hat verloren.

Abram träumt. Er träumt von einem Volk, das aus seinem Samen geboren wird. Er träumt vom Leiden, das dieses Volk erwartet. Abram sieht in der Ferne ein maßloses Martyrium. Ein Alptraum.

Doch Abram sieht mehr. Ja, er täuscht sich nicht: Er sieht Rauch und Feuer. Flammen flackern über dem Blut, eine feurige Fackel zieht durch die

Opferteile hindurch. Gott ist gekommen! Rauch. Licht. Feuerzungen. Gott ist gekommen!

Seltsam. Wenn Abram eine Verabredung treffen möchte, ist der Herrgott nicht da, und wenn der Herrgott da ist, schläft Abram. Letztendlich betritt der Ewige allein den Ort des Bundes. Es scheint, als werde dieser Bund nur von einer Seite garantiert. Die Verheißung hängt nicht von Abrams Treue ab. Abram kann Gott auch nicht zwingen zu erscheinen, denn seinen Freunden gibt Gott es im Schlaf. Doch hätte Gott es auch geben können, wenn sein Freund nicht bis zur Erschöpfung gekämpft hätte?

Als die Sonne aufgegangen war, kehrte Abram nach Hause zurück. Mit neuer Hoffnung. Man frage nicht, was genau geschehen ist. Es ist ein Geheimnis. Abram wurde als erster in dieses Geheimnis eingeweiht, der erste von vielen, die in der Nacht der Seele Gott begegnet sind. Sie alle stammeln Worte von Rauch und Feuer, von Wärme und Licht. Es scheint dann, als seien all ihre Mattigkeit und all ihre Entbehrungen gen Himmel aufgefahren. Und obgleich sie gewöhnliche, verletzliche Sterbliche bleiben, die nicht wissen, ob sie wachten oder träumten, obgleich sie wissen, daß sie Leiden erwartet, führen sie doch ihren Weg fort und fühlen sich gerufen, Wärme und Licht zu verteilen in einer Welt, die danach so sehr verlangt.

»Schön, daß du wieder da bist,« sagte Sarai. »Ich habe mir Sorgen gemacht.«

»Ich habe so etwas Wunderliches gesehen,« sagte Abram.

17

Abram und Hagar

Genesis 16

Abram vertraute auf Gott.

Aber nur, bis das Vertrauen wiederum aufgebraucht war, versteht sich. Denn es dauert und dauert, und Abrams Leben ist bereits ebenso fruchtlos wie das von Sarai. In wunderlichen Nächten hat er Gesichte gesehen von einem strahlendem Sternenhimmel, hat er Gottes Stimme vernommen, die ihm feurig verhieß, daß sein Same so zahlreich sein werde wie die Sterne. Hatte er sich das alles eingebildet? Denn es begab sich rein gar nichts. Kein Kind kündigte sich an. Die Zeugungen seit Adam kommen bei Abram offensichtlich zu ihrem Ende. Eine Sackgasse. Und um sich sich noch mehr Schmerz und Enttäuschung zu ersparen, nimmt Abram sein Schicksal hin. Fruchtlos hat er gelebt, fruchtlos wird er sterben. Sei's drum.

»Abram, schläfst du?«

»Nein, ich bin wach. Was gibt's?

»Ich werde dir kein Kind schenken können, Abram. Ich vermochte es früher schon nicht, doch jetzt, da es mir nicht mehr nach der Frauen Weise geht, ist es gänzlich unmöglich.«

Sarai ist unfruchtbar. Rebekka wird es später auch sein. Und ebenso Rahel. Alle Erzmütter Israels sind unfruchtbar. Seltsam ist das. Es ist wie eine Erbkrankheit. Warum erzählt der Erzähler das, was steckt in Himmelsnamen dahinter?

Es steckt der Gedanke dahinter, daß Israels Dasein ein Dasein im Namen des Himmels ist. Rückblickend kann Israel seine Geburt inmitten der *Gojim* nicht anders als ein Wunder erachten. Die Kinder Israels verdanken ihr Leben nicht der eigenen Fruchtbarkeit und der eigenen Potenz, nein, es ist ein Dasein von Gottes Gnaden.

Es geht also nicht um Biologie, sondern um Theologie. Nicht um Bettge-flüster, sondern um Glaubensgeflüster. Wenn man bei der Taufe Eltern fragt, wem sie ihr Kind zu verdanken haben, dann werden sie uns ein Geheimnis anvertrauen, nein, kein Geheimnis aus ihrem Schlafzimmer, sondern ein Geheimnis ihres Glaubens. »Gott«, stammeln sie, denn sie können ihr Kind nicht anders als ein Gottesgeschenk sehen, ihnen einfach so in den Schoß geworfen. *Made in heaven.*

Sarai, Rebekka, Rahel, unfruchtbar sind sie. Anders ausgedrückt: Israels Weg führt immer wieder in die Sackgasse, es sei denn, daß vom Himmel hoch Gott selbst Leben schenkt in einen dürren Schoß. Später wird Simson aus einer unfruchtbaren Frau geboren: Dann bricht die Zeit der Richter an. Noch etwas später wird Samuel aus einer unfruchtbaren Frau geboren: der Beginn der Zeit der Könige.

Und wenn dann abermals etwas Neues in der Geschichte anbricht und von der Geburt Jesu zu erzählen sein wird, wird dieser Erzähltradition treu berichtet werden müssen, daß auch seine Mutter unfruchtbar war.

Der Erzähler entscheidet sich allerdings dafür, Jesus aus einer Jungfrau geboren werden zu lassen, weil die Jungfrauengeburt bei den *Gojim* ein bekanntes Erzählmotiv ist. Besser kann der Evangelist seinen *gojischen* Lesern nicht illustrieren, daß dieses Menschenkind ein Geschenk von dort, jenseits ist. Denn als ein solches lernte er das Kind von Josef und Maria zu sehen: als gottgesandt. *Made in heaven.*

Es wäre schade gewesen, wenn damit das urjüdische Motiv der unfruchtbaren Frau in der Erzählung von Jesu Geburt ganz verloren gegangen wäre. Doch dem Erzähler gelingt es, auch in diesem Moment des Umbruchs in der Geschichte Israels eine unfruchtbare Frau Israel auf die Bühne zu führen. Er erschafft sie in der Gestalt Elisabeths, der Mutter Johannes des Täufers. Aus dem anfänglich unfruchtbaren Schoß dieser Sarai-Figur erblickt Jesu Vorläufer das Lebenslicht.*

»Abram, schläfst du?«

»Nein, ich bin wach. Was gibt's?«

»Abram, Gott hat meinen Schoß verschlossen. Geh darum ein Kind zeugen bei Hagar, meiner Sklavin. Nimm Hagar, Abram. Laß sie für mich ein Kind gebären.«

Nichts Ungewöhnliches in jenen Tagen: die Sklavin als Leihmutter. Sarai (ihr Name bedeutet Fürstin) hat eine Leibeigene, und damit kann der Leib der Sklavin für die Fürstin ein Kind gebären. Gebär-Mutter Hagar, Sarais Sklavin aus Ägypten.

So seltsam ist Sarais Plan überhaupt nicht. Sie könnten zwar auch warten, bis es *Gott* endlich einmal beliebt, doch mit guten Gründen läßt sich anführen, daß auch der *Mensch* etwas tun muß. Und zudem wird das Kind von Abrams Samen sein, oder etwa nicht?

Ja, das ist wahr.

Doch ebenso wahr ist auch – und darum geht es hier dem Erzähler – daß es sich um eine Versuchung handelt, Gott vorgreifen zu wollen. So wird dann zwar ein Kind geboren, doch zugleich auch viel Kummer und Verdruß.

Abram hörte auf Sarais Stimme.

Abram ging zu Hagar ein, und sie wurde schwanger. Und sie weiß: Nun wird *sie* Abrams Erstling gebären. Gott lacht ihr zu. Sarai nicht. Eigentlich ist *Hagar* nun Fürstin. Und mit diesem Kind, das in ihrem Schoß wächst, wächst auch ihre Geringschätzung für ihre Herrin. Sie fühlt sich der unglücklichen Sarai überlegen, und das läßt sie sie auch spüren. Von diesem Moment an sind die Verhältnisse gründlich gestört. Alles und jedes verliert seinen rechten Platz. Da sind ein Mann, eine Frau, eine Sklavin, sie tun, was von ihnen erwartet wird, doch nun geraten die Rollen plötzlich gehörig durcheinander, niemand weiß mehr, wo er steht, und von Hausfrieden kann überhaupt keine Rede mehr sein. Es kommt jetzt nämlich häufiger vor, daß Abram bei Hagar im Zelt sitzt, Sarai ist dann allein, und wenn Abram zurückkommt, ist alles anders als früher. Sie können nicht darüber reden, und auch das ist anders als früher. Hagar und Sarai verstehen sich überhaupt nicht mehr. Die Sklavin, die nun endlich Macht hat, prunkt wie ein Pfau mit der Frucht in ihrem Schoß. Sie sagt nichts, doch ach, ihre Augen! Mit dem Kind dauert es noch so seine Zeit, doch jetzt schon spielt sie sich als Königinmutter auf. *Sie sah mit ihren Augen auf Sarai nieder.*

»Hagar, würdest du bitte auf der Stelle mein Zelt verlassen!«

»Aber, gnädige Frau, was hab' ich denn getan? Hab ich was gesagt?«

Nein, sie hat nichts gesagt. Doch wie sie geschaut hat!

In einem Gebet Israels heißt es: »*Oh Herr, laß mich doch Gnade finden in deinen Augen.*« Und was findet Sarai in Hagars Augen? Was liest sie in ihrem gnadenlosen Blick? Daß sie ein Nichts ist. Keine Frau, keine Mutter, nichts. Ausrangiert, aufs Abstellgleis gestellt. »*Abram, diese Frau muß hier weg, geringgeschätzt bin ich in ihren Augen; wie sie auf mich schaut; nie wieder will ich sie sehen.*«

Das Dreiecksverhältnis rückt alles und jeden von seinem Platz. Die Sklavin, die Unterdrückte, ist befreit und unterdrückt nun ihrerseits, wir kennen das. Sarai, die Fürstin, fühlt sich plötzlich erniedrigt und hat das unwiderstehliche Bedürfnis, die Erhöhte zu erniedrigen, ja, auch das kennen wir. Und Abram spielt als Knecht zweier Herrinnen in diesem Familiendrama ebenfalls eine äußerst zweifelhafte Rolle. Der Same trug Frucht, wo er keine Frucht hätte tragen dürfen, und damit wurde nicht nur ein Kind, sondern auch viel Unheil gezeugt. Abram erkennt, daß er hier nicht ungeschoren davonkommt. Doch er versucht, den Schaden so gut wie möglich zu begrenzen.

»Abram, die Augen dieser Frau! Sie muß hier weg!«

Ist Sarai nur in den Augen Hagars geringgeschätzt, oder vielleicht auch in ihren eigenen?

»Langsam, Sarai, langsam! Wer ist hier die Frau des Hauses? Du doch, oder nicht? *Tu dann, was gut ist in deinen Augen.*«

Nun darf Sarai etwas mit *ihren* Augen tun, denn sie ist ja schließlich die Herrin.

Abermals spielt Abram keine Heldenrolle. Er überläßt Sarai die Entscheidung, – und spielt Verstecken.

Ja, und dann arbeiten Sarais Augen, und die verletzbare Hagar kann nun ihrerseits Sarais erniedrigenden Blick nicht ertragen. Sie flieht, hochschwanger. Richtung Ägypten. Von dort kam sie ja ursprünglich auch. Bei einem Wasserbrunnen in der Wüste versucht sie, sich auszuruhen.

Später werden wir Geschichten von Israels Exil in Ägypten hören. Hagars Geschichte ist ein Spiegelbild davon: die Geschichte einer Ägypterin, die in Israel im Exil lebt. Und so, wie Gott sich des Schicksals Israels annehmen wird, nimmt er sich hier Hagars Schicksal an. Gott verliert Hagar nicht aus den Augen. In seinen Augen ist sie kostbar, und kostbar ist auch die Frucht ihres Schoßes. Gott schickt ihr unverzüglich einen Engel. Ein Engel von einem Mann oder ein Engel von einer Frau, das erzählt uns die Geschichte nicht, jedenfalls jemand, der oder die sich ihrer annimmt und fragt: »*Hagar, Sarais Sklavin, wo kommst du her, und wo willst du hin?*«

Die gewöhnliche Begrüßungsformel jener Gegend. Doch gleichzeitig viel mehr, denn die beiden einfachen Fragen sind zugleich die großen Fragen des Lebens: »*Woher? Wohin?*«

»*Von Sarai, meiner Herrin.*«

Hagar sagt zwar, woher sie kommt, doch sie sagt nicht, wohin sie geht. Das weiß sie nicht. Das wissen verzweifelte Menschen nie.

»Hagar, Sarais Sklavin…«

Dieses Wort *Sklavin* gehört leider dazu, denn ihre Flucht widerspricht allen alten Rechtsregeln. Hagar ist eben Sarais Sklavin. *»Kehr um,«* spricht dann auch der Engel. Hagar hat sich in die bestehende Ordnung einzufügen. Sie muß umkehren. Doch nicht nur sie. Auch Abram und Sarai müssen sich bekehren. »Denn diese Hagar,« spricht Gott, »ist vor allem *meine* Leibeigene. Wer ihr nahetritt, tritt mir nahe. Und wer ihrem Kind nahetritt, tritt auch mir nahe.«

Das Kind, das die Zeche zu bezahlen hat, hätte niemals gezeugt werden dürfen, doch nun, da es gezeugt ist, ist es gewollt und von Gott geschützt. *Ein Mensch wie ein wilder Esel wird er sein.* Kein Ackermann. Am Rande des Ackers wird er wohnen. »Doch werden sein Name und mein Name allzeit miteinander verbunden sein. Ismael soll sein Name sein. *Gott hört.* Denn, Hagar, ich habe dich in deiner Erniedrigung gehört.«

In der Geschichte vom Auszug hören wir, wie Gott die Unterdrückung gesehen hat, mit der die Ägypter Israel unterdrücken.

In der Geschichte von Hagar hören wir, wie Gott die Unterdrückung gesehen hat, mit der Israel eine Ägypterin unterdrückt.

Für Gott macht es keinen Unterschied. Auch Hagar wird angesehen. Dankbar und ehrfürchtig nennt sie den Brunnen in der Wüste »Lachai-Roi«. *Brunnen des Lebendigen, der mich ansieht.* Brunnen Gottes, in dessen Augen sie Gnade gefunden hat.

Hagar kehrte zurück und gebar Abram einen Sohn.

Abram gab ihm den Namen Ismael.

Sechsundachtzig Jahre alt war Abram, als ihm Hagar Ismael gebar.

18

Abram und Sarai bekommen
einen neuen Namen

Genesis 17

Neunundneunzig Jahre ist Abram nun. Neunundneunzig! Noch ein Jahr, und er steht in der Zeitung. Allerdings nicht bei den Geburtsanzeigen: »Unser kleiner Sohn ist da! Es freuen sich über die Geburt: die Eltern Abram und Sarai.« Nein, das wird wohl kaum mehr geschehen.

»Abram«

»Ja, Herr.«

»Abram, ich will dich mehren, mehr und mehr. Du sollst der Vater vieler Völker sein. Daher sollst du nicht mehr Abram heißen. Abraham soll dein Name sein, *Vater vieler Völker*. Ich will meinen Bund aufrichten zwischen mir und dir und deinen Nachkommen. Alles, was männlich ist, soll am achten Tag beschnitten werden zum Zeichen dieses Bundes.«

Die Beschneidung war ursprünglich ein Initiationsritual für die Hochzeit. Später wurde es zum Bundeszeichen Israels, mit dem Neugeborene ins Gottesvolk aufgenommen wurden. Am achten Tag. Eine seltsame Zahl. Wir zählen bis zum siebten Tag und fangen dann wieder von vorn an. Der achte Tag ist der Tag, der den normalen Lauf der Zeit übersteigt. Am achten Tag bricht eine andere Wirklichkeit herein, eine Wirklichkeit höherer Ordnung als was wir von Natur aus kennen. Am achten Tag wird das normale Leben ein Leben mit Gott.

»Abram, dein Name soll Abraham sein, *Vater vieler Völker*.« Und Sarai? Könige vieler Völker sollen aus ihr geboren werden. Sarais Name soll von nun an Sarah sein, *Fürstin Israels*.

Abram und Sarai bekommen beide den Buchstaben H hinzu, den fünften Buchstaben des hebräischen Alphabets. Oder besser gesagt: Beiden Namen wird die Zahl *fünf* hinzugefügt, denn wie im Lateinischen entsprechen die Buchstaben auch im Hebräischen Zahlenwerten. Die Zahl fünf steht für Israel: Vier plus eins. Vier steht für die Welt mit seinen vier Himmelsrichtungen, eins ist Gott. *Höre Israel, der Herr ist unser Gott, der Herr ist einer.** Daher steht die Zahl fünf für Israel, denn Israel ist gerufen, in der Welt den Namen des *einen* Gottes zu ehren. So steht es in den fünf Büchern der Tora Israels geschrieben. Diesem Israel sollen Abraham und Sarah Vater und Mutter sein. Mit neuen Namen werden sie zu dieser Aufgabe berufen. Dieses eine »H« markiert einen himmelweiten Unterschied.

»Abraham, ich hatte dir doch verheißen, daß Sarah dir einen Sohn schenken wird?«

»Ja, Herr. Doch das ist lange her. Ich schlage vor, daß wir besser nicht mehr davon sprechen. Du wirst verstehen, daß ich...«

»Jetzt wird es geschehen, Abraham. Denn ich lasse keines meiner Worte, ich tue, was ich sprach, du weißt es, oder nicht?«

Abraham lacht. »Herr, Gott, du willst mir doch nicht erzählen, daß Sarah mit neunzig und ich mit hundert.... Daß ich nicht lache.«

Abraham lacht. Er kann es einfach nicht glauben, und er will es auch nicht mehr glauben. Gott soll ihm nicht erneut Hoffnungen machen. Das erspart Enttäuschungen.

Tragisch, wenn man es recht bedenkt. Nun scheint sich ein lebenslanges Verlangen endlich zu erfüllen, doch für Abraham ist es zu spät. Er ist zu alt, zu müde, zu zornig, er weigert sich, seine ausgelöschte Hoffnung erneut von Gott wecken zu lassen. Er lacht. Es ist kein befreiendes, sondern ein verbittertes Lachen. Das Lachen des Gepeinigten. »Gott, darf ich dich was fragen? Du meinst es gut, daran zweifle ich keinen Moment, aber ist das denn wirklich notwendig? *Lasse Ismael doch leben vor deinem Angesicht!* Ich meine, warum sollten wir es nicht bei Ismael belassen? Schau, wenn du nun früher gekommen wärst. Doch jetzt ist Ismael da, und dann soll er's doch sein. Ja, ja, ich weiß schon, du verstehst unter Erstlingtum etwas anderes als das, was in der fruchtbaren Natur natürlich zuerst kommt. Doch wenn ich so frei sein darf, du kommst einfach zu spät, und ich bin, ehrlich gesagt, am Ende. Weißt du denn nicht, wie alt ich bin? Du darfst es mir nicht verübeln, doch ich will lieber nicht noch mal daran glauben, nicht noch mal die Mühsal dieser Verheißung erleben. Es ist schon gut so.«

»Nein, es ist nicht gut so. Ich bin ein Gott, der nicht läßt, was seine Hand begonnen hat. Versprochen ist versprochen und verheißen ist verheißen, Abraham, und ich bin, der ich bin. Warum bist du nicht, der du sein mußt? Warum springst du ab, wo ist dein Vertrauen, wo ist dein Mumm? Warum lachst du mit diesem Lachen? Abraham, wir sind noch nicht am Ende der Reise, wir haben noch ein Stück zu gehen. Und wer zuletzt lacht,

lacht am besten. Sarah wird einen Sohn zur Welt bringen. Und du sollst seinen Namen Isaak rufen: *Jizchak! Er lacht.* Name deines Unglaubens: *Jizchak.* Und sooft du Jizchak rufst, wird das Gelächter seines Namen über die Felder schallen. Mit ihm richte ich meinen Bund auf, auf Ewigkeit, für seine Nachkommen. Und was Ismael betrifft: Auch ihn werde ich segnen, Abraham, auch ihn werde ich mehren, mehr und mehr. Vater eines großes Volkes wird er sein. Aber meinen Bund richte ich mit Isaak auf, den dir Sarah gebären soll um diese Zeit im nächsten Jahr.«

Abraham konnte es nicht glauben.

19

Abraham bekommt hohen Besuch

Genesis 18, 1-15

Hochsommer ist es und zur Zeit der Mittagshitze. Flimmernd steht die Sonne am Himmel und versengt die Erde. Das Grün des Frühlings ist vergangen, die Ernte ist eingebracht, braun und verdorrt liegt das Ackerland brach. So sieht auch Abrahams Leben aus. Dürr und trocken. Auch für ihn ist der Frühling endgültig vorbei.

> *Meine Tage sind vorbei und mein Sinnen*
> *in diesem alten Leib gestaltlos verdorrt:*
> *er schläft in mir, der schmerzlich Erwartete,*
> *mein Sohn, mein Sohn, der nie geboren wird.* *

Dort sitzt er, der alte Abraham, bei den Eichen von Mamre unter der Plane im Eingang seines Zeltes, und döst vor sich hin.

Und er hob seine Augen auf und sah, siehe, da standen drei Männer. Abraham erschrak, eilte ihnen entgegen. »Verzeiht! Ich habe euch nicht kommen sehen. Ihr seid wohl aus heiterem Himmel gekommen.«

Abraham ist so sehr damit beschäftigt, diese Fremdlinge nach des Landes Sitte gastfreundlich zu empfangen, daß er nicht sieht, wie die drei einander zuzwinkern. Denn sie kamen tatsächlich aus heiterem Himmel: In Begleitung zweier Engel ist es kein geringerer als Gott selbst, der bei Abraham vorbeischaut. Inkognito in Mamre auf Geschäftsbesuch will sich Gott unter Abrahams Eichen erquicken. Gerade als dieser vor sich hindöste. Gott gibt es seinen Geliebten im Schlaf.

Wo auf der Welt wird in solch kühnen Bildern von Gottes Erscheinen berichtet? Diesmal kein nächtlicher Traum, den nur der Mond und die Sterne bezeugen können. Ebensowenig eine Vision in Rauch und Feuer. Nein, am hellichten Tag ist dies im wahrsten Sinne des Wortes eine

Feld-Wald-und-Wiesenerscheinung. Gewöhnlicher und alltäglicher geht es nicht.

»Ihr bleibt doch zum Essen?«

»Das ist sehr freundlich von dir!«

»Setzt euch doch bitte. Was kann ich euch zu trinken anbieten?«

Gott auf Hausbesuch. Es ist beinahe blasphemisch von Israel, derart alltäglich über den Ewigen zu sprechen. Doch in diesem Alltäglichen offenbart sich gerade das Außergewöhnliche. Denn es ist schließlich nicht so, daß Gott hier nur für Momente den Himmel verlassen hätte und die Engel oben warten, bis der Herr zurückkommt. Es ist vielmehr, wie es im Psalm heißt: ..., *der Sitz hat in der Höhe, der Sicht hat in der Tiefe.** So vertraut Gott hier mit Abraham verkehrt, so innig will er überhaupt mit den Menschen verkehren. Wie ein Freund, der seinen mutlosen Gefährten besucht. Wie eine Mutter, die sofort zur Stelle ist, wenn sich ihr Kind unglücklich und allein fühlt.

»Ihr bleibt doch zum Essen?«

»Das ist sehr freundlich von dir.«

Abraham setzt seine Ehre darein, seine Gäste fürstlich zu bewirten und tischt ihnen einiges auf: Brotfladen aus feinstem Mehl, Butter und Milch, ja selbst ein gemästetes Kalb läßt er schlachten. Als komme der verlorene Sohn nach Hause. Daran ist direkt etwas Wahres.

»Und wen haben wir denn da?« fragt Gott.

Ein kleiner Junge rennt über den Hof, kriegerisch bewaffnet mit Pfeil und Bogen.

»Ismael, komm und gib dem Herrn die Hand,« sagt Abraham.

»Was willst du werden, wenn du mal groß bist?« fragt Gott.

»Ich möchte Bogenschütze werden. Bogenschütze in der Wüste.«

»Das ist schön. Und hörte ich es wohl, daß du Ismael heißt? Das ist ja ein schöner Name. Du weißt doch, was er bedeutet?«

»Nein, mein Herr, ich hab's vergessen.«

»Ach komm, du weißt es doch,« sagt Abraham. »*Gott hört* bedeutet dein Name, das weißt du doch?«

»Ach ja, jetzt weiß ich's wieder,« sagt Ismael.

Gott muß lächeln, Abraham aber ist es peinlich: »Ich weiß nicht, was der Junge hat, unser Ismael kann es einfach nicht behalten.«

»Ach,« sagt Gott und lächelt abermals, »das *ist* doch auch schwer zu behalten, nicht wahr, Abraham?«

Währenddessen tun die Gäste sich gütlich an Speise und Trank, die Abraham in großer Gastlichkeit herbeibringt.

»Abraham, was ich dich noch fragen wollte, wo ist Sarah, deine Frau?«

»Herr, meine Frau Sarah ist in ihrem Zelt.«

»Abraham, ich bin gekommen, um dir zu sagen, daß sie in einem Jahr einen Sohn gebären wird.«

Sarah hört es. Hinter der Plane des Frauenzeltes verborgen, ist ihr kein Wort des Gespräches entgangen. Hat sie richtig gehört? Wird sie auf ihre alten Tage noch der Liebe frönen? Sie ist verwelkt, und Abraham ist alt. Behauptet der Fremdling, sie werde noch ein Kind gebären? Wird sie, die sie in diesem Leben nichts mehr zu erwarten hat, ein Kind erwarten? Daß ich nicht lache, denkt Sarah bei sich und lacht. Das ist ja töricht. Der Fremdling hatte zuviel des süßen Weines! Einen Sohn? In ihrem Schoß. Völlig unmöglich. Lachhaft!

»Warum lacht Sarah?« fragt der Fremdling.

Von allen Geschöpfen ist der Mensch das einzige, das lachen kann. Kein Tier kann das. Lachen ist das Privileg des Menschen. Welch großartiger Augenblick im Leben eines Vaters und einer Mutter, wenn ihr Kind zum erstenmal lacht!

Doch das Beste kann sich ins Schlechteste verkehren. Es gibt ein Lachen, das heilt und ein Lachen, das zerstört. Es gibt ein entspanntes Lachen und ein verkrampftes Lachen, ein befreiendes und ein verachtendes, ein gesundes und ein krankes Lachen. In Sarahs Lachen klingt Groll, ebenso wie kurz zuvor in Abrahams Lachen. Sarahs Lachen hat etwas vom Lachen des Wahnsinns. Oder sollte man eher sagen, es sei heidnischen Ursprungs, weil es Gott verspottet?

»Warum lacht Sarah?« fragt der Fremdling.

Ja warum? Gott hat es doch verheißen? Sollte dem Herrn etwas unmöglich sein? Sprechen und Tun ist doch nicht zweierlei bei Gott. Später, wenn das Kind geboren ist, wird der Erzähler es dreimal wiederholen: Und der Herr besuchte Sarah, *wie er gesagt hatte*, und der Herr tat an Sarah, *wie er gesagt hatte*, und Sarah ward schwanger und gebar dem Abraham einen Sohn um die Zeit, *die Gott zu ihm gesagt hatte*.

»Sarah, warum lachst du?«

Jetzt muß sie zum Vorschein kommen. Doch sie fürchtet sich und weiß keinen anderen Rat, als zu leugnen. »Ich habe nicht gelacht, mein Herr, wirklich nicht, ich...«

»Sarah, du hast gelacht. Doch ich will verzeihen. Für dich ist es wohl ebenso schwierig, nicht zu lachen, wie für Ismael, die Bedeutung seines Namens zu behalten. Denke daran, wenn du Mutter geworden bist. Mutter Isaaks. *Jizchak. Das Kind, das das Lachen brachte.*«

»Du bist ein Engel,« sagte Sarah.

Jetzt mußte Gott lachen. »Ich glaube, du bist ein bißchen durcheinander,« sagte er.

»Wer hätte das gedacht,« sagte die Nachbarin, »ein Sohn!«

Bei Einbruch der Dämmerung hatte sie ihre Neugierde nicht länger bezwingen können. Sie hatte die drei Besucher am Nachmittag gesehen und wollte jetzt alles ganz genau wissen. Und Abraham und Sarah wollten ihre Geschichte nur allzu gern erzählen. Erst jetzt wurden sie sich der Tragweite des Geschehens so richtig bewußt.

»Und wißt ihr denn schon, wie der Kleine heißen soll?«

»*Jizchak*,« sagte Abraham.

Die Nachbarin fand den Namen lächerlich, doch sie wagte nicht, es zu sagen. Eine peinliche Stille trat ein.

»Ja,« sagte Sarah, »wir nennen ihn *Jizchak*, nicht wahr Abraham?«

Und die beiden sahen sich so geheimnisvoll an, daß die Nachbarin sich überflüssig vorkam. »Ich glaube, ich geh' dann mal,« sagte sie, »sonst wird's so spät.«

»Ich erkläre es dir ein andermal,« rief ihr Sarah noch nach.

»Ja,« sagte Abraham, »Sarah erklärt es dir ein andermal.«

Die Nachbarin verschwand. Abraham blieb noch eine Zeitlang im Zelteingang stehen. Schnell brach die Nacht herein. Ein unvergeßlicher Tag neigte sich zu Ende. Abraham schaute hinauf. Gott entzündete gerade die Lichter, eins nach dem anderen. So viele Sterne! Abraham konnte sie nicht zählen.

Im Zelt hörte er Sarah singen. Ein Lied, das er nicht kannte. Doch es klang schön in dieser stillen, heiligen Nacht. Ein Lied von einer Frau, so gering wie Israel selbst, einer unfruchtbaren Frau, die nichts erwartet. Und von Gottes Geist, der weht und sie überschattet und neues Leben in ihrem verdorrten Schoß erweckt. Ein echtes Frauenlied.

Es war ein neues Lied. Dereinst sollten es auch Rebekka und Rahel singen. Dereinst sollte auch Hanna mit diesen Erzmüttern einstimmen, und dann auch sollte Mutter Maria sich unter die Singenden mischen:

Meine Seele erhebt den Herrn,
Und mein Geist freut sich Gottes, meines Heilands,
Denn er hat die Niedrigkeit seiner Magd angesehen.
Siehe, von nun an werden mich selig preisen alle Kindeskinder.
Denn er, der da mächtig ist, hat große Dinge an mir getan. *

Erst als das Lied zu Ende war, wagte Abraham, ins Zelt zurückzukehren.

»Sarah, kann ich dir noch bei irgendetwas behilflich sein?«

»Wie bitte?« fragt Sarah erstaunt zurück, »ob du mir bei irgendetwas behilflich sein kannst?«

»Ja, das fiel mir so ein,« sagte Abraham.

Er hatte gerade gehört, wie hoch Gott sie achtete, und da wollte er sich auch von seiner besten Seite zeigen.

»Das ist lieb von dir, Abraham, doch morgen ist auch noch ein Tag,« sprach Sarah weise. »Sollen wir ins Bett gehen?«

Ich denke, daß Abraham und Sarah in jener Nacht der Liebe frönten. Doch das wird uns nicht erzählt. Nicht aus Prüderie, denn das ist Narrheit späterer Zeiten. Ich denke, daß es nicht dasteht, weil das, was Gott tut, hier das Entscheidende ist.

»Schläfst du schon?« flüsterte Sarah.

»Nein, ich bin noch wach.«

»Warum hast du eigentlich zur Nachbarin gesagt, *ich* würde ihr später erklären, warum *Jizchak Jizchak* heißen soll? Warum erklärst du es ihr nicht selbst?«

»Weil du diejenige warst, die darüber lachen mußte.«

»Willst du etwa behaupten, du hättest nicht gelacht?«

Abrahm wußte nicht so recht, was er darauf sagen sollte. »Du hast recht,« sagte er. »Ich hatte es vergessen.«

Sarah schmiegte sich noch etwas enger an ihn.

20

Abraham tritt für Sodom und Gomorra ein

Genesis 18, 16-33

Düster ist die Landschaft, dort beim Toten Meer, wo die Salzberge liegen. Einst, vor Tausenden von Jahren, lange noch ehe die Menschen auf Erden erscheinen sollten, war diese kahle Wüste mit gewaltiger Urkraft aus den Tiefen emporgestiegen, und noch immer liegt dort alles wie damals. Nichts kann in dieser Gegend leben, *tohu wa bohu* ist es dort, wüst und leer. Dort baut sich kein Tier sein Nest, dort singt kein Vogel sein Lied, dort wächst kein Baum, keine Blume, kein Grashalm, keine Spur menschlichen Lebens hat man dort jemals gefunden.

Es ist ein schauriger Ort. Und als dorthin erstmals Menschen kamen, machte sich ihre Phantasie auch sogleich auf die Suche nach einer Antwort auf die Frage, wie solch ein gottverlassener Ort je entstehen konnte. Der Ort selbst verlangt nach einer Geschichte. Als wäre Gottes Urteil darüber hinweggefegt!

»Vater, was ist das für ein Ort? Warum will hier nichts wachsen? Warum wohnt hier niemand?«

»Das will ich dir erzählen, mein Kind. Es ist eine schauerliche Geschichte. Ich habe sie von meinem Vater gehört, und er wiederum von seinem Vater. Vor langer, langer Zeit muß es hier zwei Städte gegeben haben, Sodom und Gomorra. Nein, davon gibt es in der Tat keine Spur mehr. Sie sind untergegangen. Durch Gottes Ingrimm. Ja, Sodom und Gomorra, Gott hat sie ausgeschwefelt. Gott konnte sie nicht mehr sehen. Aus meinen Augen, sprach Gott. Man sagt, daß es vor langer, langer Zeit war, zur Zeit von Vater Abraham. Soll ich dir die Geschichte erzählen?«

Was für eine Geschichte wird jener Vater nun seinem Kind erzählen?

Er wird eine Sage erzählen. Der Vater hält keinen Unterricht in Geschichte oder Erdkunde, er gibt keine wissenschaftliche Erklärung für ein bizarres Naturphänomen. Nein, der Vater läßt seine Phantasie spielen, seinen Scharfsinn, seinen Glauben. Er erzählt.

Wenn wir eine Exkursion in die Salzberge unternehmen würden und dann wissen wollten, wie um alles in der Welt in der Urzeit diese Geisterlandschaft entstehen konnte, und befänden sich unter unserer Reisegesellschaft ein Geologe und ein Theologe, dann richteten wir unsere Frage natürlich an den Geologen. Denn wir sind moderne Menschen, wir führen Naturkatastrophen nicht mehr auf Gottes Gericht zurück. Wir halten das für primitiv und einfältig. Doch tun wir das zu Recht?

Ein Mann kam eines Tages zu mir und ließ gleich beim Hereinkommen verlauten, daß er von Gott gewarnt worden sei. Was soll man dazu sagen? Man sagt erstmal nichts, man nickt – Gott zieht Verrückte an, das weiß man ja – und ansonsten wartet man ruhig ab, bis der Mann erzählt hat, was nun eigentlich geschehen ist. Doch man macht es sich zu leicht, denn jener Mann meint, daß er das Eigentliche bereits mitgeteilt habe. Das in seinen Augen Wichtigste hat er ja bereits erzählt!

Mitten in der Nacht auf seinem Motorrad zurückkehrend von irgendeinem vollkommen sinnlosen Fest – bezeichnend für sein vollkommen sinnloses Leben – ist er bei Glatteis in einer Kurve von der Fahrbahn gerutscht und in einem Kanal gelandet, oder genauer gesagt: Er ist unter die Eisdecke des zugefrorenen Kanals geschlittert. Sein Leben zog in Sekundenschnelle an ihm vorüber, und besser als je zuvor wußte er, daß er sein Leben kaum Leben nennen konnte, denn er hatte wenig daraus gemacht. »Oh Gott, noch nicht, in Himmelsnamen, jetzt noch nicht, gib mir noch eine Chance« – und plötzlich war dann dort im Eis diese offene Stelle, und er selbst konnte es nur als ein Wunder begreifen. Bis auf die Knochen erfroren und mehr tot als lebendig, war er an die Uferböschung geklettert. »Danke, Gott. Ich habe verstanden.«

»Ja,« sagte er, »ich lebte einfach so drauf los, ich machte aus meinem Leben einen Trümmerhaufen, und Gott muß gedacht haben: ›Schade um den Mann.‹ Eigentlich sympathisch von Gott, daß er so über mich denkt. Offensichtlich hatte er mich aber noch nicht aufgegeben. So hat er mich beim Wickel gepackt und gedroht: ›Tu was oder das Spiel ist aus.‹«

Und? Ist dieser Mann einfältig? Seine Deutung dumm oder vielleicht sogar weise?

Und die Geschichte, die jener Vater seinem Kind über Sodom und Gomorra, über Abraham und Lot und Gott erzählt, ist auch sie einfältig? Zeugt sie von einer naiven Art, die Dinge zu betrachten, etwas, was aufgeklärte Geister Meilen hinter sich gelassen haben? Oder sind wir es, die blind sind? Müssen wir nicht vielmehr hoffen, eine solche Einsicht jemals wiederzuerlangen?

»Es muß vor langer, langer Zeit geschehen sein, mein Kind, zu Zeiten von Vater Abraham. Ich werde dir die Geschichte erzählen, dann kannst du sie später weitererzählen.

Du erinnerst dich doch noch an die Geschichte von Gott, als er in Begleitung zweier Engel bei Abraham zu Besuch war, um ihm zu berichten, daß er einen Sohn bekommen würde. Du weißt schon, damals, als Sarah hinter der Zeltplane so lachen mußte, weil sie es nicht glauben konnte. Abraham zeigte sich seinem hohen Besuch gegenüber äußerst gastfreundlich, es war ein schönes und erhabenes Beisammensein, und Abraham bedauerte dann auch, daß seine Gäste wieder gehen mußten.

»Ich bin euch so dankbar, daß ihr gekommen seid,« sprach Abraham, während er seine hohen Gäste ein Stück begleitete.

Draußen am Zaun schien Gott einen Augenblick zu zögern. »Geht ihr schon mal voraus,« sprach er zu seinen beiden Engeln.

Gott schien etwas unschlüssig. Er schaute Richtung Sodom. Er schaute auf Abraham, warf noch einen Blick auf das Zelt, in dem Sarah nun nicht mehr lachte, sondern weinte, still von Glück.

Gott war frohen Herzens, daß er ihr diese Botschaft hatte bringen können. Sarah würde Mutter werden, Mutter eines großen und mächtigen Volkes. Und nicht nur irgendein Volk, nein, Gottes Erstling, gerufen, um inmitten der Völker Gott sichtbar zu machen und den Weg des Herrn zu bewahren durch das Tun von Recht und Gerechtigkeit. »Doch,« dachte Gott, »dann darf ich vor dem Vater dieses Volkes keine Geheimnisse mehr haben, dann muß ich Abraham nun in meine Pläne einweihen.«

»Abraham.«

»Ja, Herr.«

»Ich meine, du solltest wissen, daß ich nach Sodom hinabfahren will. Die Sünden dieser Stadt schreien zum Himmel, das Unrecht regiert. Ich will die Stadt mit eigenen Augen ansehen, ich fürchte, daß mir nichts anderes übrigbleibt, als sie zu vernichten.«

Abraham stand vor Gott, wie angewurzelt. Er wußte nicht, was er sagen sollte. Eben noch war er der glücklichste Mensch auf Erden, ein Mann in gesegneten Umständen, einen Sohn in Aussicht – und jetzt, diese drohenden, düsteren Worte über Sodom, über Lot und all die anderen, die nichts als Unheil zu erwarten hatten. Abraham wußte wahrlich nicht, was er sagen sollte. Er versuchte, dem Blick Gottes zu begegnen, doch Gott schaute zu Boden, als stände dort etwas in den Sand geschrieben. Auch er schien wie angewurzelt.

Was sollte Abraham tun? Zur Seite gehen? Für Gott den Weg nach Sodom freimachen und damit die Verwüstung der Stadt ein Stück näherbringen? Abraham sah Lot und die Seinen vor sich und er wußte, was er zu tun hatte: stehen bleiben. Abraham wußte von keinem Weichen. Er hatte selbst noch den Mut, einen Schritt vor zu tun. Vorsichtig legte er seine Hand auf Gottes Arm: »Herr, du willst doch nicht etwa den Gerechten mit dem Gottlosen umbringen? Es könnten dort vielleicht noch fünfzig Gerechte sein. Sollte der Richter der Welt nicht Recht tun? Das sei ferne von dir!«

Unerhört wie Israel uns hier Gott und Mensch präsentiert: Gott, der auf Abrahams Gut etwas verlegen herumsteht und zaudert, ob er es Abraham denn erzählen solle, und dann, als er es erzählt hat, zaudert wegzugehen. Als warte er darauf, daß Abraham, sein Freund, es für Lot und die anderen aufnehme. Als wolle er Abrahams Reaktion provozieren, daß er, der er so großen Segen empfangen durfte und noch empfangen darf, sich nicht abseits halte, nun, da Sodoms Untergang droht.

Und ihm gegenüber Erzvater Abraham, der zwischen Gott und Sodom steht, und von keinem Weichen weiß, ein Glaubender, der all seinen Mut zusammennimmt und selbst noch einen Schritt nach vorn tut, anstatt zur Seite zu treten. Es ist nur ein einziger Schritt, doch welch ein großer Sprung nach vorn! Abraham wurde uns bisher in seinem Kleinmut beschrieben, doch das hier hat Größe. Wie vermessen ist doch sein Schritt, mit dem er an Gott herantritt, wie vermessen seine Gebärde, mit der er seine Hand auf Gottes Arm legt, um ihn von seinem unseligen Vorhaben abzubringen: »Tu's nicht Herr! Das sei ferne von dir! Du bist doch ein gerechter Gott? Erlaube mir, dich an deine Verheißung zu erinnern. Ein großes Volk soll aus Sarah und mir geboren werden, du hast es verheißen, ein Volk, gerufen, um inmitten aller Völker dich sichtbar zu machen und deinen Weg zu bewahren durch das Tun von Recht und Gerechtigkeit. Das ist der Weg, den du mir gewiesen hast. Diesen Weg weise ich nun dir!«

Man traut seinen Ohren nicht. Hier haben sich wirklich alle Verhältnisse verkehrt. Es scheint, als habe Abraham mehr Sinn für Recht und Gerechtigkeit als Gott! Doch genau so will Gott seinen Abraham: mit ganzem Herzen der Bewahrung der Gebote und dem Ehren seines heiligen Namens treuergeben, indem er für den Bedrängten aufkommt. Gott ist auf der Suche nach einem Menschen mit einem Gewissen, nach dem Vater eines gewissenhaften Volkes, dem er die Sorge für die Erde und die darauf Lebenden anvertrauen kann.

»Herr, vielleicht sind noch Gerechte in Sodom. Angenommen fünfzig Gute sind in Sodom, rette dann doch die Schlechten um ihretwillen.«

Abraham sagt nicht: »Oh Gott, lasse doch nicht die Guten unter den Schlechten leiden.« Nein, er fragt, ob nicht die Ungerechten um der Gerechten willen verschont werden könnten.

»Abraham, finde ich fünfzig Gerechte in der Stadt, so will ich um ihretwillen den Ort verschonen.«

»Mit Verlaub, Herr, es könnten vielleicht fünf weniger als fünfzig sein, eine Handvoll nur, macht's dir dann einen Unterschied?«

»Auch finde ich fünfundvierzig, will ich Sodom nicht verwüsten, Abraham.«

»Vergib mir Herr, ich bin ein einfacher Mensch und bilde mir nichts ein, doch vierzig, dürften's nicht auch vierzig sein?«

Gott nickte.

»Ich hoffe, daß du dich nicht erzürnst, Herr, doch wenn es nun mal nicht mehr als dreißig sind, dann...«

»Dann verschone ich die Stadt um der dreißig willen.«

»Und zwanzig?«

Abermals nickte Gott.

»Ja, und, erzürne bitte nicht, Herr, noch einmal will ich zu dir sprechen, wenn sich nun nicht mehr als zehn finden, bitte, wäre es dann nicht möglich, daß... zehn nur...?«

Abraham handelt, feilscht, als sei er auf dem Markt! Und so hat sich der aufgeklärte Herr Voltaire ziemlich lustig über ihn gemacht, über diesen Schacherer, der selbst mit Gott das Feilschen nicht lassen kann.

Doch der Herr Voltaire hat sich geirrt. Er hat nicht erkannt, daß wir es hier mit einer der größten und kühnsten Geschichten aus der Weltliteratur zu tun haben. Atemberaubend wird hier beschrieben, was Glaube bedeuten kann. Allzu oft ist er doch verkappter Fatalismus: »Alles kommt, wie es kommen muß, und was kann *ich* schon tun?« Abraham wagt, das zu bezweifeln. Der Glaube des Vaters der Glaubenden sieht anders aus. Er tritt heran und bittet um Gottes Erbarmen für die Stadt. Abraham bittet für den Gerechten wie für den Ungerechten. Er nimmt Gott beim Wort, und Gott ist offensichtlich mit diesem leidenschaftlichen Plädoyer zufrieden: »So will ich's hören, Abraham, du bist ein wahrer Israelit! Du hältst die Menschlichkeit in Ehren. So bedachte ich es, als ich Adam erschuf – das sah ich vor mir, als ich dich aus Haran rief.«

Fünfzig. Fünfundvierzig. Vierzig. Dreißig. Zwanzig. Zehn.

Abraham wagt es nicht, noch weiter herunterzuhandeln. Mit weniger als zehn Menschen kann eine Synagoge nicht bestehen. Bei zehn hört Abraham auf. Weiter wagt er das göttliche Erbarmen nicht zu denken.

Diese zehn, das ist Israel inmitten der Völker. Gottes Erstling, Segensträger. Um des einen willen ist für alle Heil zu erwarten. Ohne den einen gibt es für niemanden eine Zukunft.

21

Der Untergang von Sodom und Gomorra

Genesis 19

Abraham und Lot, das ging nicht Hand in Hand. Ihre Wege trennten sich. Sie leben in zwei Welten. Ein Unterschied wie Tag und Nacht.

Abraham hat seine Zelte unter den Eichen von Mamre aufgeschlagen. Lot hat sich in Sodom niedergelassen.

In Abrahams Welt wird die Gastfreundlichkeit in Ehren gehalten, auch für den Fremdling duftet dort die gute Erde. Mit keinem geringeren als Gott selbst sitzt Abraham zu Tisch, sie sprechen miteinander, wie von Freund zu Freund.

In Lots Welt wird die Gastfreundlichkeit geschändet, dort hört man weder auf Gott noch Gebot, auch nicht auf den anderen. Dort gibt es keine Vertrautheit, so geht ein Freund nicht mit seinem Freund um.

Nein, Abraham und Lot, die beiden haben sich voneinander entfremdet.

Der eine lebt unter der Verheißung, er hat einen Sohn in Aussicht, die Sonne wird über ihm aufgehen.

Dem anderen steht eine Katastrophe in Aussicht, denn was dort in Sodom geschieht, das spottet jeder Beschreibung. Daß es so etwas gibt! Daß das möglich ist! Natürlich, alles ist möglich, doch daß *so* etwas möglich ist! Es wird ein Tag kommen, an dem Sodom die Sonne nicht mehr über sich aufgehen sehen wird, denn für solch eine Stadt hat Gott das Licht nicht geschaffen. Es wird ein Tag kommen, an dem es Sodom nicht mehr gibt.

Es sei nochmals wiederholt: Es geht in diesen Erzählungen nicht um das Schicksal zweier Männer, nicht um die spannenden Abenteuer eines Onkels und seines Neffen. Israel zeigt uns hier zwei Glaubensweisen: die messianische und die heidnische. In Abraham wird uns der Weg des Lebens beschrieben, in Lot der Weg des Todes.

Die Engel waren ganz schön flink geflogen, denn sie hatten Mamre nach der Mittagszeit verlassen und kamen noch am selben Abend in Sodom an.

Lot sitzt unterm Tor und sieht zwei Fremdlinge nahen: »Darf ich euch einladen, in meinem Haus zu speisen und zu übernachten?«

Lot wußte noch von Abraham, daß man gastfreundlich zu sein hat. Israel weiß, was es heißt, ein Fremdling zu sein, Beisasse, weit weg von Vaterland und Muttersprache. Die Bibel trägt daher dem Gottesvolk unaufhörlich auf, die Gastfreundlichkeit in Ehren zu halten: »Du, der du selbst Fremdling warst im fernen Land, fühle, wie es sich anfühlte, und fühle dann mit dem Fremdling in deinem Tor. So spricht der Herr: Wer ihnen nahekommt, kommt mir nahe. Wer sie beherbergt, beherbergt mich.«

Schändung des Gastrechts ist dann auch ein ernstes Vergehen in den Augen des Ewigen, und genau das ist es, woran sich Sodom versündigt. Denn als es Nacht geworden war – und wir können uns wahrlich auf etwas gefaßt machen, denn dies ist eine Geschichte der ganz anderen Art, ein Unterschied sozusagen wie Tag und Nacht –, scharten sich die Männer von Sodom um Lots Haus und verlangten nach den zwei Gästen: »Gib uns die Männer, wir wollen mit ihnen Gemeinschaft haben!«

Das ist derart gottlos roh. So geht man nicht miteinander um, Männer nicht mit Frauen, Freunde nicht mit Freunden. Das ist unmenschlich. Hier will ein Mensch einen anderen Menschen schänden. Daß das möglich ist! Natürlich, alles ist möglich, doch daß so etwas möglich ist!

Es geht hier nicht um Homosexualität. Homosexualität ist die Liebe und Zuneigung eines Menschen zu einem anderen Menschen des gleichen Geschlechts. In dieser Geschichte ist von Liebe und Zuneigung keine Spur. Diese Geschichte handelt nicht von der Liebe zwischen Menschen, sie spielt in einem Land, wo es keine Liebe gibt. Hier geht es um Demütigung und Schändung, und vor allem um die Schändung des Gastrechts. Die Geschichte will offensichtlich zeigen, wie sehr in einer Welt, die gottlos ist, die menschlichen Verhältnisse zerrüttet sind. Nirgendwo in der Bibel, wo Sodom und Gomorra noch erwähnt werden, geht es um Homosexualität, die man einst zu Unrecht »Sodomie« genannt hat; vielmehr handelt es sich immer um Rechtsschändung und Mißhandlung von Wehrlosen. So nennt Jesus seinen Jüngern gegenüber diese beiden Städte als abschreckendes Beispiel der Gastunfreundlichkeit gegenüber Fremdlingen. *Und wenn euch jemand nicht aufnehmen wird, so geht heraus aus diesem Hause oder dieser Stadt und schüttelt den Staub von euren Füßen. Wahrlich, ich sage euch: Dem Land Sodom und Gomorra wird es erträglicher ergehen am Tage des Gerichts als dieser Stadt.«*

Zurück nach Sodom, wo das Volk andringt. *Gib uns die Männer!* Lot, völlig ratlos, geht selbst hinaus und bietet seine Töchter an. Die Schande und Erniedrigung, die man ihnen antun wird, sind in seinen Augen weniger schrecklich als wenn seine Gäste geschändet würden. Doch der Mob ist toll, und die Wut der Menge richtet sich gegen Lot, immerhin ja auch ein Fremdling in ihrem Tor. »Du bist ein Ausländer und willst uns was erzählen? Geh zurück, wo du herkommst, raus mit dir!« Und sie hätten Lot gewiß ermordet, wenn die beiden Engel ihren Gastherrn nicht schnell in Sicherheit gebracht hätten. Sie verrammeln die Tür und schlagen die andrängende Menge mit Blindheit, so daß niemand mehr die Hand vor Augen sieht, und erst recht nicht Lots Haustür.

Immer wieder ist es dieselbe Geschichte: Das Gastrecht wird mit Füßen getreten, der Fremdling wird diskriminiert, Pogrome drohen. Und in der ganzen Stadt finden sich keine zehn Gerechte, die in Gottes Namen die Gerechtigkeit hochhalten und das Unheil abzuwenden suchen!

Dann geht alles sehr schnell. Denn eines ist deutlich: Dieses lieblose Sodom kann nicht existieren. Eine Stadt, in der der Ruf der Gerechten nicht mehr gehört wird, diese zerstörerische Stadt, zerstört sich selbst. Es ist, als spreche Gott zur Stadt: Dein Wille geschehe!

Abraham hat Zukunft. Er wird gesegnet werden. Und er wird ein Segen sein. Doch dieser Segen kennt eine Grenze. Wer Abraham verflucht, wer der wahren Menschlichkeit Gewalt antut, hat keine Zukunft.

Seht, schon naht das Morgengrauen, der Tag bricht an, an dem Sodom die Sonne nicht mehr erblicken wird. Es ist jetzt höchste Zeit. Die Engel drängen Lot zur Eile: »Schnell, geschwind, du und deine Frau und deine Töchter, versucht zu entrinnen, hier bleibt kein Stein auf dem anderen, weg hier, flieht in die Berge!«

Doch Lot zaudert. Soll er das alles zurücklassen? Noch immer sich dem Ernst der Lage nicht vollkommen bewußt und bang vor den Bergen fragt er, ob er nicht ins nahegelegene Zoar gehen könne: »Es ist ja nur ein ganz kleines Städtchen.« So soll's denn sein.

Typisch Lot! Stets das Halbherzige. Weg wollen und nicht weg wollen. Um die Sünde der großen Stadt wissen, und dann noch immer in ein Städtchen wollen. Man muß das auf Hebräisch hören: *Jit-mah-mah.* »Mit uns!« schreien die Engel. Und weil nun wirklich keine Zeit mehr zu verlieren ist, nehmen sie Lot bei der Hand und seine Frau bei der Hand und ihre Töchter bei der Hand: »Weg! Weg! Schau nicht hinter dich!«

Lots Frau allerdings schaut hinter sich und wird zur Salzsäule.

Jeder Reiseführer, der heutige Touristen durch die kahle, unwirtliche Landschaft des Salzgebirges führt, deutet auf eine andere Frau von Lot, erstarrt in diesem schaurigen Dekor: Die Frau, die so sehr an dieser Stadt hing und im entscheidenden Moment der Berufung den Rücken kehrte und so stehend ihr eigenes Denkmal wurde. Als müßte sie das Wort darstellen, das Jesus dereinst sprechen sollte: *Wer seine Hand an den Pflug legt und sieht zurück, der ist nicht geschickt für das Königreich Gottes.**

Die Sonne ging auf. Der Morgen brach an.

Doch nicht für Sodom. Ein Volk, das nicht dem Bösen widerspricht, wird mehr als Leib und Gut verlieren; dann erlöscht das Licht.*

Abraham stand auf von seiner Lagerstatt und ging zu dem Ort, wo er vor Gott gestanden hatte. Er schaute gegen Sodom und Gomorra hin. Rauch war alles, was er sah, Rauch, der von der Erde aufstieg wie der Rauch aus einem Schmelzofen.

Lot entkam. Er flüchtete nach Zoar. *Und die Sonne war aufgegangen auf Erden, als Lot nach Zoar kam.* Er ist gerettet. Abraham hatte für ihn gebetet.

Die Lawine aus Schwefel und Feuer ist an Zoar vorbeigefegt. Die Engel Gottes lenkten ein und ließen Lot nach Zoar, doch ihm ist die Sache nicht geheuer. Er vertraut weder Gott noch sich selbst, und weiter flieht er mit seinen beiden Töchtern, dann doch in die Berge, in eine Höhle. Die drei Überlebenden der Katastrophe.

Und wie weiter?

Die Höhlenbewohner scheinen so ihre ganz eigene Vorstellung von dem zu haben, was ein fruchtbares Leben ist. Anders als die zwei Söhne Noahs, die die Scham ihres angetrunkenen Vaters mit dem Mantel der Liebe bedeckten, geben die beiden Töchter Lots ihrem Vater mehr zu trinken, als gut für ihn ist. Sie entblößen seine Scham und lassen sich von diesem besäuselten Spender schwängern.

In ein paar Monaten wird Lot dort in der Höhle sitzen, mit zwei Knaben auf dem Knie, Moab und Ammon. Söhne und Söhnessöhne zugleich.

Noch Jahrhunderte später, so will es eine jiddische Legende, hat die Königin von Saba während ihres Besuchs bei König Salomo aus dieser Geschichte ein Rätsel gemacht: Eine Frau sprach zu ihrem Sohn: »Dein Vater ist mein Vater, und dein Großvater ist mein Mann, du bist mein Sohn, und ich bin deine Schwester.« Wer war diese Frau?

Der weise Salomo wußte die Antwort: »Lots Tochter.«

22

Das Kind, das das Lachen brachte

Genesis 20 und 21

Weiter zieht die Karawane. Abraham reist gen Süden und schlägt seine Zelte im Lande Gerar auf. Wird er dort sicher sein? Und Sarah? Wird denn sie dort sicher sein? Denn Abimelech ist König von Gerar. Was, wenn er seinen Blick auf Sarah ruhen läßt und sie in seinen Harem einverleiben möchte, so wie einst Ägyptens Pharao? Auch dieser Fürst wird nicht davor zurückschrecken, Abraham aus dem Weg zu räumen!

»Sarah, erzähle ihm, daß du meine Schwester seist.«

Der Vater der Glaubenden ist wie jeder andere Mensch: Er vermag Hohes aber auch Niederträchtiges. Er bittet für Lot und die Seinen, doch kurz darauf läßt er Sarah fallen.

»Sarah, ist Abraham dein Mann?«

»Nein, Hoheit, er ist mein Bruder.«

Spricht sie die Wahrheit? Ach, was kümmert ihn das! »Dann ist es mir eine große Ehre, dich in meinem Harem willkommen zu heißen.«

In jener Nacht hat Abraham kein Auge zugetan. Sarah wahrscheinlich auch nicht. Abraham brauchte nicht viel Phantasie, um die Szene vor Augen zu sehen, die sich dort im Schlafgemach des Königs abspielte. Arme Sarah! Abermals der Begierde eines fremden Fürsten ausgeliefert. Doch diesmal war alles anders. Denn seit der Ewige in Mamre auf Besuch war, ist Sarahs Schoß geöffnet. Wird Sarahs Erstling nicht von Abrahams Samen sein, sondern ein Prinz aus Gerar? Gott behüte! Im Palast ereignete sich vielleicht eine Katastrophe.

Doch nein, dort ereignete sich nichts. Der König von Gerar schien plötzlich nicht bei Kräften zu sein. In jener Nacht stand er nicht seinen Mann. Seltsam! Was geschah hier?

Dem König träumte. Gott erschien ihm und offenbarte ihm, was er in seinem tiefsten Innersten bereits wußte: »Abimelech, du teilst dein Bett mit einer verheirateten Frau. Du bist ein Kind des Todes.«

»Eine verheiratete Frau, Herr? Die Frau ist nicht verheiratet! Sie ist Abrahams Schwester. So hat er es mir gesagt und sie hat's bestätigt. Wahrlich Herr, mein Herz ist aufrichtig, meine Hände sind unschuldig.«

»Ich war es, Abimelech, der dir die Kräfte nahm. Ich wollte dich behüten. Oder besser besagt: Ich wollte die wehrlose Sarah behüten.«

Am anderen Tag zitierte der König Abraham zum Palast: »Habe ich an dir gesündigt, daß du tatest, wie man nicht tun darf?«

»Hoheit, ich dachte, gewiß ist keine Gottesfurcht an diesem Orte, und darum tat ich, was ich tat.«

Abraham spricht von Gottesfurcht! Welch Chuzpe! Wieder hat ein Heide Abraham die Leviten gelesen. Und in tiefster Ehrerbietung vor Sarahs Gott, Israels *Pater Omnipotens* ließ Abimelech Sarah zu Abraham zurückkehren, mit Geschenken überhäuft. »Siehe da, mein Land steht dir offen; wohne, wo es dir wohlgefällt.«

Abraham hatte daraufhin beschämt für den König von Gerar gebetet. Und Gott heilte Abimelech, so daß dieser zum Glück schnell wieder ganz der Alte war. Seine Frau und seine Sklavinnen wurden schwanger und gebaren ihm Prinzen und Prinzessinnen.

Auch Sarah gebar. Durch Gottes Gnade schenkte sie, die sie ein Leben lang unfruchtbar gewesen war, einem Sohn das Leben. Isaak. *Jizchak. Das Kind, das das Lachen brachte.* Ihr Erstling. Segensträger. Hört das befreiende Lachen in Abrahams Zelt!

Abraham war hundert Jahre alt, als ihm Isaak geboren wurde. Der Junge wuchs gut auf, und als er nach drei Jahren entwöhnt wurde, richtete Abraham eine Mahlzeit an, denn darauf mußte getrunken werden!

Als das Kind hereinkam, war die ganze Familie gerührt. Nur Ismael nicht. Ismael lachte Isaak aus. Mitten ins Gesicht. Was war das? Der Dünkel des Älteren? Oder der Neid des Erstgeborenen, der demnach nicht der Erstling war. Lachte hier das Heidentum über Israel, das verächtliche Volk, das es besser nicht geben sollte? Lachte Ismael über Isaaks Gott? Hört man hier gar die Jahrhunderte alte Zwietracht zwischen Juden und Arabern?

Mutter Sarah entbrannte in Wut, als sie sah, wie Hagars Kind ihren Isaak auslachte. Nur ihr Isaak darf lachen! Sarah forderte das Glück für sich allein: »Abraham, vertreibe die Sklavin mit ihrem Sohn.«

Zu welchem Ende wird das führen? Bekommen wir nun wieder das zu hören, mit dem vor vielen Jahren die ganze Tragödie begonnen hatte, den

Vorschlag Sarahs nämlich, ihre ägyptische Sklavin als Leihmutter zu gebrauchen: *Und Abraham hörte auf Sarahs Stimme?*

Nein, wir bekommen etwas anderes zu hören, denn Abraham möchte seinen Sohn, Hagars Sohn, nicht einfach so in die Wüste schicken. Er möchte nicht auf Sarahs Stimme hören müssen!

Aber dann ertönt die Stimme Gottes. Und Abraham erkennt, was er eigentlich von Anfang an gewußt hat: aus dieser Sache kommt er nicht ungeschoren heraus: »*Abraham, höre auf Sarahs Stimme.*«

Erschütternd ist das. Weil Abraham einst auf Sarahs Stimme gehört hatte, wurde derjenige geboren, der nicht der Verheißene, nicht der Gesegnete ist. Indem er nun auf Sarahs Stimme hört, muß Abraham mit ihm brechen. Für Ismael wird gesorgt werden, doch der Erstling ist er nicht. Es muß zum Bruch kommen. Am nächsten Morgen wird Abraham von dem Jungen und seiner Mutter Abschied nehmen müssen.

Manch einer denkt, daß es im Leben für jedes Problem eine Lösung gibt. Manchmal allerdings gibt es keine Lösung, oder zumindest: manchmal gibt es keine schmerzlose Lösung. Man selbst und die anderen leiden unter den Folgen unseres Handelns, doch das ist unvermeidlich. Abraham muß jene Seite, die er zu Unrecht geschrieben hat, aus seinem Lebensbuch reißen. Er hatte seine eigenen Gebete erhört, und so wurde Ismael geboren. Jetzt muß er mit Ismael brechen, seiner Fleisch gewordenen Ungeduld. Er muß die Folgen seines eigenen Unglaubens tragen.

Und wie wird es mit Ismael weitergehen? Der Junge sollte dafür doch nicht die Zeche bezahlen müssen? Auch wenn er nicht der Verheißene, der Gesegnete ist, steht er doch nicht außerhalb jeglicher Verheißung, außerhalb jeglichen Segens? Gott wird doch auch für ihn sorgen? Denn alle Völker zählen bei dir doch etwas, oh Gott Israels? Wie soll es nun mit Ismael weitergehen? Und mit seiner Mutter Hagar?

Früh am Morgen schickt Abraham sie weg. Mit schmerzendem Herzen, doch es ist nicht anders möglich. Abraham muß in sein eigenes Fleisch schneiden. Lebe wohl Ismael. Lebe wohl Hagar. A Dieu!

A Dieu?

Abraham gibt ihnen Brot und einen Schlauch Wasser mit, es ist das letzte, was er noch für sie tun kann. Doch nach wenigen Tagen ist alles aufgebracht. Und jetzt? »Mutter, dort ist Wasser, dort ist Wasser!« Doch der kleine Ismael irrt. Im Schatten eines Strauches legt ihn Hagar nieder. Sie selbst setzt sich entfernt von ihm, einen Bogenschuß weit, denn sie kann das Sterben des Knaben nicht ansehen. Das Kind ruft, es schreit zum Himmel. Hagar steckt sich die Finger in die Ohren, sie kann das nicht anhören. Ismael wird sterben. *Gott hört* bedeutet sein Name. Hat auch Gott die Finger in den Ohren?

Da hörte Gott die Stimme des Knaben. Und ein Engel Gottes rief Hagar vom Himmel her und sprach zu ihr: »Hagar, fürchte dich nicht, denn Gott hat die Stimme des Knaben gehört. Steh auf, nimm den Knaben, halte ihn fest. Ein großes Volk wird aus ihm geboren werden.«

Gott tat Hagars Augen auf und sie sah einen Brunnen, ganz nahe. Sie füllte den Schlauch mit Wasser und gab dem Knaben zu trinken.

Und Gott war mit dem Knaben und er wuchs heran. Er wohnte in der Wüste und wurde ein Bogenschütze. Seine Mutter nahm ihm eine Frau aus Ägypten.

Die Schrift läßt kein Zweifel darüber bestehen: Gott sieht auch auf Ismael. Er nimmt an der Verheißung teil. Er nimmt am Segen teil. Das Lebenswasser ist auch für ihn bestimmt. Isaak und Ismael, die beiden gehören zusammen. Sie sind und bleiben Kinder ein und desselben Vaters.

23

Abrahams Opfer

Genesis 22

Nach diesen Geschichten begab es sich, daß Gott Abraham prüfte.
»Abraham!«
»Hier bin ich, Herr.«
»Nimm nun deinen Sohn, deinen einzigen, den du liebhast, Isaak, und geh in das Land Morija und opfere ihn dort zum Brandopfer, auf einem der Berge, den ich dir sagen werde.«
Früh am Morgen stand Abraham auf, spaltete Holz für das Brandopfer, sattelte seinen Esel, nahm zwei Knechte und Isaak, seinen Sohn, und ging hin an den Ort, den Gott ihm gesagt hatte.

Er ging!
Abraham, in Gottesnamen, warum gingst du? Du gleichst einem religiösen Fanatiker. Warum läßt du, der du eben noch so inbrünstig bei Gott für das sündige Sodom eintratest, nun mir nichts, dir nichts dein eigenes unschuldiges Kind im Stich?
Oder müssen wir uns über Gott erbosen? Denn was ist das für ein makabres Spiel, das er mit diesem Vater und seinem Sohn spielt? Natürlich, Gott darf den Glauben eines Menschen auf die Probe stellen, doch muß er das so grausam, so erbarmungslos, so bis aufs Messer unter Einsatz eines verletzlichen und wehrlosen Kindes tun?
Oder haben wir den Erzähler zur Rechenschaft zu ziehen? Denn Gott und Abraham können genau besehen nichts sagen und tun, was sie der Erzähler nicht sagen und tun *läßt*. Was will uns dieser Mann denn da erzählen? Ohne Zweifel ist er ein begnadeter Schriftsteller, seine Geschichte ist voller Geheimnisse und von wunderbarer Schönheit. Warum aber beschwört er zugleich solchen Widerwillen herauf? Hätte er nicht denselben Gedanken in andere Worte kleiden können, mit Bildern, die zugänglicher sind und weniger abscheulich? Wieviel Unheil hat er mit dieser

Geschichte nicht angerichtet! Über Jahrhunderte hinweg hat er der Menschheit das Bild eines sadistischen Gottes aufgehalst. Er hat damit masochistische Gläubige herangezüchtet, fromme Leute, die meinten, daß man in der Religion Verstand und Gefühl ausschalten müsse, Theologen, die einen himmlischen Vater entwarfen, der seinen eigenen Sohn ans Kreuz nageln ließ. Und im Gegenzug wurden jene Gläubigen selbst hart und erbarmungslos.

Für einige Momente dachten wir, hofften wir, daß Israel sich mit dieser Geschichte gegen die heidnische Praxis des Kinderopfers wehre. Doch der Erzähler läßt Abraham erst dann gesegnet werden, als deutlich wird, daß er das, was ihm auf Erden das liebste ist, wirklich opfern will. Ablehnung des Kinderopfers kann es also auch nicht sein.

Was wollte der Erzähler also sagen?

»Abraham!«

»Hier bin ich, Herr.«

»Nimm nun deinen Sohn, deinen einzigen, den du liebhast, Isaak, und geh in das Land Morija und opfere ihn dort zum Brandopfer, auf einem der Berge, den ich dir sagen werde.«

Und er ging.

Und genau mit diesen Worten hatte die erzväterliche Geschichte auch begonnen: »Abram, geh aus deinem Land, deiner Verwandtschaft, deines Vaters Haus, in das Land, das ich dir zeigen will.« Und er ging.

Am Ende dieser Geschichte angekommen, hören wir erneut diese Worte des Anfangs: »Abraham, geh.« Und er ging.

Die beiden Geschichten entsprechen einander.

Es fing damit an, daß Abraham mit seinem Vater brechen mußte, mit seiner natürlichen Vergangenheit.

Es endet damit, daß er seinen Sohn loslassen muß, seine natürliche Zukunft.

Abraham mußte damit beginnen, die Selbstverständlichkeit seines Landes, seines Vaterhauses zu opfern. Er mußte es mit der Verheißung wagen, und der Vater aller Glaubenden tat es. Gänzlich ohne Makel ist seine Pilgerreise gleichwohl nicht verlaufen: Ismael, der Sohn, den es nicht hätte geben dürfen, wurde geboren. Und als Gott ihm auf halbem Weg abermals bekräftigte, daß er seine Verheißung gewiß erfüllen werde, wurde er von Abraham mehr oder weniger ausgelacht.

Es scheint, als werde nun am Ende seiner Pilgerreise diese Vergangenheit noch einmal heraufbeschworen. Es scheint, als biete Gott Abraham die Gelegenheit, ehe der Vorhang fällt, das mit dem bitteren Lachen zurecht-zurücken, und auf jener Höhe zu enden, auf der er begann. Wenn Abraham seinen Sohn Isaak, den er nicht in wahrhaftem Glauben empfangen konn-te, nachträglich doch noch im wahrhaftem Glauben empfangen möchte, dann muß er diesen Sohn zuerst an Gott zurückgeben.

»Abraham!«

»Hier bin ich, Herr.«

»Nimm deinen Sohn, deinen einzigen, den du liebhast, Isaak, und geh in das Land Morija und opfere ihn dort zum Brandopfer, auf einem der Berge, den ich dir sagen werde.«

Die Geschichte handelt nicht von einem Gott, der blinden Gehorsam ver-langt. Es geht um die Frage, ob Abrahams Glaube Bestand hat.

»Abraham!«

»Hier bin ich, Herr.«

»Geh.«

Und er ging.

Es muß ein schwerer Gang gewesen sein. Denn was stand hier nicht alles auf dem Spiel? Alles stand hier auf dem Spiel! Nur noch wenige Augenblicke, und dieser Sohn, sein einziger, der lang Ersehnte, der, den er liebhat, Isaak, weilt nicht mehr unter den Lebenden. Dann war seine lang ersehnte Geburt vergeblich. Dann war auch Abrahams Auszug aus seinem Vaterhaus vergeb-lich. Dann war die Stimme, die er vernommen hatte, lediglich ein Hirnge-spinst, dann war sein ganzer Glaube nichts als Illusion. Dann ist das alles mit dem Einen in unserer Mitte nicht wahr, das mit dem Erstling, dem Gesegne-ten, in dem der Ewige die gesamte *Mischpoche* wissen lassen möchte, daß die Geschichte Heilsgeschichte und nicht Unheilsgeschichte ist. Dann leben wir auf diesem Planeten in der Tat in furchterregender Leere, um uns nichts als Stille. Dann gibt es hier nichts anderes zu berichten, als das, was es auch von Lots Leben zu berichten gibt: Dann leben wir von Katastrophe zu Kata-strophe, bis daß nach der letzten Katastrophe nichts mehr sein wird.

Stand nicht all das auf dem Spiel, als Abraham mit Isaak den Berg er-klomm? Alles stand auf dem Spiel. Wie konnte er in Gottesnamen den Aufstieg auf den Berg vollbringen? Wie konnte er glauben, daß er und der Knabe nicht auf einem todbringenden Weg gingen? Woher schöpfte er die

Kraft, um auf halbem Weg zu seinen beiden Knechten voller Vertrauen sagen zu können, daß sie dort warten sollten, bis daß er und der Knabe gemeinsam *wiederkehrten*?

Am dritten Tage hob Abraham seine Augen auf und sah die Stätte von ferne.

Am dritten Tage bedeutet in Israels Geschichten, daß ein entscheidender Moment angebrochen ist. *Am dritten Tage* nimmt der Lauf der Dinge eine Wendung. Und immer ist dann der Himmel im Spiel.

Am dritten Tage hob Abraham seine Augen auf und sah die Stätte von ferne. Er nahm das Holz zum Brandopfer, legte es auf die Schultern von Isaak, seinem Sohn, und nahm selbst das Feuer und das Messer in seine Hand. So gingen die beiden miteinander.

Dann sprach Isaak zu Abraham, seinem Vater: »Mein Vater!«

»Hier bin ich, mein Sohn.«

»Siehe, hier ist Feuer und Holz; wo ist aber das Lamm zum Brandopfer?«

»Gott wird schon sehen nach einem Lamm zum Brandopfer, mein Sohn.«

So gingen die beiden miteinander.

Abraham weiß, daß Isaak Gott gehört. Und Gott läßt nicht fallen, was er begann. »Gott wird schon sehen, mein Sohn.«

Abraham sagt, was er nicht sagen kann und doch sagen muß. Das ist die Sprache des Glaubens. Ebenso, wie es die Sprache des Glaubens war, als er gerade noch zu seinen Knechten über ihre Rückkehr sprach. Isaak hatte es gut gehört. Und er dachte: Wenn mein Vater derart auf Gott vertraut, vertraue ich auf meinen Vater.

»Gott wird schon sehen, mein Sohn.«

Abraham vertraut darauf, was der Ewige vor Augen hat. Er verläßt sich darauf, was Gott sieht. »Gott wird schon sehen, mein Sohn.«

So gingen die beiden miteinander.

Sie kamen zu der Stätte, die Gott ihm gesagt hatte. Dort baute Abraham einen Altar, legte das Holz darauf, band Isaak, seinen Sohn, und legte ihn auf den Altar oben auf das Holz. Abraham reckte seine Hand, faßte das Messer, um seinen Sohn zu schlachten.

»Abraham! Abraham!«

»Hier bin ich.«

»Lege deine Hand nicht an den Knaben, tu ihm nichts! Wahrlich, nun weiß ich, daß du Gott fürchtest und hast deines einzigen Sohnes nicht verschont um meinetwillen.«

Abraham hat seinen Sohn an die Zukunft abgetreten, die sein Gott vor Augen hat. *Abraham dachte, Gott kann Isaak auch von den Toten erwecken; deshalb bekam er ihn auch als Gleichnis dafür wieder.**

Abermals hörte Abraham jene Stimme. Er ist nicht vergebens aus seinem Land und seinem Vaterhaus ausgezogen, Isaak wurde nicht vergeblich geboren, jener eine in unserer Mitte, der Gesegnete, das fleischgewordene Zeichen Gottes, daß die Geschichte keine Unheilsgeschichte ist, die sich von Katastrophe zu Katastrophe bewegt, sondern sich als Heilsgeschichte erweisen wird.

Abraham hob seine Augen auf und sah einen Widder mit seinen Hörnern in der Hecke hängen. Abraham ging hin, nahm den Widder und opferte ihn zum Brandopfer an seines Sohnes Statt.

Und Abraham nannte die Stätte: Gott wird sehen.

24

Sarahs Tod

Genesis 23

Durch die Nacht von Streit und Sorgen
*zieht der Zug der Pilger fort**

und am Haupte jenes Zuges werden wir der Gestalt des Erzvaters Abraham gewahr, der Nomade des Glaubens, der die Pilgerreise durch die Zeiten und durch die Länder einst begonnen hat. Als Erstling auf Erden fing er an zu vermuten, daß das Leben kein Kreislauf ist, sondern ein Weg. Als Erstling wagte er sich auf diesen Weg, und so nahm alles seinen Anfang.

Israel, Gottes Erstling, hat davon erzählt. In Abraham haben Abrahams Kinder von ihrem Glauben erzählt. Damit erzählten sie zugleich von den Abenteuern allen Glaubens, denn die Berufung des Erstlings gilt der gesamten *Mischpoche*. So haben Menschen aller Zeiten und aller Länder Israels Geschichten gelauscht, – denn man stelle sich vor, daß wahr sei, wovon sie erzählen... Viele haben sich in dieser fernen Gestalt, dort am Haupte des Zuges wiedererkannt, in der Gestalt Abrahams, mit all seinen Siegen und Niederlagen, seinem Mut und seiner Feigheit, seinen Ängsten und seinen Träumen. Sie fingen an, in ihm den Vater aller Glaubenden zu sehen.

Auch wir sind diesem Fremdling ohne festen Wohn- oder Aufenthaltsort auf seinem Streifzug gefolgt. Auf seiner langen Wanderung teilten wir mit ihm seine Hoffnung und seine Verzweiflung. Er mußte mit Hagar und mit Ismael brechen, und auch Lot hat er aus den Augen verloren.

Doch Sarah ist bei ihm geblieben, in all den Jahren. Sie waren unzertrennlich. Ihnen war ein Land verheißen. Und ihre Nachkommen sollten so zahlreich sein wie die Sterne des Himmels, wie der Sand am Ufer des Meeres. Diese Verheißung war zum Lachen. Doch sie warteten nicht vergeblich: Isaak erblickte das Lebenslicht, das Kind, das das Lachen brachte. Mit Mühe und Not geboren, mit Mühe und Not bewahrt. Doch wie soll es jetzt weitergehen? Isaak hat noch keine Frau, und was das Land betrifft, so kann Abraham nicht einen einzigen Hektar sein eigen nennen. Ja, Fremdling ist er geblieben. Wie endet es jetzt, jetzt, da es endet?

Ja, Sarah liegt im Sterben.

Schon die ganze Nacht sitzt Abraham bei ihr, lange kann es nicht mehr dauern. Er hält ihre Hand fest, von Zeit zu Zeit trocknet er ihr Gesicht mit einem Tuch. Hin und wieder schaut sie ihn kurz an, meist hält sie ihre Augen geschlossen. Es geht zu Ende, auch Sarah ist heimatlos. Weit weg von zu Hause wird sie sterben, in fremdem Grund wird sie begraben werden. Oder doch an ihrem eigenen Ort?

Und plötzlich war da der Augenblick, da Abraham allein war mit seinen Gedanken, denn Sarah war gestorben. Er wollte beten, doch er konnte nicht. Er war so müde, so allein. Und immer wieder diese Fragen. Wohin geht so ein Atem, so ein letzter Atemzug?

Abraham trat aus dem Zelt, suchte Raum, frische Luft. Unwillkürlich hob er die Augen gen Himmel. Die Sterne funkelten, als sei nichts geschehen. Und wenn das alles doch nur Einbildung war, die Verheißung Narretei, Windhauch das gelobte Land? Gott schweigt. So wie nun auch Sarah schweigt. Wo soll er sie in Gottes Namen nur begraben?

Abraham ging wieder ins Zelt, an Sarahs Totenbett, sie zu beweinen und über sie wehzuklagen.

Dann stand er auf von dem Angesicht seiner Toten.

Denn wehklagen und beweinen hat seine Zeit und aufstehen von dem Angesicht der Toten hat seine Zeit. Abraham trauert, doch die Trauer hält ihn nicht gefangen, und daß er aufsteht, hängt mit seinem – sei es auch nur matten – Glauben zusammen. Er hat noch etwas zu tun.

Im Zelteingang drehte sich Abraham um und schaute selig auf Sarahs weißes und ruhiges Gesicht. Jenes Gesicht, das ihn all die Jahre begleitet hatte, vom Anfang des Weges bis zu diesem Ort, erst strahlend vor Jugendlichkeit, dann geschmückt mit der Schönheit des Alters. Wie viele Meilen ging sie nicht mit ihm? In guten und in schlechten Tagen, in Krankheit und Gesundheit, in Reichtum und Armut war sie bei ihm – und nun sieht er sie noch ein letztes Mal an, sie, die sie ihn nicht mehr ansieht. Noch ein letztes Mal sieht er ihr liebes Gesicht. Sarah, seine Frau, seine Geliebte, seine Gefährtin, Mutter seines Sohnes. Ihr Leben war ein Leben von Angesicht zu Angesicht.

Abraham stand auf vom Angesicht seiner Toten. Er muß weiter. Weiter im Zug der Pilger. Lang ist dieser Zug ja nicht mehr, wohlgezählt nur noch zwei an der Zahl, Isaak und er. Doch hat man den Mut verloren, hat man alles verloren. Abraham steht auf. In ein paar Tagen wird er seinen Knecht Eliëzer beauftragen, für seinen Sohn eine Frau zu suchen. Und mag er es auch so wenig wie Sarah erleben: Isaak wird Vater eines Volkes werden, zahlreich wie die Sterne des Himmels und wie der Sand am Ufer des Meeres. Versprochen ist versprochen. Verheißen ist verheißen. Und was das Land betrifft...

»Wohin gehst du, Vater?«

»Kurz weg, ich habe noch etwas zu tun.«

Abraham begibt sich zu dem Tor, wo die Stadtväter sich zu versammeln pflegen. Es sind die Söhne Hets, das Volk des Landes Kanaan.

»Ich weiß, ich bin nur ein Fremdling und Beisasse bei euch. Gebt mir dennoch ein eigenes Grab bei euch, daß ich meine Tote begrabe.«

»Begrabe deine Tote in einem unserer Gräber; kein Mensch unter uns wird dir wehren, daß du in seinem Grabe deine Tote begrabest.«

Die Worte der Söhne Hets klingen sehr freundlich, doch unterdessen verweigern sie Abraham das, worum er bat. Er hatte um ein *eigenes* Grab gebeten. Nur ein kleines Stück des verheißenen Landes zu besitzen, danach verlangt sein Herz. Ein klein wenig Kanaan, wo der alte Pilger seine Geliebte begraben kann, einen Fetzen Land als Zeichen dafür, daß dereinst Gottes Verheißung für das ganze Land in Erfüllung gehen wird. Doch die Söhne Hets sind von der Idee, daß dieser Fremdling und Beisasse ein eigenes Grab sich zum ewigen Besitz erwerben möchte, wenig angetan.

Abraham kniete nieder: *»Gefällt es euch, daß ich meine Tote begrabe, so höret mich und bittet in meinem Namen Efron, den Sohn Zohars, daß er mir gebe seine Höhle in Machpela, die am Ende seines Ackers liegt; er gebe sie mir um Geld, soviel sie wert ist, daß ich unter euch ein eigenes Grab erwerbe.«*

»Ich gebe es dir,« sprach Efron, der Sohn Zohars, *»den Acker und die Höhle, ich gebe es dir. Vor den Augen der Söhne meines Volkes geb ich's dir. Begrabe deine Tote!«*

Man achte auf Efrons Worte: *Ich gebe es dir.* Dreimal wiederholt er sie. Ebenso höflich wie geschickt verhandelt der feine Herr Efron, – ohne zu wissen, daß er das mit den großen Worten der Verheißung tut: *»Abraham, das ist das Land, das ich dir geben werde.«* Abraham muß dafür allerdings tief in die Tasche greifen, denn Geschäft ist Geschäft, und der feine Herr Efron will die Höhle nur zusammen mit dem Acker verkaufen. Ein kanaanitisches Kopplungsgeschäft. »*Das Land ist vierhundert Lot Silber wert, was ist das zwischen mir und dir?*«

Ein Wucherpreis. Der Halunke fordert gut die Hälfte zuviel. Doch die Worte Efrons, des Sohnes Zohars, müssen Abraham wie Musik in den Ohren geklungen haben. Der Kauf wird abgeschlossen und in notarieller Katastersprache besiegelt.

Warum hat Abraham nicht mit dem feinen Herrn Efron, der also gar kein so feiner Herr war, gehandelt? Ach, vielleicht wegen der Musik in seinen Ohren. Für Efron ist es ein Geschäft, für Abraham heiliger Grund, und damit schachert man nicht. »*Das Land ist vierhundert Lot Silber wert,*« sagte Efron. *Land! Erez!* Genau das ist es. Efron hörte es selbst nicht, doch Abraham sehr wohl. *Verheißenes Land!* Die *Erez* für vierhundert Lot Silber, fast geschenkt!

Danach begrub Abraham Sarah, seine Frau, in der Höhle des Ackers in Machpela östlich von Mamre, das ist Hebron, im Lande Kanaan.

Das muß man schon dazu sagen: *im Lande Kanaan.* Dieses eine Stückchen Land bedeutet für Abraham alles. Darin durfte er die Erfüllung von Gottes Verheißung erblicken. Ebenso wie in diesem einen Sohn.

25

Der Knecht, der eine Frau sucht

Genesis 24

Abrahams Reise ist beinahe zu Ende. Er ist alt, an Tagen gesättigt. Und einsam, nun, da Sarah gestorben ist. Zum Glück hat er seine Aufgabe beinahe vollbracht, nicht mehr lange, und auch er wird neben ihr in der Höhle des Ackers in Machpela seine letzte Ruhestatt finden. Dann wird Isaak einsam sein. Verwaist. Wird er es schaffen? Es ist nicht leicht, allein zu leben, es ist nicht leicht, allein zu glauben, und es ist gar unmöglich, allein Vater zu werden.

Isaak braucht dringend eine Frau – eher wird Abraham nicht ruhig sterben können. Doch woher soll er die Frau für seinen Sohn nehmen? Von den Töchtern der Kanaaniter, in dessen Mitte er wohnt? Gott behüte! Dann wird sich das, was mit ihm begonnen hat, wieder im Sande verlaufen, noch ehe es richtig in Gang gekommen ist. Nein, eine Braut von hier, das wäre eine Katastrophe!

»Eliëser!«

»Hier bin ich, Herr.«

»Lege deine Hand unter meine Hüfte und schwöre mir bei dem Herrn, dem Gott des Himmels und dem Gott der Erde, daß du meinem Sohn keine Frau nehmest von den Töchtern der Kanaaniter, in deren Mitte ich wohne, sondern daß du ziehest in mein Vaterland und zu meiner Familie und nehmest meinem Sohn, Isaak, dort eine Frau.«

Eliëser muß seine Hand unter Abrahams Hüfte legen, an die Stelle seines Samens, und ihm schwören, daß er um dieses Samens willen, um seines Sohnes Isaak willen, nach Haran geht, in sein Land, zu seiner Familie. Vor langer, langer Zeit hatte dort die Reise begonnen. »Geh aus deinem Land, deiner Familie,« sagte jene Stimme. Jetzt, da die Reise beinahe zu Ende geht, spricht Abraham wieder von seinem Land und von seiner Familie. Inbrünstig hofft er, daß Eliëser dort eine Frau finden wird, die bereit ist, denselben Weg zu gehen.

Eliëser erschrickt. Abraham wußte sich gerufen. Auf jene Stimme vertrauend löste er sich aus Haran und ging nach Kanaan. Doch wer sagt, daß sich nun auch eine Frau gerufen fühlen wird, in Gehorsam diesen Weg zu gehen? »Wie, wenn die Frau mir nicht folgen will in dieses Land, soll ich dann deinen Sohn zurückkehren lassen in jenes Land, von dem du ausgezogen bist?«

Wie einsam kann ein Mensch doch unversehens sein. Hat denn dieser treuergebene Knecht, der wer weiß wie lange schon mit ihm zieht und mit ihm Freud und Leid teilte, die ganze Zeit über nicht begriffen, was seinen Meister beseelte? Jene Stimme aus der Höhe, die Vision in der Ferne, ist Eliëser das alles entgangen? Betrachtet dieser Mann aus Damaskus diesen Gang lediglich als eine Reise ins Niemandsland? Meint er eigentlich tief in seinem Herzen, daß Isaak Abrahams Schritt besser rückgängig machen sollte, indem er sich in Haran wieder in die alte Ordnung fügt?

Abraham wird es kalt ums Herz. Ist es wegen Eliësers Unverständnis, oder ist es sein eigener Zweifel, der wieder in ihm erwacht? Denn wer ist hier eigentlich der Narr? Vielleicht hat Eliëser ja recht, daß das ganze ein törichtes Unterfangen ist. Existiert dieser rufende Gott überhaupt? Gibt es denn so etwas wie »Geschichte«, einen Weg, den man in Gehorsam geht, eine Pilgerreise mit Anfang und Ziel? Wer sagt denn, daß das alles zu etwas führt?

»Soll ich in diesem Fall deinen Sohn besser zurückgehen lassen?«

»Nein Eliëser, nicht zurück, den Weg zurück dürfen wir nicht gehen!«

So ist er, unser Abraham. Unser Held ist kein Held. Ein einziges Wort seines Knechtes genügt, und der Vater aller Glaubenden fällt fast wieder von seinem Glauben ab. Gleichzeitig erkennt er, daß dies nicht der richtige Weg ist, und spricht sich selbst kraftvoll zu: »Was betrübst du dich, meine Seele, und bist so unruhig in mir? Harre auf Gott, und vergiß nicht, was er dir Gutes getan hat.«*

Dann zählt er das Gute, eines nach dem anderen, und kommt auf die Zahl drei. Wenn das keine heilige Zahl ist! »Höre gut, Eliëser. Der Gott, der mich von meines Vaters Hause und meiner Familie Land genommen hat, und der mich gerufen hat, und der mir geschworen hat: Deinem Samen will ich dieses Land geben, – dieser Gott, Eliëser, wird seinen Engel vor dir aussenden, daß du meinem Sohn dort eine Frau nehmest.«

Eliëser soll sich also keine Sorgen machen. Auch Abraham macht sich keine Sorgen. Er weiß wieder, woran er mit diesem Gott ist. Er hat in der

Vergangenheit soviel Gutes von diesem Gott erfahren, und daher ist die Zukunft gewiß. Eliëser, glaube es!

Gott *hat* getan, Gott *wird* tun.

Doch dabei hat auch der Mensch etwas zu tun, in diesem Fall eine Frau: Sie muß gehen wollen. Und wenn sie nicht will? »*Wenn aber die Frau nicht gehen will, Eliëser, so bist du dieses Eides ledig. Nur lasse meinen Sohn* (zur Sicherheit wiederholt es Abraham abermals) *nicht wieder dorthin zurückkehren. Und nun: Lebe wohl. Der Herr segne und behüte dich.*«

Dann legte Eliëser seine Hand unter Abrahams Hüfte, an die Stelle seines gesegneten Samens. »Ich schwöre es dir.«

Mit zehn Kamelen, beladen mit vielen Kostbarkeiten, trat er die Reise an.

Eines Abends, bei seiner Ankunft in Haran, läßt Eliëser die Kamele bei einem Schöpfbrunnen knien. Es gibt kein anderes Tier, das den Kniefall so beherrscht wie das Kamel, und auch Eliëser kniet: »Oh Herr, der du der Gott Abrahams bist, meines Herren, beweise doch deine Treue. Siehe, ich stehe hier bei dem Wasserbrunnen. Gleich kommen die Mädchen, um Wasser zu schöpfen. Es möge nun geschehen, daß das Mädchen, zu dem ich spreche: ›Neige doch deinen Krug und laß mich trinken,‹ und das antwortet: ›Trinke Herr, und auch deine Kamele will ich tränken,‹ – die Frau ist, die du deinem Knecht Isaak beschert hast. An ihr werde ich erkennen, daß du Treue an meinem Herrn bewiesen hast.«

Eliëser hatte noch nicht »Amen« gesprochen, da kam schon ein Mädchen heranspaziert, Rebekka, die Enkelin von Abrahams Bruder Nahor. Anmutig, den Krug auf ihrer Schulter, stieg sie zum Brunnen hinab, füllte den Krug und stieg wieder hinauf. Eliëser trat auf sie zu: »Neige doch deinen Krug und laß mich trinken.«

»Trinke Herr, und auch deine Kamele will ich tränken.«

Schaut, wie geschickt Rebekka alles tut! Gewandt läßt sie den Krug auf ihre Hände gleiten, gibt Eliëser zu trinken und eilt, die Kamele zu tränken, und schon ist sie wieder weg, um unten am Brunnen abermals Wasser zu schöpfen.

Als nun die Kamele genug getrunken hatten, nahm Abrahams Knecht einen goldenen Ring aus seinen Satteltaschen sowie zwei schwere goldene Armreifen.

»Wessen Tochter bist du? Das sage mir doch! Und gibt es im Hause deines Vaters Raum zum Übernachten?«

»Ich bin Rebekka, die Tochter Betuëls. Es ist viel Stroh und Futter bei uns und Raum genug, um zu übernachten.«

Wieder kniete Eliëser: »Oh Herr, Gott Abrahams, gesegnet seist du, der du deine Treue von meinem Herrn nicht hast weichen lassen, und der du mich geradewegs geführt hast zum Hause des Bruders meines Herrn.« Eliëser war überzeugt davon, in Rebekka die Frau für Isaak gefunden zu haben. Isaak und Rebekka sollten es sein, die den Glauben von Abraham und Sarah, den beseelten Wegbereitern, kommenden Geschlechtern übertragen würden.

Rebekka war bereits nach Hause geeilt, und sie berichtete nun, was ihr widerfahren war. Mit glänzenden Augen zeigte sie den funkelnden Ring und die goldenen Armreifen, die Eliëser ihr gegeben hatte. »So ein netter Mann, dort am Brunnen!«

Laban, ihr Bruder, vom Gold und dem Bericht angetan, sputete sich zum Schöpfbrunnen. »*Komme herein, du Gesegneter Gottes! Warum stehst du da draußen, wo ich doch schon das Haus bereitet habe für dich und die Kamele?*«

Knechte brachten Eliëser Wasser zum Waschen, die Tiere wurden abgesattelt und bekamen Futter und Stroh. Bruder Laban lud Eliëser zum Abendessen. Doch der lehnte ab. »*Ich will nicht essen, bis ich zuvor meine Worte gesprochen habe.*«

»*Sprich.*«

Eliëser sprach. Erst sprach er von Abrahams Reise. Daß Gott ihm ein Land und einen Sohn verheißen hatte. Er berichtete davon, wie lang und mühselig der Weg war, aber auch von dem Stückchen Land, das er schließlich erworben hatte und von der Geburt des Kindes, das das Lachen brachte: Isaak. Ein einsamer junger Mann übrigens, gerade jetzt, nach dem Tod Sarahs, seiner Mutter.

Dann berichtete Eliëser von *seiner* Reise. Daß er im Auftrag seines Herrn auf der Suche nach einer Frau für Isaak sei. Er erzählte von der Wanderung von Kanaan nach Haran und seiner Begegnung am Brunnen. Er erzählte von seinem Gebet zu Abrahams Gott, und daß noch ehe er »Amen« gesprochen hatte, das Gebet erhört worden war, weil Rebekka sich ihm genähert hatte, und genau so sprach und tat wie er gebetet hatte, daß sie sprechen und tun sollte! »*Nun denn, wenn auch ihr an Abraham, meinem Herrn, Treue beweisen wollt, so sagt es mir – und wenn nicht, so sagt es mir auch.*«

In Labans Augen konnte das alles kein Zufall sein, hier mußte Gott dahinterstecken. »*Das kommt vom Herrn. Wer bin ich, um dazu Böses oder*

Gutes zu sagen? Ich gebe dir Rebekka. Sie soll die Frau des Sohnes deines Herrn sein.«

Und Rebekka? Hat sie denn gar nichts zu melden? Nein, eigentlich nicht. Rebekka wird vermählt, und die Tradition will es nun mal so, daß dies ohne Mitsprache der Frau arrangiert wird.

Ja, aber, hier ging es doch ganz entgegen der Tradition darum, daß sich nach Abraham auch eine *Frau* bereit erklärte, aus Haran zu ziehen?! Der Erzähler möchte doch, daß nicht nur ein *Erzvater* im Glauben aus seinem *Vaterhaus* zieht, sondern daß auch eine *Erzmutter* im Glauben ihr *Mutterhaus* verläßt.

Wie kann der Erzähler das Problem lösen? Wie kann die Frau, die nicht um ihre Meinung gefragt wird, doch »ja« sagen?

Der Heiratsvertrag wird geschlossen. Eliëser läßt sich nicht lumpen und präsentiert noch mehr Schmuck und schöne Gewänder für Braut und Familie. Man ißt, man trinkt, und als schließlich jeder seine Schlafstätte aufsucht, ist es bereits später Abend.

Am anderen Tag gibt Eliëzer zu erkennen, daß er abreisen möchte, doch für Rebekkas Mutter ist allein schon der Gedanke unerträglich, von ihrer Tochter Abschied nehmen zu müssen. »Bitte, laß sie noch einige Zeit bei uns bleiben, warte noch, zehn Tage nur.«

»Gott hat meine Sendung so sehr mit Segen erfüllt, ich bitte dich, laßt mich heute noch zu meinem Herrn gehen.«

»Laßt uns Rebekka selbst fragen.«

Sie rufen Rebekka.

»Rebekka, willst du gehen?«

»Ja, ich will!«

Sie ging. Begleitet von allen, die ihr teuer waren, ging sie. Schade, daß sie sie nicht bis zum Hause des Bräutigams begleiten konnten! Ehe sie voneinander Abschied nahmen, sprachen sie dort, wo der Weg sich krümmte, Rebekka den Segen zu: »Oh *unser Schwesterchen, mögest du wachsen zu vieltausendmal tausend. Mögen deine Nachkommen die Tore ihrer Hasser erben!«*

So ging sie.

Dort in seinem Zelt, am Brunnen Lachai-Roi, wartet Isaak. Er vermißt seine Mutter, und er vermißt eine Frau. Wann wird Eliëser kommen? Vielleicht kehrt er ja unverrichteter Dinge zurück. Der Abend fällt. Er geht hinaus aufs Feld, in Gedanken versunken. Einsamer junger Mann. Wird er allein leben müssen, allein glauben? Wie kann er ohne Volk der gesegnete Sohn sein?

Dort in der Ferne sieht er Kamele nahen.

Und Rebekka, hoch auf ihrem Reittier, sieht in der Ferne einen jungen Mann, einsam im Feld. Kommt er ihr entgegen? Ist er...?

»Das ist mein Herr Isaak.« Rebekka läßt sich von ihrem Kamel gleiten, nimmt den Schleier und verhüllt sich.

An jenem Abend, dort am Wasserquell Lachai-Roi, erzählte Eliëser seine Geschichte von dem Wasserquell in Haran. »Neige doch deinen Krug und laß mich trinken.« – »Trinke Herr, und auch deine Kamele will ich tränken.«

Isaak sah Rebekka an: liebliche Gestalt, Lebensquell! »Ich danke Gott, daß du gegangen bist, Rebekka. Komm.«

Isaak führte sie ins Zelt seiner Mutter Sarah, und er nahm Rebekka, und sie wurde seine Frau, und er gewann sie lieb. Also wurde Isaak getröstet nach dem Tod seiner Mutter.

26

Abrahams Tod

Genesis 25, 7-11

Dann starb auch Abraham. Isaak und sein Bruder Ismael, der Bogenschütze in der Wüste geworden war, kamen, um ihren Vater zu begraben. Manchmal verbindet der Tod, was das Leben schied. In Eintracht trugen die beiden Söhne ihren Toten zur Höhle auf dem Feld in Machpela. Sie legten ihn neben Sarah, seine Frau, Isaaks Mutter. Auf heiligem Boden stehen sie, mehr wert als alle Lot Silber der Welt. Pfand der neuen Erde.

Danach trennten sich ihre Wege wieder. Jeder mußte an seinem Ort zu einem Segen sein.

Ismael kehrte in die Wüste zurück.

Isaak wohnte bei dem Wasserquell Lachai-Roi, *der Lebende, der mich sieht.* Es ist der Ort, der auf immer und ewig von Gottes Treue gegenüber Abrahams beiden Söhne erzählt. Es ist der Ort, an dem Hagar einen Engel schaute, als sie vor Sarah geflohen war. Es ist der Ort, wo Isaak zum ersten Mal Rebekka erblickte. Der Wasserquell Lachai-Roi ist der Ort schlechthin, an dem Menschen einander und Gott begegnen können. Es ist eine Quelle von Geschichten.

Hier endet diese Geschichte.

Bei Geschichten über ein Leben nach dem Tod ist Israel zurückhaltend. In den Ländern ringsum wimmelt es von Unsterblichkeitslegenden, man spekuliert heftig über das, was uns womöglich erwartet. Dagegen hüllt sich Israel lieber in Schweigen. Still. Wartet. Ja natürlich, alles wird neu, doch warum sollten wir uns darüber sorgen? Was kümmern uns die Toten! Gott kümmert sich nun um sie. Wir wollen uns lieber dem Diesseits zuwenden. Dem Leben und Zusammenleben von Angesicht zu Angesicht.

Hier endet also die Geschichte von Abraham.

Noch eines nur: Einst kamen Sadduzäer zu Jesus*, gottgelehrte Männer, die – anders als die Pharisäer und Jesus selbst – nicht an die Auferstehung der Toten glaubten. Sie kamen, um mit Jesus ein Streitgespräch zu führen.

Genaugenommen ist die Auferstehung kein Thema für ein Streitgespräch. Kein Mensch weiß etwas darüber. Niemand kann mit Entschiedenheit behaupten, daß der andere auf dem Holzweg sei. Man kann lediglich behutsam fragen, wie der andere dazu kommt, an die Auferstehung zu glauben oder eben gerade nicht.

»Kennt ihr denn die Tora nicht?« antwortete Jesus.

Wie kann Jesus nur denken, daß es einen einzigen Sadduzäer gebe, der die Tora nicht kennt? Die Sadduzäer schwören auf die Tora, und da die Tora nicht gerade viele Worte über die Auferstehung der Toten macht, *gibt* es für sie auch keine Auferstehung der Toten!

»Darf ich euch dann vielleicht an die Geschichte von Mose und dem brennenden Dornbusch erinnern?« sagte Jesus. »Wißt ihr noch, was Gott damals zu Mose sagte? ›Ich bin der Gott Abrahams und der Gott Isaaks und der Gott Jakobs.‹ Nun, erweist sich hier unser Gott nicht als ein Gott der Lebenden und nicht der Toten? Mein Gott ist der Gott Abrahams, Isaaks und Jakobs. Er war ihr Gott, alle Tage ihres Lebens, er blieb ihr Gott, auch über den Tod hinaus, bis zu den Tagen Moses und bis auf den heutigen Tag. Er hörte nicht mir nichts, dir nichts auf, Gott zu sein. Er hat sie festgehalten. Er ist auch mein Halt, im Leben und im Sterben.«

Durch die Nacht von Streit und Sorgen
*zieht der Zug der Pilger fort**

und am Haupte jenes Zuges werden wir der Gestalten der Erzväter und Erzmütter gewahr, der Pilger, die die Reise einst begonnen haben. Dort gehen auch ihre Söhne und ihre Töchter, ach, so viele, unzählbare, ein endloser Zug, die Heiligen aller Zeiten, zahlreich wie die Sterne des Himmels, wie der Sand am Ufer des Meeres. Und am Ende ihrer Fremdlingschaft sterben sie.

Doch sie glaubten, daß Gottes Hand,
die sie dorthin geleitet hat,
im bess'ren, himmlischen Vaterland,
*eine Stadt für sie bereitet hat.**

So schreitet der Zug der Pilger fort. Solange zumindest, wie die Geschichte erzählt wird. Ein Rabbiner schreibt in einem Brief* an seinen Enkel: »Von jenem fernen Vater Abraham bis zu meinem eigenen Vater haben unsere Väter eine Wahrheit weitergegeben, die in ihrem Leibe lebte und nun in mir weiterlebt. Soll ich diese Wahrheit dann nicht an jene weitergeben, die aus mir geboren wurden? Wirst du sie von mir annehmen, mein Kind? Wirst du sie dereinst auch weitergeben? Oder wirst du sie aufgeben wollen? Wenn dem so sei, laß es dann im Dienste einer größeren Wahrheit sein. Wenn es sie gibt.«

27

Der Erstling

Genesis 25, 19-34

Dies sind die Zeugungen von Isaak, dem Sohn Abrahams: Isaak war vierzig Jahre alt, als er Rebekka, die Tochter Betuëls, zur Frau nahm.

Bei ihr fand er Trost nach dem Tod seiner Mutter. Doch neuer Kummer erwartete Isaak: Rebekka war unfruchtbar. Es zeugt von einiger Voreiligkeit, diese Geschichte damit einzuleiten, daß es um die Zeugungen von Isaak gehen wird. Es gibt nichts zu zeugen! Rebekka ist die zweite Erzmutter in Folge, die nicht gebären kann. Was ist das doch? Es ist ein Wunder, daß Israel das Lebenslicht erblickte!

Genau diesem Gedanken wird in diesen Geschichten Ausdruck verliehen. Nicht die eigene Fruchtbarkeit, nicht die eigene Potenz ließ Israel geboren werden. Es ist nicht des Menschen Werk. Gott ist im Spiel. Israel ist nicht *made in Israel*. Israel ist *made in heaven*.

»Vater im Himmel,« betete Isaak, »Rebekka, meine Geliebte, die ihr Mutterhaus in Haran um deinetwillen und um meinetwillen verließ, wird nicht gebären, es sei denn, daß du aus hoher Höhe...«

Isaaks Gebet wurde erhört, Rebekka wurde schwanger. Mit Zwillingen selbst! Als hätte Gott etwas gut zu machen.

»Rebekka, kannst du fühlen, daß es zwei sind?«

»Ja, sie spielen schon miteinander. Und manchmal haben sie Streit. Es ist, als kämpften sie darum, wer zuerst heraus darf.«

Rebekka machte sich Sorgen. Was war da los? Sie fragte Gott.

»*Zwei Völker sind in deinem Schoße, und zweierlei Stämme werden sich scheiden aus deinem Leibe; der eine wird stärker sein als der andere, der Älteste wird dem Jüngsten dienen.*«

Der eine wird stärker sein als der andere, natürlich, so geht es in der Welt zu. Doch der Älteste wird dem Jüngsten dienen, so geht es natürlich in der Welt *nicht* zu. Nein, so geht es *natürlich* in der Welt nicht zu. Doch so geht es in *Israel* zu. In den Geschichten von Israel, dem seltsamen Nachkömmling in der weiten Völkerwelt, geht es widernatürlich zu. In ihnen werden die Rollen vertauscht. Ebenso wie in ihnen Fruchtbarkeit und Potenz nicht selig machen.

Zwei Völker sind in deinem Schoße.

Es geht hier nicht einfach nur um zwei Brüder. Es geht um die Geschichte der Menschheit, zugespitzt auf das Gottesvolk und die Brudervölker, die *Gojim*. Es geht um zwei Lebens- und Glaubensweisen. Es gibt messianisches Leben und es gibt heidnisches Leben, und die beiden Lebensstile lassen sich nicht miteinander vereinen. Die Wege trennen sich. Man kann wie Kain leben oder wie Abel, wie Abraham oder wie Lot, wie Isaak oder wie Ismael, wie Jakob oder wie Esau. Stets stellt die eine Gestalt das messianische Leben dar, die andere aber ist deren Kontrastfigur, das heidnische Leben. Gleichzeitig hütet sich der Erzähler vor Schwarzweiß-Malerei, und so kann es geschehen, daß von Zeit zu Zeit eine heidnische Messiasgestalt von einer messianischen Heidengestalt beschämt wird.

»Es ist, als kämpften sie darum, wer zuerst heraus darf,« sprach Rebekka.

Die Zwillingsbrüder lagen nicht nur vor der Geburt miteinander im Streit, auch während der Geburt rangen die Herren Brüder handkräftig darum, wer der erste sein sollte. Esau siegte. *Der Rauhe.* Rauh wie das Bergland, wo er wohnen sollte, als sich ihre Wege trennten. Unmittelbar nach ihm wurde Jakob geboren. Er war seinem Bruder dicht auf den Fersen, ja, seine Hand hielt Esaus Ferse fest umklammert, ein letzter Versuch, seinen Bruder doch noch zu überholen. *Der Fersenschleicher!*

Zwillinge sind es, doch sie ähneln sich keine Spur! Während der glatte Jakob zu Hause bei Muttern im Zelt sitzt, streunt der rauhe Esau bei Wind und Wetter durch Wald und Feld. Er liebt die Jagd, er liebt das Wildbret, wie sein Vater.

»Sag Esau, kommst du nur noch zum Essen und Schlafen heim? Warum bleibst du nie zu Hause wie Jakob? Das hier ist kein Hotel!«

»Laß ihn doch, Frau. Er ist noch jung.«

Eines schönes Tages hatte Jakob Linsensuppe gekocht. Gerade als er seiner Mutter einen Teller Suppe bringen möchte, kehrt Esau hungrig und erschöpft von der Jagd zurück. Hundemüde. »Ah, *laß mich doch schlingen von dem Roten, dem Roten da!*«

Esau wittert Suppe, Jakob wittert seine Chance: »Ist gut. Wenn du mir gleich heute dein Erstlingtum verkaufst!«

»Mein Erstlingtum? Was soll ich damit? Ich komme um vor Hunger, sterben muß man sowieso und schneller als man glaubt. Das Erstlingtum, ha, du sollst es haben!«

»Schwöre es mir, jetzt sofort.«

Esau schwor es ihm. So verachtete Esau sein Erstlingtum.

Gewiefter Jakob, aalglatter Bursche. Trotzdem ist er dem Geheimnis des Erstlingtums auf der Spur. Esau nicht. Der Raue sieht lediglich, was vorhanden ist. Sein Hunger beschränkt sich auf einen Teller Suppe. Er kennt den Weg durch Wald und Feld, doch was hinter dem Horizont liegt, kümmert ihn nicht. Er fragt nicht nach dem Warum seiner Geburt, nicht nach dem Wozu seines Lebens. Erstlingtum? Ich sterbe eh', und solange wir was zum Fressen haben, haben wir keinen Grund zur Traurigkeit.

Jakob, wenn auch zu glatt, will das Warum und Wozu ergründen. Er ist auf der Suche nach dem Segen. Im Spiel »Schlau gegen Rauh« kommt Jakob wahrlich nicht ungestraft davon. Und doch ist er der Mensch, der das Geheimnis der Geschichte erahnt. Er betrachtet es als seine Berufung, der Erstling zu sein. Als der Gesegnete wird er noch vor seinem Tod den Erstling und Gesegneten zeugen, auf daß die Geschichte von Gott und den Menschen weitergeht, von Geschlecht zu Geschlecht.

Esau hat keinen Blick für das, was Jakob zutiefst bewegt. Er betrachtet sich selbst nicht als Geschöpf und fragt nach keinem Schöpfer. Laßt uns essen, trinken und fröhlich sein, denn morgen sind wir tot.

Jakob gab ihm, worum er bat: Essen und Trinken, Brot und Linsensuppe.

Esau aß, trank, stand auf und ging.

Wohin ging er?

In ein Leben ohne Geheimnisse, ohne Zwiespalt. Ohne zu denken, ohne zu schauen, ohne zu fragen, fern der Tradition. Nicht mehr lange, und ihre Wege scheiden sich.

Esau stand auf und ging.

Und Jakob? Wie geht es mit Jakob weiter?

28

Die Brunnen

Genesis 26

»Isaak,« sprach Gott eines Nachts, »anschaue die Sterne des Himmels und wisse: So zahlreich sollen deine Nachkommen sein. Alle Völker der Erde sollen durch deinen Samen gesegnet werden. Was ich deinem Vater verhieß, verheiße ich auch dir. Trage mit dir meinen Segen und gebe den Segen weiter an deinen Sohn.«

Und das tat Isaak. Isaak tat es in rührender Treue und fügte sich ins Schlichte. Von ihm sind keine großen Abenteuer zu berichten. Er hat nicht gekämpft wie sein Vater Abraham, nicht gerungen wie Jakob, sein Sohn. Er ist der einzige von Israels Erzvätern, der keinen neuen Namen erhält. Mit anderen Worten: Dieses Leben kennt keine erschütternden Krisen, keine wesentlichen Wendungen. Eigentlich hören wir von ihm nur, daß er der Sohn seines Vaters war und der Vater seines Sohnes. Er war der Hüter der Tradition. Ein Mensch, der gerufen war, das weiterzugeben, was er empfangen hatte. Isaak wußte: Dieses Gott-mit-uns hat bei mir nicht begonnen und wird mit mir auch nicht enden. Die Verheißung war, noch ehe ich die Augen aufschlug, und sie wird noch sein, wenn ich meine Augen wieder schließen werde. Was meinem Vater geschenkt wurde, wird in meinem Sohn weiterleben. Ich habe den Segen empfangen. Ich habe den Segen bewahrt. Ich gebe den Segen weiter an das folgende Geschlecht.

In nur drei Erzählungen spielt Isaak die Hauptrolle, doch seltsamerweise kennen wir diese Geschichten bereits von Abrahams Abenteuern. Damit wird uns dreimal bezeugt, daß Isaak der wahre Erbe ist. Wie der Vater, so der Sohn.

Auch zu Isaaks Zeiten brach eine Hungersnot aus. Er zog nach Gerar, ins Land der Philister. Für Momente dachte er daran, nach Ägypten hinabzusteigen und dort sein Heil zu suchen, doch Gott hielt ihn davor zurück.

Daraufhin war auch er, ebenso wie einst Abraham, sterbensbang, daß seine anmutige Frau die Begierde des Königs wecken könnte. Das hätte ihm den Kopf gekostet.

»Sie ist meine Schwester,« log er.

Doch als der König der Philister eines schönen Frühlingstages aus dem Fenster schaute und sah, wie Isaak und Rebekka im Hause gegenüber miteinander kosten, begriff er, daß er betrogen worden war.*

»Du wirst doch nicht weiterhin behaupten wollen, daß das deine Schwester ist? Warum sprachst du Unwahres?«

»Ich fürchtete mich, meine Hoheit, ich fürchtete um mein Leben, wenn ich die Wahrheit gesprochen hätte.«

»Und mich dann dem Risiko auszusetzen, daß ich mein Bett mit einer getrauten Frau teile, werter Isaak!«

Wie Vater Abraham kannte auch Isaak Momente der Schwäche.

Auch die dritte Erzählung hat ein bekanntes Thema: der ewige Streit um die Wasserbrunnen.

Isaak säte in dem Lande und erntete in jenem Jahre hundertfältig; denn der Herr segnete ihn. Isaak wurde groß, nach und nach wurde er größer, bis er sehr groß geworden war. Kleinvieh, Kühe, Kamele, Knechte, Mägde, Isaak wird zum reichen und wohlhabenden Mann. Gott tat Gutes an ihm. Die Sonne geht über ihm auf. Dieser Mann ist gesegnet!

Israels Segen. Er ist die Sonne, die über einem aufgeht, er wird groß und größer, bis er sehr groß geworden ist:

Der Herr segne dich und behüte dich.
Der Herr lasse sein Angesicht leuchten über dir und sei dir gnädig.
Der Herr hebe sein Angesicht über dich und gebe dir Frieden. *

Ein Segenswunsch am Beginn eines jeden neuen Tages, den Gott uns schenkt. Schalom! Friede! Möge es Licht werden in dir und um dich, so daß du weißt, wozu du lebst, wozu du säst und wozu du mähst. Möge Gott dir Frieden schenken, jeden Tag aufs neue. Mögest du groß werden, stets größer und größer, bis du sehr groß geworden bist. Ein Gesegneter Gottes!

Der Gesegnete aber, der Gebenedeite, ist auch der Geneidete.* Und der Geneidete kann schnell zum Gehaßten werden. Es entsteht ein Konflikt um die Wasserbrunnen, und wieder kommt, wie bei Vater Abraham,

König Abimelech, um Isaak die Wasserbrunnen streitig zu machen. Und man komme nun nicht altklug mit der Frage daher, ob der unbeschnittene Philister gar das ewige Leben besitze, daß er hier erneut auf der Bühne zu erscheinen vermag, und man bedenke nun nicht spitzfindig, daß jener König aus Abrahams Zeiten einen Sohn bekommen haben muß, der nach dem Vater schlägt und zudem den gleichen Namen trägt. Nein, *l'histoire se répète*, es ist immer wieder dasselbe Lied: Der Gesegnete ist der Geneidete und der Geneidete ist der Gehaßte, und so geht es fort von Geschlecht zu Geschlecht. Immer und ewig gibt es Krieg um die Quellen. Wasserquellen, Ölquellen, Philister, Palästinenser, nichts Neues unter der Sonne.

In jenen Tagen übrigens, in denen der Erzähler diese Geschichten spielen läßt, hatten sich die Philister noch gar nicht in Israel niedergelassen. Er erzählt also keine Geschichte eines bestimmten historischen Kontextes. Nein, er erzählt von der Wahrheit aller Jahrhunderte.

Groß ist Isaak geworden, groß und größer wurde er, bis er sehr groß geworden war. Und was geschehen mußte, geschieht: Dort kommen die Heiden anmarschiert, grün und gelb vor Neid. Sie wollen Isaak wieder kleinkriegen. »Weg hier,« sagt Abimelech, »du bist mir zu groß geworden.«

Was soll Isaak, dieser messianische Mensch, der verhaßte Gesegnete, jetzt tun?

Isaak weicht aus. Er zieht mit seiner Herde ein Stückchen weiter, und dort schaufelt er die Brunnen aus, die Vater Abraham einst gegraben hatte, von den Philistern aber zugeschüttet worden waren. Dabei gab Isaak den Brunnen die Namen zurück, die Abraham ihnen gegeben hatte. So wurde das Erbe seines Vaters zu neuem Leben erweckt. Er gräbt auch selbst einen Brunnen und fügt diesen dem väterlichen Erbe bei.

Das schürt den Haß der Philister. Wieder kommen die feindlichen Hirten angetrabt. »Das ist unser Wasser. Weg hier!«

Was soll Isaak jetzt tun?

Er ist so klug zu schweigen, und er ist so stark, nicht zurückzuschlagen. *Esek* nennt er den Brunnen. *Streit.* Streit-Quelle. Wieder zieht er weiter, offensichtlich bereit, die notwendigen Meilen zu gehen. Dieser seltsame Hebräer scheint über eine noch ganz andere Quelle zu verfügen, aus der er schöpfen kann. Wieder schlägt er anderswo seine Zelte auf, und auch dort gräbt er die Brunnen aus, die sein Vater gegraben hatte, und die von den Philistern zugeschüttet worden waren.

Als auch dort nach langem Schinden endlich lebendiges Wasser hervorsprudelt und Isaak den Brunnen wieder die Namen gegeben hat, mit denen sie sein Vater einst getauft hatte, gehen seine Quälgeister abermals auf die Barrikaden und machen ihm seine grasreichen Weiden streitig. »Auch das ist unser Wasser.« Daraufhin zog sich Isaak auch von dort zurück. *Sitna* nannte er den Brunnen. *Widersach. Satanswasser.*

Weiter zieht Isaak. Die Füchse haben Höhlen, die Vögel des Himmels haben Nester, doch Isaak zieht weiter, mit Segenshoffnung. Was bringt es ihm ein außer Durst und Hohn und Gesichtsverlust?

Es wird erzählt, daß es ihm Frieden einbrachte. Groß war er geworden, groß und immer größer, bis er so groß war, daß er klein und gewaltlos sein konnte. Er setzte sich, um es in der Sprache unserer Zeit zu sagen, für eine friedliche Koexistenz von Israel mit seinen Nachbarvölkern ein. Dann kann es eine Tat höchster Weisheit und größter Kraft sein, nicht habgierig zu sein und nicht zurückzuschlagen. Stets weichend erreicht Isaak sein Ziel. Die Meilen, die er ging, führten schließlich zum Frieden. Nicht vergeblich brachte Isaak seine Opfer, denn nun gaben ihm die Philister Raum. Isaak nimmt sich die Freiheit, die Hand Gottes darin zu erblicken. Wieder gräbt er einen Brunnen. *Rechovoth. Der Herr hat weiten Raum gemacht.*

Dann zieht er nach Beerscheba. Dort schlägt er seine Zelte auf, und dort baut er Gott einen Altar. Wieder kommen die Philister. Israel fährt der Schrecken in die Glieder, als er König Abimelech zum soundsovielsten Male nahen sieht, diesmal in Begleitung zweier Kumpanen: Ahusat, seinem Freund, und Pichol, seinem Feldhauptmann. *Reichtum und Großmaul.* Es gibt angenehmeren Besuch.

»Was führt dich hierher? Du haßt mich doch? Du hast mich gehetzt und getrieben, stets aufs neue, bis ich schließlich hier gelandet bin. Warum folgst du mir?«

»Wir sind gekommen, weil wir mit eigenen Augen gesehen haben, daß du ein Gesegneter Gottes bist. Laß uns einen Bund schließen. Laß uns in Frieden zusammenleben.«

Fürchten sich die Männer vor dem Gesegneten und seinem Gott? Oder wollen sie an seinem Reichtum teilhaben? Oder sind sie dem Geheimnis dieses messianischen Mannes auf der Spur, und fragen sie sich, ob bei seinem Gott nicht auch Raum für sie ist?

Da bereitete Isaak ihnen ein Mahl, und sie aßen und tranken.

Die feierliche Besiegelung eines Nichtangriffspaktes. Man kann auch sagen, daß sich für Momente auf der Erde Messianisches ereignet. Mitten in der Wüste ist Gottes Erstling auf Wasser gestoßen, mitten in der Wüste ist Beerscheba eine kleine Oase für Hebräer und Heiden. Ist der Segen nicht für die gesamte *Mischpoche*?

29

Der Segen

Genesis 27

Die Schule »Zur Heiligen Schrift« in Beerscheba hatte nur zwei Schüler: Jakob und Esau*. Warum waren die beiden nicht auf einer gewöhnlichen Schule? Weil Isaak die Privatschule bevorzugte. In der Absonderung liegt unsere Stärke, pflegte er zu sagen.

Zugegeben, ihre Heilige Schrift war recht klein, sie bestand vorerst aus den ersten paar Kapiteln der Genesis, doch es war ja auch nur eine ganz kleine Schule. Und außerdem war in den paar Erzählungen, die sie hatten, bereits alles schon gesagt. Jakob war es vor allem, der nicht genug von ihnen bekommen konnte. »Herr Lehrer, erzähl doch noch mal von der Schöpfung von Himmel und Erde, und wie es dann weiterging.«

Dann begann der Lehrer wieder von Adam an: »Im Anfang schuf Gott Himmel und Erde.« Und dann erzählte er von Kain, der kein Auge für seinen Bruder Abel hatte. Er hätte ihn umbringen können! Und von den Völkern erzählte er, den *Gojim*, die einander nicht mehr verstehen konnten und über die Erde verstreut wurden.

Der Lehrer machte eine Pause, schaute auf seine Uhr.

»Nicht aufhören, weitererzählen,« sagte Jakob. »Weitererzählen, nur noch ein bißchen!«

»Der Herr Lehrer will auch mal nach Hause,« sagte Esau, der selbst nach Hause wollte.

Naja, nach Hause, das war eher etwas für Jakob. Esau hielt sich lieber im Freien auf. Er hatte gerade einen neuen Pfeil und Bogen gemacht, und er wollte jagen, gemeinsam mit den Jungs aus der Schule der Stadt, und diese Geschichten, pff, die kannte er mittlerweile zur Genüge. Außerdem hatte er Hunger.

Jakob war anders. Der hatte Hunger auf diese Geschichten. Er dachte häufig über sie nach. Da gab es ein Geheimnis, und darum wollte er auch, daß der Lehrer weitererzählte, denn jetzt wurde es erst richtig spannend: Die Geschichte vom Großvater Abraham, der gerufen wurde, um die Welt der *Gojim* zu verlassen. Aus ihm sollte ein Volk geboren werden, das allen Völkern zum Segen sein sollte. Ein Volk, das weiß, worum es Gott mit seinem Himmel und seiner Erde gegangen war.

»Wie kommt das nun, Herr Lehrer, daß Gott ausgerechnet Abraham und seinen Samen auserwählt hat, den Segen zu tragen? Ich meine, es gab doch genug andere, Stärkere und Ältere?«

»Ehrlich gesagt, das weiß ich auch nicht,« sagte der Lehrer. »Doch Gott ist anders als die Menschen, das weiß ich wohl. Er dreht so manches um, und dann werden die Letzten die Ersten. Wie bei Kain und Abel, das weißt du doch noch? Du hast jedoch recht, es bleibt wunderlich.«

»Ja,« sagte Jakob, »sehr wunderlich. Darüber muß ich noch 'mal gründlich nachdenken.«

»Tu das,« sagte der Lehrer.

Draußen standen Esaus Freunde, die auf ihn warteten.

»Sage der Mutter, daß ich heimkomme, bevor es dunkel wird,« sagte Esau. »Und sage dem Vater, daß ich ihm ein feines Stück Fleisch mitbringe.«

Allein spazierte Jakob nach Hause. Eigenartiger Junge. Anders als die anderen. Immer beschäftigt mit den Dingen, ja, laßt es uns die Dinge nennen, die man nicht sieht. Mit dem Geheimnis der Geschichte. Schade, daß der Lehrer nicht weitererzählt hatte. Natürlich konnte er zu Hause auch Vater Jakob fragen, doch der schien in letzter Zeit nicht besonders interessiert an den Fragen, die Jakob ihm vorsetzte, lieber hatte er das, was Esau ihm vorsetzte. Dann suchte Jakob sein Heil bei Rebekka. Mutter konnte auch schön erzählen. Darüber zum Beispiel, wie Abraham den Segen an Isaak weitergegeben hatte.

»Ja, natürlich,« sagte Jakob, »er war ja der Erstling.«

»Nein, nicht natürlich,« sagte Rebekka, die merkte, daß das in der Schule wohl noch nicht dran gewesen war. »Denn eigentlich war Ismael Großvaters Erstling, Onkel Ismael, der mit dem *gojisch* Blut. Abraham konnte nämlich nicht darauf warten, bis Gott zu seiner Zeit die Verheißung erfüllen würde, und so nahm er eine Frau von den *Gojim*. Gott hat es ihm später vergeben, doch er hätte es trotzdem nicht tun dürfen. Es war ganz natürlich, was er tat, doch ja, unser Gott ist eben anders. Bei ihm dient der Älteste dem Jüngsten. Die Letzten werden die Ersten.«

»Ja,« sagte Jakob, »so etwas hat der Lehrer auch schon gesagt.«

Dann wurde es still im Zelt

Woran dachten die beiden?

»Woran denkst du, Mutter?«

»Ich? Ach, an nichts. Geh doch nach draußen und spiele ein wenig. Wo ist Esau?«

»Der jagt,« sagte Jakob, »mit den anderen Jungs. Er wollte zu Hause sein, ehe es dunkel ist.«

Rebekka seufzte. Sie sagte nichts.

Vater Isaak war alt geworden. Und blind. Wie lange würde er noch zu leben haben?

»Esau.«

»Hier bin ich, Vater.«

»Ich bin ein alter Mann, mein Sohn, meine Tage sind gezählt. So nimm nun deinen Pfeil und Bogen, geh aufs Feld und jage mir ein Wildbret und bereite mir's zu, wie ich's gern habe, und bring mir's herein. Wir wollen gemeinsam essen, du und ich. Dann will ich dir den Segen geben, ehe ich sterbe.«

Mutter Rebekka hörte Isaaks Worte. Und zugleich hört sie die Stimme aus ihrem Traum vor langer, langer Zeit: »*Zwei Völker sind in deinem Schoße, der Älteste wird dem Jüngsten dienen.*« Ist das nicht der Moment, um Gott ein wenig unter die Arme zu greifen? Das Ziel ist schön, und heiligt nicht der Zweck die Mittel?

»Jakob, schnell, hole mir zwei gute Böcklein. Ich will sie deinem Vater zubereiten, wie er's gerne hat. Bring sie ihm, daß er esse, auf daß er dir den Segen gebe, ehe er stirbt.«

»Doch wenn er seine Hand auf mich legt? Ich bin glatt, Esau ist behaart. Was, wenn er mich betastet? Er wird merken, daß ich ein Betrüger bin. Er wird mich verfluchen, anstatt zu segnen!«

Rebekka weiß Rat. Sie steckt Jakob in Esaus Kleider, bedeckt seinen glatten Hals und seine glatten Hände mit dem Fell des Böckleins, und solcherart ausstaffiert betritt Jakob kurze Zeit später Isaaks Zelt.

»Vater.«

»Hier bin ich, mein Sohn. Wer bist du?«

»Ich bin Esau, dein Erstling. Hier ist das Wildbret. Vater, iß davon und gib mir dann deinen Segen.«

»Bist du schon zurück?«

»Ja, es war gleich ein Schuß ins Schwarze! Der Herr, dein Gott, bescherte mir eine erfolgreiche Jagd.«

Ehrlich ist ehrlich, es ehrt Jakob, daß er vom Herrn, *deinem* Gott, spricht. Der Herr ist im Moment nicht *sein* Gott. Für Momente spielt Jakob selbst Gott.

»Komm doch näher, daß ich dich betaste, und sicher weiß, daß du mein Sohn Esau bist.«

Jakob kam näher, mit pochendem Herzen. Isaak betastete ihn.

»Mir ist es ein Rätsel. Die Stimme ist Jakobs Stimme, doch die Hände sind Esaus Hände. Bist du wirklich Esau?«

»Ja, Vater.«

»Bringe mir das Wildbret, mein Sohn. Dann werde ich dir den Segen geben.«

Jakob brachte es ihm, und Isaak aß. Auch brachte er ihm Wein, und Isaak trank. »Komm näher, mein Sohn, und küsse mich.«

Jakob kam näher und küsste ihn. Isaak roch den Geruch des Feldes in seinen Kleidern und gab ihm den Segen: »*Siehe, der Geruch meines Sohnes ist wie der Geruch des Feldes, das der Herr gesegnet hat. Gott gebe dir vom Tau des Himmels und von den Fetten der Erde. Völker sollen dir dienen, Stämme sollen sich vor dir beugen. Sei ein Herrscher über deine Brüder, und deiner Mutter Söhne sollen sich vor dir beugen. Verflucht sei, wer dir flucht; gesegnet sei, wer dich segnet!*«

Isaak hatte kaum ausgesprochen, Jakob hatte das Zelt kaum verlassen, da erschien Esau, zurück von der Jagd.

»Vater, ich bringe dir das Wildbret, um das du gebeten hast.«

»Wer bist du?«

»Ich bin Esau, dein Sohn, dein Erstgeborener.«

Isaak erschrak. »Wer war es, der mir eben Wildbret brachte, so daß ich aß? Wer war es, dem ich den Segen gab, und der nun der Gesegnete ist?«

Esau schrie laute, bittere Schreie. »Segne mich, auch mich, mein Vater!«

»Dein Bruder Jakob ist gekommen mit List und Lügen und hat dir deinen Segen weggenommen.«

»Heißt er nicht mit Recht Jakob? *Betrüger!* Denn schon zweimal hat er mich betrogen. Erst nahm er mir das Erstlingtum, nun stiehlt er mir auch noch den Segen. Vater, hast du nicht noch einen Segen? Du hast doch wohl mehr als einen einzigen Segen?«

Nein, es gibt nur einen Segen. Jakob ist gesegnet, und dann wird er auch gesegnet sein. Ein solches Machtwort läßt sich nicht wieder zurücknehmen. Zwar ist es so, daß im Segen des einen der Segen für alle beschlossen liegt, doch ob das Esau zu trösten vermochte?

»Segne mich, auch mich, mein Vater!«

Der Segensspruch, zu dem Isaak sich verleiten läßt, kann jedoch nichts anderes als die Bestätigung von Jakobs Sieg sein: »*Fern von den Fetten der Erde wirst du wohnen, fern von dem Tau des Himmels.*«

Können die beiden denn niemals mehr als Brüder beieinander wohnen. Ist denn keine Versöhnung möglich?

Siehe, wie fein und lieblich ist's,
wenn Brüder einträchtig beieinander wohnen.
Es ist wie das köstliche Fett,
wie der Tau, der auf die Berge niederfällt.
*Denn dort gebietet der Herr seinen Segen.**

Doch das ist Zukunftsmusik.

30

Die Jakobsleiter

Genesis 28

Jakob und Esau. Jeder spielt seine Rolle im heiligen Theater Israels.

Esau, der starke, haarige Esau, stellt die *Gojim* dar, die natürliche Art und Weise zu leben. Er weiß von keinen Geheimnissen, sein Erstlingtum verscheuert er für einen Teller Suppe. Ach, Tradition, was ist das schon? Was hat er schon weiterzugeben? Er kennt keinen anderen Ursprung als seine Geburt, kennt keine andere Bestimmung als seinen Tod.

Jakob stellt den wahren Israeliten dar. Zugegeben, dem aalglatten Kerl mangelt es noch an so manchem. Er lügt und betrügt, und es wird noch viel Wasser durch den Jabbok fließen müssen, ehe er ehrenvoll den Namen Israel tragen darf. Doch er hat dieselbe Stimme gehört, die auch Abraham aus seinem Land rief. Er kennt das Geheimnis des Erstlings, er weiß vom Segen. Es ist Jakob, der den Segen an das folgende Geschlecht weitergeben wird.

Zumindest, wenn ihn Esau in seiner Wut nicht vor dieser Zeit getötet haben wird, wie seinerzeit Kain den Abel. Denn erneut droht ein Brudermord. *Esau sprach in seinem Herzen: Es wird die Zeit bald kommen, daß man um meinen Vater Leid tragen muß; dann will ich meinen Bruder Jakob töten.*

Sobald Vater Isaak sein müdes Haupt zur Ruhe gelegt haben wird, wird der Kopf Jakobs rollen!

»Fliehe, mein Sohn, fliehe nach Haran, fliehe zu meinem Bruder Laban, und bleibe dort einige Tage, bis sich der Grimm deines Bruders gelegt hat!« ruft Mutter Rebekka. Sie eilt auch zu Isaak, mit einer etwas anderen Geschichte allerdings: »Wie soll's denn nun weitergehen, Isaak, wenn sich auch unser Jakob, so wie Esau, eine Frau von hier nimmt? Wozu lebe ich dann noch?«

Zog sie denn hierfür aus Haran aus, wie einst Abraham vor ihr? Was, wenn sich das Gottesvolk nun in der weiten Völkerwelt auflöste? Sollte denn das kleine Israel, noch ehe es überhaupt besteht, die Stimme Stimme sein lassen, und als winziger Tropfen aufgehen im Meer der *Gojim*, aus dem es Gott herausrief?

Esau, der Jäger, hatte sich kanaanitische Frauen genommen. Er hatte die Schule »Zur Heiligen Schrift« zu Beerscheba noch kaum verlassen, da bändelte er bereits mit *gojischen* Frauen an. »Gott behüte, Isaak, daß es mit unserem Jakob dasselbe Ende nimmt! Laß Jakob doch keine Frau von den Töchtern Kanaans nehmen.«

Isaak ließ Jakob zu sich kommen: »Nimm dir nicht eine Frau von den Töchtern Kanaans, mein Sohn. Steh auf, geh nach Haran, zum Vater deiner Mutter, und erwähle dir dort eine Frau von den Töchtern Labans, des Bruders deiner Mutter. Gott segne dich. Er mache dich fruchtbar und mehre dich, ein großes Volk, wohnend in dem Land, das er Abraham verhieß.«

Jakob zieht weg aus dem Land. Er hatte Grenzen überschritten, die er nicht hätte überschreiten dürfen, jetzt gibt es Grenzen, die er überschreiten muß. Esaus bitterer Schrei klingt ihm noch in den Ohren. Jakob flieht wie ein Dieb in der Nacht. Er hat seinem blinden Vater Lebewohl gesagt. Wie bleich und müde war der alte Mann doch, als sie Abschied nahmen. Würde er ihn je wiedersehen? Und seine Mutter Rebekka? Sie war so fürsorglich gewesen, so geschäftig mit Kleidern und Nahrung für unterwegs. Oben auf dem Hügel hatte er sich ein letztes Mal umgeschaut, tapfer und fröhlich winkend. Der Betrüger. Denn er ist nicht fröhlich, nicht tapfer. Ihm ist bang. Vor ihm viele Meilen der Einsamkeit, und kein Weg, der zurückführt. Lebewohl Kanaan. Es ist, als gebe es hier vor Gottes Angesicht keinen Platz für ihn, solange er mit seinem Bruder im Hader lebt. Wird er jemals hierher zurückkehren?

Die Sonne ist untergegangen. Ein letztes Mal noch legt sich Jakob zur Ruhe auf dem Boden des Landes, das der Ewige Abraham verheißen hatte. Morgen wird er Richtung Haran reisen.

Jakob geht Abrahams Weg, nur in entgegengesetzter Richtung. Kann er einfach so gehen? Lautlos die Grenze überschreiten und still und heimlich verschwinden? Was für ein kritischer Moment! Nur wenige Augenblicke noch, und Gott ist mit Israel wieder da, wo er begonnen hatte. Will der Ewige sich mit seinem Volk nicht nur im Kreise gedreht haben, dann muß Jakob wieder nach Kanaan zurückkehren!

Ein letztes Mal noch legt er sich in diesem Land zur Ruhe. Ein Stein dient ihm als Kopfstütze. Morgen wird er in der Fremde sein. Allein.

Allein?

Und siehe, eine Leiter war auf die Erde hingestellt; sie rührte mit der Spitze an den Himmel.

Eine große Überraschung, denn wir hörten schon einige Zeit nichts mehr vom Himmel. Wir hatten von Jakobs Betrug unter Mutters Regie gehört, von Vaters Verbitterung und Esaus Wut, doch kein Wort vom Himmel. *Siehe, eine Leiter, aus dem Himmel hingestellt auf die Erde.*

Andersherum ist schwer möglich, denn man kann keine Leiter an den Himmel stellen. In Babelland, dort, wohin Jakob nun zieht, hatten sie es einmal probiert. Dort wollten sie gigantische Treppentürme gen Himmel bauen. Ein irrsinniges Prestigeobjekt von Menschen, die kein Maß kannten und wie Gott sein wollten. Versteinerter Hochmut. Es nahm kein gutes Ende. Man kann keine Leiter an den Himmel stellen.

Doch der Himmel kann eine Leiter auf die Erde stellen. *Und siehe, eine Leiter war auf die Erde hingestellt; ihre Spitze rührte an den Himmel. Und siehe, Engel steigen daran auf und nieder.*

Aufsteigend tragen sie Jakobs Not empor, seine Scham, seine Schuld, seinen Kummer um das, was war, und seine Angst um das, was kommen wird.

Niedersteigend tragen sie Gottes Tröstungen mit sich: *Siehe, oben darauf stand Gott: »Ich bin Gott, der Gott Abrahams und der Gott Isaaks, Jakob. Das Land, darauf du liegst, will ich dir geben und deinem Samen, der zahlreich sein wird. Siehe, ich bin mit dir. Ich werde dich behüten, wo du auch hingehst, und ich werde dich wieder zurückkehren lassen in dieses Land.«*

Damit wird Jakobs Reise nach Haran, wo Abrahams Reise begann, unter die Perspektive seiner Rückkehr gestellt. Die Zukunft, die mit Abraham begonnen hatte, wird mit Jakob weitergehen. Hier, an diesem Ort, in diesem Land. So, wie dereinst das Volk Israel aus dem Exil zurückkehren wird, wird hier wieder die Sonne der Gnade Gottes über Jakob aufgehen.

Das ist das Geheimnis des Ortes, an dem Jakob träumte: Heil ist zu erwarten. Und dieser Ort steht stellvertretend für die *Erez Israel.* Und diese steht wiederum stellvertretend für die ganze *Erez.* »Jakob, dies ist der Ort, an dem ich mich sehen lassen will. Und von hier aus soll man es wissen im ganzen Land und bis an die Enden der Erde. Heil ist zu erwarten, für dich Jakob, und für alle, die aus dir geboren werden.«

Jakob erwachte aus seinem Schlaf: *»Fürwahr, Gott ist hier an dieser Stätte, und ich, ich wußte es nicht! Wie furchterregend ist dieser Ort. Hier ist nichts anderes als Gottes Haus. Hier ist die Pforte des Himmels!«*

Pforte des Himmels. Oder auch *Babel* auf Babylonisch. Wer jene Pforte sucht, den Ort, wo Himmel und Erde einander berühren, hat nicht in Babel zu suchen, sondern hier, an diesem Ort, in diesem Land.

Jakob richtete den Stein, der ihm als Kopfstütze gedient hatte, zum Denkmal auf. Über den Stein goß er Öl, und er nannte den Ort Bethel. *Haus Gottes.* »Wenn Gott mir derart Gott ist, mich behütet auf dem Wege, den ich zu gehen habe, mir Nahrung zu essen gibt und Kleider anzuziehen, und mich in Frieden wieder ins Haus meines Vaters zurückkehren läßt, dann hat sich dieser Gedenkstein zu recht als Gotteshaus erwiesen. Wie sollte ich anders tun können, als in Freude mit anderen zu teilen, was Gott mir im Überfluß geschenkt hat?«

Jakob hob seine Füße auf und ging in das Land der Söhne des Ostens.

Ein Verbannter, doch kein Verbannter ohne Hoffnung. Unterwegs zu großen Einsamkeiten, doch nicht allein. Jakob hat einen Traum, und weit weg von zu Hause wird er davon leben können. Und dereinst wird er hierher zurückkehren.

31

Die Begegnung mit Rahel

Genesis 29, 1-14

Jakob hob seine Füße auf und ging in das Land der Söhne des Ostens.

Etwas umständlich und ungewöhnlich ist es schon, so zu berichten, daß sich Jakob aufmachte. Doch offensichtlich will uns der Erzähler mit großem Nachdruck erzählen, und dazu hat er auch allen Grund, denn was für eine Reise steht Jakob hier nicht bevor! Verstört läßt er das elterliche Haus zurück, allein muß er durch die Wüste ziehen, – und wie wird es wohl im Land der Söhne des Ostens sein?

Er sah und siehe, da war ein Brunnen auf dem Felde.

Seltsam! Gerade noch kramte Jakob in Bethel seine sieben Sachen zusammen, hob seine Füße auf und machte sich auf die Reise seines Lebens, und im nächsten Augenblick ist er an einem Ort hunderte von Meilen weiter, und ist da, wo er hin will. Das ging schnell! Es scheint, als hätten die Engel von Bethel unserem Träumer Flügel gegeben! Kein Wort von den Gefahren unterwegs, kein Wort von dem Schmerz, dem Hunger und der Einsamkeit. Warum wird uns nichts von Jakobs Entbehrungen berichtet? Vielleicht, weil alles Leiden letztendlich nichts gegen die Herrlichkeit wog, die ihm offenbart wurde?

Er sah, und siehe, da war ein Brunnen auf dem Felde; und siehe, drei Herden Kleinvieh lagen dabei gelagert, denn von dem Brunnen pflegten sie die Herden zu tränken.

Erneut eine Brunnengeschichte. Was ereignet sich nicht alles an Brunnen! Es ist ein Ort zärtlicher Begegnungen und ein Ort von Mord und Totschlag. Ebenso kostbarer wie umkämpfter Besitz von Dörfern und Hirtenstämmen. In der Abendkühle erzählen Frauen dort einander die Geschichten des Tages, und in der Morgenkühle die Geschichten der Nacht. Hirten treiben hier ihre Herden zusammen, um sie zu tränken. Abrahams

Knecht hatte am Brunnen eine Frau für Isaak gefunden, und auf seiner Flucht aus Ägypten begegnete Mose dort Jitros Tochter.

Jakob sah, und siehe, da war ein Brunnen auf dem Felde. Und siehe drei Herden Kleinvieh. Der Stein auf der Öffnung des Brunnens aber war groß.

Ja, denn Wasser ist kostbar, und deshalb kann ein großer, schwerer Stein wahrlich nicht schaden. Zudem konnte einer allein so ein Ding nicht von seiner Stelle rücken, man mußte also zu mehreren sein. Nun hatten die Hirten dort vereinbart, daß sie erst warteten, bis sie alle vollzählig seien, um dann gemeinsam den Stein, eins, zwei, drei und hopp von dem Brunnen zu wälzen. Sodann tränkten sie ihre Schafe und wälzten den Stein wieder auf die Brunnenöffnung, bums, – so, das wär' geschafft. So hatten sie es vereinbart, und jeder wußte, woran er sich zu halten hatte, sonst gab es doch nur Streit.

»Brüder,« sprach Jakob zu den Hirten, »wie heißt der Ort denn hier?«

»Haran.«

Besonders gesprächig sind die Brüder ja nicht. Doch zum Glück ist unser Jakob am rechten Ort, er ist in Haran! Er ist – zumindest vorläufig – an seinem Bestimmungsort.

»Kennt ihr Laban, den Sohn Nahors?«

»Ja.«

Erneut so ein vollmundiger Satz! Herzlich sind die Hirten ja nicht gerade. Erschöpft von der Plackerei wollen sie offensichtlich am liebsten in Ruhe gelassen werden. Was hat denn der fremde Kauz hier zu suchen!

»Ist denn Friede bei Laban? *Schalom?*«

»Ja, Friede. Schau, da kommt seine Tochter Rahel mit den Schafen.«

Schauen, nicht schwatzen, Fremdling, das ist zu nichts gut!

Jakob schaut und siehe, dort naht Rahel, Labans Tochter, mit ihren Schafen.

Was für ein prächtiges Bild: die wogende Herde und dahinter die liebliche Gestalt Rahels, die mit ihren Tieren im schwungvollem Schritt den Hügel hinuntereilt. Tatsächlich: Friede! So ein schönes Mädchen und so viele gesunde Tiere, – wenn das kein *Schalom* ist! Sogleich steigt in Jakob das Verlangen, mit ihr allein zu sein. Eben noch hatte es den Anschein, als wollten die Hirten Jakob aus dem Weg haben, nun sähe Jakob es gern, wenn sich die Hirten aus dem Staube machten.

»Ich weiß nicht, ob es euch schon aufgefallen ist,« sprach Jakob, »doch ist noch hellichter Tag. Meiner Meinung nach ist es wahrlich nicht der geeignete Augenblick, um die Herden zusammenzutreiben. Also, ich würde sagen: Brüder, tränkt die Tiere und trollt euch, dann können eure Tierchen noch ein Weilchen grasen.«

Die Hirten rühren sich nicht von der Stelle. »Der schwere Stein bleibt solange auf dem Brunnen, bis wir alle vollzählig sind. Und wir sind noch nicht vollzählig. Verstanden?«

Rahel war nun nahe herangekommen. Wie strahlend sah sie aus, diese Hirtin mit ihren Tieren! Welch schmuckes Bild! Am Beginn seiner Reise hatte Jakob Engel in dunkler Nacht gesehen. Am Ende seiner Reise sieht er abermals einen Engel, doch nun am hellichtem Tage, einen Engel aus Fleisch und Blut. Oder träumt er wieder?

Und es begab sich, als Jakob Rahel sah, die Tochter Labans, des Bruders seiner Mutter, und die Schafe Labans, des Bruders seiner Mutter, daß Jakob hinzutrat; und er wälzte den Stein von dem Brunnen und tränkte die Schafe Labans, des Bruders seiner Mutter.

Als sei er Esau, so kräftig! Die schöne Rahel und Harans Hirten entfesselten in ihm ungeahnte Kräfte. Während die Männer mit unverhüllter Geringschätzung zuschauten, wie sein Hochmut zu Fall kommen sollte, spannte Jakob jeden Muskel seines Körpers an, und wälzte wahrhaftig ganz allein den schweren Stein von der Brunnenöffnung. Wie jemand – so ein alter Rabbiner –, der den Pfropfen von einer Flasche löst.

Jakob küßte Rahel und weinte. »Ich bin Jakob, ein Blutsverwandter deines Vaters, denn ich bin ein Sohn Rebekkas.«

Calvin erachtet es in seinem Bibelkommentar für wahrscheinlich, daß Jakob zuerst erklärt habe, wer er sei und erst danach Rahel geküßt habe.

Zweifellos ist Calvin ein großer Theologe, doch leider hat er nur wenig Gefühl für Romantik. Denn in den Augen Rahels hat sich zunächst ein vollkommen Fremder für sie abgerackert. So galant! So stark! Erst nach dem Kuß legt er die Familienbande dar. Hätte Jakob die Etikette gewahrt, dann wäre jener erste Kuß für das arglose Mädchen niemals eine solch überwältigende Erfahrung gewesen.

Ein anderer Gottesgelehrter, der spanische Rabbiner Nachmanides, weiß im dreizehnten Jahrhundert aus verläßlicher Quelle zu berichten, daß Jakob Rahel nicht auf den Mund, sondern nur auf ihre Stirn geküßt habe. Wie es scheint, ist auch er nicht gerade ein Kenner.

Wir wollen darüber nicht streiten. Denn wie dem auch sei: Jakob hat endlich den Frieden gefunden, nach dem er so verlangt hatte, den *Schalom*, den ihm die Engel, die auf der Leiter aus dem Himmel herniedergestiegen waren, zugesprochen hatten. Wir wollen nicht darüber kritteln, wann und wohin er Rahel geküßt hat. Wir wollen uns über das Glück der beiden freuen.

Die Schafe verstanden überhaupt nichts mehr, denn ihre Hirtin hatte plötzlich Eile, nach Hause zu kommen. »Vater, höre, was mir widerfahren ist.« Und kaum, daß Laban den Bericht über Jakob vernommen hatte, sputete er sich ihm entgegen. Er umarmte ihn und brachte ihn in sein Haus. Jakob erzählte Laban alles, was sich begeben hatte. Und Laban sprach: »*Fürwahr, du bist mein Bein und mein Fleisch.*«

Das sind Worte aus dem Paradies: *Bein von meinem Bein und Fleisch von meinem Fleisch.* Was ist paradiesischer als die Zusammengehörigkeit von Menschen? Jakob hat einen Bruder gefunden.

Apropos Bruder: Wie geht es wohl zuhause, Jakob? Wie geht es deinem Bruder Esau?

32

Die zwei Schwestern

Genesis 29, 15-30, 24

Und Jakob blieb bei Laban die Tage eines Monats.

War das etwa die Zeit, die Rebekka vor Augen hatte, als sie zu Jakob sprach, daß er fliehen müsse, weil Esau ihn zu töten suchte? »Fliehe, mein Junge, fliehe zu meinem Bruder Laban *für einige Tage*, bis sich die Wut Esaus gelegt hat.«

Für einige Tage... Doch schon die Reise dauerte wer weiß wie lange! Sagte Rebekka es nur, um ihr Kind zu trösten? Oder dachte sie, daß Jakob dort wohl eine Geliebte finden würde, und wußte sie aus Erfahrung, wie schnell für Verliebte die Zeit verfliegt?

Jakob gewann Rahel lieb. Eine Hirtin so schön und fröhlich, wie es in ganz Haran keine zweite gab! Kein Vergleich zum Beispiel zu ihrer älteren Schwester Lea. Lea mit den matten Augen.

Jakob gewann Rahel lieb. Und Rahel gewann Jakob lieb. Und Laban sah es. Laban, der Jakob so brüderlich in sein Haus aufgenommen hatte:

»*Fürwahr, du bist mein Bein und mein Fleisch.*«

»Jakob, länger als einige Tage bist nun schon in unserer Mitte. Du bist mein Bruder. Doch solltest du mir darum umsonst dienen? Sage an, was soll dein Lohn sein?«

»Ich würde gerne Rahel zur Frau haben, Oheim.«

»Rahel? Du weißt doch, daß Lea die älteste ist?«

»Das weiß ich, ja. Doch ich liebe Rahel.«

»Das sah ich. Und du hast ja recht: Sie ist ein Engel. Und besser ist es wohl, sie dir zu geben, als irgend einem andern. Arbeite sieben Jahre für mich, dann ist Rahel dein.«

Jakob diente Laban sieben Jahre mit Freuden. Er wußte, wofür er es tat. Die Zeit verflog im Nu.

»Oheim, ich habe nun sieben Jahre für dich gearbeitet, gib mir Rahel zur Frau.«

»Und, kam es dir etwa lange vor?«

»Nein, Oheim, die Jahre gingen schnell vorüber, sie waren in meinen Augen *wie einige Tage*.«

Man feierte Hochzeit, eine große Bauernhochzeit. Es wurde gesungen und getanzt, gegessen und getrunken. Ja, es wurde vor allem viel getrunken: Bruder Laban, ansonsten die Sparsamkeit in Person, schenkte mit offener Hand ein! So vergingen auch die Stunden der Hochzeit wie im Fluge.

Die Nacht fiel herein. Die erste Hochzeitsnacht. Jakob führte die verschleierte Rahel ins Brautgemach, und er ging zu ihr ein.

Der Morgen graute. Mit der Frau seiner Träume in seinen Armen erwachte Jakob. Doch siehe… es war Lea! Lea mit den matten Augen! Jakob schrie vor Wut und Gram. Laban hatte ihn betrogen. Schöne Familie ist das. So etwas nennt sich Bruder! »*Mein Bein und mein Fleisch…*«

In der Tat. Von demselben Bein und von demselben Fleisch. Denn ist das hier etwas anderes als die Kopie von Jakobs eigenem Verwechslungstrick vor vielen Jahren? Laban zahlt es Jakob mit gleicher Münze heim. Einst betrog Jakob seinen durch Blindheit ins Dunkel gehüllten Vater. »Ich bin Esau, Vater.« Doch siehe, es war Jakob. Hier nun wird im Dunkel der Nacht der Betrüger betrogen. Und siehe, es war Lea.

Jakob ist am Boden zerstört. Und rasend vor Wut. »Eine Schande,« schreit er, »eine Schande vor Gott und den Menschen.«

Doch Laban zuckt mit den Schultern. »Ach,« spricht er, »so etwas tut man hier nicht. Nein, bei uns ist es eben *nicht* Sitte, daß die Jüngste *vor* der Ältesten geht. Was nicht heißen soll, daß ich dir – falls du es wünschst – nicht auch noch Rahel zur Frau geben will. Siehe Jakob, ich will es sogleich gutmachen. Ich gebe sie dir schon jetzt zur Frau; als Gegenleistung dienst du mir vom heutigen Tage an nochmals sieben Jahre.«

Der weltgeschichtlich erste Fall einer Braut auf Ratenzahlung! So bekam Jakob seinen verdienten Lohn. Der betrogene Bräutigam hat abermals *einige Tage* vor sich! Daher ist es vielleicht gut, daß wir ihn für einige Momente mit seinen Gedanken allein lassen. Denn wie steht es unterdessen um Lea und Rahel, die zwei Schwestern, die von ihrem Vater in eine derartige Lage gebracht worden sind?

Ach, es ist um die Schwesterlichkeit der beiden ebenso traurig bestellt wie um die Brüderlichkeit von Jakob und Esau. Die beiden Frauen sind in einen mörderischen Konkurrenzkampf verwickelt; gerade erbaulich ist das alles nicht. Israels Stammväter und Stammütter haben es in sich. Es ist schon seltsam, daß ein Volk eine solche Vergangenheit nicht lieber verschweigt. Warum wurden denn all die menschlichen, ja allzu menschlichen Machenschaften, Ränke und Kabalen schwarz auf weiß niedergeschrieben?

Wahrscheinlich, um so das Wunder der Erwählung schwarz auf weiß zu haben. Jakob ist ganz List und Lüge, und doch vollbringt durch List und Lügen hindurch der Herr seine Pläne. Laban ist ein Gauner, und doch ist er zugleich auch ein Bruder. Lea und Rahel trachten einander nach dem Leben, und doch bauen sie unterdessen das Haus Israel. Ein paar armselige Schauspieler und Schauspielerinnen stehen hier auf den Bühne, Stümper sind es, einer gleicht dem anderen, – und trotz allem sind sie Kinder Gottes. Da ist mehr als ihr Gestümper. Da ist auch noch Gott.

Und Gott ist da, wie er meistens da ist: für den Geringsten Partei ergreifend, den Schwachen, den Geringgeachteten.

Lea und Rahel sind wie alle Erzmütter Israels unfruchtbar. Mit anderen Worten: Ebenso wie das Werden von Himmel und Erde im Anfang ist das Werden von Israel inmitten der Völker ein Gotteswunder. Potente Kraftprotze und kecke Muttertiere mögen im Heidentum vielleicht den Ton angeben, in Israel erreichen sie nichts. Da ist es Gott, der das Leben gibt.

Lea und Rahel sind unfruchtbar. Doch Lea ist zudem auch noch ungeliebt. Und Gott sah ihr Elend. Er erbarmte sich Leas und öffnete ihren Schoß. Wie unermeßlich ihre Einsamkeit und wie tief ihr Kummer waren, hören wir in den Namen der Söhne, denen sie das Leben schenkte:

Ruben. *Der Herr hat mein Elend angesehen; fürwahr, nun wird mich mein Mann liebhaben.*

Simeon. *Fürwahr, der Herr hat gehört, daß ich ungeliebt bin, und hat mir auch diesen gegeben.*

Levi. *Nun wird mein Mann mir doch zugetan sein, denn ich habe ihm drei Söhne geboren.*

Juda. *Nun will ich Gott loben.*

Tapfere Lea! Sie hofft und hofft. Doch Jakob liebt Rahel wie eh und je, – auch wenn sie ihm keine Kinder schenkt.

Rahel ist der Verzweiflung nahe. Wurde sie denn hinter Gottes Rücken geboren, und wird sie kinderlos sterben? »Jakob, schaffe mir Kinder, wenn nicht, sterbe ich!«

»Was kann ich schon tun, Rahel? Ich bin nicht Gott.«

Jakob fühlt sich durch Rahels Hilferuf wohl angegriffen. Doch seine Antwort hat auch einen positiven Aspekt. Er ist wahrlich nicht Gott. Zu Anfang dachte er heimlich, daß er Gott sei. Doch auf seiner Lebensreise begann er anscheinend daran zu zweifeln. So wird dem Glauben Raum geschaffen. Glaube beginnt stets da, wo ein Mensch bekennt, daß er nicht Gott ist. »Ich bin nicht Gott, Rahel. Was kann ich schon tun?«

»Jakob, du kannst bei meiner Sklavin Bilha Nachkommen zeugen! Sie wird für mich gebären.«

Eine Leihmutter soll Rahel Recht verschaffen. Und so wurde auch Rahel ein Sohn geboren, dem sie dem Namen Dan gab: *Gott hat mir endlich Recht verschafft.* Und noch ein Sohn erblickt dank Rahels Sklavin das Lebenslicht: Naftali, *auf meiner Schwester erkämpft.* Nicht gerade ein Name, den man sich wünscht.

Lea, deren Schoß anscheinend wieder verschlossen ist, will nicht ins Hintertreffen geraten und schickt ebenfalls ihre Leibeigene vor, um an ihrer Stelle zu gebären. Unser Jakob hat ziemlich viel zu tun: Gad wird geboren, *Glück.* Und sein Bruder Asser, *Seligkeit.* Warum diese Namen, Lea? Bist du denn so glückselig?

Und was ist mit den Söhnen, die wohl oder übel in diesen Kampf hineingezogen werden und deren Namen davon Zeugnis geben, daß ihre Mütter mehr an ihr eigenes Leben als an das ihrer Söhne denken? Laban spielte mit Lea, Rahel und Jakob ein unerfreuliches Spiel, und dieses unerfreuliche Spiel führen diese drei nun miteinander und mit ihren Kindern fort.

Eines Tages, zur Zeit der Weizenernte, hatte Leas ältester Sohn Ruben Liebesäpfel auf dem Feld gefunden, Früchte, die die Lust erregen und – unter das Bett gelegt – die Fruchtbarkeit fördern. »Mutter, schau nur, was ich auf dem Feld gefunden habe.«

Rahel kommt es zu Ohren. Daß ausgerechnet ein Kind von Lea diese Liebesäpfel finden mußte! Was kann Lea denn schon damit anfangen? Jakob schläft schon lange nicht mehr bei ihr, ha, nichts mit Liebelei. Und Leas Fruchtbarkeit ist nun das letzte, was gefördert werden müßte!

Einst hatten die Gebrüder Jakob und Esau über eine Schüssel Linsenbrei verhandelt.

Nun verhandeln die Schwestern Rahel und Lea über eine Schüssel Minnekraut. Es ist schon erniedrigend für Rahel, Lea darum bitten zu müssen.

Doch sie muß das Zeug haben, und sie wird es bekommen. Wer verzweifelt ist, dem ist jedes Mittel recht.

»Lea, krieg ich diese Liebesäpfel?«

»Du? Du hast doch schon Jakob, meinen Mann? Willst du nun auch noch die Früchte meines Sohnes?«

»Wenn du sie mir gibst, ist Jakob heute Nacht dein.«

In der Abenddämmerung kehrt Jakob vom Feld zurück. Voller Verlangen geht Lea ihm entgegen. »Komm, Jakob, denn ich habe dich für heute Nacht gemietet, im Tausch für das Minnekraut, das Ruben fand.«

Gemietet! Das sagt sie wortwörtlich. Jakob ist zum Gigolo seiner eigenen Frauen geworden. Und ob Lea nun heimlich einige dieser »Passionsfrüchte« zurückbehalten hat, wissen wir nicht, doch wir wissen sehr wohl, daß es eine fruchtbare Nacht war, denn neun Monate später wird Issaschar geboren. *Mann der Miete.* Von einem Mietling gezeugt.

Was ist das für ein Gefühl, Jakob?

Und Rahel, wie erging es Rahel? Brachten ihr die Äpfelchen unter dem Bett denn Glück?

Nein, sie brachten ihr kein Glück. Für die arme Rahel war es zwar die soundsovielste Enttäuschung, doch für Israels Glauben war es besser so. Denn Glaube ist etwas anderes als Magie. Magie stellt den Glauben auf den Kopf. Mit Magie versucht der Mensch, sich Gott dienstbar zu machen, anstelle sich selbst ihm dienstbar zu machen. Magie ist eine Methode, den Allmächtigen in seine Macht zu bekommen. Doch wer glaubt, der verzichtet, wenn es darauf ankommt, auf Macht. Er vertraut sich auf Gnade und Ungnade dem Ewigen an.

Es ist jedoch ein Vertrauen, das wachsen muß. Und deshalb wird unsere Geschichte so erzählt, wie sie erzählt wird. Jakob und Rahel haben es in ihren langen Lehrjahren lernen müssen.

Doch zum Glück: Der Gott, der für den Geringsten Partei ergreift, der den Erniedrigten erhöht, sieht nun auch auf den niedrigen Stand seiner Dienstmagd Rahel. Zu guter Letzt öffnet Gott auch ihren Schoß. Josef wird geboren. *Gott möge hinzufügen!* Möge mir Gott noch einen Sohn schenken. Es kann noch mehr kommen!

Eine sonderbare Geschichte. Doch mitten in diesem traurigen, banalen Hin und Her beginnt sich wahrlich die einst gegebene Verheißung zu erfüllen. Abraham, Isaak und Jakob wurde ein Volk verheißen, und es sieht ganz danach aus. Man frage nicht wie, doch die *Mischpoche* nimmt Gestalt an.

Gott hat ein Volk verheißen. Und ein Land.
Ach ja, das Land...
Jakob, was denkst du, wäre es nicht an der Zeit, in dein Land zurückzukehren?

33

Die Rückkehr

Genesis 30, 25-31, 55

Nachdem der Ewige letztes Endes auch Rahels Schoß geöffnet hatte, hielt Jakob den Augenblick für gekommen, in sein Land zurückzukehren. Sollten sein Vater und seine Mutter noch am Leben sein? Und wie würde es wohl seinem Bruder Esau gehen?

»Laban, laß mich nun ziehen, gemeinsam mit meinen Frauen und mit meinen Kindern.«

Lieber nicht, denkt Laban. Denn dieser Jakob ist Gold wert. Ein Gesegneter ist er, einer, der allerorts Segen verbreitet. Solche Menschen gibt es. Wohin sie ihren Fuß auch setzen, überall gedeiht und wächst es. In den Fußspuren des Gesegneten sieht man den *Schalom* erblühen. Laban ist also einiges daran gelegen, Jakob für Haus und Hof zu erhalten. Der Herr des Hauses zeigt sich sogar demütig: »*Mag ich doch Gnade gefunden haben in deinen Augen. Sage an, was du verdienen willst, und ich werde es dir geben.*«

Solche Worte bekommt ein ausländischer Arbeitnehmer nicht alle Tage zu hören.

Jakob, noch immer so schlau wie einst, beschließt, seine Abreise noch etwas aufzuschieben. Er eröffnet die Verhandlungen:

»Du hattest wenig, ehe ich herkam, nun aber ist's zu einer großen Menge geworden. Gott hat dich gesegnet in meinen Fußspuren. Doch nun ist der Augenblick gekommen, daß ich an ein eigenes Haus und an einen eigenen Hof denken muß.«

»Was soll ich dir geben, Jakob?«

»Nichts, Onkel, du brauchst mir nichts zu geben. Nur würde ich gerne über etwas Vieh verfügen. Laß uns doch folgendes vereinbaren: Ich will weiterhin dein Vieh weiden. Doch zuerst will ich heute durch die Herde gehen und alle braunen Schafe und gefleckten Ziegen aussondern. Die sollen meine Söhne weiden, drei Tagesreisen von hier. Das andere Vieh, die weißen Schafe und die braunen Ziegen, will ich für dich weiden. Die braunen Schafen und gefleckten Ziegen, die geboren werden, sollen mir gehören.«

Laban traut seinen Ohren nicht: Jakob muß also versuchen, aus weißen Schafen braune und aus braunen Ziegen gefleckte zu züchten! Den will er sehen, der das kann!

»Damit bin ich gern einverstanden,« spricht Laban und lacht sich ins Fäustchen.

Doch Jakob wird es sein, der zuletzt lacht.

Er nimmt Zweige von Pappeln, Mandelbäumen und Platanen, schneidet weiße Streifen in die Rinde und legt die Zweige zur Paarungszeit in die Tränktröge der Tiere. Vor dieser List müssen selbst Mendels Gesetze weichen, denn es werden prompt braune Lämmer und gefleckte Zicklein geboren. Jakob legt immer dann Zweige in die Tröge, wenn die stärksten Tiere in der Brunft sind, wenn es die schwachen sind, dann läßt er es. Die schwachen Tiere sind für Laban, die starken für Jakob.

Seine Rache ist süß. Schadenfreude ist die schönste Freude. Jahrhundertelang haben sich die Hirten am Lagerfeuer diese Geschichte in aller Breite erzählt: Wie Laban übers Ohr gehauen wurde, wie der Herr im hintergangenen Knecht seinen Meister gefunden hat, wie ein Landstreicher zum Hirtenfürst wurde, vom Tellerwäscher zum Millionär.

Jakob aber erblickt die Hand Gottes darin: »Rahel, Lea, der Gott meines Vaters war mit mir. Nun weiß ich, daß er mich ruft, in mein Land zurückzukehren. Kommt mit mir.«

Es wird in der Tat Zeit, Haran zu verlassen. Die Beziehungen sind gestört, und Jakob hat ausreichend Besitz erworben, um auf eigenen Beinen zu stehen. Zugleich ist an seiner Stimme zu hören und an seiner Haltung zu sehen, daß er ein anderer Jakob ist als der unsichere, der von sich selbst eingenommene Flüchtige, der vor vielen, vielen Jahren hierher kam. Hier spricht jemand, der gelernt hat, etwas von seiner Berufung zu verstehen, einer, der zurück zu dem Ort will, wo sein Leben entgleiste. »Rahel, Lea, geht ihr mit?«

Sie gehen mit.

Und die Zuneigung, die sie zu ihrem Vater empfinden, ist so gering, daß sie Haran sogar heimlich verlassen. Als Laban für einige Tage aus dem Haus ist, um die Schafe zu scheren, nutzen sie ihre Chance und gehen.

Jakob kennt den Weg. Von der Hinreise, natürlich. Doch vielleicht auch, weil es der Weg ist, den Vater Abraham in großem Vertrauen einst gegangen war, als ihn jene Stimme gerufen hatte. Und vielleicht auch, weil es der Weg ist, den Mutter Rebekka gegangen war, als sie jene Stimme in Eliësers Worten gehört hatte. Es ist der Weg des Gesegneten.

Nun geht auch Jakob diesen Weg. Der Gott Abrahams und Sarahs, der Gott Isaaks und Rebekkas ruft. Und Esau ruft, sein Bruder. Jakob kehrt zurück. Nach Hause.

Rahel allerdings erscheint diese Reise wie ein Bruch mit ihrer Vergangenheit. Sie weiß von dem Gott, der Jakob bewegt, doch sich ihm ganz und gar anvertrauen, nein, das kann sie noch nicht. Deshalb war sie so schweigsam, am Tag der Abreise. Noch einmal lief sie durch die Ställe und Scheunen, noch einmal ging sie zu den Stellen im Garten, wo sie ihre toten Tiere begraben hatte, wo sie auf Bäume geklettert war und Jakob geliebt hatte. Noch einmal ging sie durch das Haus, durch das Zimmer, in dem sie geboren worden war, durch die Gemächer, in denen sie Mädchen war und Frau wurde. Noch einmal stand sie vor dem Hausaltar, an dem sie zu beten gelernt hatte und sich den Göttern ganz nahe wußte. Wie lange scheint das nun alles her. Die Götter von einst. Da, auf einmal, in einer plötzlichen Regung und ohne daß es jemand sah, packte sie die Götterbilder vom Altar und verbarg sie unter ihrem Rock. Ist es nicht besser, sie auf die Reise mitzunehmen. Blindlings ins unbekannte Land zu gehen, nein, das ist von Rahel etwas zu viel verlangt. Auf der Grenze zweier Welten sucht sie bei den Göttern ihrer Jugend Halt. So wird sie dort noch irgend etwas haben, was sie an Zuhause erinnert. Und vielleicht bringen die Bilder ja Glück.

Laban ist wütend, als er nach drei Tagen vom Schafescheren zurückkehrt und entdeckt, daß Kinder und Enkel fortgegangen sind. Er zögert keinen Moment und jagt ihnen mit seinen Söhnen nach. Denen wird er's zeigen!

Nein, das wird er nicht. Denn nachts erscheint ihm im Traum der Ewige und legt ihm ans Herz, Jakob nichts Böses anzutun.

Nach sieben Tagesreisen stoßen Laban und die Seinen auf die Karawane. »Jakob, was hast du mir angetan? Du hast mich hintergangen, meine Töchter entführt. Warum heimlich geflohen? Warum nicht offen und ehrlich Abschied genommen? Ich hätte euch mit Freuden geleitet, mit Liedern und Pauken und Harfen! Warum mißgönntest du mir, daß ich meine Töchter Lebewohl küßte? Ich wäre wohl imstande, dir Böses anzutun, aber dein Gott ist mir erschienen und legte mir ans Herz, euch in Frieden ziehen zu lassen.«

»Ich fürchtete mich. Ich dachte, du würdest deine Töchter niemals gehen lassen. Ich dachte, du würdest sie von mir reißen.«

»Und warum hast du mir meine Götter gestohlen?«

»Deine Götter, bei Gott, ich schwöre dir, deine Götter hab' ich nicht. Bei wem du hier deine Götter findest, der bleibe nicht am Leben!«

Nichtsahnend hat Jakob seine Lieblingsfrau in Todesgefahr gebracht. Rahel hat die Götter in ihrem Zelt verborgen, unter ihrem Sattel.

Die Hausdurchsuchung beginnt. Laban kämmt Jakobs Zelt von oben bis unten durch. Auch Leas Zelt und das der beiden Sklavinnen werden auf den Kopf gestellt. Keine Götter.

Dann betritt Laban Rahels Zelt. In einer Ecke sitzt sie auf ihrem Sattel, ganz die Unschuld in Person.

»Suchst du was?«

»Ja, ich suche was.«

»Was suchst du, wenn ich fragen darf?«

»Ich suche unsere Götter.«

»Ich fürchte, daß ich dir nicht behilflich sein kann. Aber verzeihe mir unterdessen, daß ich sitzen bleibe, doch, siehst du, mir geht es nach der Frauen Weise...«

Israel erzählt die Geschichte mit dem nötigen Witz. Welche Götter? Die, auf denen man sitzen kann! Eine unreine Frau versteckt sie unter ihren Röcken, und husch, weg sind sie. Es ist kein erniedrigenderer Ort denkbar. Stell dir vor, du wärst der Gott Labans und der Labaner...

Doch ob Rahel wohl mit dieser Art des Erzählens so glücklich ist... Denn sie hängt ja an diesen Göttern.

Jakob und Laban gehen beide ihres Weges. Sie scheiden in Frieden. Du oder ich, so ging es zwischen den beiden viele Jahre. Doch zum Glück endet es mit du *und* ich: »Jakob, laß uns einen Bund schließen, du und ich. Laß diesen Stein davon zeugen. Mizpa soll der Name dieses Steines sein, *Wächter zwischen dir und mir.* Noch Augenblicke nur, und wir sehen einander nie wieder. Ich werde nicht wissen, ob du meine Töchter vernachlässigst. Laß darum Gott Zeuge sein von diesem Bund zwischen dir und mir. Dieser Stein, den wir hier errichten, – nie und nimmer will ich daran vorbeiziehen in feindlicher Absicht. Tue auch du es nicht.«

Der Vertrag wurde geschlossen. Sie brachten ein Opfer und hielten ein Mahl.

Am nächsten Tag – es war noch früh – segnete Laban seine Kinder und küßte sie zum Abschied.

So flattert unversehens eine Taube durch diese Geschichte. Die zwei Betrüger, der ehemalige Zwangsarbeiter und der Herr, der ihn unterjochte, – letzten Endes wachsen sie über sich selbst hinaus. Gott hat verhütet, daß sie in Unbill auseinandergehen.

Auch sind da von beiden Seiten
Vorwürfe und alte Not,
man muß in Frieden scheiden,
so will es unser Gott. *

34

Der Kampf am Fluß

Genesis 32

Jakob kehrt nach Kanaan zurück. Er hat mit Laban einen Nichtangriffs-
pakt geschlossen. Von dem Bruder *hinter* ihm hat er also keine Gefahr mehr
zu befürchten. Doch wie steht es um Esau, den Bruder *vor* ihm? Wird er
sogleich in den Kampf ziehen? Jakob erkennt, daß ohne Versöhnung keine
Rückkehr ins Land und keine Zukunft möglich ist. Solange sie nicht wie
Brüder beieinander wohnen, wird kein Friede sein.

Jakob kehrt aus seinem Exil nach Hause, mit Segenshoffnung. Wird Gott,
der Herr dieses Landes, ihn ohne weiteres einlassen? Dort liegt Bethel, der
Ort, wo er vor langer, langer Zeit das Land verlassen hatte. Engel hatten
ihm damals Geleit gegeben. In seiner letzten Nacht im Lande Gottes hatten sie ihm das Geheimnis dieses Landes enthüllt, in einem Traum, in dem
er den offenen Himmel sah. Dieser Traum war ihm all die Jahre über zum
Trost.

Seht, in einer neuen Vision erwarten ihn wahrhaftig dieselben Engel.
Gottes Heerlager! Warum steht dort das Heer? Eine Ehrenwache für einen
verlorenen Sohn, der heimkehrt? Hat der Himmel noch ein Hühnchen
mit ihm zu rupfen? Ist es Esaus Heer, das zum Angriff bereit ist?

Vieles huscht durch Jakobs Seele, nun, da er sich der Grenze Kanaans
nähert. Mit nicht mehr als einem Stock in der Hand, verließ er vor vielen,
vielen Jahren an dieser Stelle das Land. Nun kehrt er zurück, mit Frauen
und Kindern und Knechten und Mägden und Vieh. Er ist reich gesegnet.
Und doch: Was hülfe es dem Menschen, wenn er die ganze Welt gewönne
und nähme Schaden an seiner Seele?* Jakob hat die ganze Welt gewonnen. Doch wer ist er selbst? Lautet sein Name noch immer *Betrüger*?

Ein Mensch auf der Grenze.

Jakob beschließt, Boten zu Esau zu schicken; in seiner Botschaft nennt
er seinen Bruder »Herr« und sich selbst »Knecht«. Ein Friedensgruß. Wie
der Gruß dort bei Esau aufgenommen wird, erfahren wir nicht. Bei ihrer

Rückkehr melden die Boten nur, daß Esau im Anmarsch sei, mit vierhundert Mann.

Jakob erschrickt. Schlau wie jeher teilt er seine Karawane in zwei Hälften. Wird die eine Hälfte angegriffen, kann die andere noch immer entkommen. Mehr kann er nicht tun. Nur beten: »Oh Gott, Gott meines Vaters Abraham, Gott meines Vaters Isaak, der du mir gesagt hast: Kehre wieder zurück in dein Land und zu deiner Verwandtschaft, errette mich doch von der Hand meines Bruders Esau! Du hast gesagt, daß du mir wohltun wollest und meinen Samen zahlreich machen, wie den Sand des Meeres. Darf ich dich an diese Verheißung erinnern?«

Jakob macht Esau ein fürstliches Geschenk: zweihundert Ziegen, zwanzig Böcke, zweihundert Mutterschafe, zwanzig Widder, dreißig säugende Kamele mit ihren Füllen, vierzig Kühe, zehn Stiere, zwanzig Eselinnen und zehn Esel. Jakob gab sie in die Hände seiner Knechte: »Zieht vor mir her vor meinem Angesicht und laßt Raum zwischen einer Herde und der anderen.«

Schlauer Fuchs! Es *ist* ja schon ein großes Geschenk, doch so scheint es noch mehr, nun, da er aus dem einen Geschenk einen Strom von Geschenken macht. Esau kann sich kaum von der ersten Gabe erholen, da wird er bereits von den folgenden überrascht.

Zuerst findet er zweihundert meckernde Ziegen auf seinem Weg. »*Woher, wohin?*«

»*Für dich, Herr, von Jakob, deinem Knecht. Siehe, er kommt hinter uns her.*«

Dann versperren zwanzig blökende Böcke den Weg, und dann, in einigem Abstand die zweihundert Mutterschafe, ihrerseits von den Widdern und den dreißig säugenden Kamelen mit ihren Füllen gefolgt. Und immer wieder jene Frage Esaus, stets überraschter: »*Woher, wohin?*« Und immer wieder jene Herdentreiber mit stets demselben Refrain: »*Für dich, Herr, von Jakob, deinem Knecht. Siehe, er kommt hinter uns her.*« Und noch immer war dieser Karneval der Tiere nicht vorbei, denn dann kamen die vierzig Kühe angetrabt, und dann noch die Stiere, die Eselinnen und die Esel. Eine Herde nach der anderen, Wellenbrechern gleich, um die Kraft von Esaus Wut zu brechen. »*Und Jakob kommt hintenan.*«

Der Erstling kommt hintenan.

So ging sein Geschenk Jakobs Angesicht voraus. »*Versöhnen will ich Esaus zürnendes Angesicht mit dem Geschenk, das vor mir hergeht. Vielleicht hebt er mein Angesicht auf.*«

In jener Nacht im Lager stand Jakob auf, nahm seine Frauen und Kinder und zog durch den Jabbok-Fluß, dort wo der Übergang möglich war. Alles und jeden brachte er auf die andere Seite. Er selbst blieb allein zurück. So wie Mose, der sich in Einsamkeit zurückzog, um Gott zu suchen und sich selbst zu finden, so wie Elia, der seine Zuflucht zum Berg Horeb nahm, so wie Jesus, der die Stille der Wüste suchte, um dort zu beten und zu fasten und dem Teufel den Kampf zu liefern, so, ja so, legte sich auch Jakob in Einsamkeit zur Ruhe, dort am Ufer des Flusses.

Plötzlich taucht im Dunkel eine Gestalt auf. Jemand umfaßt ihn, sie beginnen zu kämpfen.

Wer ist dieser Jemand? Wer ist dieser finstere Grenzer, der dieses Gebiet bewacht? Was ist das für ein lichtscheuer Flußdämon? Ist es der Gläubiger der Seele, der ihm in dieser Nacht die Rechnung präsentiert? Ist es Esau, der sich ihm in den Weg stellt? Ringt Jakob mit sich selbst, ist dies ein Kampf mit seinem eigenen Schatten? Oder ist diese geheimnisvolle Gestalt ein Engel? Ringt Jakob mit Gott? Muß er denn noch Zoll bezahlen, ehe ihm der Schiffer die Überfahrt erlaubt?

Die dunkle Nacht der Seele. Alles und jeder ist auf der anderen Seite, er ist allein. Es spukt, und er kann den Fragen nicht entfliehen. Wer bin ich? Wohin soll ich gehen? Ich habe die ganze Welt gewonnen, – doch auf wessen Kosten, zu welchen Kosten? Gibt es denn größeres als den Besitzsegen, den ich erworben habe?

»Laß mich gehen, denn die Morgenröte bricht an,« sagt die Gestalt im Dunkel.

Fürchtet er, erkannt zu werden? Wer ist er?

»Ich lasse dich nicht, du segnest mich denn.«

»Wie ist dein Name?«

»Mein Name ist... Jakob.«

Hier entscheidet sich die Geschichte seines Lebens. Jakob ist sein Name. *Betrüger.* Mit der Nennung seinen Namens scheint es, als werde sein gesamtes Dasein bis auf den tiefsten Grund durchleuchtet. Denn der Name ist Ausdruck des Wesens. Man ist, wie man heißt. »Wie ist dein Name? Wer bist du eigentlich?«

Die Engel in der Höhe spitzen die Ohren. Was wird Jakob sagen? Wer bist du...? Fragte ihn das nicht auch einst sein blinder Vater?

»Ich bin Jakob.«

Eine Beichte. Eine beherzte Beichte in einem einzigen Wort. Jakob möchte sein Heil nicht länger in List und Betrug suchen. Er protzt nicht länger damit, was er hat, denn das alles ist auf der anderen Seite. Er will nicht länger auf Gedeih und Verderb seine Schattenseite verneinen. »Du fragst mich nach meinem Namen? Meine Name ist Jakob.«

»Dein Name soll nicht mehr Jakob sein, sondern Israel, denn du hast mit Gott und mit Menschen gestritten und hast gewonnen.«

Jakob wird nicht als Jakob gesegnet. Er wird als *Israel* gesegnet. Jakob, das ist Vergangenheit. »Diesen Namen lösche ich aus,« spricht die Gestalt dort am Wasser. »Ich taufe dich Israel. *Gottesstreiter.* Denn du hast mutig gestritten, Jakob. Deine Sünden sind dir vergeben. Tritt nun die Überfahrt an. Jetzt darfst du im Lande wohnen. Dort ist dein Ort, Israel.«

Wer ist diese Gestalt? Wer in Himmelsnamen spricht dieses Wort?

»Wenn ich dich fragen darf, sage mir doch, wie ist *dein* Name?«

Und das darf Israel nun gerade nicht fragen. Das ist zuviel verlangt. Wie soll ein Sterblicher den Gott von Himmel und Erde in seinem Wesen erkennen und ihn beim Namen nennen können? Wir können es nicht fassen, unsere Stimme versagt uns. »Warum fragst du nach meinem Namen?«

Israel bekommt den Namen Gottes nicht zu hören. Doch er empfängt den Segen. Liegt nicht im Segen der Name verborgen?

Israel nannte jenen Ort Pnuël. *Ich habe Gott gesehen von Angesicht zu Angesicht.*

Dann ging über ihm die Sonne auf. »Scheine heute ganz besonders für Israel,« sagten die Engel zur Sonne. Denn sie wußten noch sehr wohl, daß damals, vor vielen Jahren in Bethel, die Sonne über Jakob untergegangen war. Für Jakob war es lange Zeit Nacht gewesen. Im strahlenden Sonnenlicht darf er nun wie neugeboren mit einem neuen Namen das Land erneut betreten.

Er hinkt allerdings ein bißchen, das schon, er zieht sein Bein etwas nach. Ein Hüftleiden.

Es ist ein Andenken des Engels. Dieser hatte, ehe die Sonne aufging, Israels Hüfte berührt. Die Stelle seiner Potenz, seiner Kraft, seiner Zukunft. Israel lahmt. Er hinkt ein wenig.

Unversehrt kommt ein Streiter Gottes nicht aus dem Streit. Bei jedem Schritt im Land wird er sich schmerzlich darüber bewußt sein, daß er in eigener Kraft den Segen nicht weitergeben kann.

Israel darf sich in der Sonne der Gnade Gottes wärmen.

Doch er muß auch ein bißchen vorsichtig sein, mit seiner Hüfte.

35

Die Versöhnung

Genesis 33 und 35

Jakob nannte den Namen dieses Ortes Pnuël. *Ich habe Gott gesehen von Angesicht zu Angesicht.* Dann zieht er weiter. Die Sonne ist über ihm aufgegangen.

Dort wartet Esau, sein Bruder. Wird das auch eine Begegnung *von Angesicht zu Angesicht* sein?

Jakob zieht ins Land, ein Mensch, der mit Gott und sich ins Reine gekommen ist, und der nun mit seinem Bruder ins Reine kommen möchte. Kundschafter brachten ihm die Nachricht, daß Esau ihm mit vierhundert Mann entgegenziehe. Um ihn daran zu hindern, weiter landeinwärts zu gehen? Oder zieht er zur Begrüßung heran?

Jakob verteilt seine Kinder über die beiden Leihmütter und über Lea und Rahel. Die Leihmütter stellt er mit den Kindern vornan, Lea und ihre Kinder dahinter, dann Rahel mit Josef. Er selbst geht am Haupt des Zuges.

Von Ferne sieht er Esau nahen. Siebenmal neigt er sich vor ihm zur Erde. Esau eilt ihm entgegen, fällt ihm um den Hals und küßt ihn.

Sie weinen.

Esau sah zuerst die beiden Leihmütter mit ihren Kindern näherkommen, dann Lea und deren Kinder, gefolgt von Rahel und Josef. »Wer sind diese, Jakob?«

»Das sind meine Frauen, Esau, und die Kinder, die mir durch Gottes Gnade geschenkt wurden.«

»Und was waren das für Herden, denen ich unterwegs immerfort begegnet bin?«

»Das ist ein Geschenk, um in den Augen meines Herrn Gnade zu finden.«

»Ach, Bruder, ich habe schon so viel, behalte doch, was dir gehört.«

Jakob nennt Esau »Herr«, und Esau nennt Jakob »Bruder«. Bruder! Esau ist es, der dieses beladene Wort als erster wieder in den Mund nimmt. Hinfort darf es auch Jakob wieder verwenden. Ein größeres Zeichen der Versöhnung kann ein Bruder einem Bruder nicht geben. In Haran sputete Laban Jakob entgegen, um ihn vom Bruder zum Knecht zu machen. Nun, da Jakob aus seiner Knechtschaft zurückkehrt, sputet Esau ihm entgegen und macht ihn vom Knecht zum Bruder.

Jakob ist freilich viel daran gelegen, daß Esau sein Geschenk annimmt. Er ist so reich gesegnet, daß er nichts lieber möchte, als daß sein Bruder an diesem Segen teilhabe.

»Esau, ich bitte dich, nimm doch dieses Geschenk an aus meiner Hand, nimm doch meinen Segen!«

Als gebe Jakob Esau den Segen zurück, den er ihm entwendet hatte.

Und Esau nahm Jakobs Segensgabe an.

Bleiben die beiden Brüder nun brüderlich beisammen?

Nein, es geht leider nicht. Vielleicht wäre es in einer anderen Geschichte möglich, doch in dieser Geschichte geht es nicht. In dieser Geschichte müssen beide weiterhin die Rolle spielen, die ihnen von Anfang an zugedacht war. So will es die biblische Erzählweise. Hier werden nicht zwei Leben beschrieben, hier werden zwei Wege umrissen: die messianische Art zu leben und die nicht-messianische, der Weg Israels und der Weg der Völker. Aller Deutlichkeit halber müssen sich diese Wege hier wieder scheiden, so wie auch Abraham und Lot auseinandergingen, so, wie Isaak und Ismael.

»Wohlan,« sagte Esau, »laß uns von hier fortziehen, Jakob.«

Jakob weiß, wohin Esau möchte. Ins *Seïr*-Gebirge, *haarig* ist es dort, eine rauhe Landschaft. Wirkliches Esau-Land. Kein Land für Jakob. Er wäre dort fehl am Platze.

Wie soll er es sagen, ohne Esau zu verletzen? Jakob will seinen eigenen Weg gehen, doch sollen sie voneinander als Brüder scheiden.

»Esau, ziehe doch vor uns her nach Seïr. Die Kinder sind zart, und ich muß für säugendes Vieh sorgen – hetze ich die Tiere, dann werden sie unterwegs zusammenbrechen. Reise doch bitte voraus, belaste dich nicht. Laß mich gemächlich weiterziehen, mit dem Schritt des Viehs und mit dem Schritt der Kinder, bis auch ich Seïr erreiche.«

Nicht, daß Jakob wirklich beabsichtigte, nach Seïr zu ziehen. Höflich versucht er seinem Bruder deutlich zu machen, daß seine Bestimmung andernorts liegt. Und Esau versteht.

»Soll ich keine Knechte zurücklassen, die mit dir ziehen?«

»Das ist nicht nötig. Laß mich nur gehen.«

Die Brüder umarmen einander.

»Lebe wohl, Jakob.«

»Lebe wohl, Esau. Auf Wiedersehen.«

»Auf Wiedersehen.«

Esau kehrt ins rauhe Bergland von Seïr zurück, außerhalb von Kanaan gelegen. Jagdgründe für einen Jäger.

Jakob muß anders leben. Eher wie ein Hirte, der seine Herde weidet. Wie ein Vater, der sich nach dem Schritt der Kinder richtet. In Seïr kann Jakob nicht wohnen, er baut sich anderswo ein Haus, und er errichtet dort Laubhütten für das Vieh. Sukkot nennt er jenen Ort. *Laubhüttenort.*

Es sind Laubhütten, wie Israel sie nach dem Auszug aus Ägypten in der Wüste baute. Laubhütten, wie Israel sie baut bis auf den heutigen Tag, an Sukkot, dem Laubhüttenfest. Ein wahrer Israelit muß sich vorsehen, wenn er auf Erden ein Haus baut. Ehe man es sich versieht, läßt man sich irgendwo nieder. Unser Haus steht gleichwohl nicht in dieser Zeit, wir sind hier auf der Durchreise. Man hüte sich vor Häusern und Schlössern, man nehme sich in acht vor Palästen und Pyramiden. Gibt man nicht acht, ist man im Nu wieder in Ägypten gefangen, und daraus wurden wir doch gerade befreit, dorthin dürfen wir nicht zurück. Ein Mensch muß in Bewegung bleiben, reisefertig. Wir sind hier zu Gast. Pilger unterwegs.

Die Wege scheiden sich: Esau zieht nach Seïr, Jakob nach Sukkot.

Und von Sukkot geht die Reise weiter, denn kurz darauf treffen wir Jakob in Sichem an und dann in Bethel. Schließlich kommt die Karawane nach Bethlehem. In Bethlehem macht die Karawane halt.

Dort, in Bethlehem, ist Rahel gestorben, auf dem Feld von Efrata. Sie starb im Kindbett. »Schaffe mir Kinder, sonst sterbe ich!« rief sie einst Jakob zu. Nun stirbt sie an einem Kind. Vor vielen Jahren schenkte sie Josef das Lebenslicht. *Möge Gott mir noch einen Sohn geben.* Nun, nach langen Jahren schmerzlichen Wartens, stirbt sie bei der Geburt ihres zweiten Kindes. »Es ist ein Sohn,« rief die Hebamme aus, in der Hoffnung, der erschöpften Rahel neuen Lebensmut zu geben. »Ein Sohn!« Doch mit Rahel ging's zu Ende. »Ben-Oni wird sein Name sein,« sprach sie weinend. *Sohn meines Unglücks.*

»Nein,« sagte Jakob, »Ben-Jamin soll er heißen! *Sohn des Glücks, Sohn meiner rechten Hand,*«

Dann starb Rahel.

Jakob begrub seine Geliebte, längs des Weges im Feld von Efrata. Ehe er weiterzog, richtete er auf ihrem Grab einen Stein auf, den schönsten, den er finden konnte.

Hat David jenen Gedenkstein noch gesehen, als er seine Schafe in Bethlehem hütete?

Und die Hirten, die in Efratas Felder über ihre Herden wachten, als der Sohn Davids geboren wurde, – verweilten auch sie noch bei jenem Stein?

Weiter geht Jakobs Reise. Die Füchse haben Höhlen, die Vögel des Himmels haben Nester, doch wer gerufen ist, messianisch zu leben, hat nichts, um sein Haupt darauf zu legen.

In Mamre wohnt noch immer Vater Isaak, alt und an Tagen gesättigt. Wie lange ist's nun her, daß uns erzählt wurde, daß der alte blinde Mann sein Ende nahen fühlte? Nun erst soll dieses Ende kommen. Mutter Rebekka ist bereits gestorben. Nun wird auch Isaak zu seinen Vätern versammelt werden. Die Nachricht erreicht seine Söhne.

Schaut, dort ist Esau. Esau aus Seïr.

Dort ist auch Jakob. Aus ich weiß nicht woher.

Gemeinsam stehen die Brüder an Isaaks Bett. Nebeneinander. Nicht hintereinander, wie damals. Kinder ein und desselben Vaters.

36

Der Meisterträumer

Genesis 37

Dies sind die Zeugungen von Jakob: Josef...

Josef? Josef wurde doch nicht als Erstling gezeugt? Josef ist doch ein Nachkömmling? Ruben ist doch der von Jakob gezeugte Erstling?

In der Tat, das ist Ruben. Doch Ruben hat sich vergaloppiert, indem er mit einer Nebenfrau seines Vaters das Bett teilte – »*Du, Ruben, sollst nicht der erste sein, weil du auf deines Vaters Lager gestiegen bist.*«*

Warum ist Simeon dann nicht der Erstling, oder Levi, die beide gleich nach Ruben kommen?

Noch so eine trübselige Geschichte: Simeon und Levi haben sich unmöglich gemacht, indem sie die Vergewaltigung ihrer Schwester Dina mit einer feigen Finte und mit grausamer Gewalt rächten.*

Ist Juda dann nicht Jakobs Erstling?

Ja, Juda *ist* in der Tat der Erstling, der Erzähler konzentriert sich jedoch zuerst auf Josef, Judas verlorenen Bruder.

Wiederum geht es nicht einfach nur um zwei Männer. Diese Geschichte hier wird nach der ersten Deportation erzählt, und der Erzähler hat bei Josef Israels Nordreich vor Augen. Juda hingegen steht stellvertretend für das Südreich. Das Nordreich ist nicht aus dem ersten Exil zurückkehrt. Josef ist fort. Nur Juda ist noch übriggeblieben. Ganz Israel wird fortan den Namen des Südreiches tragen, alle Söhne Jakobs, alle Kinder Israels werden fortan *Judäer* genannt, *Juden*.

Josef ist fort. Wo ist Josef? Juda, wo ist dein verlorener Bruder? Wie soll es ohne Josef für dich und deine Brüder nach dem Exil eine Zukunft geben?

In unserer Geschichte geht es um Josef, doch eigentlich geht es um Juda und seine Brüder. Denn ist es nicht so, daß es für Jakob/ Israel erst dann eine Zukunft gibt, wenn Juda und seine Brüder Josef wiedergefunden haben, wenn alle zwölf als Brüder wieder beieinander wohnen?

Josef, siebzehn Jahre alt, pflegte mit seinen Brüdern das Kleinvieh zu weiden.
Sein Vater hatte ihn lieb, über alle seine Söhne. Er machte ihm ein Prunkge-
wand.

Das hätte Jakob besser bleiben lassen. Und Josef hätte besser nicht damit prahlen sollen. Die Frucht von Jakobs Alter ist er, der Sohn seiner
Lieblingsfrau, das Kind, nach dem sich beide so innig gesehnt hatten. Es
ist, als habe Jakob all seine Zuneigung, seine feurige, vielfarbige Liebe zur
so früh verstorbenen Rahel nun Josef geschenkt, dem Langersehnten. Soll
Josef etwa Rahels unvollendetes Leben vollenden? Doch so kann kein Kind
leben, so etwas geht nie gut, es wird ein Leidensweg! *Als seine Brüder sahen,*
daß ihr Vater Josef lieb hatte über sie, fingen sie an, ihn zu hassen. Sie konnten
nicht in Frieden mit ihm sprechen.

»Schaut, da kommt Josef.«
Die Brüder sahen ihn von weitem, den Kronprinzen mit seinem vielfarbigen Rock. In seinem Königsmantel schreitet er daher, als würde er ewig
leben. Nicht gerade die angemessene Arbeitskleidung, um in der Hitze des
Tages auf dem Feld die Garben zu binden oder in der Kälte der Nacht über
die Herde Wache zu halten. »Schaut, da kommt er.«
»Brüder, ich habe geträumt heute Nacht. Einen wunderlichen Traum
habe ich geträumt. Wir banden Garben auf dem Feld und siehe, meine
Garbe richtete sich auf und stand, und siehe, eure Garben umringten die
meinige und beugten sich vor meiner Garbe.«
Hättest du das nur nicht gesagt, Josef! Daß du solche Träume träumst, ist
schon schlimm genug, aber die behält man doch für sich!
»Was? Willst du König über uns werden, König, du? Willst du herrschen
über uns als Herrscher, du?« Die Brüder sind wütend.
Ein Hirtenjunge, der einen Königstraum träumt. Damit zieht er den Haß
seiner Brüder auf sich. Er ist seines Vaters Augapfel, nicht der seiner Brüder. »Willst du König über uns werden, König, du?«

Josef, der tagsüber von den Brüdern gehaßt wird, dreht nachts den Spieß
um. Er träumt einen zweiten Traum. Jetzt aber den Mund halten, Josef!
Jetzt nicht auch noch den zweiten Traum erzählen!
Josef aber, keck und sich keiner Gefahr bewußt, berichtet von einem
Traum, der den vorigen noch weit übertrifft. Gewaltiger kann ein Sterblicher nicht träumen: »Es träumte mir so schön, daß die Sonne, der Mond
und die Sterne, elf an der Zahl, sich vor mir verneigten.«

Die Wut Judas und seiner Brüder ist nun schrankenlos, und selbst Vater Jakob geht diese Selbstbeweihräucherung zu weit. Was sind das für haarsträubende Starallüren? »Was bildest du dir eigentlich ein, Josef? Dachtest du, daß ich und deine Mutter und deine Brüder...?«

Jakob wußte also lange vor Freud, daß wir in unseren Träumen unsere geheimsten Wünsche ausleben. Doch Vater Jakob wußte noch mehr. Oder besser gesagt, er vermutete noch mehr. *Er bewahrte das Wort.* So wie später von Maria erzählt werden wird, sie habe die Worte, die sie nicht fassen konnte, in ihrem Herzen bewahrt. Vater Jakob hörte den anmaßenden Traum eines eingebildeten, größenwahnsinnigen Jugendlichen. Und doch behält er diese Phantasie offenbar im Gedächtnis. Als spürte er, daß irgendwo in diesem Unsinn ein tieferer Sinn verborgen liege. Sollte er darin etwas vom messianischen Reich herausgehört haben, das sich über den Weltacker erstreckt, ja, sich über ihm erhebt und den Himmel berührt?

Juda und seine Brüder sind daran nicht interessiert. Sie fangen an, Josef zu hassen. Es wäre besser, wenn er, der Langersehnte, nie und nimmer geboren worden wäre. Es wäre besser, wenn er verschwände, dieser aufgeblasene Träumer, der zwischen ihnen und der Liebe ihres Vaters steht.

Die Brüder hatten das Haus verlassen, um ihr Kleinvieh bei Sichem zu weiden.

»Josef.«

»Ja, Vater.«

»Wie mag's wohl deinen Brüdern gehen? Herrscht *Schalom*, Friede unter ihnen? Geh hin und sieh, ob sie in Frieden leben.«

Aber damit forderst du ja das Schicksal heraus, Jakob! Du weißt doch von dem Unfrieden zwischen Josef und seinen Brüdern! *Sie konnten nicht in Frieden mit ihm sprechen.* Warum nur schickst du Josef ganz allein hinaus zu seinen Brüdern?

Josef reist nach Sichem, doch dort findet er seine Brüder nicht. Er irrt auf dem Feld umher. Weit und breit keine Menschenseele.

Ein Mann fand Josef, als er dort herumirrte.

Geheimnisvolle Mitteilung. Es wird nicht gesagt, Josef habe einen Mann gefunden. Josef kann nämlich weit und breit keine Sterbensseele entdecken. Ein Mann fand ihn.

»Was suchst du?«

»Ich suche meine Brüder, weißt du vielleicht, wo sie das Vieh weiden?«

»Sie sind von dannen gezogen, ich habe gehört, wie sie sagten: Laßt uns nach Dotan gehen.«

Wer ist dieser Mann, der Josef fand? Ist er ein Engel? Dann ist er freilich ein seltsamer Engel. Durch sein Wort findet Josef seine Brüder, doch dann ist es auch gleich um ihn geschehen, er wird verkauft und verschwindet in der Verbannung. Und in dieser Verbannung wird er seinen Brüdern zum Segen sein. Es ist ein seltsamer Engel, wenn's denn ein Engel ist: ein Wegweiser zu Erniedrigung und Erhöhung.

»Herzlichen Dank,« sprach Josef.

»Gern geschehen.«

Josef wird später sicherlich noch so manches Mal an jenen Mann gedacht haben, der ihn fand und ihn fragte, was er suche.

»Ach, sieh einer an, da haben wir Josef, unseren Meisterträumer!«

Und sie wissen: das ist ihre Chance, jetzt oder nie. »Wir erschlagen ihn, werfen ihn in diese Grube da und sagen, ein wildes Tier habe ihn gefressen.«

Ehe noch Josef fragen kann, ob Frieden sei unter ihnen, ist ihm klar, daß kein Friede ist. Juda und seine Brüder reißen ihm den vielfarbigen Rock vom Leib. Josef wird entkleidet.

Das Auskleiden ist immer etwas Geheimnisvolles. Wer kein kleines Kind mehr ist, tut es selber. Wenn es ein anderer tut, so geschieht damit entweder das Heiligste oder das Unheiligste. Es geschieht aus Liebe oder aus Verachtung. Es ist ein Unterschied wie Tag und Nacht, Bestätigung oder Verleugnung. Josef wird entkleidet, seines Lebens entledigt. Ein Bruderzwist droht zu einem Brudermord zu werden.

Gibt es denn gar keinen, der dies verhindern kann?

Doch, einen gibt es: Ruben, Jakobs Erstgeborenen. Er mag damals zwar das Lager seines Vater bestiegen haben und deswegen nicht länger der Erstling sein, hier ist er seines Bruders Hüter: »Laßt uns kein Blut vergießen. Wir dürfen ihn nicht töten. Warum werfen wir Josef nicht in die Grube?«

So hofft er, Josef aus ihren Händen retten und ihn wohlbehalten zu seinem Vater zurückkehren lassen zu können. Und zum Glück findet er Gehör. Die Brüder bringen Josef nicht um, sondern begnügen sich damit, ihn in die ausgetrocknete Grube zu werfen. Einen Steinwurf weit entfernt setzen sie sich hin und essen ihr Brot. Josef kann ihre Stimmen hören, er ruft aus der Tiefe empor, doch sie beachten ihn nicht.

Ruben steht auf.

»Was hast du vor, Ruben? Willst du nichts essen?

»Ich habe keinen Hunger. Ich suche Holz fürs Feuer.«

Und siehe, eine Karawane von Ismaelitern zieht vorüber, auf dem Weg nach Ägypten; ihre Kamele sind mit Harz, Balsam und Myrrhe beladen.

»Ruben hat recht,« spricht Juda. »Was gewinnen wir, wenn wir Josef töten? Unsere Hand soll nicht gegen ihn sein, denn er ist unser Bruder, unser eigenes Fleisch. Warum verkaufen wir ihn nicht den Ismaelitern?«

Keine schlechte Idee, Juda! So verdienen sie auch noch an ihrem Opfer. Und ach, ein Sklave lebt nicht lange in Ägypten. Mord auf Raten ist es, und dazu noch ohne Blutvergießen.

»Josef, fasse den Strick.«

Ist dieser Alptraum damit zu Ende? Werden seine Brüder ihn nun in Frieden ziehen lassen, zurück in sein Vaterhaus?

Nein, der Alptraum fängt erst an! Für zwanzig Silberlinge wird Josef verkauft. Viel wert ist er ja nicht gerade. Josef im Ausverkauf.

Es war schon spät, als Ruben mit Feuerholz zurückkehrte. Er ging geradewegs zur Grube. »Josef.« Keine Antwort. »Josef, bist du da?« Kein Lebenszeichen. Oh Gott, sie haben ihn ermordet, sie haben ihn doch ermordet. »Der Junge ist nicht da. Ihr habt ihn ermordet!«

»Wir haben ihn verkauft.«

»Verkauft? Und ich, wo soll *ich* nun hin?«

Wohin Josef geht, das kümmert Ruben herzlich wenig, er denkt nur an sich selbst. Waren die Beweggründe seines Appells an die Brüder, Josef am Leben zu lassen, vielleicht doch nicht so edelmütig? Ging es ihm weniger um seinen Bruder in Not, als vielmehr darum, die Erstlingsehre bei seinem Vater wiederzuerlangen?

Die Brüder haben Josefs Gewand in Fetzen gerissen und in das Blut einen Ziegenböckleins getaucht. So kehren sie nach Hebron zurück. Bilden sie sich denn wirklich ein, der Vater werde ihnen nun seine ganze Liebe zuwenden, nun, da Josef nicht mehr da ist?

»Vater, sieh, was wir gefunden haben. Ist dies nicht Josefs Rock, der Rock, den du ihm schenktest? Siehe doch, ob nicht vielleicht...?«

Einst hat Jakob seinen Vater mit Esaus Kleidern betrogen. Jetzt wird er von seinen Söhnen mit den Kleidern Josefs betrogen.

Jakob sieht Josefs zerrissenen Königsmantel, getränkt in geronnenes Blut, er nimmt den Rock in die Arme, drückt ihn an sich und weint. »Josef, mein Junge, mein Junge. Oh Gott, warum, warum nur? Abrahams Sohn hast du verschont. Ein Tier im Gestrüpp war es, das sein Blut... Isaak durfte leben. Warum mußte Josef sterben, der Sohn meiner Liebsten, Rahels Kind?«

In Sack und Asche weint Jakob heiße Tränen und weigert sich, sich trösten zu lassen. »Vom heutigen Tage an trage ich Trauer, und Trauer tragend werde ich zu meinem Sohn ins Totenreich hinabsteigen.«

Gottlob ist es anders, als Jakob denkt. Das Blut *ist* nämlich das Blut eines Tieres. Josef ist nicht tot. Und alle wissen es. Josef weiß es, und seine Brüder wissen es, und Gott weiß es. Der einzige, der es nicht weiß, und daran zugrunde geht, ist Jakob. Jakob, der in seinen jungen Jahren *seinen* Vater betrogen hat. Ein Betrug, bei dem ebenfalls ein Böcklein eine Rolle gespielt hatte...

Daß Josef aber, sein Sohn, ins Totenreich hinabsteigt, daran ist schon etwas Wahres: An das Kamel eines der Kaufleute gekettet, steigt er nach Ägypten hinab. Eine Höllenfahrt. Ein Königskind wurde von seinem Thron gestoßen, ein Stern ist erloschen, ein Traum ist verflogen. Ein Verbannter ist Josef, bange und bedrückt, mehr nicht.

37

Tamar

Genesis 38

»*Was gewinnen wir, wenn wir Josef töten, warum verkaufen wir ihn nicht?*«

Das war Judas Vorschlag. Juda, der Erstling. Segensträger. Der Bruder, der seinem Bruder zum Segen sein muß.

Josef ist mit so einem Bruder wahrlich gesegnet! Er wird als Sklave verkauft, und an ein Kamel gekettet muß er nach Ägypten hinabsteigen. Das war's dann also, aller Wahrscheinlichkeit nach.

Und Juda? Gibt es noch etwas über Juda zu erzählen?

Ja, auch Juda steigt hinab. Auf ein bedenkliches Niveau. *Und es begab sich in diesen Tagen, daß Juda hinabstieg, weg von seinen Brüdern.*

Juda tut damit genau das, was der Gesegnete nicht tun darf: Er entfernt sich von seinen Brüdern. Wie? Er geht seinen eigenen Weg, indem er sich eine kanaanitische Frau nimmt. Damit ist er auf die schiefe Bahn geraten, denn was ist, wenn sich Israel in der Völkerwelt auflöst? Dann verliert Gott sein Volk. Dann ist es um das Versuchsfeld von Gott und den Menschen geschehen. Woher sollen denn in Gottesnamen die Brüdervölker den Segen bekommen, wenn sich Israel, Gottes Erstling und Segensträger, aus dem Staub macht?

Juda ist im Augenblick nicht ansprechbar. Er ist rege damit beschäftigt, bei seiner kanaanitischen Frau drei Söhne zu zeugen: Er, Onan und Schela.

Er, sein Erstgeborener, heiratet Tamar. *Dattelpalme.* Ein reiner, edler Name für eine reine, edle Gestalt. Nur ein einziges Mal erscheint sie auf der Bühne, und dennoch spielt sie in der Bibel eine bedeutende Rolle, denn sie ganz allein hat mehr von Israels Geheimnis verstanden, als viele Söhne Israels zusammen.

Tamar wird Witwe, denn *ihr Mann war schlecht in den Augen des Herrn, und der Herr tötete ihn.*

Offenbar ist Er vorzeitig verstorben, und das sieht der Erzähler als eine Strafe Gottes. Oder erzählt er uns in religiöser Sprache, daß Er durch seine Lebensweise das Unheil selbst über sich herabgerufen hat?

Wie dem auch sei, der Mann ist tot, und Tamar bleibt kinderlos zurück. Ein bitteres Los, seit jeher, doch gerade in jenen Tagen, denn Kinder – vor allem die Söhne – stellten im Alter die Lebensversicherung dar. Zu allem Unglück ist in *Israel* das Schicksal der kinderlosen Frau noch um vieles bitterer: Denn wenn dereinst der Messias das Lebenslicht erblicken wird, dann niemals als Frucht deines Schoßes. Du wirst in deinen Nachkommen nicht anwesend sein, wenn der Messias geboren werden wird. Es ist, als spräche Gott: Dich brauche ich für die Verwirklichung des Heils nicht.

Auf diesem Hintergrund müssen wir die Schwagerehe in Israel sehen: Wenn ein Mann stirbt, und dessen Frau kinderlos hinterbleibt, dann ist es die Aufgabe des Schwagers, bei der Witwe auf den Namen des verstorbenen Bruders Nachkommen zu zeugen, *auf daß sein Name nicht aus Israel werde ausgewischt.*

Der Gedanke mag uns heute vielleicht etwas befremdlich erscheinen, und ob es nun in allen Fällen ein wirklich reizvoller Gedanke ist, sei dahingestellt, doch die Idee, die dahintersteht, ist deutlich: Sie hat sowohl gesellschaftliche als auch religiöse Motive, und damit ist es eine Schande vor Gott und den Menschen, wenn sich jemand den Verpflichtungen der Schwagerehe entzieht.

Damit kommen wir zu Onan, Ers Bruder, der sich von seinen Verpflichtungen gegenüber Tamar buchstäblich zurückzieht, *denn so oft er einging zu seines Bruders Frau, ließ er seinen Samen auf der Erde verlorengehen, auf daß er seinem Bruder keine Nachkommen schaffe.*

Ebenso lakonisch wie beim Tode Ers vermeldet der Erzähler, daß sich Gott derart erzürnte, daß er auch Onan tötete. Wird der Erzähler später seine Worte nicht bereut haben, als er ohnmächtig von oben mit ansehen mußte, wie hier unten auf der Erde viele Generationen von Kindern mit Hölle und Verdammnis bedroht wurden, wenn sie die Sünde Onans betrieben? Ihnen hat man erzählt, daß Onanie dem Herrn ein Greuel sei.

Onans Sünde war freilich keine Onanie, der Terminus technicus für das, was er tat, ist »Coitus interruptus«. Es war keine »Selbstbefriedigung«.

Onan befriedigt sich gleichwohl auf andere Art und Weise selbst, denn er denkt nur an seine eigenen Interessen: Wenn Tamar Nachkommen bekommt, wird es später weniger zu erben geben. Doch zu ihr eingehen, das will er wohl...! Zwar die Lust, doch nicht die Last.

Erneut ein Bruder, der nichts von Bruderdiensten wissen will. Onan weigert sich, seiner Schwägerin Recht zu verschaffen. Durch seine Lieblosigkeit wird Tamar keine Mutter und keine Mutter in Israel, keine Leihmutter des Heils. Läßt Gott das einfach so geschehen?

Es war schlecht in den Augen Gottes, und er tötete auch Onan.

Wer einem anderen keine Zukunft gönnt, ist selbst der Zukunft nicht wert, – daran will der Erzähler keinen Zweifel bestehen lassen.

Einst hatte Vater Juda drei Söhne, doch nun hat er nur noch einen einzigen: Schela. Soll er auch noch seinen dritten Sohn an die fatale Frau verlieren? Ein Glück, der Junge ist noch klein. »Habe Geduld, Tamar. Wohne doch zuhause, in deines Vaters Haus, warte dort, bis Schela groß geworden ist.«

Dort kann sie natürlich warten, bis sie schwarz wird; Juda hat sich hoch und heilig vorgenommen, seinen jüngsten Sohn vor Tamars Klauen zu bewahren, und damit vor den Klauen des Todes. Tamar hört von ihm kein Sterbenswort mehr.

Fügt sich die *Dattelpalme* ergeben in ihr Schicksal?

Eines Tages zieht Juda in die Berge, um seine Schafe zu scheren. Es ist ein alljährlich wiederkehrendes Ritual. Auch das große Schafschererfest am Ende gehört zu diesem Ritual, denn die Wolle ist verkauft und der Geldbeutel klingelt; darauf muß man trinken! Juda macht einen drauf.

Am Wegesrand sieht er eine Frau sitzen. Sie ist verschleiert. Ihre Haltung und ihre Kleidung lassen an Deutlichkeit nichts zu wünschen übrig: Sie ist eine Hure. Solche gefallenen Frauen gibt es eben.

»Für einen Ziegenbock,« spricht Juda, der keinen Ziegenbock bei sich hat.

»Was gibst du mir als Unterpfand?«

»Alles, was du willst.«

»Gib mir deinen Siegelring, deine Schnur und den Stab in deiner Hand.«

In ihren Händen wird Juda zu Wachs, er entblößt sich. Er entledigt sich seines Siegelringes, seiner Schnur und des Stabes in seiner Hand. Alle Zeichen seiner Würde legt er ab.

Und dann die Dirne: Auch sie entledigt sich ihrer Kleider. Doch mit einer Scheu, die man bei einer Frau ihres Metiers nicht erwarten würde. Sie behält ihren Schleier an, was Juda nicht weiter stört. Es geht ihm ja schließlich nicht um eine Begegnung von Angesicht zu Angesicht...

Nach seiner Rückkehr bittet Juda einen Freund, den Ziegenbock zu dieser Frau zu bringen, im Tausch für sein Unterpfand.

Seltsam, die Frau sitzt nicht an ihrer Stelle. »*Könnt ihr mir vielleicht sagen, wo ich die Tempelprostituierte finde, die...*«

Die Tempelprostituierte! Wie feinfühlig ist Judas Kumpan, daß er mit solch einem vornehmen Wort Judas nicht ganz so vornehmen Auftritt verschleiert. Doch dort in der Gegend wissen sie von nichts: »Gnäd'ger Herr, solche Frauen haben wir hier nicht, zum Glück nicht, können wir von Glück sagen.«

Drei Monate später teilt man Juda mit, daß Tamar schwanger sei. »Diese dreckige Schlampe! Nicht verheiratet und doch schwanger! Auf den Scheiterhaufen mit ihr!«

Denn so etwas darf es in einer anständigen Familie natürlich nicht geben. Der herumhurende Juda selbst wurde durch das Feuer seiner Leidenschaft verblendet, Tamar aber, die Hure, soll vom Feuer verzehrt werden. Ein klassisches Vorbild dafür, wie einem Opfer die Schuld zugeschrieben wird, und dafür, wie unterschiedlich das Maß ist, mit dem Männer und Frauen gemessen werden.

Was trägt Tamar da in ihren Händen auf dem Weg zum Schafott? Einen Siegelring, eine Schnur und einen Stab. »*Von dem Mann, der mich schwängerte. Vielleicht willst du so freundlich sein, diese meinem Schwiegervater zu bringen. Sieh doch, ob nicht vielleicht...*«

Das sind dieselben Worte, die Juda und seine Brüder sprachen, als sie mit Josefs vielfarbigem Rock zu Vater Jakob kamen, zerrissenen und in Blut getränkt: »*Sieh doch, ob nicht vielleicht...*« Erhobenen Hauptes steht Tamar den Männern gegenüber, die sie hinrichten wollen.

»Juda, wär's möglich, daß...«

Juda wird leichenblaß. Da steht er dann mit seiner doppelten Moral. Was soll er tun? Was soll er sagen?

»*Sie ist gerecht, gerechter als ich es bin. Sie ist eine Zadik – eine Gerechte.*«

Hier nun wiederum zeigt sich Juda königlich. Tamar ist im Recht. Unwissend vollbrachte er an dieser Frau jene Tat, die seine Söhne ihr geschuldet hatten. Es ehrt ihn, daß er unverhüllt zugibt, daß sie eine Gerechte ist.

In dieser Geschichte kommen Männer vom richtigen Weg ab und sind ihrer Berufung untreu. In dieser Männerwelt pocht eine Frau ganz allein auf ihr Recht. Mutter will sie werden. Mehr noch: Mutter in Israel! Tamar hat Israels Geheimnis verstanden.

Juda ist beschämt. Ein Mann mit Vergangenheit. Doch dank Tamar ist er auch ein Mann mit Zukunft: Im Buch der Zeugungen wird eine neue Seite geschrieben. Und was er noch nicht weiß: Es wird Judas Geschlecht sein, aus dem König David geboren werden wird. Und Davids Sohn, langersehnt. Es war Tamar, die mit ihrer mutigen Tat den Weg ihres Kommens bahnte. Durch die Leidenschaft dieser Erzmutter Israels, dort am Wegrand, wurde Juda auf die rechte Bahn geleitet. Was sagt auch wieder der Psalmist? *Der Gerechte wird grünen wie ein Palmbaum.* *

Juda bekennt seine Schuld. »Sie ist eine Gerechte.«

Auch seinem Bruder Josef gegenüber hat Juda noch etwas gut zu machen. Werden sich die beiden jemals versöhnen? Dürfen wir hoffen, daß Tamar aus Juda einen anderen Menschen gemacht hat?

Und es begab sich, als Tamar gebar, siehe, da waren Zwillinge in ihrem Schoß.

Damals hatte Juda zwei Söhne eingebüßt. Nun werden ihm zwei Söhne geboren. Der eine streckte seine Hand heraus, und die Hebamme band schnell einen scharlachroten Faden darum: »Der da ist zuerst herausgekommen.« Doch das Knäblein zog seine Hand wieder zurück, und gleich darauf kam sein Bruder heraus. Die Hebamme gab ihm den Namen Perez. *Wie kräftig bist du durchgebrochen!* Erst danach erschien sein Bruder. Vom Bruder in letzter Sekunde überholt.

Er bekam den Namen Serach, *Scharlachrot*. Das Knäblein mit dem scharlachroten Faden hatte sich als erster angeboten, doch er war nicht der Erstling. Es ist eine neue Version eines altbekannten Motivs: die Letzten werden die Ersten, die Ersten die Letzten.

Jahrhunderte später wird dieses Geheimnis Israels das große Thema in der Verkündigung eines weiteren Sohnes von Juda sein: »Viele Letzten werden die Ersten sein, und wer sich selbst erhöht, wird erniedrigt werden.«

Und wenn dann nach dessen Tod einer seiner Freunde, Matthäus, sich an sein Schreibpult setzt, um die Geschichte dieses messianischen Menschen zu erzählen, und er – beginnend bei Abraham – all die Namen der Männer aufzählt, aus denen Jesus geboren wurde, dann darf für den Evangelisten unter den Namen der Frauen, aus denen er geboren wurde, jener von Tamar nicht fehlen.

Sei gegrüßt, Tamar, du bist gesegnet unter den Frauen, und gesegnet ist die Frucht deines Schoßes.

38

Bei Potifar

Genesis 39

Wie ergeht es Josef unterdessen, dem Meisterträumer, der so unsanft aus dem Land seiner Träume verbannt worden war?

Josef wird zum Kauf feilgeboten. Halbnackt steht er dort in Ägypten auf dem Markt, während Kauflustige vorbeiziehen und die Waren der gerade angekommenen ismaelitischen Karawane beäugen. Doch es ist ein anderer Josef als der Josef, der aus Dotan zog. Der eitle Josef von einst, der Josef, der sich Gott wähnte, ist unterwegs gestorben. Ein anderer Josef ist erstanden. Die Karawanentreiber merkten es schon unterwegs. Irgend etwas war mit dem Jungen. Er war mehr als sein Leiden. Schon die Art und Weise, mit der er »Wohin führt ihr mich?« fragte. Als glaubte er an das eine oder andere Ziel. Als dächte er, daß er eine bestimmte Bestimmung habe. Ein seltsamer Junge. Abends, bei langen Gesprächen am Feuer, konnte es geschehen, daß er plötzlich gerührt und mit wunderlicher Ehrerbietung den Namen eines fremden Gottes aussprach, den sie nicht kannten.

Eines Tages erklang an der Karawanenspitze plötzlich ein Rufen und Schreien. In der Ferne tauchten die ersten Pyramiden auf, Ägypten war in Sicht. Nun sollte Josef also endlich die Königsgräber mit eigenen Augen sehen. So viel hatte er darüber gehört, und immer ergriff ihn tiefstes Entsetzen.

»Ist es nicht großartig?« sagten die Kaufleute.

Josef schwieg. Was sollte er, der Sohn Abrahams, Isaaks und Jakobs, hier in Ägyptenland? »Oh, Gott meiner Väter, stehe mir bei.«

Josef steht auf dem Markt, er wird zum Kauf feilgeboten.

Worauf achtet man, wenn man einen Sklaven kauft? Wenn man einen Träger sucht, achtet man auf seine Beine, seine Arme und seine Schultern. Potifar, der Oberste von Pharaos Palastwache, sucht allerdings einen Hausknecht. Er schaut auf die Hände, die Augen, den Hals.

»Woher habt ihr diesen?«

»Aus Kanaan, verehrter Herr, es ist kein gewöhnlicher Sklave, das schwöre ich.«

»Was kostet er?... Einverstanden. Ich nehme ihn.«

Nein, dieser Hebräer ist kein gewöhnlicher Sklave. Er ist ein Gesegneter.

Mit Adam fing es an. *Gott segnete ihn. Gott nannte ihn Mensch.* »Ich will mit dir sein, so daß du Mensch sein kannst, daß du dich entfalten kannst, daß du es vollbringst. Mensch sollst du sein. Nicht minderwertig, aber auch nicht einer, der sein Maß übersteigt. Mensch.«

Gott will den Menschen nicht klein kriegen, er will ihn groß machen. *»Abraham, ich will deinen Namen groß machen und du sollst zu einem Segen sein, und mit dir sollen alle Völker gesegnet werden.«*

Was mit Adam und Abraham begonnen hatte, ging mit Isaak weiter: *groß wurde er, nach und nach größer, bis daß er sehr groß geworden war.*

Und auch mit Jakob ging es weiter: Wo Jakob wohnte, da gebot der Herr seinen Segen.

Nun ist die Reihe an Josef, als Gesegneter zum Segen zu sein. In der Tat: kein gewöhnlicher Sklave. Tief unten war er erst, dann ist er gewachsen. Das Weizenkorn, das in die Erde fiel und erstarb, fing an, Frucht zu tragen. Josef schafft es. Wohin er seinen Fuß setzt, erblüht der Friede. Auch Josef wird groß, nach und nach größer, bis daß er sehr groß geworden ist.

»Josef, komm mal her. Kannst du eben das Öllämpchen reparieren?«

An dem Ding ist nichts mehr zu richten, das weiß Potifar, doch er ist neugierig, wie sich sein neuer Sklave hier zu behelfen weiß.

»Es brennt wieder, Herr.«

»Was sagst du?«

»Die Lampe brennt wieder.«

Es ist wunderlich. Was man dem Jungen auch aufträgt, er schafft es! Zwei goldene Hände hat er. Und einen guten Verstand. Nach einiger Zeit unternimmt Potifar nichts mehr, ohne erst Josef zu fragen, was er davon hält. Und es endet damit, daß er all seinen Besitz Josef anvertraut: *Alles, was er hatte, gab er in Josefs Hand.* Zuhause und auf dem Feld, alles läuft wie am Schnürchen, es wird gesungen, es wird gelacht, und jeder erledigt fröhlich seine Arbeit. Früher konnte man den häuslichen Frieden so manches Mal lange suchen, doch das ist nun vorbei. Josef geht es gut, er ist wirklich ein gesegneter Mann: groß, nach und nach größer, bis daß er ganz groß geworden ist. *Alles in Josefs Hand.*

Kann Josef noch größer werden?

Ja, das kann er.

»Josef, komm und lege dich zu mir.«

Frau Potifar. Dieser junge Fremdling im Haus..., seine Augen, seine Hände, sein Hals... Frau Potifar ist verliebt. Und einsam. Der Oberste der Palastwache ist häufig auf Geschäftsreise.

»Komm und lege dich zu mir, Josef.«

Und was sagt Josef?

Josef sagt: »*Alles im Hause meines Herrn hat er in meine Hand gegeben; er ist in diesem Haus nicht größer als ich, und er hat mir nichts vorenthalten außer dir, seiner Frau.*«

Groß ist Josef geworden. Sehr groß. Wie groß aber kann ein Mensch werden und dabei noch Mensch bleiben? Wo sind die Grenzen seiner Größe?

»Nicht größer als Potifar,« sagt Josef. Er könnte sich auch das letzte, was ihm noch vorenthalten wird, zu eigen machen. Alles ist möglich. Doch gerade hier liegt die Grenze, über die der Gesegnete nicht hinauswachsen darf. Mit diesem einen Schritt hätte Josef sein Maß überschritten.

Dem Erzähler geht es hier um mehr als um einen »keuschen Josef«, um mehr als um einen pikanten und mißlungenen Annäherungsversuch; dies hier ist eine Versuchungsgeschichte, die alle Bettgeschichten weit übersteigt. Mehr als die Tugend der Keuschheit wird hier der Mut des messianischen Menschen besungen. Denn die bange Frage ist doch, ob der Gesegnete seiner Berufung in der Ferne treu bleiben wird? Wird Israel in der Fremde, in der Verbannung, unter den Völkern, Gottes gesegnetes Volk bleiben, oder gibt es sich dem Heidentum hin?

Es geht hier um den Erhalt der Schöpfung. Dazu sind dem Menschen Grenzen gesetzt. Es gibt Grenzen des Wachstums. Und wenn der Mensch diese Grenzen nicht achtet, dann geht er seinem Untergang entgegen.

»Komm und lege dich zu mir, Josef.«

Doch Josef hörte nicht auf sie. Sie ruft und ruft, und Josef hört's natürlich, doch er schenkt dem Ruf kein Gehör. Josef verdrängt es nicht, nein, er hat eine bewußte Entscheidung getroffen.

Potifars Frau, voller Verlangen und an den Ungehorsam eines Sklaven nicht gewöhnt, ergreift ihn beim Rock, zieht ihn zu sich, will ihn umarmen. Josef aber reißt sich los und flieht; er läßt sein Kleid in ihrer Hand zurück. Und nun? Weiß er sich auch jetzt zu helfen?

»Hilfe! Hilfe! Man vergreift sich an mir!«

Frau Potifar setzt nun alle Hoffnung auf ihr Schreien, denn wer nicht schreit, dem glaubt man nicht.* »Hilfe,« ruft sie, mit dem Kleid in der Hand. »Hilfe!«

Sklaven und Sklavinnen kommen herbeigelaufen.

»Dieser Mann, der hebräische Mann da, er wollte sich zu mir legen... und ich... ich schrie so laut ich konnte. Daraufhin floh er und ließ sein Kleid zurück, neben mir.« *Neben mir* spricht Frau Potifar gewieft. Nein, sie macht keinen Fehler, sie sagt nicht *in meiner Hand!*

»Oh gnäd'ge Frau, wie schrecklich!«

Die gnäd'ge Frau ist bestürzt, die Angestellten sind bestürzt, ein jeder ist bestürzt, so geht's nun mal zu am Hof. Doch wer meint, daß ihre Diener auch nur eines ihrer Worte glaubten, der irrt. Schon lange hatten sie durchschaut, daß die gnäd'ge Frau ein Auge auf Josef geworfen hatte. Doch sie spielen ihr Spiel mit, und so hält jeder jeden zum Narren. »Oh, wie schrecklich, gnäd'ge Frau. So ein hebräischer Mann aber auch!«

Als Frau Potifar versuchte, Josef zu verführen, da wußte sie genau, wie er hieß. Nun, da ihr Vorhaben gescheitert ist, nennt sie ihn *den hebräischen Mann*. Ausländer sind hinter jeder Frau her, das weiß man ja.

Potifar kommt nach Hause und wittert Unheil.

»Was ist los?« fragt er die Sklavin, die ihm die Füße wäscht.

»Die gnäd'ge Frau sagt, daß Josef...« Das Mädchen berichtet es mit einem Unterton, als glaubte sie ihrer Herrin nicht, und Potifar fürchtet, daß sie recht hat.

»Potifar, jener Sklave, den du hier ins Haus brachtest, um mit mir Spott zu treiben, jener hebräische Knecht, du wirst's nicht glauben, doch...«, und seine Frau beschuldigt Josef der Tat, nach der sie selbst so verlangte.

Nicht Josef macht sie lächerlich, sie macht sich selbst lächerlich!

Das ist schon eine etwas andere Geschichte als die von Juda und Tamar! Weit weg von zu Hause kommt Juda zu Fall, weit weg von zu Hause bleibt Josef standhaft. Tamar hat Judas Siegelring, Schnur und Stab rechtmäßig erworben, Potifars Frau hat sich Josefs Kleid bemächtigt. Tamars Name wurde ehrerbietig genannt, den Namen von Potifars Frau behält der Erzähler lieber für sich.

»Potifar, jener hebräische Knecht...«

Und Potifar? Ergreift er für seine Frau oder für seinen Knecht Partei?

Potifar ist Politiker. Er ergreift keine Partei. Er will seine Frau nicht fallen lassen, doch ebensowenig seinen Knecht. »Eine Schande ist es,« sagt er zu seiner Frau, doch er gibt sich damit zufrieden, den hebräischen Mann ins Gefängnis zu stecken, er läßt Josef nicht töten, und jeder im Haus versteht, warum.

Josef wird eingesperrt.

Einst verlor er seinen Königsmantel und mußte nach Ägypten hinabsteigen.

Nun hat er auch noch sein Sklavenkleid verloren, und er fällt noch tiefer: In einem unterirdischen Kerker verschwindet Josef abermals aus dem Blickfeld.

Doch zum Glück weiß er sich abermals zu helfen. Im Gefängnis der ägyptischen Gefangenschaft läßt dieser messianische Mensch erneut etwas vom Himmel sichtbar werden. Er gewinnt dort das Vertrauen seiner Bewacher und Mitgefangenen. Der Frieden, der in Potifars Haus abhanden gekommen war, blüht nun da auf, wo Josef in Gewahrsam genommen wurde. Unter der Erde beginnt der Gesegnete erneut zu gedeihen und zu wachsen. *Der Oberste des Gefängnisses gab alle Gefangenen in seine Hand; alles, was dort geschah, – ließ er in Josefs Hand.*

Groß wurde Josef.

Nach und nach größer.

Bis schließlich die Gefängnismauern sein Wachstum nicht mehr aufhalten konnten.

39

Der Mundschenk und der Bäcker

Genesis 40

»Guten Morgen, hast du gut geschlafen?«

Ein neuer Tag ist angebrochen, auch wenn dort im unterirdischen Ge-fängnis des Pharaos wenig davon zu merken ist. Trotzdem: ein neuer Tag. Und: Wer den Mut aufgibt, gibt alles auf.

»Hast du gut geschlafen?«

Josef verteilt das Essen, auch wenn man es kaum Essen nennen kann, etwas Wasser, ein wenig Brot. Trotzdem: Man hat was zu kauen. Und: Wer den Mut aufgibt, gibt alles auf.

Der Mundschenk und der Bäcker des Pharaos, zwei Mitgefangene von Josef, sehen mittlerweile freilich aus, als hätten sie allen Mut aufgegeben, und Josef versucht, sie etwas aufzumuntern. »Ihr werdet diese vortreffliche Speise und diesen erlesenen Trank ganz besonders zu schätzen wissen!«

Der Mundschenk und der Bäcker finden es gar nicht witzig und sind auch nicht besonders empfänglich für den Galgenhumor dieses Sklaven aus dem Hebräerland. »Gut geschlafen?« Nein, sie haben nicht gut ge-schlafen. Sie haben geträumt und sind durcheinander. »Hätten wir nur jemanden, der unsere Träume deuten könnte.«

»Träume deuten?« spricht Josef, der Meisterträumer. »Ist Träume deuten nicht Gottes Aufgabe? Erzählt mir eure Träume!«

Seltsam! Wenn Träume deuten Gottes Aufgabe ist, dann ist es doch nicht Josefs Aufgabe? Ist Josef etwa Gott? Davon hatte er in seinem Hochmut zwar geträumt, damals zu Hause, doch war er jetzt nicht ein ganz anderer Josef?

Ja, er ist ein anderer Josef. Wir werden ihn nicht mehr so schnell beim Gott-spielen ertappen. Doch wir werden sehen, wie er mit Gott mitspielt. Ein Mensch soll sich weder überschätzen noch unterschätzen. Wir sind nicht Gott, doch auch nicht nichts.

Josef. Seine Brüder hatten ihn in eine Grube geworfen und für eine Handvoll Silberlinge verkauft. Die Ismaeliter hatten ihn für zwei Handvoll Silberlinge weiterverkauft, und eine Ägypterin hat ihn, nachdem er hoch hinaufgestiegen war, tief fallen lassen. Doch er, dieser Gesegnete, ist seiner Berufung treu geblieben. Gefangen in Selbstmitleid hätte Josef zu Grunde gehen können, doch er ließ sich nicht unterkriegen, und er wußte sich zu helfen. Keine Minute lang hatte dieser kleine hebräische Verbannte den Traum vergessen, den Gott seinem Volk zu träumen gab, und so blieb er der Messianität erhalten. Man ist ein Gesegneter Gottes, oder man ist es nicht. Wer es ist, wer es sein will, weiß sich gerufen, ein Segen zu sein auf der Erde, – und manchmal eben auch unter der Erde. Im Gefängnis gewann Josef das Vertrauen seiner Bewacher und seiner Mitgefangenen. Ein Weizenkorn war er, das unter der Erde erneut zu keimen begann, allen zum Segen.

»Guten Morgen, gut geschlafen?«

Nein, der Mundschenk und der Bäcker haben nicht gut geschlafen. Zumindest sind sie nicht gut erwacht. Jeder von ihnen hat einen Traum geträumt, und ihr Herz ist voller Unruhe. Was hat der Traum wohl zu bedeuten? Sie sehen verstört aus. Was braut sich über ihrem Haupt zusammen? »Wer soll unsere Träume deuten?«

»Erzählt mir eure Träume.«

Warum sitzen denn jener Mundschenk und jener Bäcker eigentlich im Gefängnis? Was haben sie verbrochen?

Wir wissen es nicht. Ein Rabbiner vermutet, daß sich in Pharaos Wein etwas Staub und in seinem Brot ein kleiner Stein befunden habe. Von der Willkür eines grausamen Herrschers muß man einem Rabbiner nichts erzählen. Oder entnimmt er seine Vermutungen den Träumen des Mundschenks und des Bäckers?

»Mir träumte,« sagte der Oberschenk, »siehe, da stand ein Weinstock vor mir, und an dem Weinstock waren drei Reben. Und die Reben schlugen aus, blühten und trugen Trauben reifer Trauben. Der Becher des Pharao war in meiner Hand, und ich nahm die Trauben, preßte sie aus und gab dem Pharao den Becher in die Hand.«

»Das ist die Bedeutung deines Traumes,« sprach Josef. »Die drei Reben, das sind drei Tage...«

Josefs Deutung liegt auf der Hand: In drei Tagen feiert der Pharao seinen Geburtstag. Nach altem Brauch werden manche Gefangene begnadigt, andere müssen aufs Schafott. Wen wundert's, daß der Mundschenk und der Bäcker so unruhig schlafen!

»Die drei Reben, das sind drei Tage. Noch drei Tage, und der Pharao wird dein Haupt erhöhen und dich wieder in dein Amt setzen. Du wirst dem Pharao den Becher in die Hand geben, wie du es zu tun pflegtest, als du noch des Königs Schenk warst.«

Der Bäcker faßt Mut. »Und nun ich! Mir träumte, und siehe, auf meinem Haupt trug ich drei Körbe mit Backwerk. Im obersten Korb war allerlei Speise für den Pharao, wie's eben ein Bäcker bereitet. Doch Vögel fraßen's auf, aus dem Korb auf meinem Haupt.«

»Das ist die Bedeutung deines Traumes. Die drei Körbe, das sind drei Tage. Noch drei Tage und der Pharao wird dein Haupt erhöhen über dich. Er wird dich an den Galgen hängen, und die Vögel werden dein Fleisch von dir fressen.«

Warum darf der Mundschenk am Leben bleiben, und warum muß der Bäcker sterben? Niemand weiß es. Ein berühmter Kanzelredner verkündigte in Amsterdam zu Beginn dieses Jahrhunderts, daß der Schenk begnadigt wurde, weil ein Schenk jemand ist, der *schenkt*, jemand, der sich selbst in Liebe ergießt, während der Bäcker der Prototyp des Sünders ist, jemand, der alles *zu sich hin* knetet. Er endete an jenem Morgen mit den seither geflügelten Worten: »Oh Herr, erhänge alle Bäcker« – woraufhin es beim Kirchenvorstand Klagen von Bäckern regnete, die ihren guten Namen geschändet sahen.

Der Rabbiner mit dem Staub in Pharaos Wein sieht im Traum des Mundschenks, daß er sorgsam versuche, seinen Fehler wieder gutzumachen: Er geht kein Risiko ein, bewacht persönlich das Wachsen der Trauben, preßt sie eigenhändig aus und übergibt dem Pharao selbst den Becher. Der Bäcker jedoch bringt Brot, das ohne seine Aufsicht gebacken wurde. Hat das zu bedeuten, daß er aus dem Geschehenen keine Lehre gezogen hat?

»Noch drei Tage,« sprach Josef zum Schenk, »dann wird der Pharao dein Haupt erhöhen, und du wirst wieder des Königs Schenk sein.«

»Noch drei Tage,« sprach Josef zum Bäcker, »dann wird der Pharao dein Haupt erhöhen, und du wirst gehängt.«

Beide Herren werden erhöht werden. *Am dritten Tage*. Es ist ein bekanntes Motiv in der Bibel. Am dritten Tage werden stets die großen Entscheidungen gefällt. Und es geht meistens um Leben und Tod.

Und es begab sich, am dritten Tage, daß der Pharao an seinem Geburtstag ein Festmahl anrichtete. Er erhob das Haupt des Mundschenks, und er erhob das Haupt des Bäckers. Der Mundschenk gab dem Pharao zu trinken. Der Bäcker gab den Vögeln zu fressen. Lang lebe der Pharao!

Der Oberschenk schenkte wieder. *Aber er dachte nicht mehr an Josef. Er vergaß ihn.*

Bitter. Josef hatte ihn so eindringlich gebeten, ihn nicht zu vergessen, sobald er ein freier Mann sein würde. *»Aber gedenke meiner, wenn dir's wohlgeht, erweise mir doch deine Freundschaft, bringe mich dem König ins Gedächtnis und hilf mir, hier herauszukommen. Denn gestohlen bin ich, gestohlen aus dem Land der Hebräer, und auch hier habe ich nichts getan, weswegen sie mich in diese Kerkerhöhle setzen dürften. Gedenke meiner!«*

Unrasierte Kerle im Bau, ankämpfend gegen die Verlumpung, Verworfene der Erde, Kumpanen im Leid. Weit in der Ferne hören sie die Geräusche der Straße, – das Leben, das freie Leben. Wie lange noch? Hat man sie vergessen? Ist dort oben noch jemand, der an sie denkt?

Dann öffnet sich die Türe, ein fahler Streifen Licht fällt herein, jemand kommt frei. Was löst das nicht alles bei denen aus, die bleiben müssen! »Nimm diesen Brief für mich mit...« »Grüße mir doch...« »Geh für mich zu...« Und Josef sagt: »Gedenke doch meiner, vergiß mich nicht, behalte mich im Gedächtnis.«

Doch der Mundschenk vergaß ihn.

Warum? Ist er ein herzloser Mann? Möchte er die furchtbare Zeit im Gefängnis so schnell wie möglich vergessen? Oder will er den Pharao nicht an seine Gefangenschaft erinnern, aus Furcht, abermals in Ungnade zu fallen? Denn an so einem Hof hat man mir nichts, dir nichts die Gunst verscherzt, und schon wird man gehängt! Also Mund zu und freundlich nicken: »Ja, meine Majestät, nein, meine Majestät, darf ich der Majestät noch etwas Wein nachschenken?«

Doch wer den Mut aufgibt, gibt alles auf. Und zum Glück werden wir noch hören, wie Josef, der hebräische Mann, der gelitten hatte und für eine Handvoll Silberlinge verkauft worden war, der gestorben war und den man begraben hatte, der niedergefahren war in das Reich der Gefangenen, – wie Josef wieder von jenen Toten auferstanden und aufgefahren ist in den Palast, wo er zur Rechten des Königs sitzt.

Die Geschichte ähnelt der Geschichte eines anderen hebräischen Mannes, Jahrhunderte später. Für eine Handvoll Silberlinge verkauft, mußte auch er unschuldig seine Strafe auf sich nehmen. »Gedenke meiner,« sprach einer, der neben ihm hing, »gedenke meiner, wenn du in dein Königreich einziehst, vergiß mich nicht, behalte mich im Gedächtnis, wenn du erhöht wirst.«

»Heute noch sollst du mit mir im Paradies sein,« sprach der hebräische Mann, und er starb.

Es wird erzählt, daß er am dritten Tage erhöht wurde.

40

Der Pharao träumt

Genesis 41

»Guten Morgen, Pharao, hast du gut geschlafen?«

Der Mundschenk und der Bäcker bringen dem König von Ägypten sein fürstliches Frühstück ans Bett. Der neue Bäcker wohlgemerkt, der alte wurde vor zwei Jahren gehängt. »Gut geschlafen, Pharao?«

»Nein, ich habe nicht gut geschlafen. Ich habe geträumt. Schlecht geträumt. Zweimal zudem. Ich bin beunruhigt. Ruft alle Gelehrten und Weisen des Landes zusammen, auf daß sie mir meine Träume deuten.«

Eine Geschichte voller Träume.

Der Meisterträumer Josef hat damit angefangen. »Ich bin der Größte,« träumte er. Darüber dachten seine Brüder aber anders. Sie würden ihn schon klein kriegen.

Auch der Mundschenk und der Bäcker träumten. Wenn der Mundschenk daran zurückdenkt... Doch er möchte jene finstere Seite seiner Lebensgeschichte am liebsten so schnell wie möglich vergessen, und so vergaß er auch Josef. Zwei Jahre ist es nun her, und all die Zeit über saß Josef im Gefängnis. *Zwei Jahre Tage*, sagt der Erzähler. Zwei Jahre, Tag für Tag für Tag.

Nun hat auch der König geträumt. Im dritten Jahr. Nun wird also – wie sollte es anders sein? – die Geschichte eine entscheidende Wendung nehmen.

Zwei Träume hat der Pharao geträumt, und voller Unruhe ist sein Herz. »Ruft alle Weisen und Wahrsager des Landes zusammen.«

Eine Geschichte voller Träume. Gott ist emsig zu Gange. Es läßt den Himmel eben nicht unberührt, was auf Erden und unter der Erde geschieht. Gott gibt es auch noch, wenn auch nur im Verborgenen. Dem Pharao träumt's, und er tappt im Dunkeln. Nur noch wenige Augenblicke, und Josefs Stern wird wieder aufgehen und leuchten.

»Mir träumte, daß ich am Fluß stand, und siehe, aus dem Fluß kamen sieben Kühe, schön anzuschauen und fett an Fleisch, und sie weideten an der Böschung.

Doch siehe, sieben andere Kühe kamen aus dem Fluß, häßlich anzuschauen und mager an Fleisch, und die traten neben die anderen Kühe am Ufer des Flusses. Und die Kühe, die häßlich anzuschauen und mager an Fleisch waren, verschlangen die Kühe, die schön waren anzuschauen und fett an Fleisch. Dann erwachte ich.«

»Nachdem ich wieder eingeschlafen war, träumte es mir zum zweiten Male. Und siehe, sieben Ähren wuchsen da aus einem einzigen Halm, fett und gut. Doch siehe, da gingen auch sieben Ähren auf, mager und vom Ostwind versengt. Und die sieben mageren und dürren Ähren verschlangen die sieben fetten und vollen Ähren. Dann erwachte ich. Sagt mir doch, was meine Träume bedeuten.«

Verzweifelt schaut der König seine Diener an. Gibt es denn niemanden, der diese düsteren Träume erhellen kann?

Doch ach, die Gelehrten und Weisen Ägyptens müssen die Antwort schuldig bleiben; des Landes Weise und Priester, Wahrsager, Hellseher, Horoskopersteller, Sternengucker, Zauberer und Magier stehen betreten da. Warum? Sind diese Träume wirklich so schwer auszulegen? Oder ist die Deutung derart gefährlich, daß niemand Kopf und Kragen zu riskieren wagt. Ehe man es sich versieht, hat man die Schlinge um den Hals. Oder man landet im Gefängnis und wird vergessen.

Der Pharao weiß sich keinen Rat mehr. Ägyptens König, des Sonnengottes Sohn, träumt Träume, die seine ganze Weltordnung durcheinander bringen und den gesamten Hof in helle Aufregung versetzen. Des Reiches Wissenschaftler, umgeben mit dem Schleier der Heiligkeit, können das erlösende Wort nicht sprechen. Gibt es denn niemanden, der...? Könnte in Gottesnamen denn nicht ein einziger Mensch aufstehen, der...?

»Josef! Aufstehen!«

»Was hast du gesagt?«

»Aufstehen, Josef! Du sollst vor dem Pharao erscheinen. Dem König träumte es Angstträume heute Nacht, und niemand kann seine Träume deuten. Da dachte der Mundschenk...«

Der Mundschenk! *Zwei Jahre Tage* hat er ihn vergessen, doch nun hat er endlich sein Schweigen gebrochen. »Oh Majestät, es sei mir gestattet, das Wort an euch zu richten.« Denn der Mundschenk sah die Angst seines Königs, und er erinnerte sich seiner eigenen Gefangenschaft und der befreienden Worte, gesprochen von jenem Hebräer mit seinem hebräischen Gott. War er nicht das, was der König brauchte, nun, da in Ägypten kein Mensch das erlösende Wort sprechen konnte? »Oh König, es sei mir gestattet..., ich weiß von einem Mann im Gefängnis...«

Josef wird ausgegraben. In einem Seitenflügel des Palasts läßt eine Sklavin das Bad einlaufen, des Königs Coiffeur sputet sich zu einem angrenzenden Gemach, wo sich auch der Hofschneider mit einer reichen Auswahl farbiger Gewänder ankündigt. Josef versteht die Welt nicht mehr! Es kennt's kaum anders, als daß ihm die Kleider vom Leibe gerissen werden. Sei es von den blutsverwandten Brüdern oder von der Frau des Chefs. Träumt er?

Kurz darauf steht Josef vor dem Thron, bleich, mit jenen großen Augen, die er von seiner Mutter Rahel hat, noch kaum ans Tageslicht gewöhnt. Der mächtigste Mann der Welt begegnet dem Geringsten der Menschen, ein Sklave aus der Fremde und ein Gefangener zudem. Der König muß schon sehr ratlos sein, wenn er bei diesem Geringen seine Zuflucht sucht.

»Mein Mundschenk hat mir von dir erzählt. Du brauchst nur einen Traum zu hören, und du weißt die Deutung schon?«

»Nicht ich, oh König – mein Gott wird sprechen und seiner Majestät Frieden geben.«

Josef hat keine Staralüren mehr. Er wird Gottes Licht scheinen lassen. Eine Saite auf Gottes Harfe ist er.

»Sage mir doch, was meine Träume bedeuten.«

»Die zwei Träume sind eins, oh König. Sieben fette Kühe, sieben volle Ähren, das sind sieben Jahre des Überflusses. Sieben magere Kühe, sieben taube Ähren, durch den Ostwind versengt, sieben Jahre der Hungersnot werden das sein. Nach sieben Jahren des Überflusses stehen dir sieben Jahre der Hungersnot bevor, die allen Überfluß der Jahre zuvor vergessen lassen, so schwer wird der Hunger sein. Gott hat es seiner Majestät gezeigt, was er tun wird. Ihm hat's zweimal geträumt. Dieses Wort steht also fest bei Gott. Er wird's eilends tun.«

Der Pharao erschrickt. Jener Hebräer spricht mit Worten aus, was er im tiefsten Inneren bereits wußte, doch nicht wissen wollte. Es ist, als öffne Josef einen Vorhang, und was im Dunkel verborgen war, kommt plötzlich ans Licht. Der Pharao erschrickt.

»Es ist noch nicht alles verloren, Majestät. Wenn ich so frei sein darf, dann möchte ich dir empfehlen, in den sieben fetten Jahren Nahrungsmittel zu sammeln und zu bewahren für die sieben mageren Jahre, die folgen werden. Du solltest Kornkammern bauen.«

Der mächtigste Mann der Welt begegnet dem Geringsten der Menschen. Er hört und erwacht zu neuem Leben. Er erschrickt vor Josefs Worten, doch dieser Mensch vor seinem Thron zeigt ihm nicht nur seine Angst, sondern er weist auch einen Weg: »Baue Kornkammern.« Des Pharaos Träume bedeuten keine unabwendbare Katastrophe, das Unheil ist womöglich abzuwenden, der Bann kann gebrochen werden. »Der Pharao suche einen verständigen und weisen Mann…«, und dann erklärt Josef so klar und sprachgewandt, was der verständige und weise Mann zu tun hat, um das Land vor seinem Untergang zu retten, daß dem König sofort deutlich ist, daß er jenen verständigen und weisen Mann nicht lange suchen muß, da er bereits vor ihm steht: Josef!

Der König hört auf Josefs Worte und erwacht zu neuem Leben: »Wie könnten wir einen Mann finden, in dem der Geist Gottes ist wie in diesem? Du sollst hinfort mein Unterkönig sein. Zafenat-Paneach sollst du heißen: *Er spricht, und man erwacht zu neuem Leben.*«

Und erneut wird Josef groß, erneut wird er nach und nach größer, erneut wird er sehr groß. Erneut wird ihm alles in seine Hände gegeben, alles, nur der Thron nicht. »*Allein um den Thron will ich größer sein als du.*« Denn immer gibt es eine Grenze, die man respektieren muß. Es gibt stets etwas Höheres. Man darf sich niemals überschätzen. Man hat eine Saite zu sein, eine Saite auf Gottes Harfe.

»*Siehe, ich gebe dir ganz Ägyptenland,*« sprach der König, und er tat seinen Siegelring von seiner Hand und gab ihn Josef, ebenso eine goldene Kette, Leinengewänder und einen Wagen. Er gab ihm auch Asenat zur Frau, die Tochter Potiferas, des Priesters zu On. Am Klang des Namens Potifera ist zu hören, daß damit die traurige Affäre von einst ausgesöhnt ist. Und daß der Priester zu On Ägyptens höchster Priester ist, bedeutet nicht mehr und nicht weniger, als daß Josefs Gott anerkannt wird, Josefs Gott, der Ewige Israels, der Träume deutet. *Er spricht und man erwacht zu neuem Leben.*

Josef zieht durch Ägypten und verteilt das Land in fünf Provinzen. Damit verwandelt er es gewissermaßen in ein verheißenes Land, denn fünf ist die Zahl Israels: vier plus eins. Vier, das sind die vier Himmelsrichtungen der Erde. Eins, das ist Gott. Israel wurde anvertraut, die weite Welt mit dem Einen zu verbinden. Steht es nicht so in den fünf Büchern der heiligen Tora geschrieben?

Josef zieht durch das Land, sammelt die Überfülle, baut Speicher und schüttet das Korn auf wie den Sand des Meeres. »Denkt an später. Denkt an unsere Kinder, an all die, die nach uns leben und die *nicht* leben werden, wenn wir alles achtlos verbrauchen.«

Auch Josef hat Kinder. Ihm werden zwei Söhne geboren. Er gab ihnen hebräische Namen. Sein erstgeborener heißt Manasse, *denn Gott hat mich vergessen lassen all mein Unglück und mein ganzes Vaterhaus.* Seinem zweiten Sohn gab er den Namen Ephraim, *denn Gott hat mich fruchtbar gemacht im Lande meines Elends.*

Ja, so fruchtbar wurde Josef also im Land seines Elends, so groß, größer, am größten, daß sich sein Ruhm bis weit über die Landesgrenzen hinaus erstreckte.

Dann, als die mageren Jahre angebrochen waren, kamen sie daher, die Völker. »Wir hörten, daß du Brot hast.«

»Da müßt ihr euch an den hebräischen Mann wenden,« sagte der Pharao. »Er hat Brot.«

»Ich hörte, daß es in Ägypten Brot gibt,« sagte ein Vater zu seinen Söhnen, weit, weit weg, im hungernden Kanaan.

Daraufhin machten sich jene Söhne auf den Weg.

41

Harz, Balsam und Myrrhe

Genesis 42

Unterkönig von Ägypten ist er und sein Name ist Zafenat-Paneach. Früher hieß er Josef, doch das gehört der Vergangenheit an, lieber richtet er seinen Blick auf die Zukunft: In den sieben Jahren des Überflusses muß für die sieben darauffolgenden mageren Jahre ausreichend Korn gesammelt und in Kammern aufbewahrt werden. Früher? Besser das Früher vergessen, das Früher ist vorbei. Josef geht in seiner Arbeit auf, ist glücklich mit Frau und Söhnen. Manasse nennt er den ältesten. *Denn Gott hat mich vergessen lassen all mein Unglück und mein ganzes Vaterhaus.*

Oder beweist dieser Name gerade, daß Josef das Unglück von früher und sein Vaterhaus überhaupt nicht vergessen hat? Er ist nun ein freier Mann, er liebt, und er wird geliebt, er hat Ehre und Ansehen erlangt. Und doch scheint er das Leiden in seinem Leben im Namen seines Erstgeborenen festzuschreiben. Es klingt wie ein Gebet: »Oh Gott, laß mich doch vergessen.«

Seinen zweiten Sohn nennt er Ephraim. *Denn Gott hat mich fruchtbar gemacht im Lande meines Elends.* Auch das klingt doppeldeutig. Josef mag zwar fruchtbar sein, doch er ist und bleibt ein Verbannter. Da ist ein Schmerz, der niemals vergeht. Wie wird es wohl Vater Jakob gehen, und Benjamin, der auch aus Rahels Schoß geboren wurde, und den anderen? Einst träumte er, daß sie vor ihm zur Erde fielen und sich verneigten. In rasender Wut rissen sie ihm die Kleider vom Leib und wollten ihn töten. »Tut's nicht,« rief Ruben, der älteste, und da warfen sie ihn in eine Grube, setzten sich ein Stückchen weiter hin und aßen Brot. Und nicht einen einzigen Happen warfen sie ihm zu. Vielleicht hätten sie ihn später ja doch noch ermordet, wenn nicht zufällig diese Karawane vorbeigekommen wäre, mit Harz, Balsam und Myrrhe beladen. So strichen sie auch noch ein paar Silberlinge ein... Ab und zu träumte er noch davon, dann schrie er mitten in der Nacht laut auf und erwachte in Schweiß gebadet. Dann legte seine Frau ihm ihre Hand auf seine heiße Stirn. »Zafenat, was ist?«

»Ach nichts, Liebste, ach nichts.«

Nein, er hatte sie nicht vergessen. Und als die mageren Jahre angebrochen waren und auch Kanaaniter vom Hunger getrieben nach Ägypten kamen, um Korn zu kaufen, da rechnete Josef damit, daß auch seine Brüder eines schönen Tages am Tor stehen würden. Er wollte es sich erst gar nicht ausmalen..., doch, eigentlich malte er es sich so dann und wann aus. Er mag zwar Ägyptens Unterkönig sein, mag einen ägyptischen Namen tragen und ägyptisch sprechen, eine Ägypterin zur Frau haben und ägyptische Gewänder tragen, tief in seinem Innersten steckt noch immer dieser heimatlose hebräische Hirtenjunge, der Josef heißt und Heimweh hat.

Dann, eines schönen Tages, sieht er die Brüder erscheinen. Hintenan in der Reihe stehen sie, doch an den ihm so vertrauten Kleidern seines Volkes erkennt er sie sofort. Sie kommen näher, langsam näher. Was soll er sagen? Was soll er tun? Zehn sind es, zählt er denn richtig? Ja, zehn. Wer ist denn nicht dabei? Ist Benjamin nicht dabei? Es wird Benjamin doch nichts geschehen sein?

Die Brüder fallen zur Erde und verneigen sich. Ein Traum längst vergangener Zeiten wird Wirklichkeit, doch Josef verspürt keinen Triumph, und die Brüder ahnen nichts.

Josef ruft einen Dolmetscher herbei. »Woher kommt ihr?«

»Aus Kanaan, Herr, um Korn zu kaufen.«

»Kundschafter seid ihr, Handlanger des Feindes, gekommen, die schwachen Punkte dieses Landes zu erkunden.«

»Nein, Herr, Nein! Um Korn zu kaufen, darum sind wir hier, rechtschaffene Männer sind wir, keine Spione. Brüder sind wir, Söhne eines Mannes aus Kanaan, zwölf an der Zahl – der jüngste blieb beim Vater, und einer, ja einer ist nicht mehr da.«

Zum Glück ist es nicht wahr, was sie sagen: Der eine, der nicht mehr da ist, sitzt vor ihnen auf seinem Thron! Doch stimmt denn, daß sie Brüder sind?

»Solange ihr nicht bewiesen habt, daß ihr die Wahrheit sprecht, seid ihr in meinen Augen Spione. Hört, was ich euch gebiete: Ich möchte, daß neun von euch hier zurückbleiben, der zehnte kehre heim in euer Land und bringe mir den jüngsten. Wie heißt er?«

»Benjamin, Herr.«

»Er bringe mir Benjamin. Wenn nicht, dann halte ich euch für Kundschafter.«

Der Dolmetscher hatte diese Worte kaum übersetzt, da führten des Königs Diener die Männer aus Kanaan auch schon ab und warfen sie in einen dieser ägyptischen Kerker unter der Erde. Josefs Brüder in einem tiefen Loch. Unschuldig sind sie, doch ach, so kann es einem halt ergehen.

Am dritten Tage läßt sie Josef wieder vorführen. Seine Stimme klingt noch ebenso hart wie zuvor, doch seine Forderung ist milder. Nun genügt es ihm, wenn eine einzige Geisel zurückbleibt, die übrigen neun dürfen mit Korn zum Haus ihres Vater zurückkehren, wenn sie versprechen, daß sie mit Benjamin zurückkehren.

Warum Josef seine Meinung geändert hat, erzählt die Geschichte nicht. Doch beiden Aufträgen ist gemein, daß Josef stets einen Bruder von den anderen absondert. Sollen die Brüder doch am eigenen Leib fühlen, wie das ist. Wenn sie überhaupt noch etwas brüderliches Gefühl haben!

Angst ergriff sie. Was geschieht hier? Ist das die Strafe für die Sünde? »Sollte uns das widerfahren, weil wir schuldig sind am Tode Josefs, unseres Bruders? Wir sahen die Angst seiner Seele, als er uns anflehte, doch wir wollten ihn nicht erhören. Müssen wir nun für sein Blut büßen?«

Der Dolmetscher übersetzt es nicht, doch Josef versteht seine Brüder Wort für Wort. Er wendet sich schnell von ihnen ab und weint. Ja, so war das. Taub für sein Rufen um Erbarmen saßen sie einen Steinwurf weit entfernt und aßen Brot und teilten es nicht mit ihm. Blind vor der Bedrückung seiner Seele hatten sie ihn verkauft. Sprechen sie erst jetzt von Schuld?

Vor den Augen seiner Brüder wird Simeon gefesselt und abgeführt. Da waren's nur noch neun. Niedergeschlagen treten sie die Rückreise nach Kanaan an, zu Vater Jakob. Beladen mit Korn und mit Proviant für unterwegs, doch auch mit unruhigen Herzen. Dieses Drama ist noch nicht zu Ende.

Am Abend öffnet einer von ihnen seinen Sack, um seinen Esel zu füttern. Er erschrickt: Oben im Sack findet er die Silberlinge, die er Ägyptens Unterkönig für das Korn gegeben hatte. Was war hier los? Zuhause finden zu ihrer großen Bestürzung auch die anderen Brüder ihr Silber in den Säcken.

Jakob ist verzweifelt, als er hört, daß er den kleinen Benjamin ins Ägyptenland ziehen lassen soll. Nicht auszudenken: »Josef ist tot, Simeon gegeißelt, ich will nicht auch noch Benjamin verlieren, das einzige Kind Rahels, das mir noch bleibt. Es wäre mein Tod.«

Doch was dann? Soll dann der Hunger sein Tod sein? Das Korn neigt sich dem Ende zu, und wie soll es jetzt weitergehen? Jakob trägt seinen Söhnen auf, abermals nach Ägypten hinabzusteigen, um Korn zu kaufen.«

»Nicht ohne Benjamin, Vater, die Reise wäre vergeblich. Der Mann in Ägypten wird uns sein Korn nicht geben, wenn der jüngste nicht in unserer Mitte ist.«

»Warum habt ihr dem Ägypter denn von Benjamin erzählt?«

»Er wollte alles wissen! Er fragte: Lebt euer Vater noch? Und habt ihr noch einen Bruder? Wie konnten wir denn ahnen, daß er sagen würde: Bringt mir den Knaben her?

Juda, Jakobs Erstling, ergreift das Wort: »Vater, ich bitte dich, laß den Knaben doch mit uns ziehen, denn sonst sterben wir vor Hunger, wir und du und unsere Kinder. Ich will Bürge für Benjamin sein. Wenn ich ihn nicht wieder wohlbehalten nach Hause bringe, so will ich für alle Zeit vor dir die Schuld tragen. Laß uns nun ziehen, Vater. Denn wenn wir nicht gezögert hätten, wären wir wohl schon zweimal zu dir zurückgekommen.«

Juda verbindet sein Leben mit dem Leben des kleinen Benjamin. Nun ist er als wahrer Erstling seines Bruders Hüter. Josef, hörst du das, dort in der Ferne, wie Juda die Verantwortung trägt und für den Geringsten eintritt?

Jakob gab sich geschlagen. »Ach, geht dann. Aber nehmt kostbare Geschenke mit, Honig, Mandeln, Balsam, Harz und Myrrhe. Und Doppeltes an Silber, auch das Silber, das ihr in euren Säcken fandet. Und nehmt Benjamin mit. Der allmächtige Gott gebe euch Barmherzigkeit vor dem Angesicht des ägyptischen Mannes, daß er Simeon ziehen lasse, zusammen mit Benjamin. Und ich, wenn ich kinderlos werden soll, dann soll es so sein...«

Wieder setzt sich die Brüderkarawane in Bewegung. Mit Rahels Sohn in ihrer Mitte, mit Doppeltem an Silber, mit Balsam, Harz und Myrrhe. Es gleicht einer Szene vor langer, langer Zeit. Ein Bild von früher, ein Bild, das noch nicht zur Ruhe gekommen ist.

42

Brot und Becher

Genesis 43 und 44

Josef sah seine Brüder schon von weitem nahen. Zehn waren es! »Bringt diese Männer aus Kanaan in mein Haus,« sagte er, »ich will mit ihnen speisen.«

»Der König erwartet euch an seiner Tafel,« sprach der Diener des Königs zu ihnen. »Darf ich euch zum Palast geleiten?«

Zum Palast? Warum zum Palast? Was will der ägyptische Fürst? Will er sie zu Sklaven machen? Noch vor dem Palasttor sprechen sie des Königs Diener an. »Mit Verlaub, Herr, wir sind hier nun zum zweiten Mal – das Silber, das wir euch das vorige Mal für unser Korn brachten, fanden wir in unseren Säcken wieder, als wir nach Hause kamen. Da muß ein Irrtum im Spiel sein. Siehe, wir haben's wieder mitgebracht.«

»Fürchtet euch nicht. Es muß euer Gott sein, der Gott eurer Väter, der euch diesen Schatz in die Säcke gab. Euer Silber habe ich empfangen.«

Die Brüder werden in den Speisesaal geführt und dort mit Simeon vereint. Etwas blaß sieht er ja aus, doch er ist sichtlich erleichtert, daß er seine Brüder unversehrt wiedertrifft.

Nach einiger Zeit tritt Zafenat-Paneach ein. Die Brüder werfen sich stehenden Fußes zur Erde und verneigen sich. »Nimm unsere Geschenke, oh König.«

»Wie geht es eurem alten Vater? Lebt er noch?«

»Ja, unserem alten Vater geht es gut. Er lebt noch.«

»Und das da ist der Benjamin der Familie?«

»Und das da ist der Benjamin der Familie?« übersetzt der Dolmetscher.

Josef kann die Antwort kaum abwarten. Am liebsten würde er ihn umarmen, ihn, seinen Lieblingsbruder, geboren aus demselben Schoß. Tränen steigen ihm in die Augen, er muß sich abwenden, er verläßt den Saal, flieht in seine Gemächer und weint.

Dann wäscht er sein Gesicht, ermahnt sich zur Gelassenheit und betritt abermals den Speisesaal. »Darf ich euch zu Tische bitten? Meine Knechte werden euch die Plätze weisen.«

Der älteste der Brüder muß am Haupt der Tafel sitzen. Der zweitälteste neben ihm. Und so weiter. Weiß der König denn, wer wer ist? Was ist das für ein verhexter Palast? Was für ein Theater wird hier aufgeführt? Ach, wenn sie doch nur Zuschauer wären, aber nein, sie spielen selbst mit!

»Tragt das Brot auf.«

Die Diener tragen das Brot auf. Getrennt für Josefs Tisch, getrennt für den Tisch der Hebräer und getrennt für die Ägypter. *Denn Ägypter dürfen nicht gemeinsam mit Hebräern Brot essen.* Das mögen Ägypter offensichtlich nicht.

Und die hebräischen Brüder, – können sie denn gemeinsam Brot essen, während einer von ihnen abgesondert ist?

Eigentlich nicht, doch es kommt vor... Die Brüder essen ihr Brot, Josef ist ganz in der Nähe, doch er sitzt nicht bei ihnen. Wer ist der Regisseur dieses absonderlichen Schauspiels?

Der Regisseur sitzt abseits. Allein. Er beschwört eine Szene von vor langer, langer Zeit herauf. Ein Bild von früher, ein Bild, das nicht zur Ruhe gekommen ist.

Die Brotfrage und die Schuldfrage, darum geht es hier. Beide Fragen gehören zusammen: Unser tägliches Brot gib uns heute, und vergib uns unsere Schuld. Erhebt sich die Schuldfrage dort, wo das tägliche Brot nicht gemeinsam gegessen wird? Gemeinsam essen ist ein Zeichen von Gemeinschaft und Brüderlichkeit. Doch dazu ist es jetzt noch zu früh. Die Schuld wurde noch nicht bekannt, und damit ist sie auch noch nicht vergeben.

So essen sie also ihr Brot, die Ägypter, Josef, seine Brüder, ein jeder für sich. Benjamin bekommt fünfmal soviel wie alle anderen. Warum? »Du mußt noch wachsen,« witzeln sie. Der Wein fließt in Strömen, und sie können gar nicht mehr begreifen, warum sie noch vor wenigen Augenblicken so ängstlich waren. Unsinn! Das Leiden ist vorüber, Hunger, Angst, Unsicherheit, das alles ist zum Glück vorbei. Ende gut, alles gut. »Ja, schenke uns noch ein! Majestät, *lechajim!*«

»Daß eure Hoheit lange leben möge,« übersetzt der Dolmetscher.

Sie werden trunken, und auf Zafenat-Paneachs Wunsch singen sie noch ein hebräisches Lied. Dem König scheint's zu gefallen. Dann winkt er seinem Haushalter: »Fülle ihre Säcke mit Getreide, soviel sie tragen können. Stecke jedem das Silber wieder in Sack zurück. Und lege meinen Becher, meinen silbernen Trinkbecher, oben in des Jüngsten Sack.«

Es wurde hell, der Tag brach an. »Jetzt müßt ihr gehen.«

»Hab Dank, oh König.«

»Lebt wohl und gute Reise.«

Sie haben die Stadt kaum verlassen, da jagt ihnen auf Befehl des Königs schon ein Diener hinterher. »Warum habt ihr Gutes mit Bösem vergolten? Warum habt ihr den Becher unseres Königs gestohlen, den silbernen Trinkbecher, aus dem er wahrsagt?«

»Wahrhaftig, Herr, wir sind unschuldig. Das Silber, das wir bei unserer Rückkehr in unseren Säcken fanden, brachten wir dem König zurück, warum sollten wir denn nun seinen Becher stehlen? Durchsuche unsere Säcke, tu's getrost. Bei wem von uns du den Becher deines Königs findest, der soll des Todes sein, und wir alle, wir wollen des Königs Sklaven sein.«

»Nein. Nur der, bei dem der Becher gefunden wird, soll des Königs Sklave sein. Die anderen können nach Hause zurückkehren.«

Warum sagt der Diener das? Warum wird erneut ein einziger von den anderen getrennt?

Die Säcke werden abgeladen und – beim ältesten angefangen – gründlich durchsucht. Kein Becher zu finden. Schließlich wird Benjamins Sack geöffnet. Dann bricht ihre Welt zusammen: In der Sonne glitzert Josefs glänzender silberner Becher. Oh Gott!

»Auf, komm mit, zum Palast,« befiehlt der Haushalter dem Benjamin.

Genauso hatte vor vielen, vielen Jahre diese Geschichte begonnen: Mit einem Bruder, der des Vaters Liebling war, und den sie als Sklave ganz allein nach Ägypten ziehen ließen. Wiederholt sich diese Geschichte? Oder haben die Brüder unterdessen gelernt, was wahre Brüderlichkeit ist?

Sie lassen Benjamin nicht im Stich. Niedergeschlagen und am Boden zerstört ziehen sie mit ihm zum Palast. Sie haben ihre Kleider zerrissen. Sie trauern um Benjamin, der ein ägyptischer Sklave sein wird. Sie trauern um ihren alten Vater, dem in diesem Leben nichts erspart bleibt. Sie trauern um sich selbst. Wie sehr werden sie ihren Bruder vermissen! Werden sie ihr Vaterhaus jemals wiedersehen? So muß sich Josef gefühlt haben, als er weggeführt wurde, vor langer, langer Zeit, seiner Knechtschaft entgegen!

Verzweifelt betreten die Brüder zum dritten Mal den Palast. Zum dritten Mal fallen sie vor des Königs Angesicht zur Erde nieder und verneigen sich.

»Was ist das für eine Tat, die ihr getan habt? Wußtet ihr nicht, daß ein Mann wie ich wahrsagen kann? Und dann stehlt ihr mir meinen Becher?«

Von alters her ist der Becher das Symbol für das Leben seines Besitzers. Der Becher steht für die Person. Daher ist ein silberner Geburtsbecher mit dem eingraviertem Namen ein tiefgründiges Geschenk. Er ist ein Gebet: »Möge dein Leben so einzigartig, kostbar und beständig wie dieser Becher sein. Möge dein Leben einen reichen Inhalt haben. Möge dein Becher überfließen.«

Als Jesus am Vorabend seines Sterbens seinen Freunden den Becher reichte, tat er das, auf daß sie daraus tränken. Er tat es, auf daß sie Teil hätten am Inhalt seines Lebens.

»Warum habt ihr meinen Becher gestohlen?«

»Wir haben diesen Becher nicht gestohlen, Herr.«

Nein, diesen Becher haben sie nicht gestohlen.

Doch sie haben ein Leben gestohlen.

Dieser Becher ist der Becher des Mannes, dessen Leben sie gestohlen haben.

43

Die Bücher werden geöffnet

Genesis 44 und 45

»Warum habt ihr meinen Becher gestohlen?«

Es ist ein Katz-und-Maus-Spiel, das Josef hier mit seinen Brüdern spielt. Warum? Spielt er mit ihnen dieses Possenspiel, weil es einst auch seine Brüder mit ihm spielten? Ach, wir wollen ehrlich sein, händereibend ergötzen wir uns an diesem Schauspiel, in dem der am besten lacht, der zuletzt lacht, weil der kleine Bruder mit seinen Brüdern Schabernack treibt. Doch ob das ein angemessenes Thema für das Buch von Gott und den Menschen ist...?

»Warum habt ihr meinen Becher gestohlen?«

Ist das denn derselbe Mann, der letzte Nacht noch so gastfreundlich mit ihnen das Brot brach und mit offener Hand seinen besten Wein ausschenkte? Nun sind seine Augen kalt, um seinen Mund liegt ein bitterer Zug. Was für ein unberechenbarer Mensch ist das? Ein Mensch mit zwei Gesichtern. Das eine hart und unerbittlich: »Spione seid ihr! Diebe, die Gutes mit Bösem vergelten!« Das andere ist freundlich und besorgt: »Hattet ihr eine gute Reise? Wie geht es eurem Vater? Setzt euch zu Tisch, laßt uns speisen.«

»Warum habt ihr meinen Becher gestohlen? Wußtet ihr nicht, daß ich wahrsagen kann?«

Doch, das war ihnen unterwegs zu Ohren gekommen. Sie hatten von ägyptischen Wahrsagern gehört, die in irgendeine Flüssigkeit eines Bechers äugend die Zukunft vorhersagen konnten. Das erinnerte sie an ihren verstorbenen Bruder Josef, der auch von diesen wahrsagerischen Gaben hatte. Das behauptete er zumindest. Doch der sah die Zukunft nicht in einem Becher, sondern in seinen Träumen. Dann sah er zum Beispiel, daß sie sich alle vor ihm verneigten... Doch dieser ägyptische Fürst mit seinem alles durchdringenden Blick hat ganz bestimmt wahrsagerische Gaben. Ein Hellseher, der mehr sieht als sie. Es scheint, als könne er durch sie hindurchschauen.

»Warum habt ihr das getan?«

Jetzt muß irgend etwas geschehen. Jetzt muß *einer* von ihnen das Wort ergreifen. Benjamin ist in Gefahr. Und was tut man, wenn man seines Bruders Hüter ist? Was tut man, wenn der Bruder in Not ist?

Juda tritt hervor. Der Erstling. »Ach, Herr, was sollen wir sagen, wie sollen wir reden, wie können wir uns rechtfertigen? *Gott hat die Schuld deiner Knechte gefunden.*«

Juda vor dem Thron.

So wird es am Ende der Zeiten sein, wenn wir einer Jahrhunderte alten Vorstellung glauben dürfen: Dereinst werden wir vor dem Thron des Ewigen stehen. Dann werden die Bücher geöffnet werden.

Es scheint, als nehme hier und jetzt diese Szene bereits Gestalt an: Hier nun ist nach so vielen Jahren die Auflösung der Geschichte, vor des Königs Thron wird all das enthüllt, was gesagt und verschwiegen, was getan und versäumt wurde. Was sich im Leben aus dem Weg ging, steht sich hier nun gegenüber, nichts bleibt verborgen, alles kommt ans Licht. Die Bücher werden geöffnet. »*Gott hat die Schuld deiner Knechte gefunden.*«

Welche Schuld? Des Becherdiebstahls sind sie unschuldig. Meint Juda etwa das Verbrechen, das sie an Josef begangen hatten? Das ist mehr als zwanzig Jahre her! Ja, anfangs rührte sich noch hin und wieder ihr Gewissen, wenn sie das leidvolle Antlitz ihres Vaters sahen, oder wenn sie in ihren Träumen Josefs Jammerklage hörten, mit der er um Gnade flehte. Doch sie waren übereingekommen, verschwiegen wie ein Grab zu sein, und das waren sie. Im Laufe der Jahre hatten sie die lästigen Falten ihrer Seelen wieder glattgestrichen, denn man kann ja nicht ewig zurückschauen, man muß weiter, vorwärts! Schuld? Wer spricht von Schuld? Welche Schuld?

Da stehen sie, die elf gegenüber dem einen. Sie verneigen sich, und sie verneigen sich, ganz so wie einst die Garben und die Sterne in Josefs Traum. Ein paar hebräische Hirten, und ihnen gegenüber der Mann, der sowohl seine steile Karriere als auch den Glauben, daß der Hüter Israels nicht schläft und nicht schlummert*, ihrem Verrat mitzuverdanken hat. Die Brotfrage brachte sie wieder zusammen, und dann war da plötzlich, Gott weiß woher, die Schuldfrage. Und nun erfolgt die Beichte: »Gott hat die Schuld deiner Knechte gefunden. Nicht nur Benjamin soll dein Sklave sein, Herr, wir alle werden deine Knechte sein.«

»Das sei ferne von mir! Nur der, der meinen Kelch gestohlen hat, soll mein Knecht sein. Die anderen sollen zu ihrem Vater zurückkehren, in Frieden.«

Warum wird erneut der eine von den anderen abgesondert? Denkt dieser Mann denn wirklich, daß die Brüder in Frieden ziehen können, während auch nur einer von ihnen unschuldig in die Sklaverei verschwindet?

Ja, das denkt dieser Mann. Und dafür hat dieser Mann so seine Gründe. Dieser Mann möchte wissen, ob sich die Greueltat von einst wiederholen könnte, oder ob die Brüder mittlerweile von der Sorge für den Schwächsten, den kleinsten Bruder, ohne die es keine wahre Brüderlichkeit geben kann, durchdrungen sind.

Juda vor dem Thron. Der Erstling.

»Ach, mein Herr, sei nicht erzürnt, wenn dein Diener nochmals zu dir spricht. Mein Herr fragte seine Knechte: Habt ihr noch einen Vater, einen Bruder? Ja, sagten wir, wir haben einen alten Vater und ein Kind, ihm in seinem Alter geboren, der Kleinste, sein ein und alles. Sein Bruder, geboren aus derselben Mutter, ist gestorben. Mein Herr sprach zu seinen Knechten: Bringt mir den Jüngsten, auf daß ich ihn mit eigenen Augen betrachte. Wir sagten zu meinem Herrn, daß unser Vater sein liebstes Kind nie und nimmer gehen lasse. Doch du antwortetest, daß wir dir ohne den Knaben nicht mehr unter die Augen treten dürften. Wir brachten die Worte meines Herrn treu vor unseren Vater. Vom Hunger getrieben, bat er uns, zu dir zurückzukehren und abermals Korn zu kaufen. Wir sprachen: Vater, nicht ohne unseren Bruder, den Kleinen; wir können dem ägyptischen Fürsten nicht unter die Augen treten, wenn unser Bruder, der Kleinste, nicht mit uns ist. Dein Knecht, unser Vater, antwortete: Rahel, meine Frau, gebar mir zwei Söhne. Einer ist von mir gegangen, ich sah ihn niemals wieder. Ich muß glauben, daß ihn ein wildes Tier zerrissen hat. Wollt ihr mir nun auch noch meinen zweiten Sohn nehmen? Widerfährt ihm ein Unglück, so werdet ihr meine grauen Haare voller Kummer ins Totenreich bringen. Und darum, Herr, kehrten wir in unser Vaterhaus ohne den Knaben zurück, dann stürbe er an Herzeleid, denn seine ganze Seele hängt an ihm. Daher bitte ich meinen Herrn, nimm *mich*. Denn ich bin vor meinem Vater Bürge geworden für den Kleinen. Nimm *mich* anstatt des Knaben, und laß *ihn* mit seinen Brüdern ziehen. Wie sollte ich hinaufziehen können zu meinem Vater, wenn der Knabe nicht bei mir ist. Nimm mich, oh König, nimm mich.«

Hattest du hierauf gewartet, Josef? Wolltest du das aus dem Mund deiner Brüder hören?

Ja, hierauf hat Josef gewartet. Hierfür spielte er sein Spiel. Es schien das grausames Spiel eines mitleidlosen Mannes, der sich an seiner süßen Rache ergötzte. Es schien, als ob er dort auf seinem Thron erneut Gott spielte. Doch Josef wollte wissen, wie es um ihre Bruderliebe stand, und er ließ sie solche Wege gehen, damit sie zur Bekehrung kämen.

Einmal angenommen, Josef hätte sofort ausgerufen: »Ich bin Josef«, dann hätte er ihnen die Reue und das Leid um ihren alten Vater und die Angst um den wehrlosen Benjamin erspart. Juda hätte sein Opfer nicht gebracht, und Gott wäre in der ganzen Geschichte nicht vorgekommen. »Mensch,« hätten sie gesagt, »das ist Josef. Wer hätte das gedacht.« Es wäre ein billiges *Happyend* gewesen. Keine Bekehrung. Kein neuer Beginn.

So ist unter Josefs Regie die Vergangenheit noch einmal aufgetaucht, und die Schuld, die verloren gegangen war, wurde wiedergefunden. Die Bücher öffneten sich, es gab nichts mehr zu verbergen. Doch zugleich ist es eine Erleichterung, eine Erlösung. Es ist heraus, endlich ist es heraus.

Josef bewegt sich auf der Grenze des Erlaubten, wenn er seinen Brüdern derart den Todesschrecken auf den Leib jagt. Doch er möchte sie nicht verlieren, er möchte sie gewinnen. Josef kämpft aus Liebe. Deshalb spielte auch kein triumphales Lächeln um seine Mundwinkel, als er sie so am Boden zerstört vor sich sah, so ganz in Sorge um den Geringsten, um Benjamin. Bis ins Tiefste seiner Seele wurde er davon berührt. Er und sie, sie sind wieder Brüder! Nun ist für Josef der Weg frei, in ihren Kreis zurückzukehren. »Laßt all meine Diener den Saal verlassen!«

»Alle, Herr?«

»Ja, alle.«

Die Brüder haben ihr Geheimnis preisgegeben, sie haben die Masken fallen lassen, ihr wahres Gesicht gezeigt – nun ist Josef an der Reihe.

»Ich bin Josef, euer Bruder!«

Josef weint.

Tränen, weil etwas unfaßbar schön ist. In all den Jahren hielten sie sich gegenseitig gefangen. Obgleich sie viele Meilen voneinander entfernt waren, spukten sie Tag für Tag gegenseitig durch ihr Leben. Nun sind sie davon befreit. Die Scham ist vorüber, die Schuld ist vorüber, die Tragödie ist vorüber, die Masken gefallen, das Verlorene wiedergefunden, Friede, endlich Friede.

»Ich bin Josef, euer Bruder. Lebt mein Vater noch?«

Die Brüder schrecken zurück. Das kann nicht wahr sein! In bestem Hebräisch spricht Zafenat-Paneach zu ihnen. Dieser Mann mit dem Becher, der das Verborgene offenbaren kann, ist das Josef, ihr verlorener Bruder?

Josef sieht ihre Verwirrung, ihre Angst, ihren Unglauben, ihre Hoffnung. »Kommt doch näher!«

Zögernd kommen die Brüder näher.

»Ich bin Josef, euer Bruder, den ihr nach Ägypten verkauft habt.«

Wieder wird es still.

Erschrocken wird sich Josef bewußt, daß seine letzten Worte vielleicht in den falschen Hals geraten könnten. Als ob er es seinen Brüdern noch einmal unter die Nase reiben wollte. Doch das war nicht seine Absicht. Er ist von den Worten ergriffen, mit denen es Juda, der Erstling, für Benjamin aufgenommen hat. Das, ja das ist wahre Brüderlichkeit, und Josef möchte nun so gern an dieser Brüderlichkeit teilhaben. Er möchte nichts lieber, als daß sich der Brüderkreis wieder schließt, aus dem er auch mit seinem Zutun verstoßen wurde. »Kommt doch näher, ich bin Josef, den ihr verkauft habt. Doch das soll nun nicht mehr zwischen euch und mir stehen, das ist vorüber, denn, wie soll ich es sagen...?«

Josef sucht nach den richtigen Worten. Wie kann er nun am besten ausdrücken, was er in seinem tiefsten Inneren fühlt? Alles wurde an seinen rechten Ort gerückt. Die Spukgestalten spuken nicht mehr. Er ist mehr als das Schicksal, das ihn überkam. Er ist mit einem kleineren und mit einem größeren Ich dem Streit entstiegen. Er hat Frieden gefunden, den Frieden, der höher ist als alle Vernunft. Er hat erfahren, daß der Hüter Israels nicht schläft und nicht schlummert.

Dann findet er plötzlich die richtigen Worte. Was er sagen will, kann er nur in der Sprache des Glaubens ausdrücken. »Brüder, seid nicht betrübt, quält euch nicht mit dem Gedanken, daß ihr mich verkauft habt. *Denn um eures Lebens willen hat mich Gott vor euch hergesandt.*«

»Gott steckt dahinter,« sagt Josef. Und er sagt es noch ein zweites Mal: »*Gott hat mich vor euch hergesandt.*« Er sagt es sogar noch ein drittes Mal, diesmal kräftiger als zuvor: »*Nicht ihr habt mich hergesandt, sondern Gott.*«

Wie kann Josef so etwas sagen? Sagt er es aus Glauben oder aus Narrheit? Es war doch nicht Gott, der Josef verkauft hat, das waren doch seine Brüder?

Ja, allem voran muß gesagt werden: Seine Brüder haben ihn verkauft. Doch, so meint Josef, damit ist das letzte Wort noch nicht gesprochen. Denn ohne die Schuld zu verschleiern und ohne den Schmerz zu leugnen:

Welch ein Segen lag doch auch in dem Fluch! Segen und Fluch, das ist kein Entweder-Oder. Das ist ein Sowohl-als-auch. »Das letzte Wort aber, meine Brüder, hat der Segen. Denn was sollen wir noch vom Fluch sprechen, nun, da das Böse so zum Guten gewendet ist, wie ein Geschenk aus dem Himmel, für euch und für mich? Ich habe euch einiges angetan, ihr habt mir einiges angetan, aber wird jetzt nicht alles von der Güte Gottes überstrahlt?«

So sieht Josef die Tiefen und Höhen seines Lebens in einem einzigen Zusammenhang. »Gott hat mich gesandt. Ich bin ein Gesandter. Nicht das Schicksal entscheidet in diesem Leben, sondern, wie man dem Leben begegnet, was man daraus macht. Nein, ich muß es anders sagen, denn auch was ich daraus gemacht habe, wurde mir geschenkt. Natürlich, es ist das Werk meiner Hände. Doch vor allem ist es ein Geschenk, das ich dankbar aus Gottes Hand annehme. Die Menschen tun, was sie tun. Und aus dem, was sie tun, webt Gott seinen Plan. Sowohl-als-auch ist es. Menschenwerk und Gnade. Ohne Gottes Gnade wären wir nichts, meine Brüder.«

44

Vater Jakob

Genesis 45, 46 und 47

»Ich bin Josef, euer Bruder. Lebt Vater noch?«

Josef und seine Brüder fielen einander um den Hals. Sie weinten vor Glück. Und das hätte der rührende Schluß dieser Geschichte sein können, gäbe es da nicht noch jemanden, der von diesem Glück nichts weiß. Denn Vater Jakob lebt noch.

Genau genommen haben wir lange Zeit nichts mehr von ihm gehört. Jakobs Rolle schien ausgespielt, und wahrscheinlich dachte er selbst auch so darüber, denn er ist alt und des Kummers gesättigt. Jakobs Welt ist eng geworden. Still sitzt er in Hebron vor seinem Zelt, dort unter der alten Eiche. Selbst eine alte Eiche. Wer dort vorübergeht, denkt, daß er schläft. Doch er schläft nicht. Er verweilt in der Vergangenheit. Je älter er wird, desto häufiger muß er an seinen Vater denken. Alt werden und sterben – wie tat sein Vater das? Er hätte es ihn fragen sollen. Doch damals dachte er nicht ans Altwerden und Sterben. Eigentlich will er auch jetzt nicht daran denken, denn sein Leben scheint noch nicht abgeschlossen. Es ist, als müsse noch etwas das Lebenslicht erblicken. Rahel würde ihn verstehen. Rahel! Mit den Jahren wird der Schmerz des Verlusts immer stärker. Und auch den Verlust von Josef kann er nicht überwinden. Er sieht ihn noch vor sich, wie er an jenem Morgen dahinzog. Er war so fröhlich, so guter Dinge. »Auf Wiedersehen, Vater!« Er sollte ihn niemals wiedersehen. Er hätte ihn niemals gehen lassen dürfen.

Warum hat er nun auch Benjamin, Rahels jüngsten, ziehen lassen? Warum hat er dem Drängen seiner Söhne nachgegeben? Dieser verfluchte Hunger! Und jetzt wird er auch noch durch den Hunger seines Herzens gequält. »Auf Wiedersehen, Vater.« – »Auf Wiedersehen, mein Sohn.« Er hätte noch so viel sagen wollen. »Paß' auf dich auf, Benjamin. Möge Gott dich behüten.« Doch er konnte kein einziges Wort über seine Lippen bringen.

Still sitzt er dort unter dem alten Baum. Er versucht zu beten, doch es gelingt ihm nicht recht, Fetzen sind es, nicht mehr. Benjamin ist weg, und wo ist Gott? Ach, glauben..., wie haben das Abraham und Isaak nur getan?

Dann, eines Tages, schreckt er plötzlich aus seinem Sinnen hoch.

Laute, Stimmen, dort in der Ferne. Wagen. Rufe. Benjamin? Benjamin und die anderen?

Ja, Benjamin. Benjamin und die anderen! »Vater, sei gegrüßt!«

»Sei gegrüßt, mein Sohn! Gott sei Dank, du bist zurückgekehrt. Wie war die Reise?«

»Gut, Vater, gut. Siehe doch, all das Korn, das wir bei uns haben. Wir haben es umsonst bekommen.«

»Umsonst, mein Sohn?«

»Ja, Vater, umsonst. Und dazu die Wagen und die kostbaren Kleider.«

Kostbare Kleider. Das klingt bekannt: Einst schenkte Jakob Josef ein kostbares Kleid, nun bekommt er von ihm kostbare Kleider.

»Von wem denn? Wer gab sie euch?«

»Ägyptens Unterkönig, Vater, auf Befehl des Pharaos selbst.«

»Warum denn? Weißt du, was den Mann bewog?«

»Ja, Vater, das weiß ich. Du mußt nicht erschrecken, wenn ich's dir sage. Du wirst es nicht glauben. Ägyptens Unterkönig ist gar kein Ägypter. Du kennst ihn!«

»Jemand von hier, dort auf dem Thron? Aber wer denn, mein Junge, wer denn?«

»Nicht erschrecken, Vater, nicht erschrecken, wenn ich's dir sage. Es ist Josef, Vater! Josef lebt!«

Jakob erschrickt. Er krümmt sich zusammen, denn er glaubt es nicht. Das kann nicht wahr sein!

Als damals seine Söhne die Unwahrheit sprachen, da glaubte er ihnen. Nun, da sie die Wahrheit sprechen, kann er ihnen nicht glauben. Benjamin muß sich täuschen. Josef noch am Leben? In ihm ist eine Stimme, die sich gegen den Gedanken wehrt. Als sei er zu alt für Neues. Als wolle er sich im voraus gegen einen möglichen zweiten Verlust wappnen.

»Josef lebt, Vater, er lebt!«

Doch Josef kann nicht mir nichts, dir nichts in eine Geschichte zurückkehren, die er vor langer, langer Zeit abgeschlossen hat.

Dann erzählen auch die anderen ihre Geschichte, einer über die Worte des anderen stolpernd. Manche sprechen von früher, von dem Verrat, mit dem alles angefangen hatte. Andere über das, was ihnen am ägyptischen Hof widerfahren war. Wieder andere über das königliche Angebot des Pharaos, daß sie alle mit Vater Jakob und ihren Familien in Ägypten wohnen dürften, bis der Hunger vorbei sei. Und als Jakob dann die Geschenke sieht, die Josef für ihn mitgegeben hat, da beginnt es ihm zu dämmern, daß das kein Spiel ist, das sie mit ihm spielen, sondern Wirklichkeit, unerwartete, strahlende Wirklichkeit.

»Schau, Vater, das ist der Wagen, den Josef extra für dich für die Reise ausgesucht hat. Hast du jemals einen solchen Wagen gesehen?« Jakob läuft zu dem Wagen hin, befühlt das Holz und die reichen Verzierungen, als wollte er sich vergewissern, daß er nicht träumt. »Josef,« sagt er leise, »Josef.« Als wollte er seine Lippen daran gewöhnen, daß sie nicht länger von einem Toten, sondern von einem Lebenden sprechen.

Und Israel sprach: »Josef, mein Sohn, lebt noch. Ich will gehen und ihn sehen, ehe ich sterbe.«

Seltsam, daß es nicht heißt, daß es *Jakob* sagte. Hier steht, daß *Israel* es sagte.

Nein, es ist überhaupt nicht seltsam. Der verlorene Bruder ist wiedergefunden, bald werden die zwölf wieder vereinigt sein. Es gibt für ganz Israel eine Zukunft.

Die Vorbereitungen für die Reise werden getroffen. Ist Jakob mit seinen Gedanken denn ganz dabei?

»Vater, freust du dich auf das Wiedersehen?«

»Ja, mein Sohn, natürlich.«

Doch als er zur Abendstunde durch die Ställe geht und über das Land und entlang der steinernen Weinpressen, dem Werk seiner Hände, da erschaudert er. Soll er das alles zurücklassen? Man soll einen alten Baum nicht verpflanzen. Wird er jemals in dieses Land zurückkehren? Das Land, das von Gott verheißen ist?

»Vater, was ist?«

»Nichts, mein Junge, nichts. Ich bin etwas erschöpft, mehr nicht. Schlaf gut.«

»Ja, schlaf gut, Vater.«

Und während er noch etwas nachsinnt und den Geräuschen der Nacht lauscht, da ist es, als hörte Jakob plötzlich die Stimme *seines* Vaters. Ist es nicht wunderlich, daß er immer häufiger an ihn denken muß? Nun wieder. »Wir sind Fremdlinge auf Erden, mein Sohn. Wir müssen stets zur Reise bereit sein. Das habe ich von meinem Vater Abraham gelernt, und das lehre ich dich. Dereinst wird Gott dich nach Hause bringen.«

Israel brach auf mit allem, was er hatte, und er kam nach Beerscheba.
Als er als junger Mann fliehen mußte und an die Grenze des Landes gekommen war, hatte er in einem Traumgesicht den offenen Himmel gesehen. Nun ist er ein alter Mann. Erneut steht er an der Grenze des Landes, das Abraham und Isaak verheißen worden war. Wird der Ewige ihm erneut im Traum helfen?
Und Gott sprach zu ihm in einer nächtlichen Vision: »Jakob, Jakob.«
»Hier bin ich, Herr.«
»Ich bin Gott, der Gott deines Vaters. Fürchte dich nicht, nach Ägypten hinabzusteigen. Ich will dich zu einem großen Volk machen. Ich selbst werde mit dir nach Ägypten hinabsteigen, und ich will dich von dort wieder heraufführen. Doch nicht eher, als daß dir Josef die Augen zugedrückt hat.«
Am anderen Tag zogen sie weiter.

Sobald Josef die Nachricht erreicht hat, daß die Karawane sich Ägyptens Grenze nähere, läßt er seinen Wagen anspannen und eilt seinem Vater entgegen.
»Vater!«
Sie umarmen einander. Jakob will Josef nicht mehr loslassen, und Josef will Jakob nicht mehr loslassen, und so stehen sie dann da, in inniger Umarmung, der Vater und sein verlorener Sohn. »Nun kann ich sterben, mein Sohn, nun, da ich dein Angesicht gesehen habe.«

Dann, ehe der Vorhang fällt, sind wir von noch einer Begegnung Zeuge: Jakob wird in einer Privataudienz vom Pharao empfangen. Ein besonderer Moment: Israel und Ägypten begegnen einander. Ist es nicht Gottes Herzenswunsch, daß Israel und die *Gojim* einander in der Welt begegnen? Josef, der Gesegnete, bringt sie zueinander.
Eine prachtvolle Szene! Im Herzen von Ägyptens Hauptstadt, im Würdesaal des königlichen Palastes, thront der Pharao auf seinem königlichen Thron, ein Fürst, dessen Thronbesteigung »Die Sonne geht auf« genannt wird, ein Fürst, dessen Name nicht ausgesprochen werden darf... Das ganze ist von einem Stil und einem Glanz, von dem sie sich unter den Eichen von Hebron keine Vorstellung machen können. Die großen Flügeltüren

schwingen auf, Musik erschallt, und dann kommt da dieser uralte Hebräer herein, der Hirtenfürst aus dem kleinen Kanaan, Vater Jakob, der, der an der Hüfte hinkt. Sein Vater war ihm im Glauben *seines* Vater vorausgegangen, daß wir hier unten keine bleibende Statt haben, sondern nur Fremdlinge und Beisassen sind. Jakob kommt herein. Was in Himmelsnamen soll der Pharao mit diesem Menschen anfangen, mit diesem Menschen, der so alt ist und von so weit her kommt, dessen Sprache er nicht spricht, und dessen Geschichte er nicht kennt?

»*Wie viele sind die Tage der Jahre deines Lebens?*«

Der Pharao ist von dem Hebräer vor ihm sichtlich beeindruckt, Zafenat-Paneachs Vater, der eine Würde ausstrahlt, bei der er sich ganz klein fühlt.

»*Wie viele sind die Tage der Jahre deines Lebens?*«

»*Die Tage der Jahre meiner Gastschaft sind hundertdreißig Jahre.*«

Wo Ägypten von *Leben* spricht, spricht Israel von *Gastschaft*. Denn wir sind hier lediglich Fremdlinge, Beisassen. Die Füchse haben Höhlen, die Vögel des Himmels haben Nester, die Pharaos haben Paläste. Doch wohin soll Israel sein Haupt legen?

Der Pharao hat viel, was Israel nicht hat.

Doch Israel hat etwas, was der Pharao nicht hat. Denn was geschieht plötzlich? Schweigend tritt Vater Jakob nach vorn. Er erhebt seine Hände. Er hat etwas, das er geben kann. Etwas Ewiges, etwas Heiliges, etwas vom Herrn, der unser aller Hirte ist: Er hat den Segen. »*Der Herr segne dich und behüte dich...*«

»Amen,« sprach der Pharao. Er hatte zwar keine Silbe verstanden, doch er begriff, daß dieser alte Hebräer seinen kostbarsten Besitz mit ihm teilen wollte.

Als Vater Jakob ohne ein weiteres Wort einfach so durch die großen Flügeltüren des Würdesaales entschwunden war, begriff der Pharao, daß die Audienz zu Ende war.

Der Pharao lächelte, Josef sah es deutlich, als auch er den Saal verließ. Der Pharao lächelte.

45

Jakobs Ende naht

Genesis 47 und 48

»Ich bin Josef, euer Bruder. Lebt Vater noch?«

Ja, Vater lebte noch. Doch das war vor vielen Jahren. Nun ist der Augenblick gekommen, daß Jakobs Ende nahe ist. Hundertsiebenundvierzig Jahre ist er alt. Auf hebräisch: sieben und hundertvierzig. Wenn das keine runde und heilige Zahl ist, um zu sterben! Und von diesen sieben und hundertvierzig Jahren konnte Jakob noch sieben und zehn Jahre in Josefs Nähe verbringen. Welch unverhoffte Gnade! So wie er auch Josefs erste sieben und zehn Jahre aus der Nähe erleben durfte.

Wie lange hatte Jakob nicht mit dem Tod gelebt? Erst hatte er Rahel im Feld von Efrata verloren. Dann dachte er, daß ihm auch Josef genommen worden war, Rahels erstgeborener Sohn. Jakob war ein gebrochener Mann: »Trauer tragend werde ich zu meinem Sohn ins Totenreich hinabsteigen.« Doch er stieg nicht ins Totenreich, sondern nach Ägypten hinab, denn der Junge lebte noch. »Ich will Josef sehen, ehe ich sterbe.« Auf dem Weg nach Ägypten hat er in Beerscheba, auf der Grenze des Landes, in einem Traum Gottes Stimme vernommen: »Fürchte dich nicht, Jakob, ich selbst steige mit dir nach Ägypten hinab. Ich werde dich von dort auch wieder heraufführen. Doch Josef wird dir dort die Augen zudrücken.«

Dieser Augenblick scheint nun gekommen. Das Ende naht. Doch es wird ein Ende mit Zukunft sein. Jakob läßt Josef herbeirufen.

»Josef.«

»Ja, Vater.«

»Mein innigster Wunsch ist es, nicht hier in Ägypten begraben zu werden, sondern bei meinen Vätern in Kanaan. Hinaufgehen will ich in das Land, das Gott uns verheißen hat. Lege darum deine Hand unter meine Lenden, mein Sohn, und schwöre, daß du mich nicht in Ägypten begräbst, sondern daß du mich bei meinen Vätern zur Ruhe bettest.«

Josef legte seine Hand unter Jakobs Lenden, den Mittelpunkt seiner Lebenskraft. Wie lautete noch Gottes Verheißung, die er Abraham gegeben hatte? »Dir und deinem Samen gebe ich das Land, in dem du als Fremdling lebst, und in deinem Samen werden alle Geschlechter der Erde gesegnet werden.«

»Schwöre es mir, Josef.«

Josef schwor es ihm.

»Wenn du wieder zu mir kommt, Josef, dann bringe deine beiden Söhne mit, Ephraim und Manasse, auf daß ich ihnen meinen Segen gebe.«

»Das will ich tun, Vater. Bis bald.«

»Dein Sohn Josef ist im Anzug, Herr. Manasse und Ephraim sind bei ihm.«

Der alte, fast blinde Jakob richtet sich mühsam von seiner Lagerstatt auf, ganz weiß in den weißen Kissen. Kaum vorzustellen, daß er einmal jung war, voller Energie und mit vielen Streichen im Kopf. Voller Leidenschaft liebte er das Leben. Er hat Süßes und Bitteres geschmeckt, er hat betrogen, und er wurde betrogen. An vieles hat er sich gewöhnt, und vieles hat er sich abgewöhnt. Jakob war nicht ungeschoren aus dem Streit gestiegen, sein Gesicht ist gezeichnet, er hinkt an seiner Hüfte, doch er ist aus dem Kampf hervorgekommen, und er empfing einen neuen Namen: Israel, *Gottesstreiter*.

»Bist du's, Josef?«

»Ja Vater, ich bin's.«

»Höre, mein Sohn. Ehe ich Ephraim und Manasse meinen Segen gebe, will ich dir noch ein letztes Mal meine Geschichte erzählen.«

Jakob erzählt. Er erzählt von seinem Leben und von den Abenteuern seines Glaubens.

»In Bethel hatte alles angefangen, im Lande Kanaan. Dort ist mir der Ewige erschienen. Ich sah ihn in einem Traum. Oben an der Leiter sah ich den offenen Himmel, und Gott gab mir seinen Segen: Ich will dich fruchtbar machen, deinem Samen will ich dieses Land geben, um für immer darin zu wohnen. Dort in Bethel hatte alles angefangen.«

Bethel. Nach dem Betrug. Nachdem er den Segen erschlichen hatte von seinem alten blinden Vater, ganz weiß in den weißen Kissen. Er war ein Betrüger, ein Dieb, ein Streuner. Trotzdem öffnete sich im Dunkel für ihn über Bethel der Himmel, und Gott sprach: Ich gehe mit dir, und ich bringe dich wieder nach Hause.

Josef sitzt still neben dem Bett und hört zu.

Er hört eine Beichte. Doch hätte denn Vater Jakob die Sünde missen wollen? Außer seinen Schicksalsschlägen hat er ihr doch auch so viel Gutes zu verdanken. Ohne die Sünde wäre er nicht der, der er ist. Er ist durch sie gewachsen, gewachsen in Selbsterkenntnis, in Menschenkenntnis und in Gotteserkenntnis. Selbst jetzt noch auf seinem Sterbebett schmerzt der Betrug seiner Jugend, doch er führte ihn auch nach Bethel und zu Gottes heiligen Engeln.

»Und nach Bethel, Vater?«

»Der Weg, den ich gehen mußte, war lang; es war ein Weg mit vielen Einsamkeiten. Doch weit weg von zuhause begegnete ich deiner Mutter, und darum waren mir die Tage meiner Verbannung kurz. Zwölf Söhne wurden mir geboren. Ich kam zu Wohlstand. Mit nur einem Stock in der Hand hatte ich Kanaan verlassen, mit großen Herden kehrte ich zurück, reich gesegnet. Und arm zugleich, denn unterwegs wurde mir deine Mutter genommen, als sie Benjamin das Leben schenkte. Im Feld von Efrata habe ich sie begraben, am Wegesrand, nicht weit von Bethlehem.«

Vater Jakob erzählt von seinem langen Leben und von dem Leid, das sich niemals legen sollte. Und er endet mit dem Segen. Jakob wird sterben, doch der Segen, den er nach langem Streit empfangen hatte, wird von seinen Söhnen weitergetragen werden. Und von Manasse und Ephraim. So wird es gehen, von Geschlecht zu Geschlecht.

Erzvater Jakob, sieben und hundertvierzig Jahre alt, endet mit dem Segen. So wollte einst auch der alte blinde Isaak seinen Segen weitergeben. Damals machte sich der Jüngste damit aus dem Staub...

»Wo sind die beiden Jungen, Josef?«

Israel wird nur Umrisse von Gestalten gewahr, keine Gesichter.

»Hier, Vater.«

Josef postiert die beiden Jungen so, daß es keine Verwechslung geben kann: Manasse, den ältesten, stellt er an seine Linke, zur Rechten Israels also, Ephraim, den jüngsten zu seiner Rechten, links von Israel also. Der Erzähler erzählt es etwas umständlich, doch Josef möchte nun einmal jede Möglichkeit eines Mißverständnisses ausschließen; man kann bei solchen Sachen nicht vorsichtig genug sein. »Hier, Vater, hier sind die Jungen, die Gott mir gab.«

Israel umarmt die Jungen und küßt sie. »Wer hätte das gedacht, Josef! Viele, viele Jahre lang dachte ich, daß du tot seist, und nun wurde mir das

Glück beschert, daß ich nicht nur dich wiedergesehen habe, sondern daß Gott mir auch noch deine Söhne zeigte!«

Israel streckt seine Hand aus, um die Jungen zu segnen. Doch seltsam, er überkreuzt seine Arme! Der alte Mann muß wirr sein! Seine Rechte legt er links auf Ephraims Haupt, den jüngsten, und seine Linke auf den Jungen zu seiner Rechten, den ältesten, Manasse. Israel irrt sich, und Josef möchte den Fehler korrigieren. Er nimmt die Hände seines Vater in die seinen: »So nicht, Vater, so nicht.«

»Ich weiß, mein Sohn, ich weiß.«

Mehr sagt er nicht. »Ich weiß.«

Was weiß Israel?

Israel weiß, daß Israels Gott die Rollen stets vertauscht. Israel weiß von Gottes überraschenden Wendungen: Der Kleinste wird der Größte sein, der Letzte wird zum Ersten. Israel weiß, daß entgegen aller menschlichen Berechnung und Erwartung der Ewige stets neue Wege geht, alte Ordnungen durchbricht und den Lauf des Blutes durchkreuzt.

46

Jakob und Josef werden begraben

Genesis 49 und 50

»Josef, schwöre, daß du mich nicht hier in Ägypten begraben wirst. Ich will hinaufgehen in das Land, das Gott uns verheißen hat. Versprich mir, daß du mich zu Hause zur Ruhe bettest, in dem Feld, in dem auch Abraham und Sarah, Isaak und Rebekka ihre letzte Ruhestatt gefunden haben, in der Höhle von Machpela, in der auch Lea liegt.«
Josef versprach es ihm.

Jakob lag im Sterben. Seine zwölf Söhne standen um ihn herum. Da gab Jakob auch ihnen seinen Segen. Es war ein Segen voller Erinnerungen und Verheißungen. »Wohin ich auch ging, stets war eine verborgene Herrlichkeit auf meinem Weg. Häufig war ich allein, doch immer war da auch jener Andere. Ich wurde ein Leben lang von dem getragen, der mir das Leben gab. Nun gehe ich dahin. Seid gesegnet. Seid zu einem Segen, wohin ihr auch gehen möget. Der Herr segne euch und behüte euch...«
Jakob legte seinen Söhnen die Hand auf, einem nach dem anderen, und gab ihnen den Segen.
Dann zog er seine Füße auf das Bett zurück und verschied.
Juda und seine Brüder standen regungslos um das Bett. Dann neigte sich Josef über seinen Vater, küßte ihn und drückte ihm die Augen zu. Den Ärzten des Hofes gab er den Auftrag, den Leichnam zu salben.
Als die Trauerzeit zu Ende war, machten sich Josef und seine Brüder zum Aufbruch bereit. Sie wollten in das Land Kanaan hinaufgehen, wie sie es ihrem Vater versprochen hatten. Sie wollten ihn in die Höhle von Machpela legen, in die Hände des lebendigen Gottes, des Gottes, der Abraham rief, der Isaak und Jakob seine Treue bewies, und der nicht läßt, was seine Hand begonnen hat.
Daher wird Jakob nicht in aller Stille begraben. So ein Glaube muß gefeiert werden. Mit einer kummervollen und zugleich festlichen Wallfahrt,

einer Wallfahrt ins Land der Verheißung, in das Gott seine Kinder aus der Verbannung heimführen wird. Denn er führt nicht nur Jakob heim. Israel träumt den Traum, daß dereinst unsere ganze Erde heimgeführt wird. Möchte unser Meisterträumer Josef deshalb vielleicht, daß auch ägyptische Würdenträger den Zug begleiten?

Fühlen sich die Ägypter in jenem Zug denn wohl? Fühlten sie sich eher als Lakaien eines hebräischen Hirten? Oder wurden sie unterwegs gar selbst zu Pilgern? Kamen sie vielleicht so wie Israel und seine Söhne dem Glauben auf die Spur, daß es Gott in diesem einen Volk um alle Völker geht?

Sie kamen nach Goren-Atad, jenseits des Jordans. Dort stimmten sie eine große und sehr feierliche Klage an.

Goren-Atad, *Dornendreschtenne.* Ein seltsamer Name. Ist die Dreschtenne von Dornensträuchern umgeben, oder werden dort Dornen gedroschen? Können denn Dornen einen Menschen nähren?

Ja, das ist möglich. Es sei mit Vorsicht gesagt, doch es ist möglich. Verlust, Kummer, Einsamkeit, Tod, Dornen im Fleisch – in diesem Fluch kann auch Segen liegen. Man muß tief nach ihm suchen, das schon. Es ist ein hartes Stück Arbeit. Doch bisweilen ist an einem Menschen zu sehen, wie er durch Leiden geläutert wurde, wie der Verlust ihn auch zum Verdienst führte, wie mit Freude geerntet wurde, was mit Tränen gesät worden war.*

Etwas von dieser Freude muß auch in den Klageliedern geklungen haben, die die zwölf Söhne Israels auf der Dornendreschtenne anstimmten.

Sollten auch Ägyptens Älteste sie vernommen haben? Oder die Kanaaniter gar?

Juda und seine Brüder begruben ihren Vater in der Höhle auf dem Felde von Machpela.

Mehr wird nicht gesagt.

Mehr gibt es auch nicht zu sagen.

»Auf dein Heil warte ich,« sagte Jakob, als er im Sterben lag. Er glaubte, daß Gott ihn nicht vergebens warten lasse. Und seine Söhne glaubten es mit ihm.

So vertrauten sie ihren Vater dem Gott der Barmherzigkeit an. Sobald sie wieder zurück in Ägypten sind, zweifeln sie allerdings an *Josefs* Barmherzigkeit. Vielleicht hat Josef ja nur gewartet, bis sein Vater Jakob tot und begraben sei, um ihnen ihre Schandtat zu vergelten!

Ihnen wird so bang ums Herz, daß sie nicht einmal mit Josef darüber zu sprechen wagen. Sie verstecken sich hinter einem Boten, ja, sie verstecken sich sogar hinter ihrem toten Vater: »Josef, ehe Vater starb, habe wir ihn in unsere Angst eingeweiht, daß du dich vielleicht an uns rächen wollest. Vater sagte damals, daß wir dich um Vergebung bitten sollten.«

Als Josef das hörte, stiegen ihm die Tränen in die Augen. War er von ihrem Schuldbekenntnis bewegt? Oder war er nicht vielmehr betrübt, weil sie nach all den Jahren noch immer an seiner Vergebung zweifelten?

Er lud seine Brüder in den Palast ein. Zitternd und bebend warfen sie sich vor ihm zur Erde. »Wir wollen deine Knechte sein.«

»Fürchtet euch nicht. Stehe ich denn an Gottes Statt?

Es gab einmal eine Zeit, da Josef dachte, er sei an Gottes Statt. Doch er hat sich geändert. Und auch seine Brüder haben sich geändert. Nun, so ist Versöhnung möglich. *»Stehe ich denn an Gottes Statt?* Habe ich denn das Recht zu urteilen? Ich selbst bin doch auf Gottes Gnade angewiesen, Brüder! Ihr habt zwar Böses an mir getan, doch Gott gedachte es zum Guten: Dadurch ist ein großes Volk am Leben geblieben! Was sollen wir noch vom Bösen sprechen, laßt uns uns am Guten erfreuen!«

So tröstete er sie und sprach zu ihren Herzen.

Jahre gingen vorüber: Ephraim und Manasse wuchsen heran und wurden Vater. Wieder gingen Jahre vorüber: Ephraim und Manasse wurden Großvater. Josef hatte die Kleinen noch alle auf seinem Schoß gehabt.

»Ich lege mich zum Sterben hin,« sagte Josef.

Wahrscheinlich muß man ganz erwachsen sein, um so kindlich über den Tod sprechen zu können. Als sagte er: »Ich lege mich schlafen.« »Ich lege mich zum Sterben hin, denn müde bin ich, geh' zur Ruh', schließe meine Äuglein zu, Herr, halte auch in dieser Nacht treu über mir die Wacht«

»Der Herr wird in der Nacht, die kommen wird, auch über euch die Wacht halten,« sagte Josef zu seinen Brüdern. »Der Hüter Israels wird sich nach euch umsehen. Dereinst wird er euch wieder aus Ägypten nach Kanaan hinaufziehen lassen, in das Land, das unseren Vätern verheißen wurde. Was ich euch bitten möchte: Nehmt dann meine Gebeine mit euch.«

Josef starb, er war hundertzehn Jahre alt.

Sie salbten ihn und legten ihn in eine Kiste.

In Ägypten.

47

Dann kam ein neuer König...

Exodus 1

»Vater, warum ist diese Nacht anders als alle anderen Nächte?«

Es ist Pessach, das jüdische Osterfest. Die Familie ist um den Tisch versammelt, es ist Sederabend. Nun muß die Geschichte dieser Nacht erzählt werden. Die Geschichte von der Befreiung aus dem Sklavenhaus, von der Errettung aus dem Tod. Eine Geschichte, wie sie von Generation zu Generation weitergegeben wird. »Vater, warum ist diese Nacht anders als alle anderen Nächte?«

»Das will ich dir erzählen, mein Kind. Wir waren Sklaven des Pharaos in Ägypten, doch Gott hat uns befreit.«

»*Wir* waren...« sagt der Vater. Warum sagt er das? Das waren *wir* doch gar nicht? Das hat sich doch alles vor langer, langer Zeit abgespielt?

Ja, das hat sich vor langer, langer Zeit abgespielt, doch es spielt sich auch heute noch ab. Es begab sich einst, und es begibt sich immer wieder, wenn die nächste Generation die Geschichte hört und mit ihr lebt. Es begab sich einst in fernen Landen. Und es begab sich in Amerika, als die Schwarzen das Joch der Sklaverei abwarfen, *let my people go*. Es begab sich im Leben von Mose und Mirjam. Es begab sich im Leben von Jeanne d'Arc und von Luther und von Martin Luther King. Und es begibt sich vor unserer Tür, wenn sich eine Frau von ihrem Pharao befreit, der sie gefangen hält, oder wenn ein Mann sich von seiner Abhängigkeit löst. Es begab sich, und es begibt sich. »*Wir* waren...«

Wenn wir vom Pharao sprechen, geht es uns denn auch kaum um den Tyrannen von damals. Und wenn wir über Ägypten sprechen, haben wir nicht das Ägypten auf der Landkarte im Auge, sondern jedes Land, in dem Menschen unterdrückt werden. Auch mit Israel meinen wir nicht nur eine Nation sondern auch *a notion*, wie man auf englisch sagen könnte, eine Idee.*
Und später, wenn wir vom Wasser des Schilfmeeres sprechen, über die Wüste oder das verheißene Land, bedenke man, daß mehr dasteht, als da steht.

»Vater, warum ist diese Nacht anders als alle anderen Nächte?«

»Das will ich dir erzählen, mein Kind. Wir waren Sklaven in Ägypten. Du weißt doch noch, wie es uns dorthin verschlagen hat? Josef Jakobsohn lebte dort. Zuerst unter der Erde, in einem dunklen Kerker, später dann über der Erde, in einem Palast. Der Pharao hatte nämlich entdeckt, daß er mit diesem seltsamen Hebräer einen Engel Gottes im Haus hatte, und so holte er ihn ans Licht und setzte ihn neben sich auf den Thron. So wurde sein Land ein Segen für alle, die dort wohnten und für die Fremdlinge, die dorthin kamen, um ihren Hunger zu stillen. Auch unser Vater Jakob zog mit seinen Söhnen nach Ägypten, denn dort gab es Brot.«

Die Jahre kamen und gingen, Jakob und seine Söhne waren schon lange gestorben, eine Familie war zu einem ganzen Volk geworden. *Da kam ein König, der Josef nicht kannte...*

Hat er denn nie von Josef gehört? Schon, doch er will ihn nicht kennen. Es graut ihm vor Josef, denn der steht auf gutem Fuß mit Gott, und dieser König hält sich selber insgeheim für Gott. Und wann immer irgendwo auf der Welt ein König ersteht, der sich für Gott hält, müssen die Hebräer das Feld räumen und unter die Erde verschwinden. So machen das Könige, die Josef nicht kennen und Josefs Gott nicht erkennen wollen. Es kam ein König, dem »Josef« nichts mehr sagte, – und so hatten Josefs Nachkommen auch nichts mehr zu sagen. Tod den Hebräern!

Der Pharao ist Gottes Widersacher. »Ich werde euch zu einem großen Volk machen,« hat Gott versprochen. »Ich werde euch schon kleinkriegen,« verspricht der Pharao. Ein abscheulicher Mensch ist er. Oder besser gesagt: Er stellt eine abscheuliche menschliche Möglichkeit dar. Ein Mensch kann heidnisch leben, oder er kann messianisch leben. Der Pharao steht stellvertretend für die eine, Josef für die andere Möglichkeit. Und wir dürfen wählen. Zu jeder Zeit ersteht Josef wieder, und zu jeder Zeit ersteht ein König, der ihn nicht kennen will.

Es kam ein König, der Josef und seinen Gott aus seinem Leben verbannen wollte. Innere Stimmen, die ihn von diesem Vorhaben abhalten wollten, versuchte er zum Schweigen zu bringen, indem er Israel zum Schweigen brachte. Das Rezept ist so alt wie die Welt und so neu wie die Tageszeitung. »Das Gewissen ist eine jüdische Erfindung,« schrieb der Pharao des Dritten Reichs in *Mein Kampf*.

Die Israeliten jedoch wuchsen trotz der Unterdrückung. *Sie nun waren fruchtbar und vermehrten sich und wurden sehr zahlreich, so daß das Land von ihnen voll wurde.* Ärgerlich für den Mann auf dem Thron.

»*Ich will weise vorgehen,*« sagte er. Doch leider ist seine Weisheit eine andere als die des Königs, der Josef kannte. Des Pharaos Weisheit ist die Weisheit des Terrors: Von frühmorgens bis spätabends müssen die Israeliten Lehm hacken und Ziegel brennen. Sie bekommen mehr Prügel als Essen verabreicht, und viele brechen unter den Entbehrungen zusammen. Das muß hier nicht weiter ausgeführt zu werden, es ist beschrieben worden, und bleibt unbeschreibbar.

Aber es funktioniert nicht. Die Israeliten pflanzen sich rege fort, härtere Maßnahmen müssen ergriffen werden! Zwei ägyptische Hebammen erhalten den Auftrag, hebräische Knaben gleich nach der Geburt umzubringen.

Schifra und Pua heißen die Hebammen. Den Namen ihres Herrn und Meisters erfahren wir nicht, doch diese beiden Frauen, diese Gottesengel, wie wir noch sehen werden, haben sich mit ihren Taten einen Namen gemacht: *Schönheit* und *Leuchtkraft* heißen sie. Die beiden Frauen sind wirklich, was man weise nennt. Sie spielen nicht den lieben Gott, nein, *sie fürchteten Gott.* Und das bedeutet in der Bibel nicht, daß sie vor dem Ewigen Angst hatten, sondern daß sie wissen, was gut und böse ist, was Treue ist; sie sind von Ehrfurcht und heiliger Scheu erfüllt. Und das darf man auch von diesen Frauen erwarten, denn es ist ja ihre Aufgabe und ihr Handwerk, neues Leben zur Welt zu bringen, nicht Neugeborenen den Hals umzudrehen. Tagtäglich sind sie Zeuge des großen Wunders der Fortpflanzung, und so versucht der gottlose König vergeblich, diese gottesfürchtigen Frauen dazu zu verpflichten, der Schöpfung den Garaus zu machen. Die Frauen üben bürgerlichen Ungehorsam, den kleinen Jungen wird kein Haar gekrümmt.

»*Warum habt ihr das getan?*« ruft der König aus.

Das schöne ist ja, daß die Frauen gar nichts getan haben! »*Herr König, wir konnten nichts tun, bei den hebräischen Frauen ist's nicht wie bei den Ägypterinnen, sie sind so stark. Wenn die Hebamme zu ihnen kommt, haben sie schon geboren!*«

Der Mann auf dem Thron sagt: »Sie müssen sterben, diese Hebräer, sie sind so sonderbar, so anders.«

Die Frauen sagen: »Du sagst es, Herr König, sie sind so sonderbar, diese Hebräer, so anders, sie sind einfach nicht totzukriegen.«

Und oben im Himmel lächelte Gott. Was die beiden heidnischen Frauen da unten taten, war schön und leuchtend in seinen Augen.

So geht es in diesen Geschichten immer wieder. Es gibt Heidentum, und es gibt die heilige Scheu vor dem Ewigen. Es gibt messianischen Leben und nicht-messianisches Leben. Und manchmal sind es die Heiden, die vormachen, was messianisches Leben ist; niemand braucht sich also etwas einzubilden. In Israels Geschichten wird die messianische Lebensweise oft von Frauen praktiziert, die nichtmessianische von Männern.

Gott tat den Hebammen Gutes.

Gemeinsam mit Moses Mutter, seiner Schwester und der Tochter des Pharao hüten sie das Geheimnis des Lebens. Gottesfürchtig verschwören sie sich gegen das Böse und stellen die Zukunft sicher. Sie sind die ersten, die Ostern feiern. In Israels Geschichten sind es oft die Frauen, die als erste verstehen, daß Gott unter keiner Bedingung unvollendet läßt, was seine Hand begonnen hat.

48

Gerettet, um zu retten

Exodus 2, 1-10

In den Sagen und Legenden der Völker werden Helden nicht selten auf wunderliche Weise geboren. Das gilt auch für die Geschichten über die Großen Israels. Sarah, Rebekka, Lea, Rahel, – unfruchtbar sind die Erzmütter, und nur durch Gottes Gnade können sie gebären.

Die Geschichte von der Geburt des großen Mose hingegen ist so alltäglich wie es nur sein kann. Seine Mutter ist nicht unfruchtbar, da kommt kein Engel aus dem Himmel, um seine Geburt anzusagen, kein Stern kündet von seiner Geburt, nein, es ist ganz einfach: Ein Mann aus dem Hause Levi nimmt eine Levitin zur Frau, sie wird schwanger und gebiert einen Sohn. Man könnte sich sogar fragen, ob der Himmel denn überhaupt von seinem Kommen unterrichtet ist. Wird das Kind denn hinter Gottes Rücken geboren? Das Volk lebt nämlich in erbärmlichen Umständen, seine Existenz ist ernstlich bedroht. So will's der Pharao, und sein Wille ist Gesetz: »*Werft alle Söhne, die geboren werden, in den Nil.*« Der Fluß, der Ägyptens Lebensader ist, soll Israels Todesfluß sein. Die Starken marschieren auf, die Stiefel donnern, in allen Ecken lauert die Geheimpolizei, und wie immer sind es die Wehrlosen, die Schwachen, die Kinder, die die Opfer sind. In den Nil mit ihnen.

Eine levitische Mutter beugt sich über die Wiege ihres Kindes. Wer wird die Tyrannei vertreiben, die ihr das Herz durchbohrt? *Sie sah ihr Kind an, und sie sah, daß es gut war.*

Das sind Worte vom *Im Anfang*, gesprochen von Gott, dem Vater, an der Wiege der Welt. »*Es werde Licht,*« *sprach Gott, und es ward Licht. Und Gott sah, daß es gut war.*

Jene Worte, die der Ewige bei der Geburt der Welt aussprach, werden ihm hier in einer Sklavenhütte von einer einfachen Frau bei der Geburt ihres Kindes nachgesprochen. *Sie sah, daß es gut war.* Als sei der Himmel erneut im Spiel! Als fühle sie, daß ihr Sohn einmal derjenige sein wird, der die Tyrannei vertreibt, die ihr das Herz durchbohrt. Als ahne sie, daß ihr Kind durch die Jahrhunderte allen Verworfenen der Erde ein Trost und allen Unterdrückten, die aus ihrem Sklavenhaus ausziehen, ein leuchtendes Vorbild sein wird. Rabbiner wissen zu berichten, bei Moses Geburt sei ein Leuchten durch die kleine Hütte gegangen. War es dann doch eine wunderliche Geburt...?

Die Mutter sah, was auch Gott sah: Es war gut. Es war also nicht gut, wenn ihr Kind sterben würde. Deshalb verbarg sie den kleinen Mose. Schon beim geringsten Weinen sprang sie auf und gab ihm die Brust, aus Angst, der Säugling könne sich verraten. »Mirjam, sag niemandem, daß du ein Brüderchen bekommen hast, niemandem, hörst du.«

Doch länger als drei Monate konnte sie ihr Kind nicht verborgen halten. Und was nun?

Sie nahm ein Binsenkästchen, bestrich es mit Pech, legte ihr Kind hinein und setzte es ins Schilf des Nilufers, an der Stelle, wo die Tochter des Pharao zu baden pflegte. Mirjam sollte Wache halten. »Tu genau das, was ich gesagt habe, hörst du!«

Ein Binsenkästchen. Eine Arche. Erneut gleicht die Geschichte einer Geschichte vom *Im Anfang*: Noah, der zusammen mit den Tieren in seinem großen bepichten Kasten über die Wasser fuhr, zwischen sich und dem Tod nichts als eine dünne Wand. »In deine Hände, oh Gott, befehle ich meinen Geist und den Geist alles Lebendigen, das mit mir fährt.« Dann kam er wieder an Land. Gerettet.

Die Mutter setzte das Binsenkästchen ins Flußwasser, zwischen das Schilf. Eine dünne Wand nur zwischen ihrem Kind und dem Tod. »In deine Hände befehle ich seinen Geist. Errette ihn.«

Die Prinzessin kam, um zu baden, und sah das Kästchen, das im Schilf verborgen lag. Eine ihrer Sklavinnen hob es auf, und die Prinzessin öffnete es. Ein Kind! Ein weinendes Kind! Und sie wußte: Dies ist ein Hebräerkind. Das wußte sie, sagen die Rabbiner, weil es nicht wie ein Säugling weinte. Es weinte wie ein Erwachsener, wie eine ganze Gemeinschaft Erwachsener: Sein ganze Volk weinte in ihm.

Die Tochter des Pharao empfand Mitleid. Dieses Kind durfte nicht ertrinken. Es mußte am Leben bleiben. Wer könnte es wohl stillen?

Da trat Mirjam hervor. »Soll ich dir bei den hebräischen Frauen eine Amme suchen, damit sie dir das Kind stillt?

»Ja, tu das.«

Mirjam rannte rasch nach Hause. »Mutter, komm mit. Alles ist gutgegangen. Komm mit zum Fluß.«

»Frau, willst du mir das Kind stillen? Ich will dich reichlich dafür belohnen.«

»Ja, das will ich gern tun.«

Ist das nicht geistreich? Sprüht es nicht vor Witz? Seit Jahrhunderten wird die Geschichte augenzwinkernd erzählt. »Kennst du den vom kleinen Mose? Und seine Mutter wurde sogar noch dafür bezahlt!«

Ja, und später sorgte der König für seine Erziehung. *Als das Kind groß geworden war, brachte seine Mutter es der Tochter des Pharao, und sie nahm ihn als Sohn an.*

Ein hebräischer Junge am Hof. Er lernt dort lesen und schreiben, Geschichte und Geographie, alles unentbehrliche Dinge, wenn er werden soll, der er werden soll. Später, wenn er erwachsen sein wird, wird er den Pharao vor die Wahl zwischen Tyrannei und Menschlichkeit stellen, zwischen Heil und Unheil. Zwei Möglichkeiten im Menschen. Der König hat sie, wenn man so will, beide »in petto«. Er kann wählen. Wird er wohl eine weise Wahl treffen?

Doch soweit ist es noch nicht. Der Junge lebt noch immer am Hof, er lernt dort eifrig. »Gib dir ordentlich Mühe, hörst du,« hatte Mutter gesagt. Als habe sie schon damals erkannt, wozu das »gut« sein würde!

Und die Prinzessin nannte ihn Mose, denn, sprach sie, ich habe ihn aus dem Wasser gezogen.

Das bedeutet Mose auf hebräisch: *herausgezogen.* Konnte die Prinzessin etwa Hebräisch? Nein, die Prinzessin gab ihm natürlich den Namen Mose auf ägyptisch, und auf ägyptisch bedeutet Mose *Sohn des.* Sie nannte ihn also etwa Thut-Mose, Sohn des Thut oder Ra-Mses, Sohn des Ra. Doch die Hebräer hörten ein hebräisches Wort darin, und war denn für ihren Helden ein schönerer Name denkbar? Aus dem Wasser gezogen. Gerettet. Der Gerettete.

Es dauert nicht mehr lange, und dann wird deutlich, daß Mose nicht einfach so gerettet wurde. Er wurde gerettet, um zu retten. Er ist den Wassern des Todes entkommen, um später seinem Volk zu helfen, den Todeswassern zu entrinnen.

Und Gott sah, daß es gut war.

49

In der Wüste

Exodus 2, 11-22

Und es begab sich in den Tagen, als Mose groß geworden war, daß er hinaus ging zu seinen Brüdern.

War Mose nicht ein ägyptischer Junge an einem ägyptischen Hof? Woher wußte er denn, daß die Hebräer seine Brüder waren?

Für eine derartige historisierende Frage ist die Geschichte natürlich nicht gedacht. Wer dennoch eine Antwort sucht, der möge sich eben ausmalen, wie Mose es mit der Muttermilch eingeflößt bekommen hat, oder wie Mirjam im Palast eine Anstellung als Kellnerin bekommen hat, und so dem kleinen Mose hebräische Süßigkeiten mitbrachte, eingewickelt in kleine Papyri mit Genesis darauf...

Und es begab sich, als Mose groß geworden war...

Ja, das kann man wohl sagen, daß er groß geworden war. Nicht nur körperlich, sondern auch innerlich groß. Er hätte natürlich unbekümmert am Hof bleiben können, ihm ging es gut dort. Oder etwa nicht? Nein, auch seine Mutter hätte es niemals gut geheißen: Selbst im Wohlstand leben, während die Brüder gleich nebenan im tiefsten Elend saßen. Nein, Mose sah, daß das nicht gut war. Und er ging hinaus zu seinen Brüdern. Dort sah er noch viel mehr.

Er sah ihre Last, ihre Zwangsarbeit. Und er sah, daß sie geschlagen wurden, bis sie zusammenbrachen.

Er sah, wie ein Ägypter einen seiner Brüder totschlug.

Und er sah, daß es niemand verhinderte. Sein Volk war in Todesangst und wußte nicht, was es tun sollte.

Das alles sah Mose. »*Gott wird sich nach euch umschauen,*« hatte Josef auf seinem Sterbebett gesagt. Wird das jetzt geschehen? Ein kleiner Gottesknecht erscheint auf der Bühne, eine messianische Gestalt, die sich gerufen fühlt, sich nach diesem Volk umzuschauen. Mose sieht das Elend seines

Volkes. Er sieht, wie ein Ägypter einen seiner Brüder tötet. Und er sieht auch, daß es niemand verhindert. Mose ist ungestüm, er kocht vor Wut. Blitzschnell schaut er um sich, wähnt sich unbeobachtet, erschlägt den Mörder und verscharrt ihn im Sand.

Mose sei ein demütiger Mensch gewesen, heißt es in der Schrift. Doch das muß wohl später gewesen sein, denn hier ist er jähzornig, aufbrausend, einer, der in kopfloser Wut drauflos schlägt. Natürlich, seine Wut wurzelt in seinem Gefühl für Recht und Gerechtigkeit, doch sein gewaltsames Eingreifen machte das Schicksal seines bedrohten Volkes nicht gerade erträglicher, und es führte schon gar nicht zur Befreiung. Mose muß von der verheerenden Kraft seines Triebes zu Tode erschrocken gewesen sein. War er, ein Sohn Levis, mit seinem gewaltsamen Auftreten denn auf dem richtigen Weg? Was sagte Jakob auch wieder, als er im Sterben lag, und Levi und dessen Bruder Simeon den Segen gab? *Ihre Werkzeuge sind mörderische Waffen. Verflucht sei ihr Zorn.*

Als Mose wenig später sah, wie zwei Hebräer miteinander kämpften, wurde alles noch schwieriger. »Willst du mir die Leviten lesen? Wer hat dich zum Herrn und Meister über uns gesetzt?« rief der Mann, den Mose für den Schuldigen hielt. »Willst du mir etwa auch den Garaus machen, so wie dem Ägypter?«

Mose erschrak. Seine Tat war ans Licht gekommen. Er war angreifbar gegenüber seinen Brüdern geworden, und wenn der Pharao davon hörte... Mose, der Mörder eines Mörders, mußte schauen, daß er wegkam. Er floh in die Wüste, ernüchtert, ratlos, bang. Nur weit weg von diesem Fehlschlag.

Die Wüste ist in Israels Glaubensgeschichten der Ort, wo ein Mensch zu sich selbst finden, und wo er lernen kann, seine Triebe zu beherrschen. Alle Großen Israels gingen in die Wüste. Abraham, Jakob, Josef, Mose, Elia, Johannes der Täufer, Jesus, – sie alle mußten versuchen, in der Einsamkeit der Steppe zu Gotteserkenntnis und Selbsterkenntnis zu gelangen.

Auch Mose mußte diesen Wüstenweg gehen. Mutterseelenallein zog er durch das kahle Bergland von Midian. Bei einem Brunnen ruhte er sich aus. Ist denn da keiner, der sich nach *ihm* umschaut?

Siehe, da erscheinen die sieben Töchter Jitros, des Priesters in Midian. Sie kommen zum Brunnen, füllen die Tränktröge und tränken ihre Herden. Doch siehe, da kommen Hirten herbei, und auch sie sind auf der Suche nach Wasser. Harsch werden die Mädchen verjagt.

Die Geschichte ist so alt wie die Welt, doch nie ist sie Schnee von gestern: Gezänk an den Quellen von Mutter Erde. Und stets sind es die Starken, die die Schwachen vertreiben.

»Mose, siehst du dort die sieben Töchter Jitros? Sie haben keinen Bruder!«

Mose sieht es. Und er steht auf. Er weiß, was er zu tun hat: Er befreit die Unterdrückten und tränkt ihr Vieh. So wollte Gott diesen Sohn Levis: ein tapferer Streiter, der mit tiefer Anteilnahme dient.

Die sieben Hirtinnen sind früher zu Hause als gewöhnlich. »Wie schnell ihr heute zurück seid!« sagt Vater Jitro.

»Ja, da war so ein netter Mann am Brunnen. Ein Ägypter. Der hat den Hirten ein paar Hiebe ausgeteilt und danach für uns noch Wasser geschöpft und die Herde getränkt.«

»Wo ist dieser Mann? Warum habt ihr ihn nicht mitgebracht? Geht schnell zu ihm, und fragt, ob er nicht zum Essen kommen möchte.«

Die sieben rettenden Engel sputen sich zum Brunnen. Wohlgezählt gab es in Moses Leben zwölf rettende Engel: Seine Mutter, die Hebammen Schifra und Pua, seine Schwester Mirjam, die Tochter des Pharao und Jitros sieben Töchter bei dem Brunnen. Die Zukunft der zwölf Söhne Israels hängt von dem einen Sohn Mose ab, der seine Geburt und sein Dasein zwölf Frauen verdankt, Töchtern Israels *und* der Heiden. Sie sind es, die den Retter im wahrsten Sinne des Wortes »über Wasser« halten.

So kam Mose zu Jitro, und so fand er seine Frau: Zippora, eine von Jitros sieben Töchtern. Zippora. *Vögelchen.* Ein Geschöpf, das Himmel und Erde vereint. Das Mädchen am Brunnenquell war Moses Lebensquell. Sie half ihm, das auszugraben und ans Licht zu bringen, was in seiner Seele schlummerte.

Und Mose war Hirte über Jitros Herde, des Priesters in Midian. Er trieb die Herde hinten in die Wüste.

Mose war ein demütiger Mensch. Hier, in der Wüste ist er dazu geworden. Er hat es von der hohen Himmelskuppel gelernt, von der Stille, den Sternen und den Felsen. Und zuhause war da stets Zippora, sein Vögelchen Gottes. Und Vater Jitro nicht zu vergessen, mit seinem priesterlichen Herz, einer, der den Weg in der Wüste kannte, und der einer suchenden Seele weisen konnte, wohin sie gehen sollte.

Und Mose war Hirte über Jitros Herde.

Er, der bald Hirte und Leiter eines ganzen Volkes sein sollte, läuft nun noch der Herde eines anderen hinterher. Hier hat Mose das Hüten gelernt. Einst, so erzählen die Rabbiner, machte er sich unter Gefahr für das eigene Leben auf die Suche nach einem verirrten Zicklein. Auf seinen Schultern trug er es in den Pferch zurück.

Wenn Mose hinten in der Wüste mit seinen Schafen und mit seinem Gott allein war, schweiften seine Gedanken zu seinem Volk, das dort in Ägypten unter der fremden Herrschaft gebückt ging. Dann sah er im Geiste ihre ausgemergelten Leiber in den Lehmgruben, dann hörte er die Peitschenschläge der Bewacher und den bitteren Schrei seines gefolterten Volkes. Und dann wußte er: Ich muß zurück, ich darf hier nicht unbekümmert in Midian bleiben, in der Fremde, nein, ich muß da sein, wo meine Volksgenossen sind. Von Pharaos Sklaven muß ich sie zu Dienern Gottes machen. Ich muß dem eine Stimme geben, der mit Stummheit geschlagen ist, dem helfen, der eines Helfers entbehrt. Als Zippora ihm einen Sohn schenkte, rief er seinen Namen: Gerschom, *Fremdling.* »*Denn ich bin ein Fremdling geworden im fremden Land.*«

Zippora verstand.

50

Der brennende Dornbusch

Exodus 2, 23-3, 15

Mose war Hirte über Jitros Herde. Er führte die Herde hinten in die Wüste, und er kam an den Berg Gottes. Dort erschien ihm der Engel des Herrn.

In der Wüste ist er, hinten in der Wüste. Weit weg von zu Hause, weit weg von all dem, was vertraut und übersichtlich ist, weit weg von seiner Frau und seinem Kind. Und meilenweit entfernt von seinem Volk, das in Ägypten leidet. Müßte er nicht bei seinem Volk sein? Doch was könnte er schon tun? Er, ein einfacher, kleiner Sterblicher, ganz allein in einer unermeßlichen Wüste. Auch er hat Angst, auch er ist verzweifelt. Was könnte er schon tun?

Mose durchlebt schwierige Zeiten, während er dort mit seinen Tieren herumzieht und nicht weiß, wohin sein Leben führen soll. Die Hitze des Tages, die Kälte der Nacht, die Einsamkeit, die Tränen, der Schmerz, – er fühlt sich vollkommen verloren. Doch ausgerechnet dort in der Wüste verstummte Mose und wurde geläutert. Dort, hinten in dieser Wüste, erwies sich der Berg als ein Berg Gottes. Und Gott rief ihn dort.

Der Engel des Herrn erschien ihm in einer feurigen Flamme aus einem Dornbusch. Mose schaute, und siehe, der Dornbusch stand in Flammen, und wurde doch nicht verzehrt.

Eine Vision. Die Schafe seiner Herde sehen nichts als die Sonne, die feuerrot hinter den Sträuchern untergeht. Mose aber sinkt plötzlich auf die Knie, denn Mose sieht mehr.

Der Dornbusch seines Lebens steht in Flammen, und er wird nicht verzehrt. Das Feuer, das ihn anfangs verzehrte und zu Mord und Totschlag entflammte, hat seine tödliche Kraft verloren. Ein Dornbusch hat keine Gestalt und Hoheit, in der Wüste ist er zu finden und zu nichts nütze, – es sei denn, daß Gott die Niedrigkeit dieses einfachen Geschöpfes ausersieht, um seinen Lichtglanz zu tragen. Will sich der Ewige etwa eines einfachen

Menschen wie Moses bedienen, um sich durch ihn in Wärme und Feuer zu offenbaren?

Der Dornbusch ist auch das Volk Israel. Das ist immer so bei großen Befreiern: Ihr persönliches Schicksal und das Schicksal ihres Volkes ist eins. Israel wird das Feuer Gottes tragen dürfen, mitten durch die Wüste. Die Flamme wird weder durch das Holz noch durch Israel oder Mose genährt. Gott selbst *nährt* die Flamme, Israel und Mose *tragen* sie. Einst wird Mose wieder an diesem Ort stehen, mit seinem Volk, das aus Ägypten geführt wurde. Bei diesem Dornbusch (*Seneh*), auf diesem Berg (*Sinai*), wird Gott abermals im Feuer erscheinen. Hier wird der Ewige mit seinem Volk einen Bund schließen.

Solch eine Vision ist voller Geheimnisse. Man kann sich ihr ein wenig nähern, doch man kommt ihr niemals wirklich nahe.

Mose dachte nun: Ich will hingehen und die wundersame Erscheinung besehen. Da rief Gott ihn aus dem Dornbusch und sprach: »Mose, Mose! Tritt nicht herzu. Zieh deine Schuhe von den Füßen, denn der Ort, darauf du stehst, ist heiliges Land.«

Mose zog die Schuhe von den Füßen. Ein Zeichen der Demut. Auf nackten Füßen stand er da, wie Adam vor seinem Schöpfer. Und er verhüllte sein Angesicht. Wie könnte ein Sterblicher den Gott des Himmels und der Erde schauen?

»Mose, ich habe das Elend meines Volkes in Ägypten gesehen. Das Jammergeschrei über ihre Bedränger habe ich gehört. Ich habe ihr Leiden erkannt. Darum bin ich herniedergestiegen, um sie aus der Ägypter Hand zu erretten, und um sie aus diesem Land herauszuführen in ein gutes und weites Land, in ein Land, darin Milch und Honig fließt.«

Der Schrei der Unterdrückten, der von dem Erdboden aufsteigt, – Gott hört's! Der Starke, der den Schwachen bedrängt, – Gott sieht's! Sie, die da hungert und dürstet nach Speise und Gerechtigkeit, sollen im Lande Gottes satt werden. Milch und Honig sollen ihr Teil sein. Götterspeise den Geknechteten. Gibt es denn friedlichere Nahrung als Milch und Honig? Kein lebendiges Wesen muß dafür sein Leben lassen, kein Tier muß dafür bluten. Gott steigt herab, um sein Volk zu retten. Doch dabei muß ihm Mose schon zur Hand gehen.

»So geh nun hin, ich sende dich zum Pharao, damit du mein Volk aus Ägypten führst.«

Gott offenbart sich in Visionen und Gesichten dem, der Augen hat zu sehen. Das verpflichtet. Dazu gehören Taten der Befreiung. Mose schreckt davor zurück, denn, ach, das ist ja eine nette Aufgabe, so mir nichts, dir nichts. Da wird der Pharao sich aber freuen!

»Herr, wer bin ich, daß ich zum Pharao gehe und führe die Israeliten aus Ägypten?«

»Ich bin doch mit dir, vergiß das nicht!«

Mose fragt: *Wer bin ich?* und Gott antwortet, indem er sagt, wer *er* ist. *Ich bin! Ich bin mit dir, Mose.* So spricht Gott Mose Mut zu. Gottvertrauen schafft Selbstvertrauen.

Doch Vertrauen muß wachsen. Mose wird nicht sofort erreichen, was er erreichen möchte. Denn auch die Israeliten werden sich freuen! »Wir? Aus dem Sklavenhaus auszuziehen? Wie soll denn das gehen? Wie kommst du nur auf diese Idee? Von wem? Gott? Wer ist das denn?«

»Herr, Gott, darf ich dich etwas fragen? Siehe, wenn ich zu den Israeliten komme und spreche zu ihnen: Der Gott eurer Väter, der Gott Abrahams, Isaaks und Jakobs, hat mich zu euch gesandt! und sie mir sagen werden: Wie ist sein Name?, was soll ich ihnen dann antworten?

Mose fragt Gott nach seinem Namen. Damit fragt er Gott nach seinem Geheimnis. Der Name enthüllt das Wesen. Deshalb heißt Mose auch Mose: Weil er aus dem Wasser gezogen wurde, weil er gerettet wurde, um zu retten. Deshalb nannte ihn Gott zweimal bei Namen. Der Name Mose ist mehr als ein Rufname, er ist sein Berufungsname: »Mose, du mußt Mose sein.«

»Mutter, was ist das?«

»Das ist ein Baum.«

»Und was ist das?«

»Das ist ein Kind.«

»Wer hat die Bäume und die Kinder gemacht?«

»Gott.«

»Wer ist Gott?«

Jetzt wird's schwierig. Bäume und Kinder kann man benennen, doch wer benennt Gott?

Weil jeder seinen Namen trägt,
Nur Du nicht. O, wer kann Dich nennen
Bei Deinem Namen?*

»Wenn mich die Israeliten fragen: Wie ist sein Name? Was soll ich dann antworten? Wen darf ich melden?«

»*Ich bin, der ich bin, Mose. Sprich also zu den Israeliten: ›Ich bin‹ hat mich zu euch gesandt, der Gott eurer Väter, der Gott Abrahams, Isaaks und Jakobs.*«

»Ich bin, der ich bin. Ich werde sein, der ich sein werde. Ich gehe mit dir. Ebensowenig wie Abraham, Isaak und Jakob sollt ihr jemals irgendwo sein, wo ich nicht bin, Mose. Sei guten Mutes!«

Ein geheimnisvoller Name. Verhüllung und Enthüllung zugleich.

Verhüllung, weil wir Gott nicht benennen können. Der Mensch darf sich von Gott kein Bildnis machen, uns zum Bild, uns zum Gleichnis, und das kann er auch nicht. Wie sollte er es auch können? Gott wohnt im Himmel und der Mensch auf Erden. Es gibt Menschen, die von Gott sprechen, als hingen sie mit ihm tagtäglich am Telefon. Man hüte sich vor solchen Menschen! Der große Theologe Thomas von Aquino hat über Gott wunderschöne Bücher geschrieben, doch das schönste, was er je gesagt hat, war vielleicht folgendes: »Wer Gott ist, wissen wir so gut wie nicht.« Verhüllung.

Der geheimnisvolle Name ist auch Enthüllung. *Ich bin für euch da.* Gottes Name ist eine Verheißung, ein Versprechen. »Mein Dasein,« spricht Gott, »ist da sein. So, wie ich der Gott Abrahams, Isaaks und Jakobs war, so werde ich auch euer Gott sein. So wahr ich bin, der ich bin, werde ich für euch da sein. Mose, glaub's!«

Mose nickte.

Er wußte noch längst nicht alles.

Doch er wußte genug.

51

Moses Gegenwehr

Exodus 4

»*Ja aber, wenn sie mir nun nicht glauben und nicht auf mich hören?*«

Ach, wir hätten es ahnen können. Mose zaudert erneut. Er wird gerufen, doch er weicht aus! Warum will Gott gerade ihn? Warum nimmt er nicht einen anderen? Zweimal schon brachte Mose seine Gegenargumente vor, und er hat noch drei weitere Eisen im Feuer liegen. Mose wird insgesamt fünfmal trotzen, mit einer Handvoll Einwände. »*Aber wenn sie mir nun nicht glauben?*«

Mose spricht natürlich von *sich*. Er glaubt es nicht. Er mag zwar gerade diese Vision gehabt haben, hoch oben auf Gottes heiligem Berg, Feuer auf seinen eigenen dürren Zweigen, doch damit ist er noch lange nicht seiner Angst und seines Zweifels entledigt. Von Angst und Zweifel wird niemand leicht erlöst. Das dauert seine Zeit.

»Was hast du in deiner Hand, Mose?«

Das ist stets die Frage: »Was hast du in Händen?« Mose, der ohne göttlichen Funken nicht mehr als ein einfacher Dornenstrauch ist, ist geneigt zu sagen: »Ich? Ich habe nichts in Händen. Wer bin ich, daß ich etwas in Händen hätte?«

»Warum bist du denn so ängstlich, Mose? Du hast doch etwas in Händen. Sage mir, was du in Händen hast?«

»Einen Hirtenstab.«

Ein einfaches Werkzeug für die Ausübung eines einfachen Berufes. Stecken und Stab für unterwegs, Rückhalt, wenn man durch finstere Täler wandert. Äußerlich nichts als ein totes Stück Holz, innerlich jedoch voller Leben. Dadurch ist er biegsam und bricht nicht. »Hast du denn noch Leben in dir, Mose? Was hast du in Händen?«

Einen Stab. Damit läßt sich eine Herde zusammenhalten, damit lassen sich wilde Tiere verjagen. Damit kann man Leben bewahren und den Tod abwehren.

»Mose, wirf den Stab auf die Erde.«

Mose warf seinen Stab auf die Erde. Er wurde zu einer Schlange. Mose wich zurück. Siehst du, wie lebensgefährlich es ist, wenn man seinen Stab wegwirft und das Hüten unterläßt? Das wird Mose in große Gefahr bringen.

»Mose, strecke deine Hand aus und erhasche sie beim Schwanz.«

Beim Schwanz? Ausgerechnet dort, wo man eine Schlange nicht anfassen soll, wenn einem das Leben lieb ist, – das weiß doch jedes Kind.

Es ist eine Übung in Gottvertrauen.

Mose besiegte seine Angst, streckte seine Hand aus, ergriff die Schlange bei ihrem Schwanz, und da wurde sie zu einem Stab in seiner Hand.

»Mose, stecke deine Hand in den Bausch deines Gewandes.«

Mose steckte seine Hand in den Bausch seines Gewandes, und als er sie wieder herauszog, siehe, da war sie aussätzig, weiß wie Schnee.

Anschauungsunterricht. »Warum legst du die Hände in den Schoß, Mose? Tu, was deine Hand zu tun findet. Auf, an die Arbeit, laß dich durch deine Angst nicht lähmen, nimm dein Herz in beide Hände, sonst fallen sie dir ab, dann wirst du krank. Und du gefährdest damit auch noch andere. Angst ist ansteckend.«

»Stecke deine Hand wieder in den Bausch deines Gewandes.«

Mose tat's erneut, und als er sie abermals hervorzog, siehe, da war sie wieder wie zuvor.

Moses Angst kann nur von innen heraus geheilt werden. »Vertraue auf deine innere Kraft, Mose. Vertraue auf mich. Ich bin mit dir.«

Doch soweit ist Mose noch nicht. Noch immer wehrt er sich mit Händen und Füßen, voller Furcht vor dem, was kommen wird. Wer ist schon zum Messias geboren?

Zum vierten Mal leistet er Widerstand: »*Ach, mein Herr, ich bin von jeher nicht beredt gewesen, auch jetzt nicht, seitdem du mit deinem Knecht redest; denn ich habe eine schwere Sprache und eine schwere Zunge.*«

Wird Gott denn nun endlich begreifen, daß Mose für die Aufgabe, mit der Gott ihn bedacht hat, ganz und gar ungeeignet ist? »Ich habe nicht den Mut dazu. Du weißt doch, daß ich nicht gerade ein Mann der großen Worte bin, das ist nichts Neues, schon immer war ich etwas auf den Mund gefallen. Und es ist, wenn ich so frei sein darf, auch nicht besser geworden, seit du mich gerufen hast. Wie in Himmelsnamen kannst du durch meinen Mund sprechen wollen?«

Warum hat Gott, als er ihn rief, ihm nicht auch alle Vorzüge eines wirklichen Helden mitgeliefert? Mose hat unter Gott wahrlich zu leiden.

Und Gott hat ziemlich unter Mose zu leiden. Zum vierten Mal versucht der Ewige, ihm mehr Vertrauen einzuflößen: »Diesen Mund habe ich dir gegeben, Mose, und der ist schon in Ordnung so. Gehe nun. Ich will mit deinem Mund sein und dir sagen, was du sagen sollst. Gehe nun.«

Mose aber will nicht und leistet zum fünften Mal Gegenwehr: *»Ach Herr, sende doch bitte einen anderen.«*

Da entbrannte der Zorn des Herrn: »Wohlan, ich sende Aaron, deinen Bruder, zu dir. Er ist schon unterwegs. Aaron wird dein Mund sein. Und du sollst ihm zum Gott sein. Doch nimm jetzt deinen Stab, und hinweg mir dir!«

Mose ging. Endlich ging er. Aus Furcht vor den Folgen einer erneuten Weigerung besiegte unser sich sträubender Held seine Angst. Noch immer sah er dem Ganzen mit Schrecken entgegen, er hatte sich wahrlich nicht aufgedrängt, man drängte *ihn*. Doch er ging. Er sattelte seinen Esel, und zusammen mit Zippora und Gerschom, ihrem Erstling, zog er aus. Richtung Ägypten. Richtung Pharao.

In einer Herberge nahe der Grenze verbrachten sie die Nacht. Es sollte nicht mehr lange dauern, und er würde in das Land zurückkehren, das er auf der Flucht verlassen hatte. Hat Mose in jener Nacht denn an Jakob gedacht, der auch nach vielen Irrwegen in das Land zurückkehrte, das er auf der Flucht verlassen hatte? Wie dem auch sei, wie zu Jakobs Zeiten, spukte es auch in dieser Nacht. *Der Herr versuchte ihn zu töten.*

Offenbar wird Mose von plötzlichem, heftigem Fieber überfallen, er ist todkrank. Doch wer wollte behaupten, daß da Gott seine Hände im Spiel habe?

Das war Zipporas Gedanke. »Oh Gott,« dachte Zippora, »gleich stirbt er mir.« Und sie dachte: »Sollte uns das denn grundlos widerfahren?« Und sie dachte: »Vielleicht hat hier ja Gott seine Hände im Spiel.« Und sie dachte: »Vielleicht ist's ja, *weil...*« Und mit diesem *Weil* nahm Zippora ein Messer aus Stein. Sie nahm das Heft in die Hand und tat, was Mose damals zu tun versäumt hatte: Sie beschnitt ihren erstgeborenen Sohn, schnitt das Bundeszeichen, das Mose vorenthalten war, in Gerschoms kleines Glied.

Mose hatte sich Gott hingegeben, doch er hatte noch etwas zu tun versäumt. Er hatte ihm seinen erstgeborenen Sohn noch nicht geweiht. Moses Ergebung war noch nicht vollkommen. Das wußte Zippora, und sie brachte es stellvertretend in Ordnung. »Nimm unser Leben, Herr, laß es dir zu Ehren ergeben sein, mit ganzer Seele.« So erinnerte sie Gott an seine Verheißung und Mose an seine Berufung. Gerschom empfing Zeichen und Siegel des Gottes, der Israels Gott sein will von Geschlecht zu Geschlecht.

Die Sonne ging über ihm auf. Es war das Ende einer langen Nacht, ein neuer Tag brach an, das Fieber war gewichen. Mose stand auf. Dort in Ägypten wartete sein Volk.

»Komm, Zippora, laß uns gehen.«

52

Laß mein Volk ziehen

Exodus 5, 6 und 7

»Vater, warum ist diese Nacht anders als alle anderen Nächte?«

»Wir waren Sklaven in Ägypten, mein Kind, Gefangene eines Sterblichen, der dachte, Gott zu sein und über Leben und Tod entscheiden zu können. Und wir wären *noch immer* dort, wenn Mose nicht zu uns zurückgekehrt wäre. ›*Höre Israel, der Herr ist unser Gott, der Herr allein,*‹ rief er. Mit diesen wenigen Worten ist alles gesagt; du kannst sie auf den Pergamentröllchen in der *Mesusa* am Türpfosten unseres Hauses finden. Das ist der Kern unseres Glaubens. Nur wer diese Wahrheit deutlich gehört hat, wird nicht Gott spielen. Nur wer diese Wahrheit deutlich gesehen hat, wird jeden Sterblichen enttarnen, der es tut. Vor keiner Macht und vor keinem Menschen der Welt müssen wir unsere Knie beugen. Gott ist mit uns.«

Gott war mit Mose. Und mit Aaron, der Mose entgegenreiste, als er auf Gottes Geheiß gewahr wurde, daß sein Bruder im Anmarsch sei. Gott war mit ihnen, als sie den Israeliten von den Wundern, die ihnen widerfahren waren, und von den Wundern, die ihnen noch widerfahren sollten, erzählten. Und Gott war mit ihnen, als sie vor den Pharao traten: »*So spricht der Herr, der Gott Israels: Laß mein Volk ziehen. Laß uns in die Wüste ziehen, drei Tagesreisen weit, um unseren Gott anzubeten.*«

Der Pharao konnte ein Lachen nicht unterdrücken. Das ganze hatte etwas Possierliches: Da standen zwei einfache Hirten eines Sklavenvolkes vor ihm, die in seinen königlichen Palast geschneit waren, um ihm zu erzählen, daß ihr Gott ihre Freiheit wünschte. Woher nahmen die zwei seltsamen Gestalten denn diese Dreistigkeit? Und dann: drei Tagesreisen weit! Sie würden sich natürlich stehenden Fußes aus dem Staub machen, zum ungemeinen Schaden der Wirtschaft des Landes.

»Euren Gott kenne ich nicht,« sagte der Pharao.

Nein, das war Mose und Aaron wohl deutlich. Dieser Mann kannte weder Gott noch Gebot. »Euren Gott kenne ich nicht, und ich lasse euch auch nicht ziehen. Freiheit? Arbeit macht frei! Ziegel brennen!«

Von nun an mußten die Israeliten auch noch das Stroh, mit dem der Lehm verstärkt wurde, zusammenlesen. Doch die Zahl der Ziegel, die sie brennen mußten, blieb unvermindert. Eine unmögliche Aufgabe. Die Zwangsarbeiter bekamen noch mehr Schläge, und so wandten sie sich in ihrer Verzweiflung gegen Mose, – das hatte der Pharao klug vorhergesehen. »Du hast mehr Übel als Gutes angerichtet. Du hast dem König das Schwert in die Hände gespielt, mit dem er uns töten wird.«

Und Mose? Auch Mose war entmutigt. Und aus Verzweiflung wandte er sich seinerseits gegen Gott: »Warum bist du so hart gegen dieses Volk? Warum hast du mich zu diesem Volk gesandt, wenn du selbst nichts tust, um es zu retten?«

»Ich bin der Herr, Mose. Ich bin der Gott Abrahams, Isaaks und Jakobs. Sprich zu den Israeliten, daß sie nicht verzweifeln sollen. Ich werde sie aus Ägypten führen und sie in das Land bringen, das ich den Vätern verheißen habe. Ich bin der Herr.«

Mose versuchte, seinem Volk neuen Mut zuzusprechen: »Verzweifelt nicht. Gott wird uns retten. Wir werden es schaffen.«

Doch das Volk wollte nicht mehr hoffen und hörte nicht auf ihn.

Rabbi Chanoch von Alexander war der Meinung, daß Israels eigentliche Verbannung darin bestand, daß sie sie als gegeben akzeptierten. Nur ein Wunder konnte das Volk noch retten.

»Geht zum Pharao,« sprach Gott zu Mose und Aaron, »und sagt ihm, daß er das Volk ziehen lassen soll. Wenn er nicht auf euch hören will, dann soll Aaron seinen Stab auf die Erde werfen. Der Stab wird zur Schlange werden.«

»Im Namen unseres Gottes spreche ich zu dir: Laß mein Volk ziehen,« rief Mose dem Pharao entgegen.

»In wessen Namen sagtest du?« fragte der Pharao.

Aaron warf seinen Stab auf die Erde, und der Stab wurde zur Schlange. Besonderen Eindruck hinterließ seine Verkündung indes nicht: Auch die Weisen und Zauberer Ägyptens pflegten ihre Stäbe auf die Erde zu werfen, und sie alle wurden zu Schlangen.

Da haben wir's, das kleine Hebräervolk verzweifelt zu Recht! Es ist ein ungleicher Streit, sie sind dem mächtigen Ägypten in keinster Weise gewachsen. Da kennen sie einen Zaubertrick mit *einer* Schlange, und

schon wird er von Ägypten mit einer ganzen Reihe von Schlangen über-
trumpft!

Doch seht: Aarons Schlange verschlang die Schlangen der Ägypter! So
schnell müssen die Hebräer das Feld nicht räumen, den Glauben an ein
gutes Ende nicht aufgeben. Nun wird sie der Pharao gewiß ziehen lassen.

Doch das Herz des Pharaos verstockt sich. Er hört nicht auf sie.

53

Pessach

Exodus 7-12

»Mose,« sprach Gott, »gehe frühmorgens zum Nil, zur Stunde, da der Pharao zum Wasser geht, und sprich zu ihm: ›So spricht der Herr, laß mein Volk ziehen.‹ Und Aaron soll seinen Stab über das Wasser des Flusses rekken und ins Wasser schlagen. Es wird sich in Blut verwandeln. Die Fische werden sterben. Der Nil wird stinken.«

So begab sich's. »Laß mein Volk ziehen,« rief Mose, doch der König schenkte seinen Worten kein Gehör. Aaron reckte seinen Stab über das Wasser und schlug es. »Siehe, dein heiliger Strom ist rot vor Blut. Es stinkt hier, Majestät, es stinkt hier.«

Der Nil, Ägyptens Lebensader, des Landes Geldstrom, stinkt. An ihm klebt Blut, das ganze Land ist unrein. Doch der Pharao hatte keine Augen, um's zu sehen, und so verstockte er sein Herz.

Und es begab sich, daß das ganze Land von Fröschen wimmelte. Die klassischen Gestalten unreiner Gedanken und böser Geister. Sie krochen in Stadt und Land, man fand sie in Betten und Backöfen. Doch als die Frösche gewichen waren, beharrte der Pharao noch immer auf seiner Weigerung, die Israeliten ziehen zu lassen.

So folgt eine Katastrophe auf die andere, der Pharao freilich wankt und weicht nicht. Ein endloser Streit. Ein Kampf in zehn Runden.

Eine Läuseplage sucht Mensch und Tier heim. »Das ist der Finger Gottes!« urteilt der wissenschaftliche Rat der Regierung, doch die Regierung interessiert sich nicht dafür, sie wankt und weicht nicht.

Stechfliegenschwärme gehen nieder. »Gut,« spricht der König zu Mose, »du darfst deinem Gott opfern. Doch nicht zu weit weg von hier, keine drei Tagesreisen weit.« Doch kaum sind die Fliegen verflogen, da bricht der Pharao auch schon sein Versprechen.

Die Viehpest bricht aus. Auch des Königs Untertanen sind mit Geschwüren und Beulen übersät. Die Natur ist aus ihrem Gleichgewicht:

Donner und Hagel zerschlagen alles Gewächs des Feldes, Bäume fallen um, Tiere verenden jämmerlich. »Ich habe gesündigt,« bekennt der Pharao. »Gottes Donnerschläge sind mir zu mächtig. Mache dieser Gewalt doch ein Ende! Ihr dürft ziehen.« Doch kaum sind Donner und Hagel gewichen, da bricht der König abermals sein Versprechen und ist so unerbittlich als wie zuvor.

Höchste Zeit für eine achte Plage: Was Blitz und Hagel auf dem Feld noch übrig ließen, fällt den Heuschreckenheeren zum Opfer. In einem schwachen Moment ist der Pharao erneut zum Einlenken bereit: Die Männer dürfen ziehen. Ist der Kult nicht sowieso Männersache?

Diesmal schenkt Mose seinen Worten kein Gehör.

Eine neunte Plage ist unvermeidbar: Die Mächte der Finsternis ergreifen von Ägypten Besitz, drei Tage und drei Nächte lang ist das Land in tiefstes Dunkel gehüllt. Noch immer wankt und weicht der König nicht. Koste es, was es wolle, will er diesen Kampf gewinnen, denn Gottes Wort ist ihm ein Greuel, und so panzert er sich dagegen. Hörte er auf dieses Wort, wäre das das Ende seines Königtums. Und so war es eigentlich Gottes Wort, das sein Herz verstockte. *Gott verstockte sein Herz*, sagt der Erzähler.

»Mose, verschwinde aus meinen Augen,« rief er. »Und sorge dafür, daß du nimmermehr vor mein Angesicht trittst.«

»Dafür werde ich sicherlich sorgen, oh König. Mein Volk und ich, wir werden aus deinen Augen verschwinden. Nimmermehr werde ich dein Angesicht sehen!«

Mose weiß, daß die zehnte Runde die Entscheidung bringt. Nun wird Blut fließen. Nicht nur die Gegenwart ist vergiftet, auch die Zukunft wird weggefegt: Wenn der Pharao Israel, Gottes Erstling, nicht leben läßt, dann wird es für die Erstlinge des Pharaos kein Leben geben. *So spricht der Herr: Um Mitternacht sollen in Ägypten alle Erstlinge sterben, vom Erstgeborenen des Königs im Palast bis zum Erstgeborenen der Magd, die hinter ihrer Mühle hockt, und bis zu allen Erstlingen unter dem Vieh.*

Ohne den Erstgeborenen gibt es keine Zukunft.

»Aaron,« sprach Mose, »heute Nacht geschieht's. Es wird eine andere Nacht sein als alle anderen Nächte. Jede Familie soll ein Lamm schlachten und das Blut an die Türpfosten und die Oberschwelle der Häuser streichen, auf daß der Ewige an der Tür vorübergehe, wenn er kommt, um Ägyptens Erstlinge zu schlagen. Wir wollen nicht zu Bett gehen. Die Lenden gegürtet, die Füße beschuht, den Stab in der Hand, wollen wir zum Auszug bereit sein. Das Brot wird keine Zeit mehr haben aufzugehen, wir werden ungesäuerte Brote essen. Und Kräuter, bittere Kräuter.

An Türpfosten und Oberschwelle wurde das Blut eines Lammes gestrichen, auf daß der Ewige an dieser Tür *vorübergehe*. *Pessach* auf hebräisch. *Passover* auf englisch. So lehrte Mose sein Volk ein großes Geheimnis. Das unschuldige, sich nicht widersetzende Lamm ist seit Urzeiten das Symbol für wahre Hingabe. Indem die Israeliten ein Lamm opfern, ritualisieren sie ihre Selbsthingabe und fügen sich in Gottes Plan.

Es wurde Nacht. Jeder wachte, die Lenden umgürtet, die Füße beschuht, den Stab in der Hand. In jener Nacht irrte der Tod durch Ägyptenland. Der Erstling des Königs im Palast starb, der Erstling der Magd, die hinter der Mühle hockte, starb, die Erstlinge des Viehs starben. Eine einzige große Jammerklage stieg aus dem Land empor, nicht eine Familie gab es, in der keine Toten zu beklagen waren. An den Häusern der Hebräer jedoch ging der Tod vorüber.

Eine schaurige Geschichte. Ließ Gott die Ägypter verrecken, weil sie seinem Volk Böses antaten? Derselbe verwerfliche Gedanke lebt bis auf den heutigen Tag fort. Stämme, die sich als Gottes Volk betrachten – *Dieu le veut, Gott mit uns, with God on our side* – machen noch immer mit jenen kurzen Prozeß, die sich ihnen widersetzen.

Weiß der Erzähler, daß es Unmenschen gibt, die nur mit Gewalt zu stoppen sind?

Oder geht es hier um die süße Rache, von der Märchen erzählen, und die sowohl kleine als auch große Kinder genüßlich erschauern läßt, weil die Bösen ihren verdienten Lohn erhalten und die Guten noch lange und glücklich leben?

Der Tod irrte durch Ägyptenland. »Laßt die Hebräer ziehen, laßt sie in Himmelsnamen ziehen,« rief der Pharao. Sogar des Landes Silber und Gold gab er ihnen mit, in der Hoffnung, dieses Volk und seinen Gott damit günstig zu stimmen.

Die Türen der Häuser und Ställe öffneten sich. Einer nach dem anderen kam im hellen Licht des Vollmondes zum Vorschein: Männer, Frauen, Kinder, Tiere. In jener Nacht kroch aus den Winkeln und Ecken auch allerlei fremdes Volk hervor, das ebenso schlecht dran war wie die Hebräer, und das sich auch unter die Flügel des Gottes Israels scharen durfte. Es war ein kunterbunter Zug.

»Vergeßt nicht, euren Kindern später vom Geheimnis dieser Nacht zu erzählen,« sagte Mose. »Weiht sie von Sabbat zu Sabbat in das Pessach-Geheimnis ein. Jedes Jahr sollt ihr dieses Tages gedenken, mit ungesäuerten Broten und bitteren Kräutern, mit Feigenmus, rotbraun wie die Ziegel, die wir für den Pharao brennen mußten, als wir noch Sklaven waren. Erzählt vor allem, wie hell das Licht in jener Nacht schien, da die Freiheit lockte. Wie im Anfang.«

54

Durchzug

Exodus 13-15

Und Mose nahm mit sich die Gebeine Josefs.

Das war Josefs Wunsch, ehe er in der Verbannung starb. »Gott wird sich nach euch umsehen und euch aus diesem Land führen in das Land, das er Abraham, Isaak und Jakob verheißen hat. Nimm dann meine Gebeine mit dir.«

Wie lange hatte der Tote da in seinem Sarkophag gelegen? Generationen kamen, Generationen gingen, und er wartete und wartete, dort in seiner Grabkammer im Sande Ägyptens. Dem unterdrückten Volk war es, als ob die Steine sprächen: »Gott wird sich nach euch umsehen und euch aus diesem Land führen.«

Nun ist es soweit. Nun werden sie fortziehen, die Kinder Abrahams und Isaaks, die Söhne Jakobs. Der große Auszug beginnt. Die Tore der Grabkammer werden geöffnet. Starke Hände greifen die Kiste bei ihren Henkeln und tragen den Toten ehrerbietig nach draußen. »Josef, komm mit, die Verbannung ist zu Ende. Wir gehen nach Hause.«

Dort gehen sie. Durch die Nacht von Schmerz und Sorgen zieht der Zug der Pilger fort, und am Haupte jenes Zuges geht der Meisterträumer, der von dieser Zukunft geträumt hat, als er im Sterben lag, und der von ihr auch noch zeugte, als er tot und begraben war: »Vergeßt es niemals, wir wohnen hier nicht, wir wohnen an anderem Orte, dereinst wird Gott uns nach Hause bringen.«

Mose nahm mit sich die Gebeine Josefs.

Warum zogen sie nicht nach Norden, der Küste entlang? Nach einigen Tagesreisen würden sie das verheißene Land erreicht haben. Doch nun stand ihnen etwas ganz anderes in Aussicht: vierzig Jahre durch die Wüste zu irren! Warum führte Gott das Volk auf einen anderen Weg, warum führte er sie zum Schilfmeer hin?

»Nun,« sprach Rabbi Josua ben Levi, »es ist wie mit jenem König, der seinem Sohn sein Erbe vermachen wollte. Der Sohn war noch sehr klein, er konnte noch nicht einmal lesen und schreiben. Wenn ich ihm nun alles gäbe, würde er es denn verwalten können? fragte sich der König. Besser ich warte, bis er an Kraft und Weisheit gewachsen ist. Und derselben Meinung war auch Gott: Die Kinder Israels sind noch richtige Kinder. Ich will erst, daß sie mit der Tora, der heiligen Lehre, lesen und schreiben lernen. Wenn sie mit der Tora groß geworden sind, will ich ihnen das verheißene Land geben.«

Gott führt das Volk auf einen anderen Weg, auf den Wüstenweg. Dieser Weg ist auf keiner Landkarte eingezeichnet. Unsere Geschichte handelt von dem Gang des Glaubens aller Zeiten, von einer Reise, die immer wieder vom Menschen unternommen werden muß, sie handelt von dem Weg, der aus Ägypten in die Freiheit führt. Es ist ein langer Weg, und er führt durch eine unwirtliche Gegend.

Erst braucht es ein Weilchen, bis man den ersten Schritt wagt, dann dauert es einige Zeit, bis man endlich seine Bestimmung gefunden hat. Man verhandelt mit dem Pharao, denn man kann ja nicht einfach so verschwinden. Und will man es denn überhaupt? Man fragt brav um Erlaubnis, doch man bekommt sie natürlich nicht. Die Last des Lebens wird immer schwerer, doch die Angst lähmt. Man weiß, was man hat; doch man weiß nicht, was man bekommen wird. Man fühlt sich zu schwach, den Bruch herbeizuführen, und der König und die Königin finden's ja auch nicht gut. Man würde ja gern gehen, doch eigentlich nicht ohne ihr Einverständnis. So sucht man nach einem Kompromiß zwischen der lockenden Freiheit und des Menschen Furcht. Doch solange man um des Königs Einverständnis bittet, erkennt man seine Macht an, solange schenkt man jener anderen rufenden Stimme kein Gehör. Man weiß ja, daß man mit all dem brechen muß, doch man hat noch immer nicht den Mut, es zu tun. Man wird anderen zur Plage und schließlich zur Plage seiner selbst. Dann, letzten Endes, meint auch der Pharao, daß es besser wäre, wenn man ginge.

Und so geht man. Endlich kann man gehen. Erleichtert atmet man auf, und mit dankbarem Herzen reist man dahin, entlang den Wegen des Herrn. Endlich vom Pharao erlöst, ist es wie eine Gnade Gottes. Man fühlt sich getragen. Eine Wolkensäule leitet des Tags, eine Feuersäule des Nachts.

Bis man eine fürchterliche Entdeckung macht. Denn man ist den Pharao und seine Helfershelfer nicht los! Sie geben keine Ruhe, sie setzen zur Verfolgung an. Kaum hat man die ersten Schritte in die Steppe gewagt, da finden sie einen schon. Sie wollen einen mit aller Gewalt zurück: *Die Ägypter jagten den Israeliten nach mit Rossen, Wagen und ihren Männern und mit dem ganzen Heer des Pharao, als sie sich am Meer gelagert hatten.*

Tja, da hat man's dann! Hinter einem der Feind, vor einem das Wasser. Man sitzt in der Patsche. Hatte man's nicht gleich gesagt, daß das ganze Unternehmen zum Scheitern verurteilt ist! Wäre man doch nur nie losgezogen. *»Gab es in Ägypten denn etwa keine Gräber, daß du uns wegführen mußtest, damit wir hier in der Wüste sterben? Haben wir's dir nicht schon in Ägypten gesagt: Laß uns in Ruhe. Es ist besser für uns, den Ägyptern zu dienen, als in der Wüste zu sterben!«*

Sie *waren* gefangen. Dann dachten sie, daß sie frei wären. Nun sind sie *wieder* gefangen. Sie können nicht zurück und können nicht vorwärts. »Oh Gott!«

»Mose, sage den Israeliten, daß sie weiterziehen.«

Weiterziehen? Doch da ist das Meer! Weiterziehen kann man also nur im Vertrauen, daß da, wo kein Weg ist, doch ein Weg ist, und daß dort, wo wir nichts als Tod und Verderben sehen, sich für uns der Weg zum Leben eröffnet.

»Mose, ziehe weiter! Hebe deinen Stab und recke deine Hand über das Meer.«

Mose hob seinen Stab, reckte seine Hand über das Meer, und ein starker Ostwind teilte das Wasser.

Das ist der Atem Gottes, der Wind aus dem Osten.

Und siehe, da war ein Weg, mitten durch das Meer, auf dem Trockenen! Das Wasser, vor dem sie sich so gefürchtet hatten, war ihnen links und rechts zur Schutzmauer geworden.

So zogen sie weiter, indem sie Mose folgten, Schritt für Schritt. Ohne Mose hätten sie es niemals geschafft, ohne ihn, den Propheten, der darauf vertraute, daß Gott, der dem ein Helfer sein will, der eines Helfers entbehrt, auch dort Wege findet, wo es keine Wege gibt. »Kommt mit,« rief Mose, »der Gott, der Wolken, Luft und Winden gibt Wege, Lauf und Bahn, der wird auch Wege finden, da dein Fuß gehen kann.* Kommt mit.«

Sie gingen. Hinterher sollte das Volk sagen: »Es war ein Wunder, daß wir gingen, und es war ein Wunder, daß wir es schafften. Wir sahen keinen Ausweg mehr, doch wir erreichten sicher die andere Seite. Allein wäre es uns niemals gelungen. Gott brachte uns die Rettung. Und unsere Verfolger? Von denen haben wir nie wieder etwas gehört!«

In Vergessenheit versunken. Der Pharao und seine Soldaten, die Pferde, die Wagen, die Räder des ganzen gewaltigen Machtapparats, – sie liefen fest, erlagen ihrem eigenen Gewicht und wurden von den wogenden Wellen verschlungen. Nichts blieb von ihnen übrig.

Vom Pharao und seiner Heeresmacht befreit, dem Tod entronnen, sangen Mose und die Israeliten ein Lied:

> *Lobet den Herrn, er ist hoch und erhaben!*
> *Rosse und Wagen warf er ins Meer.*

Und Mirjam, Moses Schwester, schlug das Tamburin, während ihr die Frauen im Reigentanz folgten.

> *Lobet den Herrn, er ist hoch und erhaben!*
> *Rosse und Wagen warf er ins Meer.*

Damit endet diese Ostergeschichte, wie sie begonnen hatte.

Sie begann mit Moses Geburt. Mit Moses Mutter und den Hebammen, die Ehrfurcht vor dem Leben hatten. Mit Mirjam, die so tapfer zu Moses wunderbarer Rettung beigetragen hatte, einer Rettung aus dem Wasser durch die Tochter des Pharao.

Und nun, am Ende der Geschichte, nun, da das ganze Volk durch die Enge gegangen ist und aus dem Wasser geboren wurde, nun schlägt Mirjam das Tamburin. Dankbar für diese wunderbare Erlösung tanzen die Frauen und singen ihr Lied von der Freiheit.

55

Manna in der Wüste

Exodus 15 und 16, Numeri 11

Lobet den Herrn, er ist hoch und erhaben!
Rosse und Wagen warf er ins Meer.

Die Freude über die wiedergewonnene Freiheit ist nur von kurzer Dauer, das Lied ist rasch verklungen, neue Sorgen ziehen herauf. Und was nun? Befreiung befreit nicht nur, Befreiung belastet auch. In der Wüste gibt es keine gebahnten Wege. Wer weist den Weg? Das Volk zögert. Gehen? Wohin? Wovon in der kargen Gegend leben? Kann Gott für das Lebensnotwendigste sorgen? Ist ein Sklavenhaus nicht dem Tod vorzuziehen? Was kann Mose dem Volk denn anderes als Mühsal, Blut, Schweiß und Tränen versprechen?

»Ich brachte Israel das Laufen bei,« wird Gott später durch den Mund eines Propheten sagen. Doch es dauerte ziemlich lange, bis es ein wenig ging, denn Israel stolperte stets, und als es schwierig wurde, wollte es zurück, zurück in die Zeit, da es noch nicht auf eigenen Beinen stehen mußte.

Israel verschlägt es nach *Mara*, und dort – das Wort sagt es bereits – ist es *bitter*, so auf halbem Wege zwischen Ägypten und Elim, irgendwo zwischen Sklaverei und Freiheit. Da, wo sich das Leben von so manchem Menschen so manches Mal abspielt: nicht mehr im Sklavenhaus Ägyptens und noch nicht im paradiesischen Elim. Dort in Elim sind zwölf Wasserbrunnen, für jeden Stamm Israels einer, und siebzig Palmbäume stehen dort, die den siebzig Völkern der Welt Schatten spenden. Zukunftsmusik also. Oder existiert Elim nur in der Phantasie eines Mose und seiner Leute? Reden sie sich auf halbem Wege etwas ein, dort in Mara, an dem bitteren Ort, wo man zwischen dem Tod durch Verdursten und dem Tod durch Schmutzwasser wählen kann?

»Gib uns zu trinken, Mose, gib uns zu trinken!« rief das Volk.

»Gib uns zu trinken, Gott, gib uns zu trinken!« rief Mose.

Gott wies Mose ein Stück Holz. Mose nahm es und warf es in das Wasser. Das Wasser wurde süß.

Ein schönes Wunder. Erzählt der Erzähler von seinem Glauben? Möchte er sagen, daß, wenn unser Leben bitter schmeckt und wir uns Gott zuwenden, das Wunder geschehen kann, daß es seine Bitterkeit verliert?

Gott wies Mose ein Stück Holz. Gott wies. Wohin schon soll man in der Wüste gehen, wenn Gott den Weg nicht weist? Wie kommt man ohne Gottes heilige Weisung von Mara nach Elim? In der dürren Steppe können Menschen ohne Wasser nicht leben. In der Wüste des Lebens ist Gottes Wort lebenspendend.

So brachte der Ewige Israel das Laufen bei. Und Israel trank Gottes süße Weisung und besang dieses Geschenk mit einem Lied: *Deine Weisung liegt uns wie Honig auf der Zunge.**

Doch auch dieses Lied verstummte. Denn nach und nach verloren die Kinder Israels zum soundsovielsten Mal ihren Mut, wiederum geriet ihr Glaube in Bedrängnis. Die Reise dauert ja auch so lange, so endlos lange. Tagein, tagaus schleppen sie sich dahin, und wann sind sie denn endlich am Ziel, und wo ist eigentlich Gott? Sie fürchten, daß Gott nirgendwo ist. Auch sie sind nirgendwo, und unwillkürlich müssen sie an früher denken. Das Sklavenleben war ja wahrlich kein Vergnügen, doch diese Leere und diese Unsicherheit sind überhaupt nicht auszuhalten! *Daß wir das alles ertragen müssen. Ach, wären wir doch gestorben, als wir noch in Ägypten waren, bei den Fleischtöpfen.«*

Die Gegenwart ist so hart, die Zukunft so ungewiß, und so idealisiert das Volk die Vergangenheit: Fleischtöpfe! Die gute alte Zeit! In ihrer verschobenen Vorstellung wird selbst das Sklavenhaus in ein Paradies verwandelt: »In Ägypten bekamen wir Fisch und Gurken für nichts, und Melonen, Lauch, Zwiebeln und Knoblauch noch dazu. Natürlich, wir hatten es dort nicht einfach, doch es fehlte uns an nichts.«

Es ist nur allzu bekannt: Die Spannung zwischen der Not des Augenblicks und der strahlenden Zukunft; der Jahrhunderte alte Konflikt zwischen der Leidenschaft des Propheten und der Brotfrage des Volkes. So eine Wüste ist eine harte Lehre!

Wie wird es enden? Vielleicht muß erst eine neue Generation kommen, ehe die Pharao-Ära wirklich abgeschlossen werden kann. All die Angst.

All der aufgestaute Kummer. All die Wunden, die nicht heilen wollen. Der Weg scheint unabsehbar. Vielleicht dauert es gar vierzig Jahre. Ein Menschenleben lang.

»Oh, Gott,« sagte Mose, »wenn sie doch nur ein klein wenig Vertrauen hätten.«

»Du sagst es,« sprach Gott, »wenn sie nur ein klein wenig Vertrauen hätten. Doch ich will sie laben mit himmlischen Gaben, mitten in der Wüste. Sage zum Volk: In der Dämmerung des Abends sollt ihr Fleisch essen, und am Morgen sollt ihr mit Brot gesättigt werden.«

An jenem Abend kamen Wachteln aus der Höhe niedergeflogen und bedeckten das Lager. Und am Morgen war die Wüste mit etwas übersät, das aussah wie kleine Schuppen, fein wie Rauhreif.

»*Man hu?*« fragte das Volk. »*Was ist das?*« Denn sie wußten nicht, was es war. »*Man hu?*«

»Das ist Brot von Gott,« sprach Mose.

»Mannomann,« sagte das Volk und nannte das Brot aus dem Himmel *Manna*. Süß wie Honig war's.

So wurde ihr Hunger gestillt. So wurde ihr Durst gelöscht.

Ein nüchterner Mensch könnte fragen: Wie war das alles möglich? Eine nüchterne Antwort könnte lauten: »Ach, es gibt eine Holzsorte, die den bitteren Geschmack von Wasser neutralisieren kann. Wachteln sind Zugvögel, die nach einer langen Reise über das Meer leicht zu fangen sind. Manna sind Honigkörnchen, die Insekten auf Tamarisken hinterlassen.«

Doch es geht nicht darum, was sich ereignet hat. Es geht darum, wie das Volk das, was sich ereignet hat, deutete. Was sich hier ereignet hatte, wies – so glaubten Mose und das Volk – über sich hinaus.

»Laßt uns Gott danken,« sprach Mose. »Empfangen wir das alles nicht aus seiner Hand?«

Mose schrieb dem Volk ins Herz, nicht mehr zu sammeln, als man für diesen einen Tag brauchte, nicht weniger, nicht mehr. Dann würde es für jeden genug sein. So würde es in Israel keine Bedürftigen geben und keine über alle Maßen Reiche. Manna durfte nicht für den nächsten Tag aufbewahrt werden.

Natürlich gab es die, die so viel Vertrauen nicht aufbringen konnten. Ihr Manna war am nächsten Tag voller Maden, es verbreitete einen Höllengestank, Mose war verstimmt. »Gib uns heute unser täglich Brot. Braucht ein Pilger denn mehr für unterwegs?«

Und dann sprach Mose noch einen tiefen Gedanken aus: »Um uns in Gottes Dienst zu üben, um nicht aus dem Auge zu verlieren, wozu uns diese Gnade aus dem Himmel zufiel, müssen wir bei all dem an einem Tag in der Woche stillstehen. Am sechsten Tag wollen wir das Doppelte sammeln. Es wird am siebten Tag nicht verdorben sein. An diesem Tag feiern wir den Sabbat. Oase in der Zeit. Dann ruhen wir aus von unserer Arbeit. Dann falten wir unsere Hände in den Schoß. Denn nicht nur vom Brot allein lebt der Mensch, sondern auch vom Wort, das von diesem Brot ausgeht.* Gottes Tora soll an diesem Tag unsere geistige Nahrung sein. Uns wie Honig auf der Zunge.«

56

Wider den dürren Wüstenfels

Exodus 17, 1-7

Als Israel aus Ägypten zog,
Jakobs Haus aus dem Volk mit fremder Sprache,
da wurde Juda Gottes Heiligtum,
Israel das Gebiet seiner Herrschaft.

Der Dichter dieses Liedes* sieht den Auszug vor sich. »Ihr müßt dort weg,«
hatte Gott gesagt. »Es ist ein Land, wo das Leben nicht gut ist, ein Land,
wo die Starken die Schwachen unterdrücken. Dort wird eine *fremde Spra-*
che gesprochen. Keine Sprache, die aus meinem Herzen kommt. Israel, geh
weg von dort! Ich lehre dich eine neue Sprache.«

Und so gingen sie eines schönen Nachts, die Männer, Frauen und Kinder aus Jakobs Haus, gemeinsam mit allerlei fremdem Volk, das auch wenig
zu verlieren hatte und sich zu ihnen gesellte.

Das Meer sah es und floh,
der Jordan wich zurück,
die Berge hüpften wie Widder,
die Hügel wie junge Lämmer.

Hat ein Mensch jemals gesehen, daß das Meer flieht? Und hat ein Mensch
jemals gesehen, daß ein Fluß zurückweicht? So etwas erlebt man nicht.
Meere fliehen nicht, Flüsse fließen nicht gegen den Strom!

Doch genau das ist's, was unser Dichter sieht. Das Wasser, die Urflut
machte für Israel freie Bahn. Und gab es in all den Jahren, in denen sich
Israel durch den Wüstensand plagte und schleppte, nicht auch Zeichen
von Gottes Güte, blasse Schimmer vom Himmel hoch, die Mut gaben, das
alles hier auf Erden zu erdulden? Hinterher kann der Dichter sagen, daß
ihnen kein Berg zu hoch, kein Abhang zu lang war. Berge sprangen wie

Widder vor ihnen zurück, Hügel wie Lämmer. Und dann, als die Israeliten das verheißene Land endlich erreicht hatten und nur noch der Jordan vor ihnen lag, da wich der Strom zurück!

So etwas ist hehrer Humor. Glaubenspoesie in der Sprache des Landes. Inmitten des Todes stimmt unser Dichter in Juda ein Osterlied an. Er kennt Trübsal und Angst, doch das hält ihn nicht davon ab, seine Hände in die Saiten zu schlagen und ein Befreiungslied zu spielen. Er kennt das Meer, weiß, wie tief die Todeswasser sind und wie hoch die Berge für ein kleines und unscheinbares Menschenkind. Doch wer nicht an Wunder glaubt, ist kein Realist; der tut dem Gott unrecht, der den Kindern Israels so viele Zeichen seiner Gegenwart gegeben hat.

Meer und Fluß, Berge und Hügel machen Israel freie Bahn. Als spürten sie, daß von heute an in diesem sonderbaren, zusammengeharkten Volk alle Völker der Erlösung entgegengehen. Als hätten sie erkannt, daß dieses Lumpengesindel Gottes persönliches Eigentum ist, an dem der Ewige zeigen will, wohin es mit der ganzen Menschenfamilie geht.

Gut, es sind und bleiben Hasenherzen, sie klagen, sie murren, sie haben nicht wirklich den Mut zu glauben, sie wollen zurück. Abrahams Kinder sind nicht gerade ein Volk, auf das man stolz sein kann. Und trotzdem ist es Gottes Augapfel. Und jede neue Generation, die sich dieser Prozession durch Zeiten und Länder anschließt, soll wissen: Auch sie ist von Gott auserkoren. Jede Generation muß aufs neue aus Ägypten ziehen. Jeder Mensch soll wissen, daß er trotz seiner Angst und seines Kleinglaubens, seines Scheiterns und Stürzens, trotz seiner Nichtigkeit in diesem weiten Weltall mitziehen darf in diesem großen Zug. Und dereinst wird er heimkehren. Dereinst wird die ganze Welt heimkehren. Dann wird ein neues Lied in einer neuen Sprache gesungen werden. Dann wird es eine neue Erde geben.

Und die »alte« Erde, Meer und Fluß, Hügel und Berge wissen, daß es geschieht. Sie spüren, daß alles anders wird.

Vor dem Antlitz des Herrn erbebe, du Erde,
vor dem Antlitz des Gottes Jakobs,
der den Fels zur Wasserflut wandelt
und Kieselstein zu quellendem Wasser.

Kühner kann es nicht gesagt werden. Als sei er Gott höchstpersönlich, tritt der Dichter gebietend der ganzen Erde gegenüber: »*Vor dem Antlitz des*

Herrn erbebe, du Erde!« Flüsse und Meer, Hügel und Berge müssen sich beugen vor dem Antlitz des Herrn, der einen Fels zur Wasserflut, einen Kieselstein zu quellendem Wasser wandelt.

Unser Dichter weiß, wovon er spricht. Er weiß, wie sie durch die Wüste zogen und Durst hatten, und es kein Wasser gab. »Mose, gib uns Wasser, so daß wir trinken können. Warum hast du uns aus Ägypten geführt? Doch nicht, um uns und unsere Kinder und unsere Herden hier verdursten zu lassen? Ist der Herr in unserer Mitte, oder ist er es nicht?« Es war ein einziger großer Klagegesang.

Klagen ist erlaubt. Ist denn nicht das Klagerecht ein Zeichen für Freiheit?

Ein russischer Jude emigrierte nach Israel. »Wie war es denn in Rußland?« wurde er gefragt.

»Ach, ich konnte nicht klagen,« sagte der Mann.

»Und gab's denn genug Wohnungen und Nahrungsmittel?«

»Ach, ich konnte nicht klagen.«

»Warum bist du dann hierher gekommen?«

»Weil ich hier klagen kann.«

»Mose, gib uns Wasser. Ist Gott nun in unserer Mitte, oder ist er es nicht?«

Immer wieder diese bange Frage. Und Mose ist so verzweifelt, daß er sich seinerseits bei Gott beklagt: »Oh Gott, was soll ich mit diesem Volk tun? Es fehlt nicht viel, und sie werden mich noch steinigen!«

»Tritt vor das Volk, Mose, und nimm deinen Stab mit. Gehe zum Felsen dort drüben an dem Berg. Ich werde vor dir stehen. Schlage dann auf den Felsen. Wasser wird strömen, so daß das Volk trinken kann.«

Und so geschah's.

Denn so ist Gott. Sieht er sich nicht nach denen um, die erniedrigt und unterdrückt sind? Sehen nicht die, die im Schatten des Todes gefangen waren, die Freiheit dämmern? Ist's er nicht, der ein unfruchtbares Volk in Heilsumstände versetzt?

Anders ausgedrückt: Aus einem Wüstenfels – und was ist auf der Welt so tot und so dürr wie ein Wüstenfels? – läßt er lebendiges Wasser strömen. Es geschieht am Fuße des Berges, wo Mose die zehn Gebote aus Gottes Hand empfangen wird. Werte und Worte zum Leben, die die Seele derer erquicken, die nach Gerechtigkeit hungern und dürsten.

Vor dem Antlitz des Herrn erbebe, du Erde!

Oh Dichter eines fernen Landes, du namenloser Sänger, du, der du weißt, daß Wasser aus einem Felsen strömen kann, du, der du den Mut hast, deine Stimme gegen das Schicksal zu erheben. Du bist kein Sklave mehr. Du bist frei. Frei von Ägyptens Heidentum, das glaubt, daß arm arm ist, ein Sklave ein Sklave, und der Tod der Tod. Du glaubst etwas anderes, und davon singst du dein Lied. Du zeugst wider das tosende Wasser, wider den dürren Wüstenfels. Davon singst du in neuer Sprache.

57

Der Kampf gegen Amalek

Exodus 17, 8-16, Deuteronomium 25, 17-19

Dann kam Amalek.

Die Geschichte beginnt unheilverkündend. *Dann kam Amalek.* Amalek repräsentiert das Heidentum. Er ist ein Sohn Esaus. Mit anderen Worten: Der Krieg, der nun entfesselt wird, ist nicht so sehr ein Kampf zwischen zwei Feldherren oder zwischen zwei Völkern, er ist – ebenso wie der zweite Weltkrieg – ein Kampf zwischen zwei Ideologien. Es ist ein Kampf auf Leben und Tod, ein Kampf zwischen dem, was Israel vertritt, und dem, was Amalek vertritt. Und nochmals: Mit Israel meinen wir nicht nur eine Nation sondern auch *a notion*. Es geht hier nicht um irgendeine Episode aus Israels Kriegsgeschichte, nein, die Geschichte handelt von einem Gefecht zu aller Zeiten, zu allen Orten. Und in frommer Phantasie malte sich Israel aus, daß sie auf Gottes Wunsch aufgeschrieben wurde.

Als Hitler in *Mein Kampf* ausrief, daß das Gewissen eine jüdische Erfindung sei, und er daraufhin alles in Bewegung setzte, um dieses Gewissen zum Schweigen zu bringen, indem er jenes Volk zum Schweigen brachte, war Amalek erneut erstanden. Für den Erzähler von einst war das keine Überraschung: *Der Herr führt Krieg gegen Amalek von Kind zu Kindeskind,* prophezeite er damals schon.

Dann kam Amalek. Mose hatte sein Volk aus dem Sklavenhaus geführt. »Zieht aus,« hatte Gott gesagt, und so gingen sie, zitternd und bebend einer ungewissen Zukunft entgegen. Doch sie gingen, und sie stimmten ihr Befreiungslied an. Dann kam Amalek. Ihn widerte das Lied an. Er wollte Israel zum Schweigen bringen. Das Lied mußte verstummen. Unerwartet griff er an.

Amalek griff genau da an, wo Israel am schwächsten war: hinten. Wo die Alten gehen, die Krüppel, die Kranken, die Mütter mit ihren Kindern. Es ist der Gipfel der Feigheit, doch gerade da griff Amalek an. Durch die

Jahrhunderte hindurch hat er es auf die Wehrlosen gemünzt. Er ist die Verkörperung des Unrechts in der Welt, die fleischgewordene Gottlosigkeit, das Heidentum in Person, bis zum Rand voll von Vernichtungsdrang. Deshalb handelt er auch, sobald ihm Israel nahekommt. Meisterhaft registriert er, daß das ein gefährliches Volk mit einem gefährlichen Gewissen ist, mit einem Gewissen, das ihm von einem gefährlichen Gott eingeflüstert wird. Wenn dieser Gott den Ton angibt, dann ist es um Amaleks Herrschaft geschehen. Deshalb muß dieser Gott zum Schweigen gebracht werden. Er muß *in* seinem Volk zum Schweigen gebracht werden. Dann kam Amalek.

Und Mose sprach zu Josua: »Erwähle uns Männer, zieh aus und kämpfe morgen gegen Amalek. Ich will oben auf dem Hügel stehen mit dem Stab Gottes in meiner Hand.

Josua erwählte sich Männer und zog aus. Mose bestieg zusammen mit Aaron und Hur die Höhe des Hügels. Unten entbrannte der Kampf. Und wenn Mose seine beschwörenden Hände im Glauben erhob, hatte Israel die Oberhand. Doch wenn sein Gottvertrauen nachließ, sein Selbstvertrauen erlosch, sein Gebet verebbte, wenn er seine Hände sinken ließ, dann gewann Amalek die Oberhand.

Seht, dort steht er, der Prophet der seinem Volk zum leuchtenden Vorbild sein muß, indem er Gott und seinen göttlichen Maßstab hochhält. Mit seinem Stock in der Hand, dem Stab des guten Hirten, Gottes Zepter, segnet er das Volk. Hoch das Banner! Denn wenn das Banner hochgehalten wird, überlebt Israel. Doch wenn Mose ermüdet und der Zweifel an ihm zu nagen beginnt, wird Amalek stärker, dann kann Israel nichts machen, dann drohen sie den Kampf zu verlieren.

Wie endet das? Mose kann nicht mehr. Die Reise hatte bereits lange gedauert, und der Kampf hält nun schon so lange an, die Amalekiter sind so zahlreich und so stark, und er ist so allein, seine Truppenmacht so klein.

Nein, er ist nicht allein. Zwei Männer stehen ihm priesterlich zur Seite, Aaron und Hur. Sie schleppen einen Stein heran, auf dem der Prophet sitzen kann. Und sie stützen seine Hände, der eine seine Rechte, der andere seine Linke, *so blieben seine Hände erhoben, bis die Sonne unterging.*

Hoch auf der Höhe des Hügels hielt Mose mit den Seinen als Mittler zwischen Himmel und Erde die Fahne des Herrn hoch. Seine Hände hielten am Glauben fest, seine Truppe hielt am Glauben fest, und Amalek wurde niedergeschlagen. So besiegte Israel das Heidentum, das ihm den Weg in die Zukunft versperren wollte. Gottlob. Erneut sang Israel sein Befreiungslied. Das alte, stets neue Lied.

Man kann diese Geschichte auch so lesen, daß sie nicht nur von einem Konflikt zwischen zwei Ideologien oder zwei Lebensweisen handelt, sondern auch von einem inneren Streit, wie zum Beispiel dem schmerzlichen Übergang vom Kindsein zum Erwachsensein. So gesehen, liegt der Kriegsschauplatz dann nicht irgendwo auf der Landkarte, sondern in unserer eigenen Seele.

Der Weg zu unserem Bestimmungsort ist oft lang und beschwerlich. Da haben wir uns gelöst und uns ein wenig Freiheit erkämpft, und plötzlich werden wir rücklings von Menschen oder Kräften angefallen, die uns am Weitergehen hindern wollen. Der Kampf ist anstrengend, wir beginnen zu zweifeln, ob es ein gutes Ende nehmen wird, wir geraten sogar in Versuchung, den Kampf aufzugeben und nach »Ägypten« zurückzukehren. Denn dort zumindest kennen wir das Leben, auch wenn wir unfrei waren, und wer sagt denn, daß wir mit dem jetzigen Leben nicht in der Wüste stecken bleiben? Wer sagt denn, das wir das verheißene Land jemals erreichen werden? Der Mut sinkt, so, wie auch Moses Arme sinken. Doch wenn diese Seite, die Seite von Gottvertrauen und Selbstvertrauen, unsere Mose-Seite, wenn man so will, wenn diese Seite versagt, dann wird auch die andere Seite, unsere Josua-Seite, die, die an der Front den Kampf liefert, ohnmächtig zusammenbrechen. Im Kampf gegen Amalek hilft uns nur das Vertrauen, daß Gott uns ruft, um als seine Kinder in Freiheit zu leben.

Eine chassidische Legende* erzählt, wie Rabbi Pinchas von Koretz von Zweifeln übermannt und fürchtend, daß er all den Anfechtungen erliege, von Koretz nach Medziboz reiste, um die Hilfe bei Baal Schem Tov zu suchen, dem Meister des Guten Namens. Doch dieser war abgereist nach... Koretz. Rabbi Pinchas kehrte sogleich zurück und eilte zur Herberge, wo der Baal Schem Tov seine Schüler empfing. Sie lasen in der Tora gerade die Geschichte von Mose, der mit erhobenen Armen den Angriffen Amaleks widerstand. »Mose kämpfte durch das Gebet, in dem Gebet,« sprach der Baal Schem Tov. »Es kann geschehen, daß jemand gewahr wird, wie sein Glaube wankt. Was kann er dann noch tun? Er wendet sich gen Himmel, erhebt seine Arme und fleht zu Gott, daß er ihm seinen Glauben zurückgebe. Das tut er dann. Das muß er dann tun.«

Rabbi Pinchas von Koretz verstand, daß der Baal Schem Tov von ihm sprach.

Der Herr sprach zu Mose: »*Schreibe dies zum Gedächtnis in ein Buch und präge Josua ein, daß ich die Erinnerung an Amalek vollkommen austilgen will unter dem Himmel.*«

Nicht Israel wird ausgetilgt, sondern Amalek. Das Heidentum hat letztendlich keine Zukunft. Heidentum soll es nicht geben und wird es nicht geben. Hätte der Erzähler das Sagen, dann würde Gott, der die Unterdrückten befreit, sich niemals mit dem Unterdrücker arrangieren. Der Schurke muß sich bekehren, ansonsten muß er verschwinden.

Doch er *ist* noch nicht verschwunden. *Der Herr ist mein Banner*, nannte Mose jenen Ort, als er zum Dank für die wiedergewonnene Freiheit auf der Höhe des Hügels einen Altar baute. Doch prophetisch fügte er noch hinzu: *Gott führt Krieg gegen Amalek von Kind zu Kindeskind.*

Amalek ist noch nicht verschwunden. Immer wieder ersteht er, und immer wieder sind die Schwachen sein Opfer, Frauen, Kinder, Kranke, all die, die sich nur allzu häufig in der Nachhut des Lebens befinden. Schreibt es auf und prägt es euch gut ein, denn der Kampf ist noch nicht vorüber, immer wieder ersteht der Tyrann von den Toten. Dann müssen wir in den Kampf ziehen und Gottes Fahne hochhalten. Von Kind zu Kindeskind.

58

Bund

Exodus 19 und 24

Israel schlug seine Zelte gegenüber dem Berg Sinai auf.

Einst hütete Mose an dieser Stelle die Herde seines Schwiegervaters Jitro, Priester in Midian. Nun leitet er hier sein Volk durch das Bergland. *Gottes Herde.* Einst wurde er hier berufen: »*Ich bin mit dir, Mose. Führe mein Volk aus Ägypten. Dann sollen sie mir dienen, hier auf diesem Berg.*« Nun ist es so weit.

Jitro hörte, daß Mose mit seinem Volk im Anmarsch sei, und lief sofort zu Zipporas Zelt. Offensichtlich hatte Mose sie und ihre beiden Söhne vor einiger Zeit nach Midian zurückgehen lassen. Nun sollen sie wieder vereinigt werden. »Komm, Zippora, wir wollen ihnen entgegeneilen.«

Mose schloß Zippora, Gerschom und Eliëser in seine Arme. Vater Jitro freute sich über all das Gute, das Gott an Israel getan hatte, er brachte Israels Gott ein Brandopfer dar, und Aaron und die Ältesten des Volkes kamen zusammen, um gemeinsam vor dem Angesicht des Herrn zu essen.

Am nächsten Tag hielt Mose eine Sitzung, um dem Volk Recht zu sprechen. Der Strom der Menschen, die einen Konflikt schlichten wollten, war so groß, daß Mose vom frühen Morgen bis zum späten Abend Recht sprach. »Das ist nicht gut, Mose,« sagte Jitro, als er sah, wie müde und erschöpft Mose an diesem Abend in sein Zelt zurückkehrte. »Es ist nicht gut für dich, und es ist nicht gut für das Volk. Du mußt Richter einsetzen, unbestechliche Leute, die bei kleineren Angelegenheiten Recht sprechen. In großen und schwierigen Fällen wende man sich an dich.«

Mose nahm sich die Worte von Vater Jitro zu Herzen, dankbar, daß er ihn an der verwaltungstechnischen Erfahrung eines etablierten Volkes teilhaben ließ. Das möge, so kommentieren die Rabbiner, die Kinder Israels für allezeit bescheiden stimmen: Israels Erwählung heißt nicht, daß es mehr Einsicht und Verstand als der Rest der Welt hätte.

Israel schlug seine Zelte gegenüber dem Berg auf.

Wie kein anderer ist ein Berg ein Ort der Gottesbegegnung. Es gibt Gipfel der Erlebnisse, die annäherungsweise nur in hohen, erhabenen Bildern beschrieben werden können. Wer »in den Wolken schwebt«, ist Gott nahe. Näher als auf einer Bergspitze kann ein Sterblicher dem Ewigen nicht kommen.

Israel schlug seine Zelte gegenüber dem Berg auf, und Mose stieg hinauf. »Hier bin ich, Herr. Mit meinem Volk. Dein Volk. Wir sind der Tyrannei entkommen, und wir betrachten unsere Rettung als dein Geschenk. Wir wissen nicht, wie wir dir danken können.«

Gott weiß es: »Mose, sprich zu den Israeliten: Ich, der Herr, habe euch auf Adlersflügeln getragen. Nun denn, wenn ihr andächtig auf meine Stimme hört und meinen Bund haltet, dann werdet ihr mir aus allen Völkern zum Eigentum sein. Israel soll ein Königreich von Priestern sein, ein heiliges Volk. Ausgesondert, geheiligt, um willen aller Völker. Ein schöneres Geschenk können mir die Kinder Israels nicht machen.«

Mose stieg hinab und berichtete dem Volk, was Gott gesagt hatte. Dann stieg er wieder hinauf, um Gott die Worte des Volkes zu übermitteln: »Alles, was du gesprochen hast, wollen wir tun.«

»Das ist eine gute Nachricht,« sagte Gott. »Nun denn, steige hinab, das Volk soll sich vorbereiten, denn ich will zu ihnen sprechen. Ich will mit ihnen einen Bund schließen. In zehn Worten habe ich Himmel und Erde geschaffen. Mit zehn Plagen habe ich euch aus Ägypten befreit. Nun will ich zehn Worte geben, die dir den Weg ins verheißene Land weisen sollen, und die du bis an die Enden der Erde tragen sollst. Steige hinab, Mose, sage zum Volk, daß sie sich bereitmachen. Am dritten Tage werden wir einen Bund schließen.«

Mose stieg abermals hinab. Israels Hirte. Gottes persönlicher Pendler.

Niemand hat Gott jemals gesehen. Wie sollten die Augen eines Sterblichen auch den Ewigen, den Schöpfer von Himmel und Erde, schauen können? Israel spricht über Gott nur in heiliger Scheu. Er ist der ganz Andere. Der Ewige wohnt hinter den Wolken. Wenn er herabsteigt, beben die Berge, donnert der Donner, blitzen die Blitze. Man sieht Rauch. Verzehrendes Feuer. Himmlischer Posaunenschall wird tausendfach von den Felsen zurückgeworfen. Kann denn ein nichtiger Sterblicher anderes tun, als sich in ehrerbietiger Entfernung halten?

Und doch ist Gott nicht unnahbar. Der große Mose durfte heraufkommen. Es wird erzählt, das Mose dort Gott begegnet sei. Denn Gott will kein Gott ohne Menschen sein. Er will auch nicht, daß die Menschen gottlos sind. Deshalb schloß er mit Israel einen Bund.

Am dritten Tage wurde am Fuße des Berges der Bund geschlossen. Mose baute dort einen Altar mit zwölf Steinen, einen für jeden der zwölf Stämme. *Zwölf* Steine, *ein* Altar, *ein* Gott. *Zwölf* Stämme, *ein* Volk. Tiere wurden geopfert. Die eine Hälfte des Blutes, Symbol für das Leben, sprengte Mose über den Altar. Diese Hälfte des Blutes war für Gott. Die andere Hälfte des Blutes sprengte Mose über das Volk. Fortan sind Gott und Mensch durch Blutsbande miteinander verbunden. Sie sind Blutsverwandte. Und was Gott und sein Freund Mose miteinander verbunden haben, scheidet der Mensch nicht.

Erneut bestieg Mose den Berg, nun von Israels Ältesten begleitet, siebzig an der Zahl. Denn auf der Erde gibt es siebzig Völker, und was sich hier begab, ging alle etwas an. Gottes Worte sind schließlich für die ganze *Erez* bestimmt. In Israels Ältesten sind alle *Gojim* repräsentiert.

Durch den dichten, tiefhängenden Nebel bestiegen sie den Berg, bis plötzlich das Gewölk wich und sie die strahlende Herrlichkeit eines azurblauen Himmels schauten. Und in der Herrlichkeit dieses Schauspiels schauten sie Gott selbst. Es war, als sähen sie das Unsichtbare. *Und sie sahen den Gott Israels.*

Meistens betont Israel Gottes Unsichtbarkeit. Hier nicht. *Sie sahen Gott.* Doch wenn sie im weiteren zu beschreiben versuchen, *was* sie denn genau sahen, kommen sie nicht weit. Kein Wort über das Antlitz des Herrn, kein Wort über seine Gestalt. Sie stammeln nur etwas über... seine Füße. *Es war, als läge unter seinen Füßen eine azurne Fläche, wie der Himmel, wenn es klar ist.*

Man könnte also sagen: Dann haben sie Gott nicht gesehen. Sie sahen nur seine Füße. In Anbetung legten sie sich vor Gottes Antlitz nieder und sahen nicht mehr als den Fußschemel seines Thrones.

Ach, wie sollte es denn anders möglich sein? Wir sehen vom Glanz Gottes nie mehr als das kleine Stück, das dicht vor uns ist. Auch von ganz und gar *irdischen* Freuden, können wir nie mehr als ein Fragment in uns aufnehmen. Doch dieses eine überirdische Fragment trägt für Mose und die siebzig Ältesten *alle* Herrlichkeit in sich: *Wie der Himmel, so klar.* Sie sahen nur den Fußschemel seiner Füße, doch das war eine so majestätische, so strahlende, so allumfassende Nähe, daß – als wäre es ein Wunder – hinzugefügt werden muß: *Und sie blieben unversehrt.*

Unten wartet das Volk. Würden die Ältesten erzählen können, wie Gott aussieht?

Die Siebzig können bei ihrer Rückkehr nur ein paar Verse stammeln. Ihnen fehlen die Worte. Gott ähnelt nichts, was auf Erden zu finden ist.

Wer ist es, der so hoch gesessen,
So tief im bodenlosen Licht,
Den Zeit und Ewigkeit nicht messen,
Kein Kreis faßt, der im Gleichgewicht
Sich hält, von außen seine Stütze
Entlehnt, durch sich allein besteht,
...
Wer ist er? – nennt ihn! könnt ihr nicht
Mit Seraphsfeder ihn beschreiben,
Wenn Geist und Wort euch nicht gebricht. *

Die Ältesten können nicht mehr sagen, als daß seine Füße auf bloßem Licht ruhten, nicht mehr, als daß das, was uns dunkel ist, ihm durchsichtig ist, hell und klar. Und sie fügen hinzu, daß sich niemand vor ihm fürchten muß. Gott möchte den zerbrechlichen Menschen nicht vernichten. Sie sind unversehrt geblieben. Gott will mit dem Menschen so innig verkehren wie eine Mutter mit ihrem Kind, wie ein Mann mit seinem Freund. *Sie schauten Gott, und sie aßen und tranken.* Sie hielten ein Mahl, als Besiegelung des Bundes.

In der Schrift wird häufiger von einem solchen Mahl erzählt. Auch Jesus und seine Freunde hielten so ein Mahl. Kurz vor seinem Tod war es die Besiegelung eines alten Bundes. »*Dieser Becher ist der neue Bund in meinem Blut.*«

Am dritten Tage, so wird erzählt, erwachte bei seinen Freunden die Erkenntnis, daß Gott ihn nach Hause geführt hatte. Das ließ sein Leben und seinen Tod in einem anderen Licht erscheinen. Und sie stammelten etwas wie »Wir haben Gott gesehen«, denn sie glaubten, einen Menschen geschaut zu haben, in dem auf Erden Gottes Füße geruht hatten und in dem der Ewige selbst unter den Menschen gewandelt war.

59

Die Zehn Worte

Exodus 20, Deuteronomium 5

Mose stieg vom Berg Gottes herab. Vorsichtig trug er die beiden steinernen Tafeln, auf die die Worte des Ewigen gemeißelt waren. Zehn Worte, die durch unwirtliches und unbekanntes Gebiet den Weg ins Land der Verheißung weisen sollten.

Die Tora. Eine Richtlinie, die in wenigen Zügen das Leben und das Leben mit Gott sichtbar macht, wie Gott es sich vorgestellt hat. So stellte es sich Israel wenigstens vor. Mose und die Seinen sammelten zehn Lebensregeln und verschafften sich damit, so gut sie konnten, einen Überblick über die edelsten Errungenschaften der eigenen und anderer Kulturen.

Es war eine Schöpfung aus Israels Wüstenzeit, so will es die Überlieferung. Die Vorstellung ist nicht ganz fremd: Denn für die suchende Seele ist die Wüstenwanderung die Schule par excellence. Und das wichtigste Ergebnis für die damalige Zeit und alle kommenden Geschlechter war die Tora. Du sollst, du sollst, du sollst nicht, du sollst nicht. Darin steckt außer dem Imperativ auch Zukünftiges, sowohl Auftrag als auch Verheißung. Einst wirst du, das sollst du glauben, in ein Land kommen, wo die Lüge nicht mehr herrscht, der Tod nicht mehr regiert, wo Eltern und Kinder, Freie und Sklaven, Menschen und Tiere in Frieden zusammenleben – einst wirst du das erleben. Und unterwegs dorthin sollst du danach handeln. Das mußt du tun.

Worte zum Leben.

Ich bin der Herr, dein Gott, der ich dich aus Ägyptenland, aus der Knechtschaft geführt habe.

Das kommt zuerst. Das erste Wort spricht von Gottes befreiender Liebe. Schafe folgen keinem Fremden, da sie seine Stimme nicht kennen. Sie folgen dem Hirten, der sie kennt und beim Namen ruft. Er führt sie hinaus, und er geht ihnen voraus.

Du sollst keine anderen Götter neben mir haben. Du sollst dir kein Bildnis machen. Bete sie nicht an und diene ihnen nicht! Denn ich, der Herr, dein Gott, bin ein eifernder Gott, der die Missetat der Väter heimsucht bis ins dritte und vierte Glied an den Kindern derer, die mich hassen, aber Barmherzigkeit erweist an vielen Tausenden, die mich lieben und meine Gebote halten.

Ich habe dich befreit und auf Adlersflügeln getragen. Ich bin mit dir. So vertraue mir denn auch. Stehe fest in der Freiheit. Suche keine Zuflucht bei anderen Göttern. Bleibe bei deinem Befreier, verstricke dich nicht von neuem in Sklaverei. Man kann nicht zwei Herren zugleich dienen. Ich kann es nicht ertragen, wenn du mich mit anderen Göttern betrügst: der Gott des Geldes, der Gott des Bauches, der Blut-und-Boden-Gott. Ich kann es nicht mit ansehen, daß du mit diesen Götter liebäugelst. Denn ich liebe dich. Ich bin ein eifersüchtiger Liebhaber.

Unterschätze das Böse nicht, denn es pflanzt sich fort, wie Kreise im Wasser. Geschlechterlang pflanzt es sich fort, das weißt du doch? Sogar die noch Ungeborenen werden die Folgen deines Tuns und Lassens unentrinnbar zu tragen haben. Liebe mich, nur mich allein. Beherzige das Gute. Bedenke, daß auch das Gute sich tausendfach fortpflanzt. Auch die noch Ungeborenen werden an diesem Segen teilhaben.

Du sollst den Namen des Herrn, deines Gottes, nicht mißbrauchen.

Kein anderes Wort wird soviel mißbraucht, wie das kleine Wort »Gott«. Mißbrauche seinen Namen nicht. Beziehe Gott nicht in etwas ein, an dem er nicht beteiligt sein will. Spanne ihn nicht vor deinen eigenen Karren. Sein Name werde geheiligt.

Gedenke des Sabbats, daß du ihn heiligest. Sechs Tage sollst du arbeiten, aber am siebenten Tag ist der Sabbat des Herrn, deines Gottes. Da sollst du keine Arbeit tun, auch nicht dein Sohn, deine Tochter, dein Knecht, deine Magd, dein Vieh, auch nicht dein Fremdling, der in deiner Stadt lebt. Denn in sechs Tagen hat Gott Himmel und Erde gemacht und das Meer und alles, was darinnen ist, und ruhte am siebenten Tage. Gedenke, daß auch du Knecht in Ägyptenland warst, und der Herr, dein Gott, dich von dort herausgeführt hat mit mächtiger Hand und ausgestrecktem Arm.

Der Sabbat. Eines von Israels kostbarsten und originellsten Geschenken an die Menschheit. Gedenke des Sabbats. Denn im Anfang wurden die

Chaosmächte bezwungen, den Wassern wurden Schranken gesetzt, dem Leben wurde Raum geschaffen. So feiere denn das Leben. Lebe nicht, um zu arbeiten, sondern arbeite, um zu leben.

Gedenke des Sabbats. Denn ihr wurdet aus Ägypten befreit. Lasse dich nicht erneut knechten. Gib genau acht, daß du nicht in neue Abhängigkeiten gerätst. So feiere denn deine Freiheit. Lasse deine Mitgeschöpfe daran teilhaben. Und die Tiere. Einen Tag lang sollen Könige und Sklaven, Volksgenossen und Fremdlinge gleich sein. Dieser Tag gehört Gott. Halte diesen Tage in Ehren. Genieße ihn.

Du sollst deinen Vater und deine Mutter ehren, auf daß du lange lebest in dem Lande, das dir der Herr, dein Gott, geben wird.

Jeder Mensch ist ein kostbares Glied in der Kette der Geschlechter. Wenn Eltern Gottes befreiende Taten weitergeben, indem sie die Geschichten erzählen und danach leben, und wenn Kinder sich diese Überlieferung zu Herzen nehmen und ihrerseits ihren Kindern weitergeben, dann rückt das Land, wo das Leben gut ist, näher.

Du sollst nicht morden.

Auf Mord stand in Israel die Todesstrafe. Es steht also nicht da: Du sollst nicht töten. Manchmal ist töten unvermeidlich. Wenn auch, nach den Worten von Rabbi Elazar, ein Sanhedrin, der einmal alle siebzig Jahre ein Todesurteil fällt, Blutrat genannt werden muß.

Doch es sei ferne von dir, das Recht in eigene Hände zu nehmen. Habe Ehrfurcht vor dem Leben. Lebe sorgsam. Fahre vorsichtig.

Du sollst nicht ehebrechen.

»Ehescheidung« war in Israel erlaubt. Das heißt: In jenen Tagen hatte der Mann das Recht, seine Frau zu verstoßen. Scheidung als die wohlerwogene Entscheidung zweier erwachsener Menschen kannte man nicht. In die Ehe eines anderen einbrechen hingegen sehr wohl. Das sollst du nicht tun. Es zerrüttet.

Du sollst nicht stehlen.

Du sollst dich nicht auf Kosten deines Mitmenschen bereichern. Du sollst deine Nächsten nicht zur Handelsware machen. Respektiere ihren Körper, ihr Eigentum, ihr Gedankengut. Selig sind die Armen. Besitze, als besäßest du nicht. Sei lieber zu großzügig als zu geizig. Du sollst geben und immer wieder geben.

Du sollst nicht falsch Zeugnis reden wider deinen Nächsten.

Sei zuverlässig. Lästere nicht. Erzähle keine Lügen über andere. Doch wenn du deinen Nächsten mit der Wahrheit in Gefahr bringst, sage dann die Wahrheit nicht.

Du sollst nicht begehren deines Nächsten Frau, deines Nächsten Haus, Acker, Knecht, Magd, Rind, Esel noch alles, was dein Nächster hat.

Zügle deine Habsucht. Wache nicht nur über deine Taten, wache auch über deine Gedanken.

Und alles Volk wurde Zeuge von dem Donner und dem Blitz und dem Ton der Posaune und dem Rauchen des Berges. Das Volk sah es und zitterte und blieb in der Ferne stehen.
Das Volk zitterte. Wie die Flamme einer Lampe immer in Bewegung ist und niemals zur Ruhe kommt, so wird die Seele der Kinder Israels von Gottes Worten, der heiligen Tora, immer wieder bewegt.

Zehn Worte. Einmal im Jahr gedenken die Kinder Israels, daß sie dieses Gottesgeschenk empfangen durften. An *Simchat Tora*, dem Fest der Gesetzesfreude. Dann werden in der Synagoge die Gesetzesrollen aus dem Toraschrein hervorgeholt, und man tanzt mit ihnen im Kreis, wie ein Bräutigam mit seiner Geliebten. Es ist ein Tanz mit der Lebensquelle, mit dem Symbol der Ewigkeit. Denke nie, du kleiner Mensch, du seist ganz allein, verwaist und verloren in diesem unermeßlichen Kosmos. Diese Welt ist Gottes Welt.

Wie freundlich ist das Wort von deinem Bund,
wie lieblich klingt in unsren Ohren deine Weisung,
Ja, wie Honig ist sie mir in meinem Mund,
Indem ich sie höre, empfange ich Erleuchtung.*

Die Tora, Zeichen von Gottes Gegenwart in unserer Mitte. Worte zum Leben, die uns gegeben sind. Worte reicher Zukunft. Wenn der Messias kommt, kann er nur an *Simchat Tora* kommen.

»Gedenke dann, oh Israel, wie wir aus Ägypten befreit wurden. Gedenke der Gabe Gottes, die wir auf dem Sinai empfangen haben.«

Wir?

Ja, wir. Denn es begab sich, und es begibt sich. Und jeder Mensch empfängt diese Gabe Gottes am Sinai höchstpersönlich. Der chassidische Rabbi Elimelech von Lisensk hatte dies so sehr verinnerlicht, daß er sagte: »Nicht allein, daß ich mich erinnere, wie alle Seelen Israels am brennenden Sinaiberg standen: ich erinnere mich auch, welche Seelen neben mir gestanden haben.«*

60

Rein und unrein

Exodus 21, 22 und 23, Deuteronomium 24 und 26, Levitikus 11 und 18

Zehn Worte sind natürlich bei weitem nicht genug, um die Rechte und Pflichten des Gottesvolkes festzulegen. Und so folgen in unserer Geschichte dann auch noch eine große Anzahl Regeln, die im zwischenmenschlichen Bereich beachtet werden müssen. Diese Bestimmungen tragen den Stempel der Zeit und der Kultur, in der sie entstanden sind. Ja, sie tragen selbst den Stempel *mehrerer* Kulturen, denn wir können beobachten, wie sich schon *in* biblischen Zeiten die Gesetzgebung weiterentwickelt hat.

Viele Regeln von damals sind heute veraltet, ebenso wie auch viele Regeln von heute irgendwann veraltet sein werden. *Wer seinen greisen Vater oder seine greise Mutter schlägt, der soll des Todes sterben. Wenn ein Rind einen Mann oder eine Frau stößt, daß sie sterben, so soll man das Rind steinigen.* Erstaunt reißen wir bei diesen Worten Augen und Ohren auf. Auch auf Homosexualität stand die Todesstrafe, so sehr fürchtete man in jenen Tagen das für damalige Begriffe dunkle und damit bedrohliche Phänomen. Es sollte Jahrhunderte dauern, bis sich eine andere Auffassung von Homosexualität entwickelte. Die Todesstrafe ist uns immer noch ein Begriff.

Der Buchstabe tötet, aber der Geist macht lebendig.* Deshalb ist es unsere Aufgabe, nach dem Geist der Regeln zu suchen, die uns überliefert wurden, und wir müssen zu jenen Gesetzen Distanz gewinnen, die faktisch nur unseren eigenen Ängsten und üblen Schlichen dienen.

Wenn du einen hebräischen Sklaven kaufst, so soll er dir sechs Jahre dienen, im siebenten Jahr aber soll er freigelassen werden ohne Lösegeld.
Während das erste der Zehn Worte von der Befreiung aus der Sklaverei handelt, betrifft die erste Rechtsregel den hebräischen Schuldsklaven: jemand also, der durch eigene Schuld oder durch die Schuld seiner Eltern als Sklave dienen muß. Doch das hat seine Grenzen: So wie jeder siebte Tag ein Tag der Freiheit für Freie und Sklaven ist, so soll jedes siebte Jahr ein

Sabbatjahr sein, in dem Sklaven ihre Freiheit wiedererlangen. Diese Rechts-regel galt nur dem männlichen hebräischen Schuldsklaven, doch gut, der Anfang war gemacht. Es ist unbegreiflich, daß es noch so lange dauern sollte, ehe dieses Prinzip in der Welt allgemein anerkannt wurde.

Doch auch mit Frauen, Mädchen und Sklavinnen durfte nicht nach Belieben umgesprungen werden. Besonders Witwen und Waisen sollen euch zu Herzen gehen. Wer einem Armen Geld leiht, soll keine Zinsen von ihm nehmen. Einen geflohenen Sklaven sollst du nicht an seinen Herrn auslie-fern. Ein Gläubiger darf das Haus seines Schuldners nicht betreten, um selbst ein Pfand zu nehmen. Er muß vor dem Haus warten, bis der Schuld-ner ihm das Pfand bringt. Wenn du den Mantel deines Nächsten zum Pfand nimmst, sollst du ihn wieder zurückgeben, ehe die Sonne untergeht, denn sein Mantel ist die einzige Decke für seinen Leib. Worin soll er sonst schla-fen? Auch den Fremdling bei dir im Tor sollst du achten. Warst du nicht selbst Fremdling in Ägypten? Nun, dann weißt du, wie das ist!

Die Armen, die Schwachen, die Geringsten, ja, kostbar sind sie in Got-tes Auge. So, wie die Erde nicht dein eigen ist, denn die Erde ist des Herrn, so ist auch kein Mensch dein eigen. Jedes Menschenkind ist des Herrn. *Und wer einen Menschen rettet, rettet die ganze Welt.**

Durchbrich doch den Kreislauf des Bösen, in dem du gefangen bist. Be-zähme die Rache! Was sagte Lamech, der rohe Rächer, auch wieder? Sie-benundsiebzig Mal wollte er sich blutig rächen: Einen Mann würde er tö-ten, *sei es auch nur für eine Wunde,* und ein Kind, *sei es auch nur für eine Strieme...*

»So sollst du nicht tun,« sprach Gott: »*Auge um Auge sollst du geben, Zahn um Zahn, Wunde um Wunde, Strieme um Strieme, doch nicht mehr!*« Man darf nach erlittenem Unrecht keine zügellose Rache nehmen. Auch ein Verbrecher hat ein Recht auf Schutz. Natürlich, der Schuldige muß den geleisteten Schaden vergüten. Doch die Strafe muß im Verhältnis zum verursachten Leid stehen. Also keine zwei Striemen um eine Strieme. Nicht zwei Augen um ein Auge. Nicht zwei Zähne um einen Zahn. Nein, Auge um Auge, Zahn um Zahn. Nur so wird das gestörte Gleichgewicht wieder-hergestellt. Nur so kann es erneut Frieden geben. Das hebräische Wort für »vergelten«, *schillam,* gehört zur selben Familie wie das Wort *Schalom.* Ver-geltung bringt, wenn sie richtig erfolgt, Friede für beide Parteien.

Kein Mensch darf unterdrückt werden, kein Tier mißhandelt. Auch vor deinem Acker und deinem Weinberg sollst du Ehrfurcht haben. *Die Erde ist des Herrn.* Die ganze Schöpfung soll am heiligen Lauf teilhaben. Sechs Jahre darfst du das Land bebauen, doch gönne deinem Acker im siebten Jahr eine Sabbatruhe. Alles, was auf dem brachliegenden Boden wächst, soll für die Armen und für die Tiere des Feldes sein.

Die Erde ist des Herrn und was darinnen ist.* Bringe zum Zeichen die Erstlinge deiner Ernte zum Heiligtum. Gib dem Priester den Korb mit den Feldfrüchten und sprich: »*Mein Vater war ein heimatloser Aramäer. Er zog hinab nach Ägypten mit wenig Leuten und war dort ein Fremdling und wurde dort ein großes und starkes Volk. Aber die Ägypter bedrückten uns. Der Herr sah unser Elend und unsere Bedrängnis und führte uns aus Ägypten mit mächtiger Hand. Er gab uns dies Land, darin Milch und Honig fließt. Und nun, siehe, ich bringe die Erstlinge der Früchte des Landes, das du, Herr, mir gegeben hast.*

Und vergiß vor allem nicht, mein Volk, daß sich rein von unrein unterscheidet. Nur wiederkäuende Tiere mit gespaltenen Klauen sind rein. Denn in diesem Leben muß man sein Unterscheidungsvermögen gut schärfen, stets muß man zwischen gut und böse wählen. Zwischen rein und unrein verläuft eine Trennungslinie. Nicht-wiederkäuende Tiere sind unrein. Man darf nicht alles schlucken, was man aufgetischt bekommt. Stets muß man sich auf das besinnen, was einem von Gott geschenkt wurde. Bedenke Gottes Worte, bewahre sie stets in deinem Herzen.

Die Fische der Meere, die Flossen und Schuppen haben, dürft ihr essen. Die Fische ohne Schuppen und Flossen, die den Schlangen ähneln, seien ein Greuel für euch.

Und die Vögel: Hütet euch vor dem, was nachts fliegt. Ebenso vor den Vögeln, die hoch erhaben im hellen Sonnenlicht schweben und sich unerwartet auf ihre wehrlosen Opfer stürzen. Hüte dich vor dem Bussard, denn er ist scharf auf Beute. So bedenke stets, daß der hohe Flug des Idealismus der Menschen sich in Machtmißbrauch und grausame Gewalt verwandeln kann.

Wir müssen jedoch vorsichtig sein, für die Speisegesetze und für die Bestimmungen über die heiligen Zeiten des Feierns und Fastens rationale Erklärungen zu suchen, denn derartige Erklärungen sind überaus spekulativ und verfehlen den Sinn der Bestimmungen. Im tiefsten Kern haben all diese Gesetze nur ein Ziel: Vom Aufgang der Sonne bis zu ihrem Niedergang möchten sie den Menschen auf Gott hin ausrichten. Sie wollen den Menschen von Stunde zu Stunde daran erinnern, daß er nicht ins Blaue hinein leben darf und daß ihm Grenzen gesetzt sind, daß er nur Verwalter auf Erden ist und daß sich rein von unrein unterscheidet.

Niemand hat darüber schöner und eindrücklicher geschrieben als Abel Herzberg* in seiner Geschichte über Labi, den Schulmeister aus Benghasi. Die Deutschen hatten ihn ins Konzentrationslager Bergen-Belsen transportiert. Er sah aus, als wäre er im Jahre 70 nach Christus vom Feldherrn Titus aus dem verwüsteten Jerusalem fortgeführt worden. Labi und die Seinen trugen dieselbe Art Kleidung wie ihre Vorfahren, sie hatten dieselbe Haltung, dieselben Umgangsformen und Gewohnheiten, und sie hatten buchstäblich denselben Glauben.

»Und dieser Glaube schrieb ihnen vor, daß sie bestimmte Speisen nicht essen durften. Ist es daher ein Wunder, daß Labi, ihr Schulmeister, der ein junger und sehr gottesfürchtiger Mann war, die Suppe im Lager verschmähte? In der Suppe trieb bisweilen ein Stückchen Pferdefleisch, und das Essen von Pferdefleisch ist verboten.

Diese Gebote haben zwar allgemeine Gültigkeit, doch gelten sie niemals in Situationen, in denen ihre Befolgung eine ernste Gefahr für Leben oder Gesundheit darstellt. Eine derartige Situation lag im Lager natürlich vor, und deshalb waren alle Speisegebote aufgehoben. Ja, ihre Befolgung war sogar aus religiöser Einsicht heraus gerade aufgrund der drohenden Lebensgefahr nicht erlaubt.

Das galt für Europa, das galt für Afrika, das galt jedoch nicht für einen Schulmeister, der gerade aus dem brennenden Jerusalem kommt. Labi lebt nach dem Gesetz und weiß von keinem Weichen. Tot oder nicht tot, er ißt kein Pferdefleisch.

Nun wird natürlich der eine mit einem Lorbeerkranz für bewiesenen Heldenmut ankommen. Oder ein anderer, der aus einer etwas rationalistischeren Welt kommt, sagt: Das ist kein Heldenmut, es ist Angst oder zumindest Aberglaube, ein Tabu. Ein dritter sagt: Das ist eine Zwangsidee. Wir wissen aus Erfahrung, daß man essen muß, um zu leben, doch Labi gehört zu jenen Menschen, die die Erfahrung beiseite schieben, da er glaubt, daß er dadurch, daß er etwas nicht esse, die Gottheit erweichen könne und gerade dadurch leben werde. Und ein vierter sagt: ›Was sagt Labi?‹

Man fragt ihn. Denn Labi ist ein Mann wie eine Lilie, und es wäre sehr schade, wenn die Pferde auch Labi holen kämen.

›Labi, warum ißt du keine Suppe?‹

Doch Labi wehrt ab.

›Labi, wenn du nicht ißt, kommen dich die Pferde holen!‹

Und dann flüstert Labi, voll unendlicher Melancholie und Ernst, gleich einem Bekenntnis zu sich selbst: ›Weil sich rein von unrein unterscheidet!‹

Nun kann man ein noch so verstockter Gegner von Labi und seiner Verstocktheit sein, auf so einen Satz schickt es sich zu schweigen. Denn Tabu oder kein Tabu, Zwangsidee oder Gottvertrauen, Mut oder Aberglauben, dies kann Goebbels mit all seiner Propaganda nicht sagen und am allerwenigsten der Führer aller Germanen.

Rein unterscheidet sich von unrein, und wir wissen – auch wenn es Labi vielleicht selbst nicht einmal weiß –, daß es nicht um Suppe oder Pferdefleisch geht, welches auch Labi nur als letztes Symbol verwirft, sondern um den ersten Satz der menschlichen Zivilisation: Um die Einsicht, daß es etwas gibt, das erlaubt ist, und etwas, das nicht erlaubt ist.

Und um dieses ersten Satzes willen, der vom jüdischen Volk einst ausgesprochen wurde, oder zumindest mit aus diesem Grunde, hat Adolf Hitler sie gehaßt und verfolgt und getötet. Er war dabei nicht der erste, und er wird auch nicht der letzte sein.

Es gibt keine reinen und unreinen Menschen; das heißt: im Prinzip nicht. Es gibt keine auserwählten Völker. Doch es gibt Menschen, die von einer Trennungslinie zwischen erlaubt und nicht erlaubt wissen, und Menschen, die nicht nur von ihr nicht wissen, sondern nicht wissen wollen.

Zwischen ihnen ist kein Friede.«

61

Die Stiftshütte

Exodus 20, 24-26; 25, 1-9; 26; 27, 1-9; 30, 17-21; 38, 8; Levitikus 1; 8, 6-13

Und sie schauten Gott, und sie aßen und tranken.

Eine paradiesische Szene, hoch oben auf Gottes heiligem Berg. Wie hält man jedoch so eine Vision fest, nachdem man wieder hinuntergestiegen ist und sich wieder in der Tretmühle des Alltags befindet?

Und der Herr sprach zu Mose: »Sage den Israeliten, daß sie eine Opfergabe erheben, und jeder gebe, was ihm sein Herz eingibt, Gold, Silber, Kupfer, blauer und roter Purpur, Scharlach, feines Leinen, Widderfelle, Akazienholz, Öl für die Lampen, Spezerei zum Räucherwerk und Onyxsteine. Sie sollen mir ein Heiligtum machen, daß ich in ihrer Mitte wohne. Genau nach dem Bild, das ich dir von der Stiftshütte und ihrem ganzen Gerät zeige, so sollt ihr's machen.«

Die Kinder Israels bauen Gott ein Heiligtum. Damit stellen sie dar, was sie in der Höhe gesehen und erfahren haben: *Gott ist in unserer Mitte.* Wir wohnen nicht unbemerkt und ungeliebt in einem erschreckenden und schweigenden Weltall, nein, über und hinter und unter dieser Welt wohnt der Unsichtbare. Es ist seine Schöpfung. Hinter und in unserer Wirklichkeit schlägt sein warmes Herz.

Diesen Glauben möchten Mose und die Seinen mit der Wohnung, die sie bauen, darstellen, bewahren und feiern. Bis in die kleinsten Einzelheiten wird geschildert, in welchen Farben und mit welchem Material, mit welchen Edelsteinen und Edelmetallen das Heiligtum hergestellt wird. Keine Zahl ist zufällig, kein Maß willkürlich, keine Abbildung unbesonnen, denn hier soll die Schönheit der Schöpfung dargestellt, gepriesen und gefeiert werden. Das erfordert eine peinliche Sorge für jedes Detail, eine hingebungsvolle Liebe für die auch noch so kleinen und einfachen Dinge, die ihr Dasein dem großen Ganzen zu verdanken haben. Denn ist das alles nicht die Schöpfung des Gottes, dessen Herrlichkeit die ganze Erde erfüllt?

Führte dieses bettelarme Sklavenvolk denn all die Kostbarkeiten mit sich? Nein, so reich waren sie nicht, und zudem verfügten sie in jenen Tagen auch nicht über genügend Sachkenntnis, um die Materialien zu bearbeiten. Diese Geschichte ist erst viel später entstanden, zur Zeit des Babylonischen Exils.

Das Sklavenvolk wird in der Wüste wohl eine einfache Stiftshütte mit sich getragen haben, ein Zelt für Gott, ein tragbares Heiligtum. Nachdem sie sich in Kanaan niedergelassen hatten, bauten sie in Jerusalem ihren Tempel. Dieser wurde später zerstört und das Volk verschleppt. Erst dann, an Babylons Strömen, an denen die Priester über das Einst und das Jetzt und das Demnächst nachsinnen, wird diese Geschichte geboren. Weit weg von zu Hause denken die Kinder Israels voller Heimweh an die Tage von Einst zurück. An die Stiftshütte in der Wüste. An den Tempel in Jerusalem. Sie träumen davon. Sie denken daran, wie es war und wie es wieder sein könnte, wenn Gott sie aus ihrer Verbannung heimführt. Dann werden sie ein neues Heiligtum, einen neuen Tempel bauen, in dem sie Gott begegnen können. Denn wohnt auch der Unsichtbare nicht in einem Haus, das durch Menschenhand erschaffen wurde, und können Gott und Mensch einander überall begegnen, so ist ein heiliger Ort für Stille und Gebet und für die heiligen Zeiten der Glaubensfeste nahezu unentbehrlich. Es ist ein Ort, um hier unten die Vision aus der Höhe festzuhalten.

Und jeder gebe, was ihm sein Herz eingibt.

Die Stiftshütte erhob sich. Nicht auf dem felsigen Wüstensand, nein, an Babylons Strömen, im Geist, aus einer Mischung von gläubiger Phantasie, kostbaren Erinnerungen und Zukunftsträumen. Es ist eine von Israels reinsten und geheimnisvollsten Schöpfungen. Und je tiefer wir in das Heiligtum vordringen, desto reiner und geheimnisvoller wird es.

Zuerst betreten wir den weiten Vorhof, hundert auf fünfzig Ellen, umgeben von Holzsäulen mit kupfernen Füßen, dazwischen Behänge von gezwirntem feinem Leinen. Am Ende des Vorhofes befindet sich die Stiftshütte: hinter einem Vorhang zunächst das Heilige, und dann, hinter einem weiteren Vorhang ein zweiter Raum, das Allerheiligste mit der Lade, einer hölzernen Kiste, in der die zwei steinernen Toratafeln aufbewahrt werden. Im Allerheiligsten ist man Gott sozusagen am nächsten.

Die Decken dieser heiligen Räume sind mit Zeltteppichen von Ziegenhaar, Widderfell und Dachsfell bedeckt. Die Vorhänge und die Teppiche zeugen von Israels Scheu, den Erhabenen – gepriesen sei sein Name – all zu sehr in unsere Wirklichkeit zu ziehen. Gott ist der Verborgene. Er ist der Unsichtbare. Doch zugleich zeugen sie von Israels Glauben, daß der Verborgene sich offenbart hat und daß der Unsichtbare unter uns Menschen wohnen will.

Der Vorhof. Seht, ein Bauer bringt die Erstlinge seiner Ernte zum Priester. Mit ebenso dankbarem Herzen stehen neben ihm ein Vater und eine Mutter mit ihrem neugeborenen Kind. Dort, beim Eingang des Zeltes der Begegnung, wartet ein Mann. Eine Hautkrankheit hatte ihn aus der Gemeinschaft verstoßen, doch nun ist er geheilt, und er bittet den Priester, daß er wieder ins Volk aufgenommen werde. Beim Brandopferaltar hält sich ein Verbrecher an einem der vier Hörner fest. Man sucht ihn zu töten. Bei Gott sucht er Halt, und bis seine Schuld bewiesen ist, wird ihm kein Haar gekrümmt werden.

In der Mitte des Vorhofes steht der Brandopferaltar, fünf Ellen lang und fünf Ellen breit. Ein vierschrötiges Gebilde, das den Menschen offensichtlich daran hindern möchte, daß er aus seinem eigenen Zelt einfach so in das Zelt Gottes spaziert. Es ist eine solide Wegversperrung. Der Altar versperrt den Weg zu Gott. Zuerst muß geopfert werden.
   Einen Altar von Erde mache mir, auf dem du dein Brandopfer und Friedensopfer opferst. Ein einfacher Altar aus Erde muß es sein. Diene Gott mit beiden Beinen auf der Erde. *Du sollst auch nicht auf Stufen zu meinem Altar hinaufsteigen, daß nicht deine Blöße aufgedeckt werde.* Um Gott zu begegnen, mußt du nicht gen Himmel steigen. Baue keine babylonischen Tempeltürme. Hüte dich vor Selbstüberhöhung.
   Seht, dort ist eine ganze Familie herbeigezogen. Der Mann führt ein Opfertier mit sich. Das Tier repräsentiert die ganze Familie. Indem er das Tier opfert, opfert er sich und die Seinen. Zuerst legt er seine Hände auf den Kopf des Tieres. Damit lädt er gleichsam alle Last ihres Daseins und all ihre Schuld auf dieses Tier. Das Tier wird sterben, damit sie leben. Er legt die Vorderläufe auf den Altar, ebenso die Hinterläufe, die Augen, die Ohren, das Herz. Damit sagt er: »Herr, nimm unser Leben. Nimm meine Hände, stärke sie, daß sie treu und behende für dein Werk sind. Nimm meine Füße, daß sie die Wege deiner Weisung gehen. Nimm mein Tun und Lassen, nimm mein ganzes Hab und Gut.« Er legt auch noch andere Teile des Tieres, deren Symbolik uns ebenfalls nicht entgeht, vor Gottes heiliges Angesicht auf den Altar: Galle, Geschlechtsteile, Herz

und Nieren, Innereien. »Nimm unser Leben, Herr, laß es zu deiner Ehre geweiht sein.«

Das ist eine Übung in der Kunst des Gebens und der Hingabe, eine Gottesdienstübung in der Kunst, so zu besitzen, als besäße man nicht, in der Kunst des Loslassens und des Sterbens. Dieses Ritual schafft zudem Gemeinschaft, es ist ein Fest der Versöhnung und des Friedens: Die Schuldenlast der Menschen ist in Rauch aufgegangen, an langen Tafeln wird ein Mahl gehalten.

Auf unserem Weg zum Heiligen stoßen wir auf einen weiteren besonderen Gegenstand: das kupferne Becken. Wer kann seine Hände in Unschuld waschen? Bei Gott aber ist die Vergebung. Die Sünden läßt er in Rauch aufgehen. Er reinigt uns von aller Ungerechtigkeit. Geläutert durch Wasser und Feuer darf sich der Mensch dem Gnadenthron nähern.

Das Becken war aus den polierten Kupferspiegeln gefertigt, die die Frauen gaben. Ein kostbares Geschenk und ein kostbarer Gedanke. Eigentlich gaben sich die Frauen selbst.

62

Das Heilige

Exodus 25, 23-40; 26, 31-37; 27, 20. 21; 30, 1-10. 34-38 Levitikus 24, 1-9

Wir verlassen den Vorhof. Nicht ohne Scheu schieben wir den Vorhang zur Seite, der Einlaß zum Heiligen gewährt. Dort steht der Tisch für die Schaubrote.

Vierzig Tage war Mose auf dem Berg, vierzig Tage und vierzig Nächte. Einmal mehr hatte er erkannt, daß der Ewige – gepriesen sei sein heiliger Name – ein Gott für die Menschen sein will. »Ich bin der Herr, *dein* Gott.« Danach ist Mose hinabgestiegen, um unten auf Erden alles so zu bereiten, wie er es oben geschaut hatte. »Gott braucht einen Tisch,« sprach er zum Zimmermann. Der Gott, der im Allerheiligsten zwischen den Cherubim thront, auf der Lade mit den Zehn Geboten, dieser Gott braucht auch einen Tisch. Mose fügte hinzu, daß der Tisch aus demselben Holz wie die Lade sein müsse: Gottes Wort bringt die Menschen zueinander.

Wohin soll Mose den Tisch stellen? Nicht ins Allerheiligste. Es gibt Grenzen. Der Tisch muß näher bei den Menschen stehen, doch auch nicht zu weit entfernt vom Heiligsten des Heiligen. Dann, auf einmal, weiß Mose, wohin er den Tisch zu stellen hat: ins Heilige, nahe dem Allerheiligsten, doch nicht allzu weit vom Vorhof entfernt. So sucht Mose nach einem Gleichgewicht zwischen der Ehrfurcht, die Gott Gott sein läßt, und der Liebe, die Gott nahe sein möchte.

Auf dem Tisch liegen zwölf Schaubrote, *Brote vor Gottes Angesicht*. Jedes Brot wiegt doppelt so viel wie die tägliche Ration Manna, die die Kinder Israels in der Wüste empfangen hatten. In der Stiftshütte ist somit für zwei gedeckt. Die Tischgemeinschaft mit dem Ewigen muß von allen zwölf Stämmen Israels gepflegt werden. Der Ewige thront auf Israels Lobgesängen, er muß mit den Schaubroten gespeist werden. Ohne sie würde Gott verkümmern, ebenso wie auch der Mensch ohne Gott und ohne die Gottesgabe des täglichen Brotes verkümmern würde.

Hier, im Heiligen, will Israel seine Gemeinschaft mit Gott feiern und nähren, bei Tag und bei Nacht. Deshalb steht dem Tisch gegenüber der Leuchter.

Im Heiligen scheint Licht. *Zwischen den zwei Niedergängen* scheint das Licht: Vom Niedergang der Sonne bis zum Niedergang des Mondes. Licht für Gott und Licht für die Menschen. Es ist ein Leuchter *aus einem einzigen Stück*, ein Baum, der mit seinen Wurzeln tief in die Unterwelt und mit seiner Krone bis an den Himmel reicht. Es ist der Baum des Lebens aus dem Herzen des Paradieses. Der Leuchter trägt sieben Lampen. Zwischen den zwei Niedergängen, wenn Finsternis die Erde bedeckt, muß das Licht entzündet werden. Der Hüter Israels schläft und schlummert nicht. Indem Israel davon zeugt, ist es das Licht der Welt.

Gott braucht Licht, hatte Mose gesagt, ebenso wie Gott auch einen Tisch braucht. Das Öl für die Lampen muß allerreinstes Olivenöl sein, so daß der Leuchter hell leuchtet und nicht raucht.

Mitten in der Weltnacht wird Israel vom göttlichen Licht zeugen. Deshalb finden sich auf dem Leuchter Motive des Mandelbaumes. *Der früh Erwachende* nennt man diesen Baum. *Der Wachbaum.* Während alle anderen Bäume noch ihren Winterschlaf halten, beginnt der Mandelbaum schon im Januar zu blühen. Er ist der erste. Und als erster wird er Frucht tragen.

Im Heiligen erblicken wir noch einen dritten Gegenstand: den Räucheraltar, den Altar der Anbetung. Er ist nicht groß, aus Holz und mit Gold überzogen. Auf ihm steht das goldene Becken, in dem der Priester das Räucherwerk entzündet. Dieses Räucherwerk soll mit großer Sorgfalt zusammengestellt werden, aus Balsam, Stakte, Galbanum und reinem Weihrauch.

Das Rauchopfer veranschaulicht das Gebet des Menschen. In diesem Haus wird in allen Farben und Gerüchen Gott gelobt und gedankt. *»Wie ein Räucheropfer steige mein Gebet auf zu dir.«**

Wir befinden uns nahe dem Allerheiligsten, wo Gott zwischen den Cherubim thront, jenseits des Vorhanges. Keine Mauer trennt Gott und Mensch, keine hölzerne Wand, es ist nur ein Schleier. Noch nie hat ein Mensch den Unsichtbaren gesehen, kein Sterblicher hat jemals den Ewigen geschaut. Doch Gott ist nicht weit. Erhaschen wir nicht von Zeit zu Zeit ein Zeichen des Himmels? Spüren wir nicht zuweilen für wenige Augenblicke Gottes Gegenwart? Trennt nicht lediglich ein Gewölk Himmel und Erde?

Ihr müßt einen Vorhang machen, hat Mose gesagt. Denn so hatte er es hoch oben gesehen, und so mußten es die Kinder Israels auf Erden anfertigen: Aus blauem und rotem Purpur, Scharlach und gezwirntem feinem Leinen. In frommer Phantasie projizierten sie kunstvoll gewebte Cherubim, mythische Wesen und paradiesische Gestalten auf den Teppich.

Kein Mensch hat Gott jemals gesehen. Vor dem Allerheiligsten hängt ein Schleier. Deshalb ist beten bisweilen so schwierig: Dann beschleicht uns das bange Gefühl, daß hinter dem Vorhang nichts ist, und daß wir unser Gebet nur in den leeren Raum sprechen. Und bisweilen ist beten auch gar nicht schwierig. Dann haben wir so viele Zeichen von dort jenseits empfangen, Schimmer Gottes durch den Schleier, daß wir glauben, daß uns nichts von seiner Liebe zu trennen vermag.

Im Allerheiligsten befindet sich die Lade, die heilige Kiste, in der die zwei steinernen Tafeln liegen. An zwei Seiten der Lade sind Tragestangen befestigt. Sie sind für das Allerheiligste etwas zu lang, sie lichten leicht den Schleier. Von hier aus, von dieser Seite des Vorhanges können wir Gottes Herrlichkeit nicht sehen. Doch wir können einen Schimmer erhaschen. Unserem Auge ist Gottes Herrlichkeit nicht vollkommen verborgen: An zwei Stellen wölbt sich das Tuch ein wenig. Wie bei dem Kleid einer Frau, das sich über den Brüsten wölbt, meint ein frivoler Rabbiner. Der Rabbiner kann die Brüste der Frau nicht sehen, doch er kann die Herrlichkeit, die sich unter dem Kleid verbirgt, erahnen.

63

Das Heiligste des Heiligen

Exodus 25, 10-22; Levitikus 16; Numeri 6, 22-27

Das Heiligste des Heiligen. Hier wohnt Gott in seinem unergründlichen Licht. Kein Mensch darf diesen Raum betreten. Wer kann Gott schauen und leben?

Nein, es muß anders gesagt werden: Einmal im Jahr darf ein Menschenkind den Schleier zur Seite schieben und das Allerheiligste betreten. Der Hohepriester. Am Großen Versöhnungstag. Doch ehe er eintritt, muß er einen Zipfel des Vorhangs heben und eine Weihrauchwolke heiligen Räucherwerks vor sich her schicken. Er soll Gott nicht von Auge zu Auge schauen.

Im Allerheiligsten befindet sich nur ein einziger Gegenstand: die Bundeslade. Eine Kiste aus Akazienholz, zweieinhalb Ellen lang, eineinhalb Ellen breit, eineinhalb Ellen hoch.

So, wie auch in der Synagoge die Tora in einer Lade, einer Kiste, einem Schrein aufbewahrt wird, liegt auch in der Stiftshütte die Tora in einer Lade. So eine Kiste ist in Israel seit jeher der Aufbewahrungsort schlechthin. Mose, der die Tora verkörpert, wurde in einem Binsenkästchen bewahrt und so gerettet. Und in Noahs Arche wurde die ganze Schöpfung bewahrt und gerettet.

Du sollst die Lade mit reinem Gold überziehen. Gieß vier goldene Ringe und befestige sie an ihre vier Ecken, so daß zwei Ringe auf der einen Seite und zwei auf der andern seien. Und fertige Stangen von Akazienholz und überziehe sie mit Gold. Stecke sie in die Ringe an den Seiten der Lade, daß man sie damit trage. Die Tragestangen sollen in den Ringen bleiben und nicht herausgenommen werden.

Zwei Cherubim mit furchteinflößenden Adlerflügeln zieren den Deckel der Lade. Es sind Mischgestalten, die auf Erden den Himmel repräsentieren: Ihre Körper bestehen aus Gliedmaßen verschiedener Tiere, ihr Haupt ist das eines Menschen. So sind sie ein Musterbild an Schnelligkeit, Kraft und Klugheit, Gestalten, die wie keine anderen die Lade mit ihren goldenen Flügeln zu beschützen vermögen. Die Lade ist der Fußschemel Gottes, der Sitz des Ewigen, der auf den Cherubim thront. Sie ist Zeichen und Unterpfand von Gottes befreiender und beschützender Gegenwart. Sie ist ein Zeichen, daß Israel zum Dienst erwählt ist.

Kein Götterbild ziert die Lade. *Du sollst dir kein Bildnis machen.* Zwischen den Cherubim ist nichts zu entdecken. Nur wer Augen hat zu sehen, weiß, daß hier ein unermeßliches Geheimnis dargestellt wird.

An der Lade müssen zwei Tragestangen befestigt werden. Für alle Zeiten muß verhindert werden, daß der heilige Schrein von Menschenhand berührt wird. Finger weg!

Die Tragestangen müssen durch vier Ringe gesteckt werden. Sie dürfen niemals aus den Ringen herausgenommen werden. Dann verliert man sie. Ehe man es sich versieht, verliert man auch die Erkenntnis, daß Gott nie und nirgends festzulegen ist, in keinem Land, in keinem Volk, in keiner Stiftshütte, in keiner Kirche, in keinem Buch und in keinem Menschen. Nie dürfen wir aus Gott einen statischen Gott machen, einen Gott auf einem Sockel, einen unveränderlichen, unbeweglichen, unbewegten Gott. So ist Israels Gott nicht. Israels Gott ist ein Zuggott. Er reist mit uns durch Zeiten und Länder, immer zum Aufbruch bereit. Mit diesem Gott sind wir stets unterwegs, nichts liegt fest, nichts steht fest. Er ist der Gott der Pilger, die keinen festen Wohn- oder Aufenthaltsort haben.

Auf der Lade liegt der Gnadenthron. *»Oben auf die Lade sollst du den Gnadenthron stellen, von feinem Gold. Dort will ich dir begegnen, und vom Gnadenthron aus, zwischen den beiden Cherubim will ich mit dir über alles reden, was ich dir für die Israeliten gebieten will.«*

Im Allerheiligsten kann *über alles* gesprochen werden. Einmal im Jahr tritt am Großen Versöhnungstag der Hohepriester ein. Er tut das im Namen aller. Er trägt eine Schüssel Blut. Das Blut ist Bild des Lebens. Im Heiligsten des Heiligen gibt der Mensch nicht *einen Teil* von sich, nein, er gibt sich selbst. Hier geht es um alles. Der Hohepriester sprengt das Blut siebenmal auf den Gnadenthron. »Herr, nimm unser Leben, nimm unsere Lebenslast, unsere Schuldenlast, nimm alles Seufzen deiner Kreatur. Nimm das alles, Herr.«

Danach kehrt der Hohepriester zum Volk auf den Vorhof zurück. Dort steht ein Ziegenbock. Der Hohepriester legt seine Hände auf den Bock. So lädt er seine Sünden und die Sünden des Volkes auf das Tier. Dann wird der Sündenbock in die Wüste geschickt.

Zum Schluß wendet sich der Priester dem Volk zu und gibt ihm den Segen. Wahrscheinlich handelt es sich um einen alten Sonnenspruch, doch im Mund von Israels Hohepriester wurde er zu einem Segen, der dreifach von der Liebe und Wärme Gottes zeugt. In ihm ist die Sonne der Gnade Gottes zu spüren, die strahlend über Mensch und Land aufgeht:

Der Herr segne dich und behüte dich;
der Herr lasse sein Angesicht leuchten über dir und sei dir gnädig;
der Herr hebe sein Angesicht über dich und gebe dir Frieden.

64

Der Hohepriester

Exodus 28

Minuziös wurden sie uns beschrieben: Die Teppiche, die zwischen die Säulen gespannt den Vorhof abgrenzen, die Vorhänge und die dreifältige Verhüllung des Heiligen und des Heiligsten des Heiligen. Hüllen, die davon zeugen, daß von Gott nur in verhüllten Begriffen gesprochen werden darf, und die zugleich davon zeugen, daß Gott unter den Menschen wohnen will.

Auch die Diener Gottes sind mit Verhüllungen bekleidet. Sie dienen im Tempel nicht in ihren eigenen Kleidern, denn sie stehen dort nicht für sich. Sie repräsentieren dort Gott bei den Menschen und die Menschen bei Gott. Sie bekleiden ein Amt und das Amt bekleidet sie. Sie tragen Amtskleidung.

Der Hohepriester ist in seinen Königsmantel gehüllt. Sein vielfarbiges Kleid ist aus kostbaren Stoffen gefertigt, mit Goldbrokat und Edelsteinen verziert. Es ist ein Kleid himmlischer Allüren.

Er trägt einen Schurz, den *Efod*, gefertigt aus demselben Stoff und in denselben Farben wie der Vorhang in der Stiftshütte. Gott und sein Diener tragen dasselbe Gewand. Es ist, als dürfe der Priester für Momente Gottes Mantel tragen. Wer den Priester gesehen hat, hat einen Schimmer von Gott gesehen.

Gott reist stets inkognito. Er verhüllt sich: in einem Menschen, einem König oder einem Bettler, in einem Buch, einer Lilie auf dem Felde, in Wasser, Brot und Wein, in der Stimme eines priesterlichen Menschen, der Vergebung zuspricht und seine Hände auflegt.

Auf den Schulterteilen des Schurzes sind zwei Onyxsteine in goldenen Fassungen befestigt. Die Namen der zwölf Stämme Israels sind darauf eingraviert. Auch in den zwölf Steinen, die die Brusttasche des Schurzes schmücken, finden wir diese zwölf Namen. Vier Seiten hat die Brusttasche; in vier Reihen zu je drei Steinen trägt der Priester sein Volk auf dem

Herzen. Nie erscheint Israels Hohepriester vor Gott, ohne daß er *alle* mit sich führt, um mit dem Ewigen über *alles* zu sprechen.

Es sind zwölf Edelsteine: Sarder, Topas und Smaragd, Rubin, Saphir und Diamant, Lynkurer, Achat und Amethyst, Türkis, Onyx und Jaspis. In strahlender Farbenpracht zeugen sie von der Schönheit des von Gott geschaffenen Lichts. Ebenso kostbar wie die Steine sind die Kinder Israels. Sie sind gerufen, auf Erden Widerschein von Gottes Licht zu sein.

Das Obergewand des Priesters ist himmelblau. Am Saum sind goldene Schellen befestigt, Glöckchen mit kleinen Klöppeln, die beim Gehen klingeln. Wohin der Hohepriester seinen Fuß auch setzt, werden die bösen Geister vertrieben und weichen die Todesmächte.

Am Saum des Obergewandes hängen auch kleine purpurne Granatäpfel. Glöckchen und Granatäpfel wechseln einander ab. Der Granatapfel ist eine üppige Frucht: saftig und würzig duftend, warmrot und samenreich. Symbol der Liebe, der Fruchtbarkeit und des Glücks. *»Wie schön bist du, oh Liebste! Dein Garten ist ein Paradies von Granatäpfeln.«**

Auf seinem Haupt trägt der Hohepriester einen leinenen Kopfbund mit einem Stirnblatt aus feinstem Gold. *Dem Herrn heilig* ist darauf eingraviert. Für Gott abgesondert. Der Hohepriester ist wie sein Volk zum Dienst erkoren. Nie legt er den Kopfbund ab. Ohne Unterlaß müssen die Kinder Israels ein Königreich von Priestern sein, *dem Herrn heilig.*

Jahrhunderte später träumt ein gewisser Johannes, auf Patmos verbannt, von einem neuen Himmel und einer neuen Erde. In einer Vision sieht er am Ende der Zeiten ein neues Jerusalem aus der Höhe niederschweben. In seiner Phantasie hat das Jerusalem vier Seiten.* Ist es die Vergrößerung der vierseitigen Brusttasche des Hohenpriesters? Doch wo sind dann die zwölf Edelsteine?

Sie bilden das Fundament der neuen Stadt. Die Steine, die nun noch der Hohepriester trägt, werden dereinst selbst Träger sein.

65

Das goldene Kalb

Exodus 32

Vierzig Tage und vierzig Nächte war Mose auf dem Berg. Dort sprach Gott zu ihm wie von Freund zu Freund. Gott gab ihm die Zehn Worte. Worte, die den Weg ins verheißene Land weisen. Wegweiser zum Leben.

Vierzig Tage und vierzig Nächte, und all die Zeit über verweilte das Volk am Fuße des Berges. Warten. Warten. Warten. Mose war aus dem Auge, und nach und nach geriet er auch aus dem Sinn. Was sollten sie denn mit ihrem sonderbaren Propheten anfangen, der wer weiß wie lange schon in höheren Sphären weilte? Wenn er überhaupt noch dort war. Vielleicht war er ja tot! »Der Unsichtbare geht uns voraus,« rief Mose immer wieder, doch war das denn wirklich so? Es gab so bitter wenig zu *sehen.*

Die Leute unten im Tal sind des Wartens müde. Was haben sie denn – wenn man es wohl betrachtet – mit dem Gott ihres Mose zu schaffen? Könnten sie von einem neuen Anführer und einem greifbaren Gott denn nicht mehr Heil erwarten? »*Aaron, mache uns einen Gott, den wir sehen können, einen Gott, wie ihn auch die anderen haben.*«

Was soll Aaron tun? Aaron ist ein Priester. Er fühlt mit dem irrenden Volk. Müde und beladen sind sie, wie Schafe, die keinen Hirten haben. Und sie suchen so sehr nach etwas Greifbarem, nach etwas, das ihnen in dieser unsicheren Welt Halt gibt, nach etwas Sichtbarem. Ist das denn so verwunderlich? Und ist es so schlimm? Würde Mose denn anders darüber denken? Mose wäre sicherlich einer Meinung mit ihm, denn schließlich sind sie ja Brüder und kommen aus demselben Stall. Natürlich, Mose ist eher ein Prophet, er steht Gott näher, doch deswegen ist er auch weiter von den Menschen entfernt. Mose sitzt oft oben. Aaron ist eher vom priesterlichen Schlag, dem Volk näher, und das ist doch auch etwas? Aaron kennt die Menschen, er lebt mit ihnen, er fühlt mit ihnen.

»Aaron, hier ist unser Gold. Mache von unserem Gold einen Gott. Einen Gott, wie ihn auch die anderen Völker haben, einen Gott, den wir sehen können, bei dem wir etwas fühlen. Einen goldenen Stier.«

Ach, es ist das alte Lied. Kaum hat sich ein Mensch von den Fesseln, die ihn gefangen hielten, befreit, kaum steht er auf eigenen Beinen, da gerät er in Versuchung, das Heil ganz und gar in der eigenen Kraft zu suchen. »Kann allein!« spricht er trotzig. Gebannt von der eigenen Fruchtbarkeit und Potenz setzt er sich selbst auf den Thron. Autonom ist er, frei, voller Lebensenergie. Gott ist etwas von früher, aus der Zeit, da er noch klein und unmündig war, als er noch nicht den Mut hatte, auf die eigene Kraft zu bauen. Doch damit ist's jetzt aus und vorbei. Er nimmt sein Leben in die eigenen Hände, und stellt eigentlich sich selbst damit auf einen Sockel. Ein goldener Stier.

»*Aaron, hier ist unser Gold.*«

Aaron fertigte aus dem Gold einen Stier, ganz wie sie es wünschten. Doch er gab dem Tierchen den Namen *Gott. Er, der euch aus Ägypten geführt hat.* Als beschwöre er, daß sich an ihrem Glauben nichts wesentliches verändert habe.

Aaron wird unruhig. Ohne Frage wird die Enthüllung des goldenen Kalbes im großen Stil mit einem berauschenden Fest gefeiert werden müssen, heidnisches Blut ist nun mal dicker als Wasser. Doch Aaron würde es bedauern, wenn sich das Volk ganz und gar von Gott löste, und so setzt er auf die Einladungen: *Morgen ist ein Fest für den Herrn.*

Morgen. Hofft Aaron etwa, daß Mose vor dieser Zeit zurückgekehrt sein wird?

Das Fest bricht herein, doch nicht *für den Herrn.* Voller Entzücken tanzen die Kinder Israels um das goldene Götterbild. Aaron gab dem Volk die Spiele, nach denen es so sehr verlangte, und von denen es Heil und Segen erhoffte.

Zu der Zeit, da Mose mit den steinernen Tafeln in Händen und gänzlich von Gott erfüllt vom Berg heruntersteigt, rauscht und braust das Fest, daß es eine wahre Lust ist. Schon aus der Ferne hört Mose die seltsamen Klänge, den höllischen Lärm. Was hört sein Ohr, was sieht sein Auge? Er wird zornesrot, er schnaubt vor Wut. Allmächtiger Gott! Mose begreift augenblicklich, was sie dort treiben. Er erkennt auch, daß diese Anbetung der eigenen Lebenskraft den Menschen unwiederbringlich in die Sklaverei und nach »Ägypten« führt. Denn dieses Heidentum ist ein Gefängnis. Es führt dazu, daß der Mensch nur in Begriffen von Kraft und Schönheit, Erfolg und Fruchtbarkeit über das eigene Leben und das der anderen urteilt. Mose ist toll vor Wut. Daß das geschehen konnte! Gerade jetzt ist jede Faser seines prophetischen Körpers davon durchdrungen, daß er das Geheimnis von Heil und Segen in Händen hält: Die Zehn Worte, die Gott selbst in die steinernen Tafeln eingemeißelt hat, der Gott, der in der Höhe wohnt und daher nie und nimmer mit einem Stier gleichgesetzt werden darf.

Mose sieht und hört das heidnische Gehopse dort unten. Was für ein ordinäres Treiben war das nach der Vision, die er eben noch in der Höhe schauen durfte! Dann hebt er die Tafeln gen Himmel und schmettert sie mit all seiner Kraft in Scherben. Was soll er in diesen Niederungen mit den Worten des Ewigen?

Regt sich Mose zu sehr auf? Hat sein Bruder Aaron nicht recht, wenn er das alles ein wenig relativiert? »Ach Mose, nimm's nicht so tragisch! Das Volk wollte es so gerne, und die Nachbarn haben doch auch so einen Gott! Warum bist du auch so lange fortgeblieben? Wir mußten unterdessen doch etwas tun. Da haben wir eben Gold geschmolzen, und plötzlich war da dieses Stierkalb. Es ging eigentlich ganz von selbst. Und das Kalb heißt Gott, also reg dich nicht auf. Natürlich, Mose, ich versteh dich ja, du bist ja schließlich mein Bruder. Doch versetz dich doch auch 'mal in meine Position. Du hast die ganze Zeit über mit deinem Kopf in den Wolken geschwebt, und ich saß hier ganz allein mit all den Leuten. Wirklich, ich bewundere dich, Mose, dein Idealismus ist phantastisch, doch es gibt auch noch so etwas wie die Realität, den Alltag. Man muß nun mal die Dinge nehmen, wie sie sind.«

Ein faszinierendes Gespräch, das die beiden Brüder hier führen. Es ist ein Rollenspiel, wie es in der Bibel immer wieder gespielt wird: Kain und Abel, Abraham und Lot, Jakob und Esau, David und Saul. Immer steht da auf der einen Seite eine königliche Gestalt, und immer steht ihre Kontrastfigur ihr gegenüber. Und immer herrscht Spannung zwischen beiden. Für wen werden wir uns entscheiden?

Ich habe eine Schwäche für Aaron. Mose ist so groß. Er weckt Bewunderung – und erzeugt gleichzeitig Abstand.

Doch was für ein Seher ist er! Er sieht mehr als sein Bruder. Er sieht weiter. Er sieht, wohin die Anbetung dieses Stiers führen kann und ist fast zu Tode erschrocken. Er sieht am Horizont eine Religion aufdämmern, die das Recht des Stärkeren proklamiert und legitimiert. Der Prophet fürchtet die Verherrlichung von Blut und Boden. Der Seher sieht eine Welt, in der das hohe Gebot von Gerechtigkeit und Liebe in Scherben darniederliegt. Mose wittert Gefahr. Mose sieht Massengräber.

Und dann diese feige Entschuldigung: »Ach Mose, es ging ganz von selbst, ganz zufällig nahm das geschmolzene Gold die Form eines Stiers an.« Als ob so etwas Zufall sei! Als könne das Heidentum so ganz zufällig auch plötzlich ein Lamm erzeugen!

Darum ist Mose so außer sich. Darum greifen seine bebenden Hände noch einmal Gottes heilige Tora. Darum fordert er, daß das goldene Kalb zertrümmert und die Asche ins Wasser gestreut wird. Darum befiehlt er, daß das Volk dieses Aschenwasser trinken muß. Die Kinder Israels sollen ihr eigenes Machwerk fressen und die Reste ihres Gottes dann dorthin werfen, wo sie hingehören: auf den Misthaufen. Darum fließt nun Blut: Die Anstifter der Abgötterei werden getötet.

Wird hier von einem rohen Geschehen aus rohen Zeiten erzählt? Spricht aus so einer Geschichte der fatale Gedanke an einen grausamen Gott, der vernichtet, was ihm nicht gefällt? Oder wird hier auf der Bühne des Exodus-Theaters ein Gleichnis gespielt, das illustrieren soll, wie bluternst es ist, was hier geschieht: Eine Sache auf Leben und Tod?

Wie soll es nun mit Gott und diesem Volk weitergehen? Ist es zwischen den beiden nun aus und vorbei? Liegt nun alles in Scherben. Für immer?

Am nächsten Tag besteigt Mose abermals den Berg. Abermals spricht er mit Gott, von Freund zu Freund.

»Mose, ich bin von deinem Volk bitter enttäuscht,« sagt Gott.

»Ich auch,« sagt Mose. »Doch warum sprichst du denn von *deinem* Volk? Herr, ist's dir denn schon aufgefallen: Immer dann, wenn das Volk deine Tora befolgt, sagst du *mein* Volk, doch sobald es ungehorsam ist, sprichst du plötzlich von *deinem* Volk!«*

»Es ist der Zorn, der mich diese Worte sprechen läßt, Mose.«

»Das ist schon möglich,« sagt Mose, »doch vom Zorn darfst du dich doch nicht leiten lassen! Was hast du denn davon? Würdest du auch in deinem Zorn Himmel und Erde vernichten, dein Volk überlebte dennoch, denn so hast du es versprochen. Wozu solltest du dich also unnötig aufregen? Außerdem, du weißt doch, wie lange dieses Volk inmitten allerlei Abgötterei gelebt hat. Die Versuchung ist groß, der Mensch kommt schnell zu Fall. Nimm dir doch ein Herz und vergib diesem Volk seine Sünden.«

Mose als Mittler. Vor dem Volk steht er auf Gottes Seite; vor Gott steht er auf der Seite des Volkes. Er geht sogar so weit, Gott kühn ein Ultimatum zu stellen: »*Sag an, das eine oder das andere. Entweder du vergibst den Israeliten die Sünde, die sie getan haben, oder du tilgst meinen Namen aus deinem Buch, das du geschrieben hast.*«

Gott hat die Wahl.

66

Bei mir ist ein Ort

Exodus 33

»Vergib doch diesem Volk, oh Herr. Wenn nicht, dann tilge meinen Namen aus dem Buch, das du geschrieben hast.«

Gott weiß nicht, was er tun soll. Es ist eine schwierige Entscheidung. Mose, der gute Mose, ist wohl der letzte, den er aus seinem Buch tilgen wollte. Doch dem Volk einfach so vergeben? Aber irgendwie müssen sie ja zusammen weiter. Da hat Mose schon recht. Gott ist im Zwiespalt.

»Mose, zieh von dannen. Mein Engel wird vor euch hergehen. Doch es ist wohl besser, wenn ich selbst noch nicht mitziehe, das Volk ist halsstarrig, und wenn ich mich wieder aufrege, dann...«

Gottes Zorn hat sich noch nicht gelegt. Nicht unbegreiflich, wenn man bedenkt, wie sehr er dieses Volk liebt. Gott kann es einfach nicht verschmerzen, daß Israel, seine Geliebte, ihn in einem unbewachten Augenblick mit diesem heidnischen Gott betrogen hat. Der Ewige ist ernüchtert und verletzt. Weil seine Liebe so tief sitzt, sitzt auch die Wut so tief. Selbst bei Gott ist so etwas nicht mir nichts, dir nichts vorbei, weiß unser Wüstenkorrespondent zu berichten.

Natürlich, sie müssen weiter. Und auch Gott will weiter. Er liebt dieses Volk, trotz allem. Doch er braucht etwas Abstand. Er möchte die Kinder Israels nicht aus den Augen verlieren, er möchte sie vorläufig jedoch auch nicht sehen: *»Mein Engel wird vor euch hergehen.«*

Die Israeliten hörten die schlechte Nachricht: Gott selbst wird nicht mitziehen. Gott hakt ab. Betrübnis setzte sich aufs Lager nieder. Sie fühlten sich abgewiesen. Sie trauerten. *Niemand tat Schmuck an.* Daß sie nach der Sammlung für das goldene Kalb überhaupt noch Schmuck hatten...

Außerhalb der Lagerstätte schlug Mose ein Zelt auf, ein Zelt für Gott. Es war keine Stiftshütte, beileibe nicht, doch gut, es war zumindest etwas. Er schlug das Zelt fern von dem Lager auf, denn ein wenig Distanz konnte nicht schaden, – das hatte der Prophet wohl eingesehen. Gott und seine Geliebte mußten sich für einige Zeit trennen. Doch – und auch das hatte der Prophet eingesehen – sie mußten miteinander im Gespräch bleiben. Deshalb war Mose auch stets in jenem Zelt zu finden. Und wenn er dorthin ging, geleitete ihn das Volk. Dann war zu sehen, wie die Kinder Israels in ihren Zelteingängen erschienen und wie sie Mose mit ihren Augen begleiteten, bis er in Gottes Wohnung eingetreten war. Dann kam eine Wolkensäule hernieder und blieb in der Zeltöffnung stehen. Und jeder wußte: Gott ist da. Und während Gott und Mose miteinander sprachen, knieten sie nieder.

»Herr, du sagst, daß wir von hier hinaufziehen sollen. Doch du hast uns nicht wissen lassen, wen du mit uns senden willst. Lasse mich doch deine Wege wissen. Ist dieses Volk nicht dein Volk?«

»Soll denn mein Angesicht mit dir gehen, daß du beruhigt bist, Mose?«

»Was ich dich bitten möchte, Herr, wenn dein Angesicht nicht mit uns zieht, dann lasse uns nicht von hier hinaufziehen. Woran sollen wir denn erkennen, daß wir vor deinen Augen Gnade gefunden haben, wenn nicht daran, daß du mit uns gehst? Deshalb hast du uns doch von allen Völkern abgesondert, damit wir von deiner Treue zeugen. Nun denn...«

»Du hast recht, Mose. Ich liebe dich. Ich liebe auch dein Volk. Mein Volk. Darum war ich so erzürnt, als sie ihr Angesicht von mir abwandten. Doch du hast recht. Deshalb darf *ich* mein Angesicht ja nicht von *ihnen* abwenden. Entweder man ist treu, oder man ist es nicht. Laß uns deshalb unsere Reise fortsetzen. Ich gehe mit.«

Mose kann sein Glück nicht fassen. Er hatte nicht recht gewußt, ob er denn sagen sollte, was er eben gesagt hatte. Nun war er froh, es getan zu haben. Würde er nun den Mut haben, auch noch das andere zu fragen? Er quälte sich schon lange damit. Würde er auch den Mut haben, *diese eine* Frage zu stellen?

»Herr, Gott, ich möchte gern *noch* etwas fragen. Laß mich... laß mich doch deine Herrlichkeit sehen.«

Auch Mose, ja, der große Mose, tut sich mit Gottes Unsichtbarkeit schwer. Auch der Prophet findet es schwierig, sich Gott blindlings anzuvertrauen. »Oh Gott, ich würde so gern die Vorderseite des Teppichs sehen, nicht nur die Rückseite, mit all ihrem Wirrwarr von Schnüren und Knöpfen, aus denen ich nicht klug werden kann. Wie sieht die Welt doch nur von deiner Seite aus aus? Ich würde mir meiner Berufung und des Weges, den ich gehen muß, gern sicherer sein. Du darfst es mir nicht verübeln, doch ich hätte gern mehr in petto als einen anfechtbaren und wankelmütigen Glauben. Ich bitte dich darum um meines Volkes willen. Herr, Gott, laß mich doch deine Herrlichkeit schauen.«

Das hätte Mose nicht fragen sollen. Das fühlte er sofort. Er hatte zu viel gefragt. Er hat das menschliche Maß überstiegen. Wie sollte ein Sterblicher Gottes Herrlichkeit schauen können? Er kann nicht einmal in die Sonne blicken. Ihm würden die Sicherungen durchbrennen.

Und doch weiß der Ewige nicht recht, was er Mose antworten soll. Kein Mensch kann Gottes Herrlichkeit schauen und leben. Doch wie soll ein Mensch leben können, wenn Gottes Herrlichkeit vor ihm verborgen bleibt? Indem sich Gott offenbart, muß er der Verborgene bleiben, und indem er verborgen bleibt, muß er sich offenbaren. Was soll Gott seinem Freund antworten?

Dann spielt ein Lächeln um Gottes Mundwinkel. »Höre meine Worte, Mose. Ich will meinen Glanz an dir vorübergehen lassen. Ich will dir gnädig sein und mich über dich erbarmen. Mein Angesicht jedoch wirst du nicht sehen können. Wer ich in meinem tiefsten Inneren bin, wird an dir vorübergehen. Kein Mensch kann mich sehen und leben. Doch bei mir ist ein Ort, wo du in einer Felsenkluft stehen kannst. Wenn dann meine Herrlichkeit vorübergeht, werde ich mit meiner Hand die Felsenkluft bedecken, bis ich vorübergegangen bin. Dann will ich meine Hand wegnehmen. Dann wirst du mich von hinten sehen können. Aber mein Angesicht wirst du nicht sehen.«

Bei mir ist ein Ort. Die unmittelbare Sicht auf Gott ist dem Propheten nicht vergönnt. Auch Mose mußte sich im Leben und im Tode mit einem Glauben, *als sähe er den Unsichtbaren** zufrieden geben. Mose sprach mit Gott wie von Freund zu Freund, doch Gottes Herrlichkeit durfte er nicht schauen. Kein Sterblicher kann behaupten: Ich habe Gott gesehen. Erst hinterher, erst dann, wenn Gott vorübergegangen ist, kann der Mensch sagen: Gott war an diesem Ort. Doch wer gesehen hat, wie Gott vorübergegangen ist, hat genug gesehen.

Es ist einem Menschen nicht gegeben, in diesem irdischen Leben Gottes Herrlichkeit zu schauen. Oder doch? – Der Evangelist Johannes glaubte bis an das Ende seiner Tage, daß er die Herrlichkeit Gottes gesehen hat.* Er war Jesus von Nazareth begegnet, und hinterher, als er vorübergegangen war, glaubte er, daß Gott selbst in diesem Menschen seine Zelte aufgeschlagen hatte. »*Und wir sahen seine Herrlichkeit,*« sprach er.

67

Ein neuer Anfang

Exodus 34 und 39

»Mose.«

»Hier bin ich, Herr.«

»Mose, ich möchte dich bitten, abermals heraufzukommen. Doch erst mußt du dir zwei steinerne Tafeln zurechthauen, so, wie die ersten waren. Dann will ich dir erneut die Zehn Worte geben. Sei morgen früh bereit, auf den Gipfel des Berges zu steigen. Ich will einen neuen Anfang machen.«

Mose hieb zwei neue steinerne Tafeln zu und bestieg den Berg, früh am Morgen. Und der Herr kam in einer Wolke hernieder und stellte sich vor Mose. »Herr! Herr!« *rief der Herr,* »*Ich bin ein Gott, barmherzig und gnädig, geduldig und treu.*«

Der Herr rief zweimal seinen Namen: »Herr war ich; Herr werde ich sein. Bei mir ist die Vergebung.«

Es ist, weil es in der Bibel steht, ansonsten dürfte man es auf diese Art und Weise niemals erzählen, sagte ein Rabbiner voller Staunen und inniger Dankbarkeit über Gottes Barmherzigkeit und diesen neuen Anfang. Ganz anders als Voltaires hämische Worte *pardonner, c'est son métier* – vergeben, das ist sein Handwerk.

Seine Barmherzigkeit beweist er an Tausenden. Die Missetat der Väter sucht er aber an den Kindern und Kindeskindern bis ins dritte und vierte Geschlecht heim.

Was ist das nun wieder? Wie läßt sich das in Himmelsnamen auf Gottes Gnade und Barmherzigkeit reimen, von der eben noch die Rede war? Ist das denn geduldig? Heißt das vergeben? Was für ein Gottesbild steckt denn nun *hier* wieder dahinter? Ist hier mit einem Mal ein anderer Erzähler am Wort? Wir sind versucht zu sagen: Das dürfte nie und nimmer in der Bibel stehen. Das hätte nie und nimmer erzählt werden dürfen.

Eines ist deutlich: Das Böse wird nicht verharmlost. Ja, bei Gott ist die Vergebung, doch das heißt nicht, daß die Sünde nicht mehr ernst genommen wird. Der Erzähler meint nicht, daß es Gottes Handwerk sei, ein Auge zuzudrücken. Das Gute trägt Frucht, und so auch das Böse. Darüber darf es keinen Zweifel geben. Die Sünde hat Ausdauer und hinterläßt auf lange Zeit Spuren. Wer gut schaut, kann mit eigenen Augen sehen, wie Kinder und Kindeskinder noch immer unter den Taten gebückt gehen, die ihre Vorväter begangen haben. Wann zum Beispiel ist ein Krieg vorbei? Nicht eher als hundert Jahre später als man zunächst dachte. Ein Mensch kann nicht sorgfältig genug leben.

Auch Mose scheint von Gottes Strenge bestürzt zu sein. Eilends kniet er nieder, neigt sich zur Erde und spricht ebenso demütig wie bestimmt: »Oh Gott, gehe doch mit uns. Ich weiß ja, wir sind ein halsstarriges Volk. Doch mit Verlaub, gerade deshalb mußt du mit uns gehen. Du bist größer als unser Herz. Vergib uns unsere Schuld. Mache uns dir zum Eigentum.«

Daraufhin hat Gott abermals mit Mose und dem Volk einen Bund geschlossen: »*Ich will Wunder tun, wie sie noch nie geschaut wurden. Bewahre meine Gebote. Ich will vor dir ausstoßen die Amoriter und die Kanaaniter, die Hetiter und die Perisiter, die Hiwiter und die Jebusiter.*«

Was steht denn hier nun wieder? Man kann sich nur wundern! Sind das denn Worte eines liebenden und barmherzigen Gottes? Sollen wir diese Worte etwa wörtlich nehmen? Macht sich Israel hier mit machtgierigen nationalistischen Überlegenheitsgefühlen Luft? Dann hätte es nie und nimmer so erzählt werden dürfen; dann stände es besser nicht in der Bibel. Oder dürfen wir es nicht wörtlich nehmen? Israel hat doch in Wirklichkeit jahrhundertelang mit den Amoritern und Kanaanitern, mit den Hetitern und Perisitern, mit den Hiwitern und Jebusitern zusammengelebt. Das beste, was seine Nachbarn zu bieten hatten, hat Israel in die eigene Kultur aufgenommen.

Die Annahme liegt nahe, daß in diesen Geschichten Amoriter und Konsorten Gottes Feinde repräsentieren, die Gegenkräfte, die den Menschen auf dem Weg ins verheißene Land vom Kurs abbringen möchten. Der »böse Amoriter« ist die Verkörperung der Stimme, die uns zur Abgötterei verleiten will. *Den Teufel will ich vor dir her ausstoßen* hätte Gott auch sagen können, – wäre denn in Moses Tagen der Teufel schon erfunden gewesen.

Oben auf dem Berg haben Gott und Mose einen neuen Bund geschlossen. Doch die Affäre rund um das goldene Kalb hatte indes gelehrt, daß über so einen Bund nicht sorgfältig genug gewacht werden kann. Denn überall lauern doch der Hiwiter und der Hetiter und der Perisiter; überall lauern Tod und Teufel! Allseits äugeln fremde Götter. Deshalb werden die Kinder Israels bei diesem neuen Bundesschluß beschworen, fortan den Sabbat zu ehren. An jedem siebten Tag muß der Bund erneuert werden, auch in Zeiten geschäftigen Treibens, auch zur Saatzeit, auch zur Erntezeit. Ansonsten geht's bergab, ansonsten geht's schief. Ehe man es sich versieht, wird abermals Gold zu Gott, und zehn zu eins wird es wieder ganz »zufällig« ein Stier. Wer vergißt, daß er ein Geschöpf Gottes ist und nur Verwalter auf Erden, wer das dankbare Staunen und die heilige Scheu vor dem Herrn nicht mehr kennt, wird heimlich glauben, daß die Erde sein eigen ist. Und dementsprechend wird er auch leben. Mit den bekannten Folgen.

Die Erde gehört Gott. Und zum Zeichen und zur ständigen Erinnerung muß ein ehrfurchtsvolles Geschöpf Gottes jeden siebten Tag heiligen, ihn absondern. Als guter Verwalter muß er die Erstlinge der Früchte dieser Erde dem guten Geber zurückgeben.

Und noch etwas: *Du sollst ein Böcklein nicht in der Milch seiner Mutter kochen.*

Wehrt sich Israel mit diesem Gebot gegen einen kanaanitischen Fruchtbarkeitsritus? Wie dem auch sei: Ein Böcklein in der Milch seiner Mutter kochen ist schauderhaft, so geht man nicht mit der Schöpfung um. Diese Milch wurde doch gerade von Gott gegeben, daß das zarte Böcklein wachse und lebe!

»Schreib dir diese Worte auf, Mose. Es sind die Worte unseres Bundes.«

Mose schrieb die Worte auf und stieg vom Berg herab, von Gott erfüllt, von Licht erfüllt. Mose strahlte. Die Herrlichkeit des Herrn schien von Moses Antlitz in solch blendendem Glanz und Glitzern, daß Aaron und die anderen Israeliten sich ihm nicht zu nähern wagten. Sie fürchteten sich mit großer Furcht, so wie später auch die Hirten in Bethlehem. Diese himmlische Glut war mehr, als sie ertragen konnten. Mose mußte sein Angesicht mit einem Schleier bedecken.

Mose zeigte die Zeichnungen der Stiftshütte. »Ein Heiligtum für Gott,« sagte er, »so soll's werden.«

Die Handwerker machten sich an die Arbeit, und vollkommen getreu dem himmlischen Plan erhob sich die Stiftshütte, wie oben beschrieben. Nach Monaten harter Arbeit war das Werk vollendet. *Und Mose sah dies ganze Werk an, und siehe, sie hatten es gemacht, wie der Herr geboten hatte.*

Woher kennen wir diese Worte? Sie ähneln Worten aus der Geschichte vom *Im Anfang: Und Gott sah an alles, was er gemacht hatte, und siehe, es war sehr gut.*

So, wie wir *im Anfang* siebenmal hörten, daß *Gott sah, daß es gut war*, hören wir nun, bei diesem neuen Anfang, siebenmal, daß alles gemacht wurde, *wie der Herr geboten hatte*.

Es heißt nicht, daß Mose sah, daß es gut war. Mose ist nicht Gott. Als Mose die Stiftshütte in Augenschein nimmt, jenes kleine Stückchen Himmel auf Erden, kann und darf er nicht mehr als feststellen, daß das Werk gemacht wurde, *wie der Herr geboten hatte*.

Doch es ist ein neuer Anfang.

Und Mose hob seine Hände über die Kinder Israels und gab ihnen den Segen.

68

Warten auf Mirjam

Numeri 12

Die mühselige Wanderung durch die Wüste ist fast zu Ende, dort in der Ferne dämmern schon Kanaans Berge, des Landes Geruch weht den Kindern Israels bereits entgegen.

Doch es tritt eine Verzögerung ein. *Und das Volk zog nicht weiter.* Das Volk wartet auf Mirjam, Moses Schwester, die ein paar Tage in Quarantäne bleiben muß. Warum?

Eine tragische Geschichte.

Alles fing damit an, daß Mirjam dagegen war, daß Mose sich neben Zippora auch noch eine Äthiopierin zur Frau nahm, die wahrscheinlich unter dem bunten Zug der Verworfenen der Erde war und die damals ihre Chance ergriffen hatte und mit Israel aus Ägypten geflohen war. Heiratete Mose die Frau aus Liebe? Oder wollte er an den Pforten des verheißenen Landes auf diese Weise sein Volk lehren, daß auch die, die mit ihnen geflohen waren, ganz und gar an Gottes Wohltaten teilhaben dürfen? Ach, auch in diesem Fall war es eine Liebesehe.

Doch Mirjam, die Prophetin, hieß es nicht gut. Sah sie ihre eigene Position als Moses Vertraute geschwächt? Hielt sie eine Ehe mit einer schwarzen Frau für unerwünscht? Wollte sie die Milch und den Honig, die in Aussicht standen, nicht mit allen Nichthebräern teilen müssen?

Mirjam besprach es mit Aaron. Es war nicht das erste Mal. Schon früher hatten sie darüber gesprochen, daß Mose sich allerhand einbildete. Als sei er prophetischer als sie. Als hätte er zu Gott einen besonderen Draht. Und dann das! Nicht gerade die feine Art: sich selbst als einen Diener Gottes betrachten, der über allen anderen steht, und dann mit so einem dahergelaufenen schwarzen Mädchen aus Afrika anbändeln...

Der Ewige hörte es.

Auch Mose hörte es, doch er sagte nichts. *Mose war ein sehr demütiger Mensch, mehr als alle Menschen auf Erden.* Mose sagte nichts.

Der Ewige allerdings sagte etwas. »*Geht hinaus, ihr drei, zu der Stiftshütte!*«
Sie gingen.

Und der Herr kam in einer Wolke hernieder, trat in den Eingang des Zeltes und rief Mirjam und Aaron. »*Hört mir gut zu. Mit Propheten wie euch spreche ich in Träumen und Gesichten. Nicht mit Mose. Mit Mose spreche ich von Mund zu Mund, nicht dunkel und nicht in Rätseln; vertraut ist er in meinem ganzen Haus.*«

Mirjam und Aaron hörten gut: Es gibt solche und solche Propheten. Mit gewöhnlichen Propheten spricht Gott auf Umwegen. Mose aber ist ein ganz besonderes Kapitel. Mit ihm spricht der Ewige wie mit einem Vertrauten, wie mit einem Hausgenossen, der einfach so vorbeischauen darf. Warum freuen sich Mirjam und Aaron nicht über die Größe ihres Bruders? Warum ist in ihrem Herzen so viel Neid?

So also sprach der Ewige und verließ dann die Bühne. Er wollte die beiden fürs erste nicht sehen. Gott ab. Wolke weg.

Als nun die Wolke über dem Zelt gewichen war, siehe, da war Mirjam aussätzig wie Schnee.

Nicht schwarz wie Ruß, nicht wie die Äthiopierin, nein, weiß wie Schnee war sie, aussätzig. Unrein! Unrein! Das wird sie von nun an wahrheitsgemäß rufen müssen, wenn sie sich der Welt, wo Menschen wohnen, nähern will. Unrein!

Warum Mirjam allein büßen muß und Aaron nicht, erzählt die Geschichte nicht. Doch Aaron nimmt sich das beklagenswerte Schicksal seiner Schwester sehr zu Herzen: »*Ach Mose, rechne uns die Sünde doch nicht an, die wir in unserer Torheit begangen haben. Laß Mirjam nicht wie eine Tote sein, deren Fleisch schon halb vergangen ist!*«

Was wird der demütige Mose tun? Was wird Gottes Hausgenosse sagen?

»*Vater, vergib ihnen, denn sie wußten in ihrer Torheit nicht, was sie taten. Oh Gott, heile Mirjam.*«

Mirjam wurde gesund.

Nach siebentägiger Quarantäne wird sie wieder in die Gemeinschaft aufgenommen werden. *Und das Volk zog nicht weiter. Das Volk wartete auf sie.*

Am siebten Tag brachen sie mit Mirjam und der Äthiopierin auf. Mitgegangen, mitgefangen.

69

Das Weihrauchfaß

Numeri 16 und 17, 1-15

»Ihr sollt mir ein Königreich von Priestern sein,« hatte Gott gesagt.

Damit ist in Israel jeder zum priesterlichen Leben berufen. *Ein* Stamm jedoch ist ganz besonders verpflichtet, diese Erkenntnis wachzuhalten: der Stamm Levi. Täglich leisten die Leviten in der Stiftshütte ihren Dienst. Dort repräsentieren sie Gott bei den Menschen und den Menschen bei Gott. Sie stellen dar, was priesterliches Leben ist.

Ein Priester ist ein Schatzmeister. Ihm sind die Glaubensgeschichten anvertraut, die Bilder, Symbole und Rituale für gute wie auch schlechte Zeiten. Dem nichtigen Menschen gibt er in der großen Weltgeschichte einen Ort. In den Stunden der Verzweiflung hält der Priester die Hoffnung am Leben. Er weiß, wo die grünen Auen sind, wo sein Gebet erquickt, sein Gebot erhellt, er weiß, wo sein Stecken und Stab trösten. Es gibt nicht einen einzigen Grund, warum ein Priester keine Priesterin sein könnte, in jenen Tagen allerdings war das noch nicht möglich.

Mose und Aaron, Sprößlinge aus dem Stamm Levi, haben die Wut einiger Mitleviten auf sich gezogen: Korach und die Seinen, Hilfspriester, und somit Diener von Oberpriestern und dem Hohepriester. Korach will sich nicht noch länger mit dieser untergeordneten Rolle zufriedengeben: »Sind wir nicht alle heilig? Ihr selbst ward es, die uns das Gotteswort vorgehalten haben, daß wir ein Königreich von Priestern sein sollen, ein heiliges Volk. Warum nehmt ihr eure eigenen Worte nicht ernst? Warum denkt ihr, daß ihr heiliger als andere seid? Warum zieht ihr alle Macht an euch und verachtet die Freiheit der Gemeinschaft?«

Mose erschrickt. Er fällt auf die Erde und betet.

Dieser Schrecken ehrt ihn. Hat Korach recht? Sollte er recht haben, dann müssen sich Mose und Aaron unverzüglich bekehren.

Das Priestertum ist eine gefährliche Sache. Ständige Prüfung ist vonnöten. Ehe man es sich versieht, bildet man sich tatsächlich allerhand ein. Der

Knecht spielt dann den Herrn. Er stellt sich zwischen Gott und Mensch und behindert so die Sicht auf den Ewigen. Wie viele Priester tun nicht so, als seien sie der Herrgott höchstpersönlich, errichten Mauern, treiben Gelder ein, segnen Waffen und dinieren in vornehmen Häusern? Heiligkeit kann sich leicht in Scheinheiligkeit verkehren; wer konservieren will, wird schnell konservativ. »Warum erhebt ihr euch über uns? Seid ihr denn mehr als wir? Sind wir nicht alle Priester?«

Mose erschrickt.

Ist Korachs Kritik berechtigt? Sind seine Motive lauter? Oder wiegelt er das Volk auf, um selbst nach der Macht zu greifen? Predigt er die Demokratisierung und bezweckt damit heimlich die Anarchie? Oder ist er über Gott erbost und projiziert all seine Frustrationen auf Mose? *»Du hast uns weggeführt aus einem Land, darin Milch und Honig fließt.«*

Das ist Geschichtsfälschung. Fundamentalisten und Kulturpessimisten verstehen sich darauf: »Ach, lebten wir doch noch in den Tagen von einst! Früher war alles besser, es geht nur noch bergab.« Stimmt nicht. Eine Lüge. Ägypten gab seinen Sklaven nicht einen einzigen Tropfen Milch, nicht einen einzigen Löffel Honig!

»Was ist aus deinen Versprechungen geworden, Mose? Äcker und Weinberge hat du uns versprochen. Und was haben wir bekommen? Wüste und noch mal Wüste!«

Haben Korach und die Seinen ihr Gottvertrauen verloren, und kündigen sie deshalb Mose und Aaron ihr Vertrauen auf? *»Weg mit unseren Anführern, weg mit unserem Hohepriester, wir alle sind Priester.«* Doch was meinen sie nun eigentlich wirklich, worauf wollen sie hinaus?

Das weiß Gott allein. Darum darf er auch entscheiden. Ein Gottesurteil wird lehren, was Gott davon hält: *»Du Korach und die Deinen, und du Aaron, ihr sollt morgen vor dem Angesicht des Herrn erscheinen. Nehmt eure Feuerpfannen mit, mit Feuer und Räucherwerk, und bietet dem Herrn eure Feuerpfannen an. Der, den Gott erwählt, soll der Heilige sein.«*

Mose provoziert ein Gottesurteil. Korach und seine ganze Rotte sollen in der Stiftshütte zusammen mit Aaron ein Weihrauchopfer darbringen. Dann wird deutlich werden, wer in Gottes Gunst steht.

Eine Warnung ist hier vielleicht angebracht: Diese Geschichte nimmt kein gutes Ende. Gott macht mit der Rotte Korach kurzen Prozeß, alles und jeden fegt er von der Erde. Was ist das für eine Geschichte? Vielleicht verbirgt sich hinter dieser Geschichte ein Konflikt aus späterer Zeit. Ein Konflikt auf Leben und Tod zwischen aufständischen Landpriestern Kanaans und Großkopfleviten in Jerusalem. Vielleicht war es ein ähnlicher Konflikt, wie der unserer Tage zwischen dem Bischof von Rom und den Arbeiterpriestern. Und vielleicht erklärt das auch den harten Schluß: In derartigen Konflikten ziehen einfache Priester stets den Kürzeren, der Oberhirte hat das Sagen. So ist es Gottes Wille, behauptet er, und wehe dir, wenn du anderer Meinung bist.

Korach und die Seinen versammelten sich mit ihren Feuerpfannen beim Eingang des Zeltes der Begegnung. Und Gott sprach zu Mose und Aaron: »Scheidet euch von diesem Volk, damit ich sie im Nu vertilge.«

Mose und Aaron warfen sich zum zweiten Mal auf die Erde: »Oh Gott, Herr alles Lebendigen, willst du um der Sünde eines einzigen Menschen willen gegen sie alle wüten?«

Wie priesterlich sind die beiden doch, indem sie so beten. Und wie hartherzig ist Gott, indem er es ablehnt: Feuer kommt aus dem Himmel und verschlingt die Aufständischen.

Den Kindern Israels fährt der Schrecken in die Glieder. Vielleicht sind morgen ja *sie* an der Reihe!

Ja, und wenn es am Ewigen läge, dann besser heute als morgen. Gott hat bereits die nächsten Katastrophe vorbereitet, mit der er das widerspenstige Volk treffen will: »Mose, Aaron, zieht euch zurück, schnell, damit ihr nicht getroffen werdet.« Zum dritten Mal fällt Mose zur Erde, er fleht zu Gott, daß er seine Katastrophen doch für sich behalte. Er brüllt Aaron zu, augenblicklich mit dem Weihrauchfaß zwischen das elende Volk zu treten und das heilige Räucherwerk zu schwingen – »schnell, rasch, die Plage hat bereits begonnen!«

Aaron stürzt mit seinem Weihrauchfaß zum Altar, nimmt von dem Feuer, legt Räucherwerk darauf und eilt zum Volk. Von einer Liebe beseelt, die nichts fahren läßt, steht er dort zwischen dem Volk, fuchtelt wie besessen mit seiner Feuerpfanne herum, fuchtelt und wedelt, bittet und fleht, daß das Unheil doch weichen möge.

So stand Aaron zwischen den Lebenden und den Toten.
Die Plage wich.

Vierzehntausendsiebenhundert Tote hatte es gegeben. Der Erzähler spielt mit der heiligen Zahl sieben, doch es ist ein düsteres Spiel, das der Erzähler hier spielt, und heilig ist diese Geschichte schon gar nicht.

Doch unvergeßlich bleibt die einsame Gestalt Aarons, der Priester, der, anstatt sich aus dem Staub zu machen, zwischen das bedrohte Volk trat, und leidenschaftlich um Erbarmen und Errettung aus der Not bat. In den Stunden der Verzweiflung hielt er die Hoffnung am Leben.

70

Der grünende Stab

Numeri 17, 16-28

Menschen vergessen schnell. Und sie sind unbelehrbar. Und so wiederholt sich die Geschichte. Erneut geht ein Murren durch das Lager, und erneut ist Aaron, der Levit, der Übeltäter: Ist er denn priesterlicher als andere? Sind sie nicht alle Priester? Es ist doch wahrlich nicht nur Levis Stamm, der zum priesterlichen Dienst berufen ist!

Gott wird das Gemurre leid. »*Nimm von jedem Stamm den Stab des Fürsten und schreib auf jeden Stab den Namen des Stammes. Schreib den Namen Aarons auf den Stab Levis. Lege dann die Stäbe vor die Lade, wo ich mich euch bezeuge. Und wen ich erwählen werde, dessen Stab wird grünen.*«

Ein Hirte hat solch einen Stab, um wilde Tiere zu vertreiben und die Herde zusammenzuhalten. Ein Bischof hat so einen Hirtenstab, vergoldet allerdings. Ein König führt das Zepter in seinem Reich, ein Marschall in seinem Heer. Ein Richter bricht den Stab über einen Angeklagten, ein Magier zaubert damit.

Der Stab ist Symbol unseres Tuns und Lassens. So wie auch in dem Lied, das die Kinder Israels sangen*, als sie auf ihrer Wanderung bei dem Brunnen von Beer angekommen waren:

> *Steig auf, Brunnen! Singt über ihn ein Lied:*
> *Über den Brunnen, den Fürsten gruben,*
> *den die Edlen des Volkes aushoben*
> *mit dem Zepter, mit ihren Stäben.*

Hier wird das Lob auf den Urvater besungen. Es lebe der Mann mit dem Stab! Er kann zaubern. Er gebietet der Natur seinen Willen. Mit Hand und Stab schafft er sich in einer vom Tod bedrohten Welt Chancen zum Leben. In dürren Steppen gräbt er Brunnen. Der Segen des Stabes!

Doch außer Segen liegt im Stab auch Fluch. Er kann auch mißbraucht werden. Dann wird der Stab zum Stock, mit dem geschlagen wird. Und ob der Stab ein Sproß des Lebensbaumes bleibt oder zu einer lebensgefährlichen Waffe wird, hängt ganz und gar von der Gesinnung dessen ab, der den Stab trägt.

Wer wird die Stämme Israels wegweisen? Wer wird das Volk zu den Quellen des Lebens führen? Wessen Stab wird heilbringend und lebenspendend sein?

»Und wen ich erwählen werde, dessen Stab wird grünen.«

Es ist Abend. Die zwölf Stäbe der zwölf Stämme Israels werden in das Allerheiligste vor die Lade gelegt. Ehe die Fürsten in ihre Zelte zurückkehren, wandeln sie noch etwas über den Vorhof. Ihnen fällt es sichtlich schwer, die richtige Haltung anzunehmen. Was ist ein Mann schon ohne seinen Stab? Die Fürsten sind etwas in Verlegenheit, entmannt, Chefs ohne Stab. Die Zeichen ihrer Würde, die Symbole ihrer Kraft und ihrer Macht, liegen nun bei Gott.

Sie schliefen etwas unruhig, in jener Nacht. Wie wird es wohl den Stäben ergehen, dort vor Gottes Angesicht? Wenn ihnen nur nichts geschah!

Zum Glück! Ihnen geschah nichts! Am nächsten Tag erhielten alle ihren Stab unversehrt zurück. Und doch ist etwas geschehen. Ein einziger Stab ist zum Leben erwacht: *Siehe, Aarons Stab grünte. Er trieb Zweige, blühte und trug Mandeln.*

Dem Mandelbaum begegneten wir schon früher: Der Baum in Israel, der bereits im Winter blüht. *Der Wachbaum*, der wacht, wenn alle anderen noch schlafen.

Siehe, Aarons Stab grünte.

Aaron ist ein Priester nach dem Herzen Gottes. Vielleicht, weil er das Opfergeheimnis kennt, wie es uns im folgenden Kapitel beschrieben wird?* Wie dem auch sei: Aarons Stab ist es, der voller Lebenskraft steckt. Sein Stab blüht und trägt Frucht und verheißt für alle ein neues Leben.

Die Stäbe der anderen Stammeshäupter sind noch wie zuvor.

Doch alles ist nun anders.

Die Fürsten erhalten ihre Stäbe zurück. Mit seinem Stab darf ein jeder an seinem Ort Hirte, König und Richter sein. Doch müssen sie das mit priesterlichen Herzen sein. Sie müssen es im Sinne jenes einen in ihrer Mitte sein, der auf *den* Einen weist. Dienend. Wachsam.

71

Die eherne Schlange

Numeri 21, 4-9

Noch ist das Ende nicht abzusehen. Der bittere Irrzug dauert viel länger als sie gedacht hatten, das Manna hängt ihnen zum Halse heraus, und als sie zu allem Überfluß auch noch um das Land Edom herumziehen müssen, reißt dem Volk der Geduldsfaden. Erneut murren und maulen sie drauflos: »Mose, warum hast du uns..., wären wir doch nur..., wir hätten besser..., hättest du uns doch nicht...« Ach, all die stechenden Fragen und arglistigen Verdächtigungen, all die Feindseligkeit, die die Stimmung verdirbt und vergiftet, der Todesstoß für den letzten Rest Glauben. Wie eine Schlangenplage.

Und das wissen sie. Denn als tatsächlich eine Schlangenplage das Volk heimsucht, stellen sie selbst den Zusammenhang zwischen der Natternbrut und ihrer eigenen Widerspenstigkeit her: »Das muß der Finger Gottes sein. War unser Jammern und Lamentieren wider Mose nicht eigentlich gegen Gott gerichtet? Offensichtlich haben wir damit den Zorn des Ewigen auf uns geladen. Der Herr ist bissig, giftig. Die Schlangen kommen nicht zufällig, sie kommen von Gott.«

Denkt so der primitive Mensch? Oder ist es primitiv zu denken, daß es primitiv ist? Zeugt es von Naivität, wenn man denkt, daß es einen Zusammenhang geben könnte zwischen unserer Lebensweise und dem Unglück, das uns trifft? Oder zeugt es gerade von Naivität, wenn man das nicht denkt, sondern heimlich davon ausgeht, daß das, was uns zufällt, reiner Zufall ist?

»Mose, wir haben gesündigt. Wir murrten wider Gott und wider dich. Wir haben alles verdorben, haben uns und einander vergiftet. Es tut uns leid. Sei doch so gut und bitte Gott, uns zu vergeben. Bitte ihn, die Schlangen von uns zu nehmen. Bitte Mose, bitte ihn. Dich kennen sie dort am Hof. Willst du für uns ein Wort einlegen?«

Da hat der gute Mose für das Volk gebetet. Und der gute Gott antwortete Mose: »*Mache dir eine eherne Schlange und richte sie an einer Stange hoch auf. Wer gebissen ist und sieht sie an, der soll leben.*«

Die Schlange, – Schleimer aus der Unterwelt, jagt aus dunklen Löchern zum Vorschein und zischt mit doppelter Zunge. Ihr lähmender Blick und ihr tödlicher Biß verraten die bösen Kräfte, die in ihr hausen. Sie ist für Israel die Verkörperung des Bösen.

»*Mache eine Schlange und richte sie an einer Stange hoch auf.*«

Das war in jenen Tagen nichts Ungewöhnliches: das Schlangenbild als magisches Mittel, um das Böse abzuwehren. Seit altersher lehrt die Magie, daß Gleiches mit Gleichem geheilt wird. Deshalb verabreichen Wundertäter Kräutertränke des Ortes, wo das Unglück geschah. Der Weisheit Kern dieser Therapie ist, daß in den Kräften, die die Krankheit verursachten, auch die Kraft zur Heilung liegt.

Doch darin liegt auch noch eine andere Weisheit, nämlich die, daß wir die Macht eines gefährlichen Wesens in unsere Macht bekommen können, wenn wir uns ein Bild davon machen. Ein Arzt, der einen kranken Körper oder einen kranken Geist untersucht, wird sich erst ein Bild des feindlichen Erregers bilden müssen, ehe er zum Gegenangriff übergehen kann. Ohne Diagnose keine Therapie. Äskulaps Diener kann den Kopf der Schlange erst dann zertreten, wenn er den Bösewicht gefunden hat. Erst wenn das Getier einen Namen hat, kann es aufgespießt, ans Licht gebracht und unschädlich gemacht werden.

»*Mose, du sollst eine eherne Schlange machen und sie an einer Stange hoch aufrichten. Wer gebissen ist und das Schlangenbild ansieht, der soll leben.*«

Mose machte eine eherne Schlange und richtete sie an einer Stange hoch auf. Wer gebissen wurde und seinen Blick auf die eherne Schlange richtete, wurde geheilt.

Sicht auf Sünde heilt. Einsicht in die Quelle des Bösen kann die Quelle zur Heilung sein.

Die Schlange auf der Stange: ein atemberaubendes Bild. Wer es einmal gesehen hat, vergißt es nie wieder. Die Schlange als Symbol der Sünde, sichtbares Zeichen für das Scheitern des Menschen. Zugleich jedoch auch Zeichen von Heil, wenn sie ans Licht gebracht und als Äskulapstab hochgehalten wird.

72

Bileams Esel

Numeri 22, 23 und 24

Die Israeliten nähern sich dem Gelobten Land. Die Moabiter sehen, wie sie herankommen, und sind voller Sorge: »*Sie werden alles auffressen, was um uns herum ist, wie ein Rind das Gras auf dem Felde abfrißt*«

Voller Verzweiflung sucht König Balak sein Heil bei dem Propheten Bileam, einem Wahrsager, dessen Worte voll wunderlicher Kraft sind. »Komm nach Moab und verfluche dieses Volk, damit sie zugrunde gehen, ehe wir zugrunde gehen. Verfluche es. Wen du segnest, der ist gesegnet, wen du verfluchst, der ist verflucht. Verfluche diese Volk.«

Der Fluch als tödlicher Strahl, – diese Vorstellung ist uns heute fremd. Dabei ist es gar nicht so primitiv gedacht: Manchmal schrecken wir davor zurück, ein belastetes Wort auszusprechen: »Sage das nicht laut, nenne es nicht bei Namen, denn wenn es einmal gesagt ist...!« Ein Wort, das einmal ausgesprochen ist, kann man nicht mehr zurücknehmen. Es ist gesagt. Manchmal erschrecken wir vor den Worten, die uns herausrutschen. Man klopft auf Holz, toi, toi, toi, ich möchte es nicht beschreien. Man weiß ja nie. Worte haben Macht, sie können lebenslang Schaden zufügen und lebenslang trösten. Sie können ein Segen sein und ein Fluch.

»Verfluche dieses Volk,« baten die Abgesandten des Königs aus Moab den Propheten Bileam.

Bileam ist ein Heide, doch er weiß vom Gott Israels, und er weiß in seinem tiefsten Inneren, daß seinem Wort nicht widersprochen werden kann. Wie sollte er, Bileam, ein Volk verfluchen können, das dieser Gott gesegnet hat?

Oder vielleicht doch...? Nun, die Abgesandten des Königs hatten erwähnt, daß er fürstlich entlohnt werden würde, und das ließ das ganze doch in einem anderen Licht erscheinen.

»Laßt mich eine Nacht darüber schlafen,« sagte Bileam. »Heute Nacht hoffe ich, daß ich von Gott vernehme, ob ich eurem Ersuchen Folge leisten kann oder nicht.«

»Was fragten sie?« fragte Gott.

»Sie fragten, ob ich Israel verfluchen wolle, Herr.«

»Bileam, das ist unmöglich. Es ist mein Volk. Es ist gesegnet. Und ein Volk, das gesegnet ist, kann man nicht verfluchen. Das geht nicht. Zumindest nicht solange ich Gott bin. Also kurz und gut: Es geht nicht.«

»Und?« fragten die Abgesandten des Königs.

»Es tut mit leid, meine Herren, doch ihr müßt dem König melden, daß es nicht geht.«

Unverrichteter Dinge kehrte die Gesandtschaft zu König Balak zurück. »Meiner Meinung nach sagte er ›nein‹ und meinte ›ja‹,« sprach einer der Botschafter. »Ja genau,« bemerkte ein anderer, »auch mir klang's nicht sehr überzeugend in den Ohren.«

»Vielleicht war Bileam das diplomatische Niveau der Delegation nicht respektabel genug,« überlegte Balak, »Oder vielleicht war ihm die Entlohnung nicht stattlich genug.«

Mächtigere Diplomaten wurden abgesandt, um im Namen des Fürsten ein fürstlicheres Angebot zu machen.

»Meine Herren,« sprach Bileam mit erhobener Stimme – vielleicht etwas zu erhoben, um wirklich überzeugend zu klingen – »meine Herren, böte Balak mir auch Paläste voller Silber und Gold, nie und nimmer könnte ich etwas wider den Willen von Israels Gott tun.«

Man sah die Enttäuschung auf den Gesichtern der Gesandten des Königs. Doch auch Bileams Gesicht verfinsterte sich, denn das war natürlich äußerst schade. Schade um all das Silber und Gold.

»Ihr bleibt doch über Nacht? Es ist gut möglich, daß ich heute Nacht von Gott vernehme, ob er dem ganzen noch etwas hinzuzufügen hat.«

»Hast du mich gerufen, Bileam?«

»Ja Herr, ich fragte mich, ob du nicht vielleicht einen Ausweg finden könntest. Weißt du, diese Männer von Balak sind wieder da, und ich dachte, na ja, ich wollte zur Sicherheit noch mal fragen, ob nicht...«

»Geh nur, Bileam. Geh nur nach Moab. Unter einer Bedingung allerdings: Du sollst nur die Worte sprechen, die ich dir eingebe.«

Bileam erwacht überglücklich! Doch gut, daß er Gott nochmals gefragt hat. Und schön, daß Gott gesagt hat, was er gesagt hat. Oder hat er Gott etwa die Worte in den Mund gelegt? Nein, Unsinn. Gott hat wohl auch noch eine Nacht darüber geschlafen, und jetzt war es eben in Ordnung. Was für ein Glück! »Meine Herren, ich komme mit euch. Gold sei mit uns, ich meine, Gott sei mit uns. Laßt uns gehen.«

Bileam bestieg seinen Esel. Als er die Zügel packte, sah er, daß seine Hände bebten. Unsinn! Seine Hände bebten nicht. Warum sollten sie? Nein, der Esel bebte. Der Esel bebte am ganzen Leib, und bereits nach wenigen Schritten muckte das Tier vollkommen. Es bäumte sich auf und rannte plötzlich links vom Weg ab, ins Feld hinein, als wolle es mit großem Bogen einer Sache ausweichen. Bileam griff zu seinem Stock und prügelte sein Reittier auf den Weg zurück.

Der Heilige Franziskus nannte seinen Körper »Bruder Esel«, der ihn führte und ihm diente voller Treue entlang den Wegen des Herrn.

Bileams Bruder Esel verweigert den Dienst, er stellt sich auf die Hinterbeine, er will Bileam vor dem drohenden Unheil warnen. Doch Bileam will es nicht sehen. Er möchte nicht hören, was Bruder Esel ihm sagen will.

Nicht selten sendet der Körper des Menschen Signale aus, die der Mensch ignoriert. Schmerzen im Rücken, im Kopf, im Magen, die Hände beben: »Du bist nicht auf dem richtigen Weg,« sagt Bruder Esel, doch sein Reiter hört nicht.

Bileam will nicht hören, Bileam will nicht sehen. Wer hat hier eigentlich das Sagen? Sein Körper muß Gehorsam leisten, er muß weiter, muß hier durch, und ist ihm sein Bruder Esel nicht willig, so braucht er Gewalt.

Ja, bis das Tier sich ganz verweigert und sich hinlegt…

Bileam, wie ging es denn dann weiter? Du hattest das launische Tier wieder zurück auf den Weg bekommen, und dann?

»Dann ging es eine Zeitlang gut. Na ja, gut, es ging ganz ordentlich. Bis wir zwischen die zwei Weinberge kamen, wo auf beiden Seiten diese Steinmauern waren, na, du weißt schon. Dort bekam das Vieh plötzlich wieder einen Anfall. Als erschrecke es vor irgendwas, doch da war gar nichts, vor dem man erschrecken könnte. Es drückte sich in panischer Angst gegen die Mauer, und dabei wurde mein Bein fast zerquetscht. Ich schrie, riß an den Zügeln, verabreichte dem Vieh eine Abreibung, doch es rührte sich nicht.

Und dann, ein Stück weiter an einer engen Stelle, wo kein Platz mehr zum Ausweichen war, weder nach rechts noch nach links, da legte sich das

Tier hin. Ich ließ mich von seinem Rücken rollen, ich hatte meinen Fuß verstaucht, es tat höllisch weh, ich stolperte, schlug nochmals auf den Esel ein und wollte ihm auch noch einen Fußtritt versetzen, doch das ging natürlich nicht mehr, und dann hob das Tier plötzlich seinen Kopf, und ich schaute in seine Augen, in seine großen, aufgerissenen Augen. ›Bileam, womit habe ich das verdient?‹ fragte der Esel. ›Habe ich dich jemals geschlagen oder getreten? Ich habe dir wer weiß wie lange gedient, dich überall hin begleitet, deine Lasten getragen – warum schlägst du mich?‹

Dann geschah's. Ob es wohl durch seine verzweifelten Augen kam? Oder war es die Traurigkeit in seiner Stimme? Ich weiß es nicht. Doch ich weiß, daß sich mir plötzlich die Augen öffneten: Mitten auf dem Weg, genau vor uns, sah ich einen Engel, weiß leuchtend, ein Schwert in der Hand: ›Warum hast du deinen Esel nun dreimal geschlagen? Siehe, du gingst dem Untergang entgegen, dein Esel ist mir dreimal ausgewichen – wäre er nicht ausgewichen, wahrlich, ich hätte dich getötet, aber den Esel am Leben gelassen.‹

Und schon war der Engel verflogen. Und der Esel und ich waren wieder allein. ›Es tut mir leid,‹ sprach ich zu dem braven Tier, ›es tut mir leid. Gott weiß, daß es mir leid tut. Ich war ungehorsam gegenüber seiner Stimme. Die Schläge, die ich verdient habe, kamen auf deinem Rücken nieder. Vergib mir, in Gottes Namen, vergib mir. Komm, laß uns von hier weggehen. Wir gehen wieder nach Hause, liebstes Tier. Herr, mein Gott, willst du mir vergeben? Ich habe mich wie ein Mensch benommen. Ich danke dir, daß du eingegriffen hast. Ich habe deine Nachricht erhalten und habe es begriffen.‹

›Nein, Bileam, halt. Mir wäre es doch recht, wenn du zu Balak gehen würdest. Das hatten wir auch, wenn ich mich recht entsinne, so vereinbart. Wir hatten auch vereinbart, daß du die Worte sprechen solltest, die ich dir eingebe.‹

›Gut, Herr, ich werde gehen. Sprich du die Worte, die ich sprechen soll.‹«

König Balak sah Bileam schon von weitem nahen. »Du hast mich ja ganz schön lange warten lassen, verehrter Bileam!«

»Es tut mir leid, Hoheit, doch ich hatte unterwegs etwas Verzögerung. Ich hatte ein paar Probleme mit meinem Esel, ich meine, mein Esel hatte ein paar Probleme mit mir.«

»Ich verstehe dich nicht ganz, doch laß uns nicht noch mehr Zeit verlieren. Laßt uns schnell auf den Hügel gehen, die Zeit drängt, und es ist höchste Zeit, daß du Israel verfluchst.«

Bileam erklomm den Hügel, er ließ Balak sieben Altäre errichten und sieben Stiere und sieben Widder opfern. Dann öffnete er seinen Mund und sprach:

Dies ist der Spruch Bileams:
der Mann mit den geöffneten Augen,
der Mann, der die Worte Gottes hört...

Der Mann mit den geöffneten Augen... Sein Esel hatte mehr gesehen als er!

Der Mann, der die Worte Gottes hört... Doch welche Mühe hatte Bruder Esel nicht, ihn die Worte hören zu lassen!

Dies ist der Spruch Bileams,
Ein Stern geht auf aus Jakob,
ein Zepter kommt auf aus Israel.

»Nimm diese Worte zurück!« rief Balak. »Das ist kein Fluch, das ist ein Segen. Gleich werden diese Worte auch noch ihr eigenes Leben führen. Verfluche dieses Volk, Bileam, du mußt dieses Volk verfluchen!«

»Wie sollte ich können, Hoheit? Wie kann ich verfluchen, der gesegnet ist? Herr König, es ist das Volk Gottes! *Gott ist nicht ein Mensch, daß er lüge, noch ein Menschenkind, daß ihn etwas gereue. Sollte er etwas sagen und nicht tun? Sollte er etwas reden und nicht halten?*«

In einem letzten Versuch, noch zu retten, was zu retten war, schleppte Balak Bileam von Hügel zu Hügel, baute auf jedem Hügel sieben Altäre und opferte dort sieben Stiere und sieben Widder, voller Hoffnung, daß von einem anderen Ort andere Worte auf Israel niedergehen mochten. Seine Hoffnung war Windhauch, Bileam konnte nur sprechen, was Gott ihm eingab.

Wie fein sind deine Zelte, Jakob,
wie gut sind deine Wohnungen, Israel.

Bis auf den heutigen Tag wird das tägliche Gebet der Juden mit diesen Worten Bileams eingeleitet.

Auch die Übertragungen von Radio Israel werden Tag für Tag mit diesem alten Spruch eröffnet.

Der Segensspruch eines Heiden.

73

Die zwölf Kundschafter

Numeri 13 und 14, Deuteronomium 1

Die Reise ist nun fast zu Ende. Nur noch wenige Tagesreisen trennen die Israeliten vom Gelobten Land. Wo sollen sie die Grenze überschreiten, und wo sollen sie sich niederlassen?

Mose schickt Kundschafter aus, zwölf im Ganzen, einen aus jedem Stamm: *»Seht, wie das Land ist, ob fett oder mager, und wie das Volk ist, das darin wohnt, ob's stark oder schwach ist, und ob sie in Zelten wohnen oder in festen Städten. Seid mutig und bringt mir von den Früchten des Landes.«*

Unter den Auserwählten ist Hoschea, der Sohn Nuns. Er steht bei Mose in besonderer Gunst, denn er ist sein Kronprinz und bekommt daher von Mose einen neuen Namen: Josua. *Gott rettet.* Dieser Name ist zugleich seine Berufung: »Josua, du sollst mit deinem Leben Zeugnis ablegen von einem Gott, der rettet.«

Die Kundschafter erkunden das Land, wie Mose es ihnen aufgetragen hat. Nach vierzig Tagen kehren sie zurück. Mit einer guten und mit einer schlechten Nachricht.

Die gute Nachricht müssen sie kaum verkünden, denn jeder kann sie mit eigenen Augen sehen: Zwei Männer tragen auf einer Stange eine riesige Weintraube. *»Wir haben das Land erkundet und wir haben gesehen, daß es ein fruchtbares Land ist, ein Land, darin Milch und Honig fließt. Und das sind seine Früchte.«*

Die schlechte Nachricht allerdings setzt der Freude sogleich einen Dämpfer auf: *Aber stark ist das Volk des Landes, die Städte sind mit himmelhohen Umwallungen befestigt; Anakskinder wohnen dort, Langhals' Söhne.«*

Die Söhne Israels erschrecken fast zu Tode. Und es ist doch auch schrecklich: Da sind sie fast am Ziel, bald wird alles Leid der Vergangenheit angehören, und dann scheint alles vergebens gewesen zu sein. Ihre Welt bricht zusammen. Sie sind erledigt, am Ende.

Es ist eine alte Geschichte: Die Zukunft sieht verlockend aus, doch sie flößt auch Angst ein. Sind wir denn nicht zu klein, zu schwach, zu unerfahren? Die Menschen dort sind so groß, so stark, sie werden ihre helle Freude an uns haben. Warum haben wir diese Reise je begonnen? Wären wir nicht besser geblieben, wo wir waren? Ging es uns nicht gut?

Josua sieht, daß es außer Kontrolle zu geraten droht. »*Das Land, die Erez, ist gut, ja sehr gut,*« ruft er, Worte Gottes vom *Im Anfang*, als Gott die *Erez* geschaffen hatte. Und auch Kundschafter Kaleb hat offensichtlich mit anderen Augen als der Rest geschaut, denn er ist der Meinung, daß sie ruhig in das Land ziehen können, da es wahrlich keine uneinnehmbare Festung sei. Doch das Volk ist nicht mehr zur Vernunft zu bringen. Es fürchtet sich, es ist ernüchtert, leer. Zu allem Unglück geben die anderen Kundschafter noch eins drauf: »*Es ist ein Land, das seine Bewohner frißt, dort wohnen keine Menschen sondern Riesen; und wir waren in unsern Augen wie Heuschrecken und waren es auch in ihren Augen.*«

Ja, so ist das meistens: Wer in den eigenen Augen nichts wert ist, meint, daß er es auch nicht in den Augen des andern ist.

In jener Nacht weinte das ganze Volk, und zum soundsovielten Male rebellierten sie: »*Ach, wären wir doch nur in Ägypten gestorben oder in der Wüste. Warum hat Gott uns hierher geführt? Nur, um hier durchs Schwert zu fallen, während unsere Frauen und unsere Kinder zum Raub werden? Laßt uns zurückkehren! Laßt uns einen neuen Mose wählen, der uns sicher nach Ägypten zurückbringt.*«

Der ewige Kampf zwischen Angst und Verlangen.

Das Verlangen setzt uns in Bewegung. Wir ziehen aus dem Land oder aus dem Haus, aus dem wir hinausgewachsen sind. Wir verlangen nach der Freiheit. Doch zugleich fürchten wir uns vor ihr, da wir unbekannte Gefilde betreten. Wen treffen wir dort an? Werden wir denn finden, was wir suchen? Wir schrecken zurück. Die Angst kann manchmal so stark werden, daß wir nicht einen einzigen Schritt mehr nach vorne wagen. Ist es nicht besser zurückzukehren? *Dort wohnen Riesen und Menschenfresser! Zurück!*

Angst und Verlangen bestimmen, wie wir Welt und Mensch wahrnehmen. Sie bestimmen auch unser Verhältnis zu Gott.

Die Angst entwirft einen allmächtigen, bedrohlichen Gott. Dieser Gott ist kein Gefährte, kein Freund, kein sorgender Vater und keine sorgende Mutter. Er ist kein guter Hirte, sondern furchterregend, unerbittlich, rachsüchtig, unmenschlich. Im Schatten dieses Gottes wagt ein sündiger Mensch kaum zu atmen. Treue, Ehrerbietung und Dankbarkeit sind dann Pflicht und nicht die spontane Regung eines freien und glücklichen Menschen.

Doch es gibt auch eine Gottesfurcht, die das Verlangen des Menschen stillt und die sein Vertrauen und seine Freude am Leben wachsen läßt. Die wahre Gottesfurcht führt den Menschen zu einen Gott, der die Menschen liebt, der sie begleitet und sie auf seinen Flügeln trägt, so sie fallen sollten. Das ist der Gott von Mose und Aaron, Josua und Kaleb. Der Gott, dem sie nach und nach so vertrauten, daß sie ihre Angst überwanden.

> *Die aber, die Gott vertrauen, schöpfen neue Kraft,*
> *sie bekommen Flügel wie Adler.*
> *Sie laufen und werden nicht müde,*
> *sie gehen und werden nicht matt.**

Das Volk ist müde und matt. »Habt doch Vertrauen,« ruft ihnen Mose zu, »glaubt mir, ihr seid keine Heuschrecken, ihr seid Kinder Gottes. In diesem Land wohnen wahrhaftig keine Riesen, die euch fressen. Seid guten Muts!«

Das Volk aber kann nicht mehr und will nicht mehr hören. Wenn Mose noch ein einziges Wort von sich gibt, werden sie ihn steinigen und ihn für immer und ewig zum Schweigen bringen.

Mose sucht Zuflucht in Gottes Zelt: »Was soll ich mit diesem halsstarrigen Volk nur machen? Sie wollen mich steinigen! All deine Segnungen, all deine Zeichen der Liebe und Sorge scheinen dem Volk nichts zu bedeuten.«

»Ja, Mose, was soll ich mit so einem halsstarrigen Volk machen? Wann werden sie mir denn endlich ein klein wenig Vertrauen schenken? Niemals, denke ich. Ich habe mich in ihnen getäuscht. Wäre es nicht besser, wenn ich ihnen Tod und Teufel auf den Hals schickte, so daß nicht ein einziger von ihnen am Leben bliebe? Dann kann ich mit dir einen neuen Anfang machen.«

Mose erschrickt. Hört er denn gut? »Hol euch der Teufel,« sagte Gott. Sind das geziemende Worte für diesen Gott? Daß ein Mensch in einer plötzlichen Anwandlung von Zorn mit so einem rachsüchtigen Gedanken spielt..., ja, denn nichts Menschliches ist dem Menschen fremd. Doch daß auch Gott so reagiert... Im Gegenzug zeigt sich nun Mose von seiner göttlichen Seite: »Mit Verlaub, Herr, das kannst du nicht machen! Du bist doch Gott! Ich meine, du hast doch auf deinem heiligen Berg verheißen und versprochen, daß du dieses Volk nicht fallen läßt. Denk doch nur daran, was sie in Ägypten dazu sagen werden! Sie werden spotten: ›Dieser israelitische Gott verspricht mehr, als daß er halten kann.‹ Ich kann ihren Hohn bereits hören! Nein, du darfst wahrhaftig nicht lassen, was deine Hand begonnen hat. Vergib diesem Volk. Du bist doch geduldig und von großer Barmherzigkeit! Laß es durchgehen, bringe es übers Herz. Laß die Kinder Israels nicht fallen.«

So sprach Mose in jener Nacht mit Gott, und es endete damit, daß Gott es tatsächlich übers Herz brachte, dem Volk zu vergeben. Nur: So weitermachen und das Land betreten, als ob nichts geschehen sei, fand Gott dann doch etwas zuviel des Guten. Ihm schien es besser, wenn die Kinder Israels vorläufig das Gelobte Land nicht betreten sollten.

Sowohl Mose als auch Gott wiederholen sich. Und die Israeliten wissen erst recht nicht mehr, was sie eigentlich wollen: Eben noch wollten sie wieder nach Ägypten zurück, nun auf einmal wollen sie mit aller Gewalt das Land betreten. Flucht nach vorn! Mose versucht es ihnen auszureden, er denkt, daß ein unüberlegter Vorstoß ebenso schlecht ist wie ein unüberlegter Rückzug. Sollten sie nicht besser warten, sich ein wenig Zeit gönnen, erst mit sich und mit Gott ins Reine kommen?

Die Kinder Israels hören nicht. Sie können und sie wollen nicht. Sie ziehen in den Kampf, ohne daß die Bundeslade sie begleitet. Auch Mose geht nicht mit. Sie verlieren die Schlacht.

Es ist schon verwunderlich, daß sie das alles auch noch aufgeschrieben haben! Israels Epos ist doch wahrhaftig kein Heldengedicht. Oder zeugt es gerade von einer besonderen Heldentat, daß sie im Exil rückblickend den Untergang als Folge jahrhundertelanger Rebellion betrachten? Und zeugt es gerade von besonderem Mut, daß sie in sich gekehrt sind und eine so ehrliche Beichte ablegen und öffentlich von ihrer Angst und ihrem Zwiespalt, von dem langen, schmerzlichen Weg von der Sklaverei in die Freiheit und von der mühseligen Suche nach Gott Zeugnis ablegen?

74

Der Tod des Mose

Deuteronomium 34

Dann ist Mose gestorben.

Er starb, wie er gelebt hatte: in großer Einsamkeit und in großer Nähe zu Gott.

Mutterseelenallein hatte er in einem Binsenkästchen gelegen, von den Wassern des Todes umgeben.

Allein hatte der kleine Judenjunge am Hof des Pharao gelebt, weit weg von zuhause.

Allein war er nach Midian geflohen; als Fremder hatte er dort Jitros Herde gehütet.

Allein hatte er vor Gott gestanden, als dieser ihn aus einem brennenden Dornbusch rief.

Allein kämpfte er seinen Glaubenskampf, bis er sich schließlich ein Herz faßte und seine Berufung annahm.

Allein widerstand er dem Pharao Ägyptens von Angesicht zu Angesicht, und allein ging er seinem Volk in jener wunderlichen Nacht voran, in jener Nacht, die anders war als alle anderen Nächte.

Allein führte er den langen Flüchtlingszug durch das Meer und durch die Wüste und wußte heute nicht, wohin er morgen seinen Fuß setzen sollte. Es war eine endlose Reise mit einem immer und immer wieder zurückweichenden Horizont, mit stets neuen Feinden und neuen Rückschlägen, bedrängt durch den schwindenden Glauben seiner Getreuen.

Allein sprach er mit Gott, hoch oben auf einem heiligen Berg. Er sprach mit Gott wie von Freund zu Freund, in wohltuender Nähe, die ihn zugleich jedoch von seinem Volk entfremdete. Nie war er einsamer gewesen als damals, da er von dem Berg herabstieg und mitansehen mußte, wie sich sein teures Israel im Tal von Gott abgewandt hatte und in liederlicher Anbetung einen billigen, selbstgemachten Gott umtanzte.

Ein aufreibendes Leben war es gewesen. *Doch Moses Augen waren nicht schwach, seine Kraft nicht verfallen.* Das muß ja bedeuten, daß er seine Vision bis zuletzt vor Augen hatte, und genauso wird es uns auch beschrieben: Von einem Berg aus läßt Gott seinen getreuen Knecht das verheißene Land sehen. Wie lieblich liegt es da, dort jenseits des Flusses.

Wird Mose nach all seinen Irrwegen nun endlich den Fluß überschreiten und das Land betreten dürfen, nach dem er ein Leben lang verlangt hatte?

Nein, das wird er nicht.

Und keiner weiß genau warum.

Man erzählt sich*, daß Mose der Zutritt versagt worden war, weil er, statt zum Felsen zu sagen, er solle sein Wasser für das dürstende Volk fließen lassen, mit einem Stab auf den Felsen geschlagen hatte. Doch es bleibt undeutlich, wessen Mose sich nun genau schuldig gemacht hatte, und warum Gott es so schlimm fand, daß er seinem Freund die Sünde nicht verzeihen konnte. Man erzählt sich auch*, daß die Ursache in Moses hohem Alter gelegen habe. In diesem Fall läge dann weniger Schuld als eine gewisse Tragik vor. Andere erzählen sich*, Mose sei bis in den Tod hinein mit jenen solidarisch gewesen, die durch die Wüste gezogen und gestorben waren, ehe sie das Land ihrer Träume betreten konnten.

Über Moses Lebensende machen seit altersher die unterschiedlichsten Geschichten die Runde, und bis in unsere Tage hinein hat sein Tod die Phantasie der Menschen angeregt. So spielte Goethe mit dem Gedanken, Mose könnte ermordet worden sein, und Freud verfolgte diesen Gedankengang weiter: Nach und nach hätten die Israeliten ihren Anführer so sehr gehaßt, daß sie sich seiner entledigten. Ein Vatermord.

Aber ist es eigentlich so kompliziert? Dadurch daß Mose in der Wüste stirbt, bleibt er für immer der Mann der Tora. Er hat seine Aufgabe vollbracht. Nun obliegt es anderen, Josua und den Seinen, den heiligen Boden Kanaans zu betreten und dort der Tora Gestalt zu geben.

Und ist nicht die Stelle, an der Mose starb, diesseits der Grenze, die uns vom Land der Verheißung trennt, die Stelle, an der alle Sterblichen sterben? Niemand kennt doch das Ergebnis seiner Werke. Keine Menschenseele sieht die Früchte dessen, was er gesät hat. Das ist die Aufgabe anderer. Wir haben von einem Land gehört, das jenseits liegt, es ist uns verheißen worden, und wir haben davon geträumt. Und aus der Ferne durften wir auch einen kurzen Blick auf das Land werfen. Doch wir können es nicht betreten. Es liegt jenseits des Todesflusses. *Abraham, Isaak, Jakob, Sarah, –*

sie alle sind gestorben, ohne daß sie das Verheißene erlangt haben. Nur von ferne haben sie es gesehen und gegrüßt, und sie haben bekannt, daß sie Fremdlinge und Beisassen sind auf Erden.*

Gott ließ Mose das Land von ferne sehen. Sein Auge war nicht schwach, seine Kraft war nicht verfallen. Da waren Visionen und Bilder in der Ferne, die er stets im Auge behielt. Vielleicht sah Mose nun, da er im Sterben lag, klarer als je zuvor.

Mose hat den Berg bestiegen. Er hat sich auf einen Stein gesetzt. Und als er da so saß am Rande der Zeitlosigkeit, wo sich Ausblicke eröffnen, da kamen die Kinder Israels und nahmen Abschied von ihm.* Einer nach dem anderen ging an ihm vorüber. Nicht vor ihm, sondern hinter ihm, denn sonst hätten sie dem alten Mann den Blick auf das Land verstellt. So gingen sie also hinter Mose vorüber, einer nach dem anderen, und einer nach dem anderen legte ihm die Hand auf die Schulter. Und jedesmal, wenn Mose wieder eine Hand auf seiner Schulter spürte, legte er seine Hand darauf, als letzten Gruß. Bis, ja bis schließlich keine Hand mehr auf seiner Schulter ruhte. Mose tastete und tastete, doch es war keine Hand da. Alle waren vorübergegangen. Auch der Letzte war vorübergegangen. Mose war allein.

So sterben wir alle. Wir können einander nicht festhalten. Wir müssen einander loslassen. Jeder Mensch muß allein sterben. Die anderen gehen weiter.

Niemand war dabei, als Mose starb.

So starb Mose, der Mann Gottes, im Lande Moab nach dem Wort des Herrn. Und Gott begrub ihn.

Die letzte Ehre erweist Gott. Eigenhändig begräbt er seinen Freund. Er deckt ihn zu wie die Mutter ihr Kind.

Gott begrub ihn in einem Tal im Lande Moab, gegenüber dem Heiligtum von Baal*, und niemand hat sein Grab erfahren bis auf den heutigen Tag.

Man sollte denken, daß diese Stelle gegenüber dem Heiligtum des Gottes der Moabiter doch zu finden sein müßte. Doch es ist kein Ort auf der Landkarte. Nirgendwo ist Moses Tod zu greifen. Wer ihn sucht, suche ihn nicht in einem Grab. Wer den Toten ehren will, der ehre das lebendige Wort, das er von der Höhe mit hinunternahm. Es ist ein Wort gegenüber jeglicher Form von Abgötterei, und dieses Wort ist nicht tot: Von diesem Ort im Lande Moab aus, dem Baal gegenüber, klingt es fort bis auf den heutigen Tag. Jede neue Generation, die das Land betreten will, muß es hören.

Und die Kinder Israels beweinten Mose in den Feldern Moabs dreißig Tage lang. Dann waren die Tage des Klagens und Trauerns zu Ende.

Die Tage der Trauer, auch der Trauer um einen großen Menschen, gehen einmal zu Ende. Die Arbeiter gehen vorüber. Die Arbeit geht fort.

Josua aber, der Sohn Nuns, war...

Fortsetzung folgt.

Über die Bibel

Die Bibel (griechisch *biblia*, Bücher) ist eine Bibliothek für sich und umfaßt eine bunte Sammlung von insgesamt 66 Schriften, die im Laufe von mehr als tausend Jahren (900 vor Chr. bis 130 nach Chr.) entstanden sind. Die einzelnen Texte sind in der uns bekannten Form das Ergebnis einer jahrhundertelangen Entwicklung. Die Bibel besteht aus zwei Hauptteilen.

Der erste Teil wird von der Christenheit »Altes Testament« genannt und umfaßt die in hebräischer Sprache geschriebenen 39 heiligen Bücher des jüdischen Glaubens. Der zweite Teil wird »Neues Testament« genannt und umfaßt die auf griechisch geschriebenen 27 heiligen Bücher der Christenheit.

Das Erste oder Alte Testament wird in jüdischen Kreisen TeNaCH genannt, ein Wort, das sich aus den Anfangsbuchstaben T von Tora (Gesetz), N von Nebiim (Propheten) und Ch von Chetubim (Schriften) zusammensetzt. Tora, Nebiim und Chetubim bilden die drei Teile des Ersten oder Alten Testaments.

Die *Tora* (im Griechischen »Pentateuch« genannt) umfaßt die ersten fünf Bücher der Bibel und beschreibt in meist erzählender Form den Weg zum Leben. Besser als mit *Gesetz* übersetzt man Tora daher mit *Weisung, Lehre*. Weil man dachte, daß Mose der Autor dieser fünf Bücher sei, spricht man auch von *den fünf Büchern Mose*.

In den *Nebiim*, den prophetischen Schriften, wird das Gottesvolk dazu aufgerufen, der Tora zu folgen. Die *Nebiim* gliedern sich in die »früheren Propheten« (Josua, Richter, Samuel und Könige) und die »späteren Propheten« (Jesaja, Jeremia, Hesekiel und die zwölf kleinen Propheten). Die »früheren Propheten« wurden von der Christenheit in einem unbewachten Augenblick »Geschichtsbücher« genannt, womit zu Unrecht der Eindruck entsteht, es handle sich um historische und nicht um prophetische

Geschichten. Namentlich aus diesem Grund sind wir bei unserer Nacher-zählung des Alten Testaments der Einteilung des Tenach gefolgt.

In den *Chetubim* begegnen wir einer persönlicheren Reflexion der Tora. Diese Schriften bieten eine reiche und vielfältige Sammlung erzählerischer und poetischer Texte (u.a. die Psalmen, Hiob, Sprüche Salomos) sowie die fünf *Megillot*, die Festrollen, die an den jüdischen Gedenktagen in der Syn-agoge gelesen werden (Rut, Hoheslied, Prediger, Klagelieder und Ester).

Das Zweite oder Neue Testament besteht aus vier Evangelien (Markus, Matthäus, Lukas und Johannes), der Apostelgeschichte, einigen Briefen und der Offenbarung des Johannes. Die Evangelien und die Apostelge-schichte wurden geraume Zeit nach Jesu Tod geschrieben (zwischen 70 und 100 nach Chr.) und legen vom Glauben der ersten Christengemeinde Zeugnis ab. Sie stellen keine Geschichtsschreibung in unserem Sinn dar. Die von verschiedenen Autoren verfaßten Briefe gehören zu den ältesten Schriften des Neuen Testaments. Bei der Offenbarung des Johannes han-delt es sich um einen Widerstandstext, der in einer nur Eingeweihten zu-gänglichen Sprache den verfolgten Glaubenden Trost spenden sollte.

Bibliographie

Die deutschsprachige Ausgabe bietet nur eine kleine bibliographische Auswahl. Die interessierten Leser und Leserinnen möchten wir auf das niederländische Original verweisen.

Dem Buch als ganzes ist den Arbeiten von F.H. Breukelman und Prof. Dr. K.A. Deurloo verpflichtet. Ebenso machte der Autor von den Predigten seines 1964 verstorbenen Lehrers J.A. Kwint dankbaren Gebrauch.

Neben den bekannten Kommentaren und der relevanten niederländischen Literatur wurden vor allem folgende Titel zu Rate gezogen:

Martin Buber, *Moses*, Heidelberg 1966.

Karel A. Deurloo/ Nico Bouhuijs, *Lesen, was geschrieben steht. Zur Bedeutung biblischen Redens und Erzählens*, Offenbach 1988.

Karel A. Deurloo/ Nico Bouhuijs, *Näher zum Anfang. Die Bedeutung der ersten Erzählungen der Bibel*, Offenbach 1989.

Karel A. Deurloo, »Narrative Geography in the Abraham Cycle«, *Oud Testamentische Studiën 26*, Leiden etc. 1990, 48-62.

Bernd Jørg Diebner/ Karel A. Deurloo (Hrsg.), *YHWH – Kyrios – Antitheism*, Amsterdam 1996.

Eugen Drewermann, *Den eigenen Weg gehen*, München 1995.

Eugen Drewermann, *Ich lasse Dich nicht*, Düsseldorf 1994.

Eugen Drewermann, *Leben, das dem Tod entwächst*, Düsseldorf 1991.

Eugen Drewermann, *Strukturen des Bösen*, Paderborn 1988.

Eugen Drewermann, *Tiefenpsychologie und Exegese I und II*, Olten 1984 und 1989.

Eugen Drewermann, *Voller Erbarmen rettet Er uns*, Freiburg 1985.

Edmond Fleg, *Moses*, München o.J.

Joannes P. Fokkelman, *Narrative Art in Genesis*, Assen, Amsterdam 1975.

Martin Kessler (Hrsg. und Übers.), *Voices from Amsterdam. A Modern Tradition of Reading Biblical Narrative*, Atlanta 1994.

Helen M. Luke, *The Inner Story. Myth and Symbol in the Bibel and Literature*, New York 1982.

J. Sandford, *The Man who Wrestled with God*, New York 1974.

Meir Shalev, *Tanach achshav*, Tel Aviv 1985 (dt.: Der Sündenfall – ein Glücksfall? Alte Geschichten aus der Bibel neu erzählt. Aus dem Hebräischen von Ruth Melcer, Zürich 1997).

Phyllis Trible, *Texts of terror*, Philadelphia 1984.

Anmerkungen

Kapitel 1
S. 14 Vgl. die Übersetzung von M. Buber in der ersten Auflage seiner Verdeutschung der Schrift: »Braus Gottes brütend allüber den Wassern.«
S. 15 M. Buber, *Die Erzählungen der Chassidim*, Zürich 1949, S. 375.

Kapitel 2
S. 16 Vgl. Jesaja 9, 1.
S. 17 Offenbarung 21, 1.
S. 18 Vgl. Psalm 8.

Kapitel 3
S. 22 M. Buber, *Die Erzählungen der Chassidim*, Zürich 1949, S. 746.
S. 23 Den spieghel der salicheit van Elcherlijc von Pieter van Diest. (Dt.: Der Spiegel von Jedermanns Seligkeit.)

Kapitel 6
S. 32 1. Chronik 29, 14.
S. 35 Gerrit Achterberg.

Kapitel 7
S. 40 Guido Gezelle.
S. 40 Matthäus 18, 21-22.

Kapitel 8
S. 42 A. Koolhaas.
S. 44 Matthäus 24, 38.39.

Kapitel 9
S. 46 Bach, *Matthäuspassion*.

Kapitel 13
S. 61 Jesaja 35, 1.

Kapitel 14
S. 65 Ed Hoornik.
S. 65 Guillaume van der Graft.
S. 67 Hebräer 7, 1-3.

Kapitel 36

S. 160   Genesis 49, 4.
S. 160   Genesis 34.

Kapitel 37

S. 170   Psalm 92, 13.

Kapitel 38

S. 174   Vgl. Deuteronomium 22, 24.

Kapitel 43

S. 195   Vgl. Psalm 121, 4.

Kapitel 46

S. 210   Psalm 126, 5.

Kapitel 47

S. 212   W. Barnard.

Kapitel 50

S. 225   Vondel, *Lucifer* (dt.: Lucifer. Trauerspiel von Joost van den Vondel aus dem Jahre
         1654, aus dem Holländischen übertragen durch G. H. de Wilde, Leipzig 1869, S. 34).

Kapitel 54

S. 240   Paul Gerhardt, *Befiehl du deine Wege*.

Kapitel 55

S. 243   Nach Psalm 119, 39.
S. 245   Vgl. Matthäus 4, 4.

Kapitel 56

S. 246   Psalm 114.

Kapitel 57

S. 252   Elie Wiesel, *Contre la mélancolie*, Paris 1981

Kapitel 58

S. 257   Vondel, *Lucifer* (dt.: Lucifer. Trauerspiel von Joost van den Vondel aus dem Jahre
         1654, aus dem Holländischen übertragen durch G. H. de Wilde, Leipzig 1869, S. 32f.).

Kapitel 59

S. 261   Nach Psalm 119, der die Herrlichkeit der Tora besingt (Vs. 39).
S. 262   M. Buber, *Die Erzählungen der Chassidim*, Zürich 1949, S. 398.

Kapitel 60

S. 263   2. Korinther 3, 6.
S. 264   Talmud.
S. 265   Psalm 24, 1.
S. 266   Abel Herzberg, *Amor Fati*, Amsterdam 1946 (dt.: Amor Fati. Schicksalstreue. Sie-
         ben Aufsätze über Bergen-Belsen. Aus dem Niederländischen von Stefan Häring,
         Wittingen 1997, S. 70ff.).